Gabriele Schweller

Ziel B2

Deutsch als Fremdsprache

Lehrerhandbuch

Band 2
Lektion 9–16
Niveau B2/2

Hueber Verlag

Abkürzungen

TN = Teilnehmerin / Teilnehmer / Teilnehmerinnen / Teilnehmer
KL = Kursleiterin / Kursleiter / Kursleiterinnen / Kursleiter
UE = Unterrichtseinheit / Unterrichtseinheiten
Lernpartner = Lernpartner / Lernpartnerin / Lernpartnerinnen

| 3. | 2. | 1. | | Die letzten Ziffern |
| 2014 | 13 | 12 | 11 | 10 | bezeichnen Zahl und Jahr des Druckes. |

Alle Drucke dieser Auflage können, da unverändert,
nebeneinander benutzt werden.
1. Auflage
© 2010 Hueber Verlag, 85737 Ismaning, Deutschland
Umschlaggestaltung: Marlene Kern, München
Druck: Ludwig Auer GmbH, Donauwörth
Printed in Germany
ISBN 978-3-19-631674-2

Hier finden Sie Angaben zur Sozialform und zur Arbeitsform, Hinweise zu den Aufgaben und Übungen, zu weiteren Sprechanlässen und Übungsmöglichkeiten, Hinweise zur Binnendifferenzierung sowie Angaben zur Landeskunde und zum Sprachgebrauch.

Hier finden Sie Informationen zu grundsätzlichen Fragen des Unterrichts.

Hier finden Sie ausgewählte Kopiervorlagen.

Das Lehrwerk *Ziel* und der Gemeinsame europäische Referenzrahmen

Das Lehrwerk *Ziel* umfasst mit den Bänden *Ziel* B2, Band 1 und Band 2, sowie *Ziel* C1, Band 1 und Band 2, die Niveaustufen B2 und C1 des Gemeinsamen europäischen Referenzrahmens. Das heißt, die TN erreichen nach Bearbeitung der einzelnen Bände die jeweils auf dem Buch angegebene Niveaustufe. (Beschreibung des Niveaus B2 siehe Box *Niveaubeschreibung,* Seite 100 ff.)

Kurzer Überblick über die Niveaustufen des Gemeinsamen europäischen Referenzrahmens:

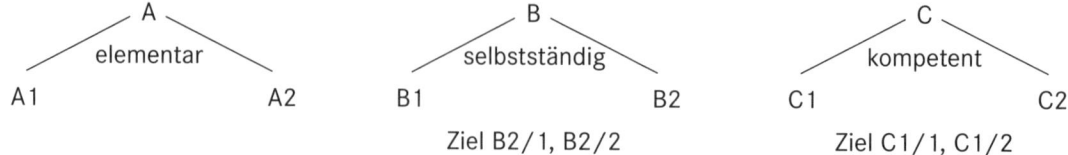

In *Ziel* B1+ wird der Stoff des Niveaus B1 wiederholt.

Zum Aufbau des Kursbuchs

Die Kursbücher *Ziel* B2, Band 1, und *Ziel* B2, Band 2, enthalten jeweils acht Lektionen. In Band 1 finden Sie die Lektionen 1–8, in Band 2 die Lektionen 9–16. Die Lektionen haben jeweils ein übergeordnetes Lernziel.
Jede Lektion umfasst 12 Seiten sowie eine Fotodoppelseite mit Anregungen für Projektarbeit. Dazu kommen zusätzliche Texte und Informationen im Anhang. Darüber hinaus enthält der Anhang auch die Lösungen zu den Fokus-Grammatik-Seiten.

Zum Aufbau einer Kursbuchlektion
Einstiegsseite / Assoziationsseite
Jede Lektion beginnt mit einer *Einstiegsseite*, die sich assoziativ mit dem Lektionsthema beschäftigt, die Lernziele präsentiert und die in der Lektion bearbeiteten Textsorten auflistet.
Die einzelnen Lektionsabschnitte sind mit Großbuchstaben gekennzeichnet, die Buchstaben neben den Fotos auf der Einstiegsseite verweisen auf diese Abschnitte. Das dazugehörige Foto hat thematisch mit dem Inhalt des jeweiligen Abschnitts zu tun.

Der Abschnitt A
Der *Abschnitt A* ist immer ein Einstieg in das Lektionsthema. Er dient vor allem dazu, thematisches Vorwissen zu aktivieren und die TN zu motivieren. Hier wird der Kenntnisstand der TN aber noch nicht systematisch erweitert.

Die Abschnitte B, C, D ...
In den folgenden *Abschnitten B, C, D ...* werden die verschiedenen, zum übergeordneten Lernziel der Lektion passenden Teillernziele vermittelt. Jeder Abschnitt beginnt mit einer Einstiegsaufgabe und endet mit einer Anwendungsaufgabe.

Fokus Grammatik
Diese Seiten fassen wichtige Themen der Grammatik auf B2-Niveau zusammen und präsentieren sie in einem kontextuellen Zusammenhang.

Der letzte Abschnitt
Der *letzte Abschnitt*, der oben in der Leiste nicht mit einem Foto, sondern mit einem Symbol gekennzeichnet ist, enthält die abschließende Anwendungsaufgabe, die sich am übergeordneten Lernziel der Lektion orientiert.

Die Übersichtsseiten
Die Übersichtsseiten *Wendungen und Ausdrücke* und *Grammatik* fassen den Lernstoff der jeweiligen Lektion in einer Übersicht zusammen.

Die Fotodoppelseite
Den Abschluss der Lektion bildet jeweils eine *Fotodoppelseite*. Ausführliche Aufgaben und Projekte sind in diesem Lehrerhandbuch (Auswahl) oder im Lehrwerkservice zu finden.

Verweise im Kursbuch
In den *Abschnitten B, C, D ...* sind Verweise auf das Arbeitsbuch enthalten, wo Sie vielfältige Übungen und Aufgaben zu den einzelnen Sprachphänomenen sowie zu den produktiven Fertigkeiten angeboten bekommen.
In einigen Abschnitten wird darüber hinaus auf den Anhang verwiesen, wo die TN Texte, Informationen und Aufgaben zur kommunikativen Arbeit im Kurs finden.

Zum Aufbau des Arbeitsbuchs

In den Arbeitsbuchlektionen finden die TN Aufgaben und Übungen zu den einzelnen Lernzielen der Kursbuch-
abschnitte: Die TN können hier – je nach ihrem individuellen Sprachstand – ihren WORTSCHATZ festigen und verbessern. Unter der Rubrik GRAMMATIK wird die Grammatik auf dem Niveau B2 gefestigt und erweitert.
Die Übungen SÄTZE BAUEN und TEXTE BAUEN trainieren die produktiven Fertigkeiten Sprechen und Schreiben.
In TEXTE LESEN wird zusätzlich das Leseverstehen geübt, ÜBUNG ZU PRÜFUNGEN macht die TN allgemein
mit Prüfungsaufgaben auf dem Niveau B2 vertraut. PHONETIK bietet ausgewählte Aufgaben und Übungen zur
Intonation. (Siehe Box *Arbeitsbuch*, S. 85 Box *Binnendifferenzierung*, S. 86.)

Zur Lerner-CD-ROM (Ausgabe Arbeitsbuch mit Lerner-CD-ROM)

Auf der Lerner-CD-ROM finden die TN alle *Hörtexte* des Arbeitsbuchs als mp3-Dateien. Das *Lerner-Portfolio*
begleitet die TN auf ihrem Lernweg, unterstützt sie bei der Bewusstmachung von Lernerfolgen, Lernzielen, Lern-
hindernissen und beim Überwinden spezifischer Schwierigkeiten, die die Ausgangssprache mit sich bringt.
Eine ausführliche *Grammatikübersicht*, eine *Sammlung aller Wendungen und Ausdrücke* sowie der ausgewiesene
Lernwortschatz stellen eine zusätzliche Unterstützung für die TN dar. Die Wortlisten zu den einzelnen Lektionen
dienen dem individuellen Wortschatzerwerb. Außer den *Lösungen zum Arbeitsbuch* stehen alle Dateien auch als
freie Textdateien zur Verfügung, die von den einzelnen TN oder zum Teil auch vom gesamten Kurs bearbeitet werden können.

Zum Aufbau des Lehrerhandbuchs

Das Lehrerhandbuch führt Sie sicher durch jeden Abschnitt einer Lektion. Darüber hinaus erhalten Sie zu ein-
zelnen Lernschritten wertvolle Hinweise. Die Informationen zur Sprachanwendung und zur Landeskunde runden
diese *methodisch-didaktischen Hinweise* ab. Die *methodisch-didaktischen Boxen* erläutern, wie zum Beispiel
Binnendifferenzierung, Leseverstehen usw. im Lehrwerk umgesetzt werden, oder geben allgemeine Tipps zur
Gruppenbildung, zur Auswertung von Gruppenarbeit usw. Zudem enthalten sie Informationen zu Themen wie
Sozial- und Arbeitsformen o. Ä. Die *Transkriptionen* der Hörtexte im Kurs- und im Arbeitsbuch sowie die *Lösungen*
zu den Aufgaben im Kursbuch vervollständigen das Lehrerhandbuch.
Zur zeitsparenden, effizienten Unterrichtsvorbereitung sei auf das *interaktive Lehrerhandbuch* verwiesen.

Kurze Hinweise zu weiteren Bestandteilen

2 Audio-CDs zum Kursbuch / 1 Audio-CD zum Arbeitsbuch enthalten alle Hörtexte des Kurs- und
Arbeitsbuchs.

Extra-CD-ROM

Die *Extra-CD-ROM* enthält Aufgaben und Übungen, die von den TN zu Hause zur individuellen zusätzlichen
Förderung oder im Rahmen des Kurses durchgeführt werden können.

Lehrwerkservice

Der Lehrwerkservice (www.hueber.de/ziel) enthält neben wichtigen *Informationen zur Erweiterung des
Produktkranzes* Kopiervorlagen für den Unterricht sowie Online-Übungen für die TN.

DVD

Die DVD zu den Lehrwerken *Ziel* B2, Band 1 und Band 2, enthält kurze Filme oder Filmausschnitte, die zu den
Lernzielen einer oder mehrerer Lektionen passen. Daneben befinden sich auf der DVD Arbeitsblätter, Hinweise
für den KL und die Lösungen.

Berufssprachliche Materialien

Hier finden Sie im Sinne der Binnendifferenzierung ein reichhaltiges Angebot an Aufgaben und Übungen zu
bestimmten Lernzielen des Kursbuchs, die sich auf den beruflichen Alltag beziehen. Die Arbeitsblätter sind zum
Teil auch als Selbstlernmaterial, zum Teil als reines Kursmaterial konzipiert.

Prüfungsvorbereitung

Die Einzelhefte mit jeweils einer Musterprüfung inklusive Lösungen helfen den TN bei der gezielten Vorbereitung.

Diktate

Das Training zur Rechtschreibung richtet sich ganz gezielt an TN, die das Niveau B2 erreichen möchten und sich
der Anforderung gegenübersehen, dass auch die Rechtschreibung zunehmend an Bedeutung gewinnt. Es ist als
Selbstlern- oder auch als Kursmaterial zu verwenden.

Worum geht es in der Lektion?

Lernziel: Kompromisse aushandeln

Abschnitt **A:** „Überrascht oder überzeugt?" von Vorurteilen
Fertigkeiten: Lesen und Sprechen
Lernziele: Die TN sprechen über nationale Stereotype.

Abschnitt **B:** „Schwarzfahren ist unfair"
Fertigkeiten: Lesen, Hören, Sprechen, Schreiben
Lernziele: Die TN lesen und besprechen Ausreden, die beim Schwarzfahren Verwendung
finden. Ein Gespräch zwischen Schaffner und Fahrgast wird gehört und anschließend mittels
Rollenspiel ausprobiert. Die TN lernen Lösungen auszuhandeln.

Abschnitt **C:** Ein Kavaliersdelikt „Ist doch nicht so schlimm ..."
Fertigkeiten: Lesen, Schreiben, Sprechen
Lernziele: Die TN lesen und verstehen einen Lexikoneintrag zum Thema „Kavaliersdelikt",
handeln mit ihrem Partner eine gemeinsame Lösung aus, verstehen Problemstellungen und
Stellungnahmen dazu (auch in eher juristischem Sprachgebrauch) und legen ihre Meinung in
Form einer eigenen Stellungnahme dar.

Abschnitt **D:** „Und jetzt?" Konfliktsituationen lösen – Kompromisse finden
Fertigkeiten: Lesen, Hören, Sprechen
Lernziele: Die TN lesen einen literarischen Text über eine Konfliktsituation und deren außergewöhnliche Lösung. Ein realistischer Fall eines Interessenkonflikts zweier Studenten wird gehört,
wobei die Lösung durch einen Kompromiss im Vordergrund steht. Schließlich werden familiäre
und/oder berufliche Konfliktsituationen mit Kompromissfindung im Rollenspiel geübt. Die TN
lernen, Probleme darzulegen und gemeinsam Lösungen zu finden. Dabei geht es auch um die
angemessene Wortwahl und Formulierung in Konfliktsituationen.

Abschnitt **E:** „Die liebe Technik!" Technischer Fortschritt und seine Tücken
Fertigkeiten: Hören, Schreiben
Lernziele: Die TN hören eine Radiowerbung zu einer futuristischen Software, die ein Auto
selbstständig einparkt. Das anschließende Gespräch eines verärgerten Kunden mit dem
Kundenservice zeigt, dass das Gerät große Mängel aufweist. Schließlich schreiben die TN einen
Beschwerdebrief an die betroffene Firma. Die TN beschweren sich mündlich und schriftlich und
stellen ihre Forderungen.

Abschnitt **F:** „Die ganze Welt in einer Kugel – oder doch nicht?"
Fertigkeiten: Lesen, Sprechen
Lernziele: Die TN lesen selektiv einen Zeitungsartikel zu einem Plan für einen Freizeitpark in
einem kleinen Ort in Österreich. Die wichtigsten Punkte zu diesem Tourismusprojekt werden
im Text gefunden. Die TN bilden sich eine eigene Meinung zu dem Projekt. In einem Rollenspiel
(Bürgerversammlung) wird in den Rollen „Bürgermeister", „Anrainer", „Dorfbewohner" und
„Naturschützer" über das Thema diskutiert und ein Kompromiss ausgehandelt. Schließlich wird
im Internet zum Stand des Projekts recherchiert.

Fokus Grammatik:
1. „mittendrin in einer Handlung" – die Verlaufsform im Deutschen
2. Aufforderungen im Kontext – Die TN lernen in unterschiedlichen Situationen beruflicher oder familiärer
   Art den richtigen Ton zu finden.

Thematischer Einstieg:
Assoziationsseite, S. 10

Hinweis zu den Assoziationseinheiten im Unterricht

Wenn Sie einen Kurs mit vergleichsweise wenigen Unterrichtseinheiten (UEs) haben, steigen Sie gleich mit dem Abschnitt A in den Unterricht ein.

Wenn Sie in Ihrem Kurs ausreichend UEs zur Verfügung haben, bearbeiten Sie die Aufgaben 1 und 2 auf der Assoziationsseite.

Wenn Sie einen Kurs mit ausreichend Zeit und die TN ein besonderes Interesse an ihren Lernzielen haben, besprechen Sie mit ihnen die in der Lektion zu erwartenden Lernziele und Textsorten (sogenannte detaillierte Kannbestimmungen im Gemeinsamen europäischen Referenzrahmen, siehe S. 100).

Für Kurse, die mit großem Engagement arbeiten möchten oder können, empfehlen wir den Einstieg mithilfe des Arbeitsblattes (siehe S. 142, Kopiervorlagen). In diesem Fall besteht die Möglichkeit, das thematische Spektrum der Lektion mithilfe von TN-Beiträgen, der Extra-CD-ROM, der DVD und der Projekte zu den Fotodoppelseiten zu erweitern.

Arbeitsblatt, Kopiervorlage, S. 143

Aufgabe 1

■ Plenum: Die TN lassen die Bücher geschlossen. Bitten Sie die TN, sich Dinge zu überlegen, von denen sie überzeugt sind. Geben Sie eventuell ein Beispiel und sagen Sie: „Also, ich bin felsenfest davon überzeugt, dass Fahrradfahren praktisch und gesund ist." Schreiben Sie *felsenfest überzeugt* an die Tafel und klären Sie die Bedeutung. Lassen Sie die TN nach alternativen Ausdrücken suchen (z. B. *total überzeugt*, *fest überzeugt*, *absolut sicher*, *zu hundert Prozent sicher*).

■ Einzelarbeit:
Jeder TN sammelt für sich Ideen.

■ Kleingruppen:
Die TN tauschen ihre Ideen aus.

Aufgabe 2

■ Einzelarbeit:
Die TN öffnen die Bücher und überlegen, was die Fotos mit dem Thema zu tun haben könnten.

■ Plenum:
Die TN äußern sich im Plenum zu den Fragen. Daran schließt sich eine kleine Diskussion an.

Hinweis: Diese Informationen sind nur für Sie als KL, für den Fall, dass TN nach den Ursprüngen der Fotos fragen. Die TN brauchen diese Informationen in der Regel nicht, da sie mit den Fotos nur assoziativ arbeiten.

Bild A: *Amadeus* wird meist sofort mit Wolfgang Amadeus Mozart in Verbindung gebracht, außerdem gibt es einen bekannten Film aus den 80er-Jahren

mit dem Titel *Amadeus* über das Leben Mozarts. Schließlich hat der österreichische Rocksänger *Falko* in den 90er-Jahren einen Song mit gleichnamigem Titel herausgebracht.

Bild B: Situation in einer S-Bahn oder U-Bahn

Bild C: Das rote Ampelmännchen, wie es seit 1961 in Ostberlin und dann in der damaligen DDR aussah. Nach der Wiedervereinigung sollten diese Ost-Ampeln abgeschafft werden. Aufgrund von Protesten aus der dort lebenden Bevölkerung durfte das Ampelmännchen weiterleben, und heute findet man diese Ampeln immer noch vor allem in den Gebieten der ehemaligen DDR. Inzwischen wird ein regelrechter Kult damit veranstaltet, ein findiger Designer verkauft inzwischen rund 50 Artikel mit dem Ampelmann-Design in verschiedenen Shops in Berlin.

Bild D: ein Geschäftsmann in einem Zug

Bild E: der *Smart*, das kleinste Auto der Firma Mercedes-Benz

Einstiegsaufgabe A:
Überrascht oder überzeugt?, S. 11

Hinweis: Wenn im Kurs die Assoziationsseite nicht bearbeitet worden ist, sollte dieser Abschnitt auf jeden Fall gemacht werden.

Aa (eine Karikatur betrachten)

■ Plenum:
Vorentlastung: Die Bücher bleiben geschlossen. Schreiben Sie das Wort *Österreich* an die Tafel und sammeln Sie mit den TN Assoziationen in Form eines Assoziogramms. Schreiben Sie danach das Wort *Österreicher* an und gehen Sie analog vor.

■ Partnerarbeit:
Die TN öffnen die Bücher auf S. 11, lesen die Aufgabe Aa und lösen sie gemeinsam.

■ Plenum:
Die Ideen der TN werden im Kurs gesammelt.

☐ Box: Ideensammlung mithilfe von „Brainstorming" und „Assoziogramm", S. 97 ☐

Ab (über eine Karikatur sprechen)

■ Plenum:
Die TN öffnen die Bücher auf S. 125, betrachten die Karikatur und äußern ihre Meinung.

Ac (über Vorurteile sprechen)

■ Kleingruppen:
Die TN sammeln ihre Ideen zu Deutschen beziehungsweise Schweizern. Achten Sie darauf, dass die TN noch nicht die Zeichnungen auf S. 143 ansehen.

■ Plenum:
Die Gruppen berichten im Plenum. Danach werden gemeinsam die Zeichnungen auf S. 143 betrachtet.

Fragen Sie, was typisch für einen Deutschen auf der Zeichnung B ist und ob die TN in ihrem Heimatland die Deutschen auch so sehen würden (mögliche Antworten: die Kleidung im Urlaub: kurze Hose, Sandalen, T-Shirt, Sonnenbrille, Fotoapparat vor dem Bauch / der dicke Bauch / das von der Sonne gerötete Gesicht / der Wunsch nach typisch deutschem Essen). Gehen Sie genauso mit der Zeichnung C vor. Das Schweizer Attribut ist hier das Alphorn, ein typisch alpenländisches Instrument aus Holz, das früher von Hirten gespielt wurde und heute als Folklore- und Volksmusikinstrument gilt.

Hinweis: Hier kann eine Diskussion darüber folgen, welche Vorurteile bzw. Klischees mit dem Heimatland / den Heimatländern der TN in Verbindung gebracht werden.

B Schwarzfahren ist unfair, S. 11

B1

B1a Ausreden (detailliertes Lesen)
■ Plenum:
Vorentlastung: Fragen Sie: „Wissen Sie, was eine Ausrede ist?" – „Benutzen Sie manchmal welche?" – „In welcher Situation?" – „In welchen Situationen?" – „Kennen Sie gute und schlechte Ausreden?"
■ Einzelarbeit:
Die TN lesen die Ausreden und überlegen sich die entsprechenden Verkehrsmittel.
■ Plenum:
Anschließend Kursgespräch.

Hinweis zum Sprachgebrauch / zur Landeskunde:
Fahrscheine gibt es in der Regel für öffentliche Verkehrsmittel. Sie müssen im Allgemeinen vor Antritt der Fahrt gelöst werden. *Fahrkarten* gibt es im Zug- und im Schiffsverkehr. Beim Flugverkehr spricht man vom *Ticket*. Dieser Begriff aus dem Englischen verbreitet sich aber auch im öffentlichen innerstädtischen Verkehr sowie im Bahn- und Schiffsverkehr. Fahrscheine müssen fast durchgängig an Automaten gelöst und bei Antritt der Fahrt entwertet werden. Den direkten Fahrscheinverkauf gibt es noch manchmal in Bussen. Auch Fahrkarten für Zugfahrten können oder müssen an Automaten gelöst werden. Zunehmend können Bahnfahrkarten und Flugtickets über das Internet gebucht werden.

B1b
■ Einzelarbeit/Partnerarbeit:
Die TN wählen zunächst ihre liebsten Ausreden aus und diskutieren die Qualität der Ausreden mit ihren Lernpartnern. Fordern Sie die TN auf, eigene Ausreden zu finden, wenn sie meinen, dass keine der vorgeschlagenen zum Ziel führt.

☐ **Box: Arbeit mit Arbeitsbuch und dem Lösungsschlüssel, S. 85** ☐

◁ **Arbeitsbuch, S. 6 ff. / Übungen 1–3:**
Wortschatz (Verkehr / Verkehrsmittel)
Übung 1, S. 6: Wiederholung, auch als „Rallye" im Unterricht möglich, eventuell in Paaren: „Welches Lernpaar schafft in einer vorgegebenen Zeit die meisten richtigen Antworten?"
Übung 2, S. 7 und Übung 3, S. 8: eventuell Hausaufgabe oder als Binnendifferenzierung im Unterricht ▷

☐ **Box: Wortschatz, Wendungen und Ausdrücke, S. 90 ff.** ☐

◁ **Arbeitsbuch, S. 9 + 10 / Übungen 4–6:**
Grammatik (Verlaufsform)
Dieses Thema wird in *Fokus Grammatik* aufgegriffen. Sie können *Fokus Grammatik* hier einfügen, nur die Übungen im Arbeitsbuch machen oder beides erst am Ende des Abschnitts B. Die Anknüpfung ist der Satz: „Ich bin gerade am Einschlafen, können Sie nicht später zurückkommen?" ▷

☐ **Box: Grammatik, S. 94** ☐

B2 (Sprechen)
B2a (Ideen sammeln)
■ Plenum:
Vorentlastung: Schreiben Sie das Wort *Schwarzfahren* an die Tafel, um ein Assoziogramm zu entwickeln. Fragen Sie: „Was ist das?" Klären Sie so die Bedeutung des Wortes.
■ Kleingruppen:
Die TN übertragen das Wort *Schwarzfahren* auf eine Folie pro Gruppe. Mithilfe der Fragen im Buch sammeln sie ihre Ideen in den Gruppen. Wenn alle fertig sind, präsentiert ein TN je Gruppe die Ergebnisse. Ein anderer TN derselben Gruppe ergänzt das Assoziogramm an der Tafel mit den jeweils neuen Ideen, sodass am Ende alle Ideen des Kurses an der Tafel stehen.

☐ **Box: Ideen zur Gruppenbildung S. 95** ☐

B2b (Argumente finden)
■ Kleingruppen:
In denselben Kleingruppen wie bei Aufgabe B2a suchen die TN nach Argumenten gegen das Schwarzfahren.
■ Plenum:
Die Ideen werden gesammelt.

Hinweis zur Landeskunde:
In den deutschsprachigen Ländern muss man in den meisten öffentlichen Verkehrsmitteln mit einer gültigen Fahrkarte einsteigen oder sein Ticket durch das Stempeln an einem Automaten innerhalb oder außerhalb des Verkehrsmittels gültig machen oder „entwerten". Ob die Fahrgäste dies auch wirklich tun, wird sporadisch durch Kontrolleure geprüft. Wird ein „Schwarzfahrer" erwischt, muss er eine Strafe zahlen.

Hinweis – interkulturelle Komponente
Sprechen: Lassen Sie die TN von den Gepflogenheiten in ihrem Heimatland berichten oder über ein persönliches Erlebnis mit dem Schwarzfahren erzählen.
Schreiben: Dieses Thema eignet sich auch als kurze Schreibaufgabe für zu Hause. Geben Sie lediglich den Titel vor (z. B. „Schwarzfahren in meinem Heimatland" oder „Als ich einmal beim Schwarzfahren erwischt wurde" oder „Als ich einmal einen Schwarzfahrer beobachtete").

B3 Gespräch zwischen Fahrgast und Schaffner
B3a (kursorisches Hören)
■ Partnerarbeit:
Die TN lesen zunächst die Aufgaben 1 und 2 (eventuell auch im Plenum die Aufgaben vorlesen lassen). Stellen Sie sicher, dass die Aufgaben verstanden worden sind.
🔘 CD 1.2: Die TN hören den Dialog einmal und finden mit ihren Lernpartnern die Lösung.

Hinweis: Je nachdem, aus welcher Perspektive man das betrachtet, ist hier die Lösung nicht eindeutig. Die Bewertung dieses Gesprächs hat viel mit den interkulturellen Erfahrungen der TN zu tun. Interessant ist möglicherweise, dass die Konfliktsituation hier zwischen ungleichen Partnern besteht: Theoretisch hat der Kontrolleur die Macht, geht aber sehr kompromissbereit und versöhnlich auf den Reisenden ein. Dass man das auch anders sehen kann, zeigen unter anderem die Kommentare der Mitreisenden.

B3b (selektives Hören)
■ Einzelarbeit:
Die TN lesen zuerst die Wendungen und Ausdrücke.
🔘 CD 1.2: Die TN hören den Dialog noch einmal und markieren ihre Lösungen.

■ Partnerarbeit:
Die TN vergleichen ihre Lösungen. Dieses Vorgehen verringert den Stress bei denjenigen TN, die Schwierigkeiten beim Hören haben. Bevor im Plenum über die Lösung diskutiert wird, bekommen sie Sicherheit durch den Vergleich mit dem Lernpartner.

■ Plenum:
Lassen Sie die TN die Lösungen vortragen und eventuell bei Unstimmigkeiten diskutieren. Wenn alle die korrekte Lösung aufgeschrieben haben, spielen Sie den Dialog noch einmal vor und bitten Sie die TN, auf die Intonation der Sprecher bei den jeweiligen Ausdrücken zu achten.
■ Partnerarbeit:
Bitten Sie die TN, einander die Ausdrücke in verteilten Rollen mit der entsprechenden Intonation vorzulesen.
■ Plenum:
Fragen Sie, ob es sich um einen netten oder um einen unfreundlichen Kontrolleur handelt und wie die TN die jeweiligen Reaktionen der beteiligten Personen finden. Sie können hier auch die Übung 11 im Arbeitsbuch S. 14 einschieben (siehe unten).

☐ Box: Der Umgang mit Hörtexten, S. 89 ☐

B4 (Schreiben: Szene zwischen Schaffner und Schwarzfahrer)
■ Plenum:
Klären Sie die Aufgabe Schritt für Schritt, indem Sie alle Aufgaben 1–5 vorlesen (lassen).
■ Partnerarbeit:
Die TN bearbeiten zunächst die Aufgaben 1–4 gemeinsam. Wenn Sie die Möglichkeit haben, die Gruppe auf mehrere Zimmer aufzuteilen, wäre das hier angebracht. Dann können die TN ungestörter arbeiten. Fordern Sie die TN auf, den Dialog mehrmals zu lesen, bis sie ihn fast auswendig können.

Hinweis: Wenn in Gruppen gearbeitet wird, ist es hilfreich, ruhige Instrumentalmusik leise im Hintergrund laufen zu lassen. Das schluckt in der Wahrnehmung die Gespräche der anderen Gruppen.

■ Plenum:
Je nach Kursgröße oder verfügbarer Kurszeit können Sie alle Dialoge vollständig oder nur einige als Beispiel vorspielen lassen.
Steigern Sie die Bereitschaft der TN, konzentriert zuzuhören, durch entsprechende Beobachtungsaufgaben. Raten Sie ihnen beispielsweise, auf die benutzten Wendungen und Ausdrücke zu achten. Jedes Mal wenn sie eine der besprochenen Wendungen hören, sollen sie einen Strich machen. Eine andere Möglichkeit besteht darin, die TN darauf achten zu lassen, wer in dem Gespräch „als Sieger" hervorgeht.

◁ **Arbeitsbuch, S. 10 / Übung 7: Grammatik** (*aber* und *nämlich* als zweite Konjunktion) In schwächeren Kursen im Unterricht in Partnerarbeit. ▷

◁ **Arbeitsbuch, S. 11–14 / Übungen 8–10 Sätze bauen (Kompromisse aushandeln)**
Übung 8: In dieser Übung geht es um die Verbesserung der mündlichen Kommunikation und um das Finden beziehungsweise interpretieren des entsprechenden Tons. Deshalb eignet sich diese Übung für den Unterricht. Lassen Sie die TN vor allem die Aufgabe c in Partnerarbeit am Ende laut vorlesen und ermutigen Sie sie, den Text mit Emotion und der entsprechenden Intonation vorzutragen.
Aufgabe d (Vertiefung) als Binnendifferenzierung für schnellere Lernpartner.
Übung 9: In Partnerarbeit im Unterricht oder als Hausaufgabe.
Übung 10: Vertiefungsaufgabe, als Hausaufgabe im Rahmen der Binnendifferenzierung. ▷

◁ **Arbeitsbuch, S. 14 / Übung 11: Phonetik**
Wenn möglich im Unterricht. Diese Übung kann auch völlig losgelöst von den anderen Arbeitsbuch-Übungen im Anschluss an Aufgabe B3b im Kursbuch eingeschoben werden. ▷

Fokus Grammatik: mittendrin in einer Handlung, S. 13

☐ **Box: Grammatik, S. 94** ☐

Aufgabe 1
■ Einzelarbeit:
◉ CD 1.3: Die TN hören und lesen gleichzeitig die Dialoge. Danach entscheiden sie sich für eine der Antworten a, b oder c.
■ Plenum:
Die Antworten werden besprochen (richtige Lösung: c)

Hinweis: Erklären Sie hier zunächst nicht zu viel. Es geht hier darum, die Situation zu semantisieren. In den meisten Sprachen gibt es eine oder mehrere Möglichkeiten, „Verlaufsformen" zu bilden. Aber wie sie gebildet werden, ist sehr unterschiedlich. In Aufgabe 3 wird sie aus der Perspektive der Muttersprache betrachtet.

Aufgabe 2
2a
■ Plenum oder Einzelarbeit:
Lesen Sie die Überschriften 1–3 laut vor, die TN lesen leise mit. Anschließend können Sie die Texte A–H von je einem TN laut vorlesen lassen und gemeinsam mit den TN die zu markierenden Verlaufsformen suchen. Alternativ können Sie die Aufgabe auch in Einzelarbeit erledigen lassen und danach die markierten Verlaufsformen besprechen.

2b
■ Einzelarbeit:
Die TN entscheiden sich für je eine Lösung.
■ Plenum:
Besprechung der richtigen Lösungen.

Hinweis: In vielen nicht offiziellen E-Mails, Forumsbeiträgen, Postings (also elektronischen Mitteilungen) wird in Formen der gesprochenen Sprache geschrieben.

Hinweis: Text H ist ein Auszug aus einem Text, dessen Autor sich hier in eine für ihn „futuristische" Welt hineinversetzt sieht. Honda-Roboter ist ein Roboter der Firma Honda, Hubert de Givenchy ist ein Modeschöpfer, Alexander McQueen war ein Modedesigner. Die Verbindung dieser beiden Namen deutet auf die absurde Umwelt hin, in der der Ich-Erzähler sich befindet.

Sprachgebrauch: „Verlaufsform". Die Verwendung der Formen mit *am* und *beim* nimmt im gesamten Sprachraum zu. Die anderen Formen gab es schon immer. Leider wurde das Phänomen bis vor nicht allzu langer Zeit kaum beachtet. Inzwischen wird es auch wissenschaftlich wahrgenommen und sprachvergleichend betrachtet. Die Sensibilisierung der TN führt sicher dazu, das sie Sprechintentionen besser verstehen.

Aufgabe 3
■ Einzelarbeit oder Kleingruppen:
Je nach Zusammensetzung des Kurses arbeiten die TN in Kleingruppen, deren Mitglieder dieselbe Muttersprache haben beziehungsweise dieselbe Sprache beherrschen. Wenn es im Kurs niemanden mit derselben Muttersprache beziehungsweise denselben Sprachkenntnissen (zum Beispiel Englisch) gibt, wird allein gearbeitet. In sprachlich homogenen Gruppen bietet sich Einzel- oder Partnerarbeit an.
Die TN übersetzen die Dialoge (Teilaufgabe 1) und unterstreichen die Wendungen (Teilaufgabe 2).
■ Plenum:
Besprechen Sie die Lösungen vor allem in sprachlich homogenen Gruppen, sodass die geeignetsten Übersetzungen gefunden und besprochen werden.

Hinweis: Hier gibt es möglicherweise vermehrt das Problem, dass sich die TN in ihrer Muttersprache mit anderen sprachlichen Mitteln behelfen müssen. Es kann sich ein erstes Gespräch darüber anschließen, dass wortwörtliche Übersetzungen den Inhalt einer Aussage nicht immer transportieren. Es muss immer auch überlegt werden: Wie sagt man das in der anderen Sprache?

☐ **Box: Übersetzen im Fremdsprachenunterricht, S. 104** ☐

◁ Arbeitsbuch, S. 41 / **Übung 37:** Fokus Grammatik: Test Mini-Test zum Thema von Fokus Grammatik: „mittendrin in einer Handlung" ▷

C „Ist doch nicht so schlimm …", S. 14

C1
C1a (detailliertes Lesen: Lexikoneintrag)
■ Plenum:
Die Bücher sind geschlossen. Schreiben Sie die beiden Wörter *Ordnungswidrigkeit* und *Straftat* an die Tafel. Die TN versuchen (ohne Wörterbuch!) gemeinsam herauszufinden und zu erklären, was die beiden Begriffe bedeuten. Helfen Sie, indem Sie auf die Einzelbestandteile der Wörter hinweisen: *Ordnung – widrig – Strafe – Tat*.
Fragen Sie auch danach, welche der beiden Begriffe ein schlimmeres Vergehen bedeuten: die *Ordnungswidrigkeit* oder die *Straftat* (siehe Hinweis zum Sprachgebrauch).
■ Einzelarbeit:
Die TN lesen die Definition zu *Kavaliersdelikt* und suchen einen Begriff in ihrer Sprache.

Hinweis: Die Übersetzung sollte hier nicht überprüft werden. Dies erfolgt gemeinsam in Aufgabe 1c.

Hinweise zum Sprachgebrauch
Straftat:
Laut deutschem Strafrecht ist eine Straftat ein menschliches Verhalten, das durch das Strafgesetz mit einer Strafe bedroht ist. Wichtig dabei ist, dass die Handlung schuldhaft und rechtswidrig ist. Man unterscheidet Vergehen (Strafe: Geld oder Haft bis zu ein Jahr) und Verbrechen (Haftstrafe über ein Jahr). Die Straftat ist also weitaus schwerwiegender als eine Ordnungswidrigkeit.
Ordnungswidrigkeit:
Ein Verstoß gegen Ordnungs- und Verwaltungsvorschriften (z. B. Straßenverkehrsrecht). Die Ordnungswidrigkeit löst im Gegensatz zur (kriminellen) Straftat kein ethisches Unwerturteil aus. Sie wird meistens mit einer Geldbuße geahndet.
Kavaliersdelikt:
So bezeichnete man in früheren Zeiten bestimmte Delikte – also Verstöße gegen die herrschende Moral / herrschende Regeln –, die von Adeligen begangen wurden und für die sie nicht zur Rechenschaft gezogen wurden. Heute spricht man von Kavaliersdelikten, wenn etwas zwar verboten ist, es aber moralisch in der Gesellschaft nicht als verwerflich gilt. Das Falschparken ist eines der typischen Beispiele dafür. Viele beurteilen aber auch die Steuerhinterziehung als Kavaliersdelikt, obwohl es sich hierbei um eine Straftat handelt. Kavaliersdelikt drückt ein Rechtsempfinden aus, das mit der Rechtsordnung wenig gemeinsam hat.

Kavalier:
Der Begriff Kavalier (frz. *chevalier*, ital. *cavaliere*, span. *caballero*, engl. *cavalier*, lat. *caballarius*) – bezeichnete früher einen Reiter, später einen Ritter oder einen Mann ritterlicher (adliger) Herkunft mit einer ganz bestimmten politischen, gesellschaftlichen Haltung. Später bezeichnete der Begriff einen Herrn der gehobenen Gesellschaft von auffallender Eleganz und mit perfekter Beherrschung der Etikette. Heute bezeichnet er eher einen Mann, der höflich gegenüber Frauen ist oder als ihr „Beschützer" auftritt.

C1b (detailliertes Lesen / Sprechen: eine gemeinsame Lösung finden)
■ Einzelarbeit:
Die TN lesen die Aufgabe und kreuzen *Meine Lösung* an.
■ Partnerarbeit:
Diskussion mit dem Lernpartner und Einigung auf eine gemeinsamen Lösung.

C1c
■ Plenum:
Die TN äußern und diskutieren ihr Verständnis des Begriffes *Kavaliersdelikt* und überprüfen ihre Übersetzung.

◁ Arbeitsbuch, S. 15 / **Übung 12:** Grammatik (haben … zu)
12a *haben … zu* in der Bedeutung von *müssen* – im Unterricht erledigen lassen, um diese Struktur den TN bewusst zu machen.
12b im Unterricht: Alltagssätze mit idiomatischer Bedeutung.
12c als Hausaufgabe. – Mögliche Erweiterung: Sätze mit *müssen* formulieren lassen.
12d Vertiefung: Die unpersönliche Struktur *sein … zu* wird zur persönlichen Form *haben … zu* umgewandelt. Eventuell auch noch die Sätze mit *müssen* formulieren lassen. ▷

Sprachgebrauch: Die Formen *hat / haben zu …–/ ist / sind zu …* sind unpersönliche Äußerungen der Aufforderung, die in bestimmten Kontexten auch Autorität widerspiegeln: Deshalb ist diese Form in Erläuterungen zu Gesetzestexten, Verträgen, Vorschriften, Verordnungen usw. häufiger. Zunehmend kann man aber auch beobachten, dass z. B. Hausordnungen, Vorschriften usw. eher Formen der persönlichen Ansprache als diese „bestimmenden" unpersönlichen Formen aufweisen. Zu überzeugen, Solidarität aufzubauen scheint erfolgversprechender zu sein, als zu befehlen. Deshalb sind diese Formen für die TN auf B2 eher als rezeptiv zu bewerten. In bestimmten Chunks kommen die Formen aber vor.

C2 Wie sehen Sie das?

C2a
■ Einzelarbeit:
Die TN wählen ein Thema nach persönlichem Geschmack oder Interesse aus.

C2b (detailliertes und selektives Lesen von Postings)
■ Einzelarbeit:
Die TN lesen die Postings und lösen Schritt für Schritt die vier vorgegebenen Aufgaben.

Hinweis: Die Teilaufgaben 1–4 dienen dazu, den Inhalt der unterschiedlichen Postings zu strukturieren. Weisen Sie die TN darauf hin, dass sie sich diese hier noch gelenkte Vorgehensweise angewöhnen sollten, um später freiere Aufgaben ebenso strukturiert zu lösen. Diese Herangehensweise ist vor allem in Prüfungssituationen sehr hilfreich. Ermuntern Sie die TN, bei Punkt 4 *eigene Meinung* neben dem Kreuz auch ein paar Ideen in Stichpunkten aufzuschreiben, um zu begründen, warum sie „ja" oder „nein" angekreuzt haben.

C2c (Schreiben: Posting mit Stellungnahme)
■ Einzelarbeit:
Die TN schreiben nun ein Posting mit ihrer eigenen Meinung. Weisen Sie explizit darauf hin, dass einige der angegebenen Wendungen und Ausdrücke in den Text eingebaut werden sollten. Am besten geben Sie für die Schreibaufgabe ein Zeitlimit vor, denn eine Zeitbegrenzung entspricht der Realität, sowohl in Prüfungssituationen als auch in Arbeitssituationen.

Sprachlicher Hinweis: In Internetforen ähnelt die Sprache der mündlichen Ausdrucksweise und ist dementsprechend weniger formell. Das sollten die TN auch bei der Formulierung ihrer eigenen Beiträge berücksichtigen. Die TN sollten also nicht versuchen, eine „offizielle" Stellungnahme zu schreiben: Das wäre dann eher im Registerbereich von C1/2

☐ **Box: Schreibaufgaben im Unterricht, S. 98** ☐

C2d
■ Partnerarbeit:

Hinweis: Wenn es die TN-Struktur der Gruppe erlaubt, d. h. alle TN offen sind und sich Partner auf ähnlichem sprachlichem Niveau befinden, ist der Austausch von Schreibaufgaben sehr inspirierend. Betonen Sie, dass es hier nicht um eine Korrektur im Sinne der Kontrolle geht, sondern um das Markieren von gelungenen beziehungsweise unverständlichen Textpassagen. Es geht also zunächst um ein Verstehens-Feedback. Die Korrekturphase kann aber auch anderweitig hilfreich sein: Sie sensibilisiert die TN für häufige Fehler und für die Selbstkorrektur. Dadurch bereitet sie auf bestimmte Formate von Prüfungsaufgaben vor.

Hinweis zur Binnendifferenzierung: Sind einige TN sehr schnell, andere langsam, empfiehlt es sich, die schnelleren TN bereits die Texte austauschen zu lassen, während die anderen noch schreiben. Für letztere TN kann der Tausch der Texte auch als Hausaufgabe erfolgen beziehungsweise die Aufgabe C2d von Ihnen übernommen werden. Die Überarbeitung der Texte kann ebenfalls als Hausaufgabe gegeben werden.

◁ **Arbeitsbuch, S. 17 / Übungen 13 + 14:**
Wortschatz (*scheinbar, anscheinend*)
Diese Übungen können an dieser Stelle oder völlig losgelöst vom aktuellen Kapitel bearbeitet werden. ▷

Sprachgebrauch: Noch in den 60er- und 70er-Jahren wurde im muttersprachlichen Unterricht Wert auf die Unterscheidung zwischen *anscheinend* und *scheinbar* gelegt. Heute weist auch der Duden, Band 9, Richtiges und gutes Deutsch, darauf hin, dass es keinen Bedeutungsunterschied mehr gibt. Es gibt indes zwei Einschränkungen grammatischer Natur: Vor attributiv gebrauchten Adjektiven kann nur *scheinbar* verwendet werden, ebenso in Verbindung mit der Partikel *nur*.
Die TN sollten lieber *scheinbar* aktiv verwenden.

◁ **Arbeitsbuch, S. 17–19 / Übungen 15 +16:**
Sätze bauen (Stellung nehmen)
Übung 15 (Wiederholung) bietet sich vor allem in schwächeren Kursen vor der Kursbuch-Aufgabe C2 an. ▷

◁ **Arbeitsbuch, S. 20 / Übung 17: Texte bauen**
(Postings schreiben)
Nach Aufgabe C2, eventuell als Hausaufgabe. ▷

D Und jetzt?, S. 15

D1
D1a (kursorisches Lesen)
■ Einzelarbeit:
Die TN bekommen den Auftrag, den Text einmal relativ schnell durchzulesen, um die Konfliktsituation des Autors erklären zu können.
■ Partnerarbeit/Plenum:
Die TN sprechen über die Situation, in der sich der Autor des Textes befindet. Eventuell zuerst zu zweit und danach im Plenum. Fragen Sie die TN auch, ob sie diese Situation kennen und wenn ja, wo und wann sie das erlebt haben, sei es in einem deutschsprachigen Land, sei es in ihrem Heimatland.

☐ **Box: Lesen / Das Trainieren von Lesestrategien, S. 87** ☐

D1b (Sprechen)

- Plenum:

Die TN machen Lösungsvorschläge. Sammeln Sie oder ein TN stichpunktartig die Vorschläge an der Tafel / am Overhead-Projektor.

Hinweis: Sollten nur wenige oder keine Vorschläge kommen, dann zwingen Sie die TN nicht. Hier geht es um den Einstieg in das Thema *Lösung von Konfliktsituationen*, in denen eigentlich beide Beteiligten die gleichen Rechte haben.

D1c (kursorisches Lesen)

- Einzelarbeit:

Die TN lesen den zweiten Textabschnitt.

Sprachlicher Hinweis: Das Wortspiel „ich nahm mein buch zur hand und las es in einem zug, in dem ich ja saß, aus" könnte Probleme bereiten. Lassen Sie eventuell diesen Satz laut vorlesen und fragen Sie die TN, was der Autor damit meint. Die konkrete Bedeutung (in einem Zug sitzen) wird wahrscheinlich klar sein. Die Bedeutung von *etwas in einem Zug auslesen* im Sinne von *durchlesen, ohne zu unterbrechen* ist möglicherweise nicht bekannt.
Weitere Möglichkeiten in Kombination mit *in einem Zug*: *etwas in einem Zug austrinken* (das heißt ohne das Glas abzusetzen), *von Punkt A nach Punkt B in einem Zug durchfahren* (das heißt ohne eine Pause zu machen)

D1d

- Kleingruppen:

Die TN diskutieren in Kleingruppen das Gelesene und äußern sich darüber, ob sie so reagieren würden und warum (nicht).

- Plenum:

Fragen Sie die TN, ob irgendjemand im Kurs so reagieren würde wie der Autor des Textes. Lassen Sie die TN noch einmal mit dem Tafelanschrieb aus Aufgabe D1b vergleichen. Die TN diskutieren, welche Lösung des Konfliktes die beste ist.

D2 Gespräch zwischen zwei Studenten

Landeskunde: Nach wie vor ist die Meinung zu hören, dass die deutsche Sprache so direkt sei. Tatsächlich ist es aber so, dass der vorsichtige, versöhnliche Umgang der Menschen im Normalfall der üblichere ist. So ist der folgende Abschnitt zur Lösungsfindung mit erheblicher Kompromissbereitschaft interkulturell als typisch für den deutschen Sprachraum zu betrachten.

D2a (kursorisches Hören: störendes Geigeüben)

- Einzelarbeit:

Die TN lesen zuerst in Ruhe die Aufgabenstellung und hören dann den Text.

🔘 **CD 1.4:** Die TN hören den Text einmal und kreuzen die Lösungen an.

- Partnerarbeit/Plenum:

Die TN vergleichen ihre Lösungen, die Ergebnisse werden im Plenum besprochen.

D2b

- Plenum/Partnerarbeit:

Besprechen Sie die Aufgabe mit den TN, die dann in Partnerarbeit gelöst wird. Spielen Sie den Dialog nur auf Nachfrage noch einmal vor.

D2c

- Partnerarbeit:

Die TN ordnen die Wendungen A–E den Abschnitten 1–5 zu.

- Plenum:

Die Lösung wird besprochen. Spielen Sie auf Wunsch den Dialog an dieser Stelle noch einmal vor. Die TN vergleichen mit der Lösung.

D3 (Sprechen: einen Kompromiss finden)
D3a

- Partnerarbeit:

Die TN finden sich selbst zu Paaren zusammen, oder Sie geben die Paare vor oder helfen TN dabei, einen Partner zu finden.
Die TN lesen die Konfliktsituationen (das kann auch noch im Plenum geschehen, ein TN liest dann laut vor). Die TN entscheiden sich je Paar für eine Konfliktsituation und verteilen ihre Rollen. Achten Sie darauf, dass tatsächlich Notizen gemacht werden und über Argumente nachgedacht wird. Ermuntern Sie die TN außerdem, das Gespräch möglichst realistisch und lebendig zu führen. Wichtig ist auch, dass sie einen Kompromiss finden und nicht bis aufs Messer streiten beziehungsweise sofort nachgeben.

☐ **Box: Ideen zur Gruppenbildung, S. 95** ☐

D3b

- Plenum:

Je nach Kursgröße können einzelne oder alle Paare ihren kleinen Dialog vorspielen. Alle Paare sollten zumindest ihren Kompromissvorschlag erklären.

◁ **Arbeitsbuch, S. 21–23 / Übungen 18–20:
Grammatik (*irgend-*)**
Die Übungen können auch losgelöst von Aufgabe D3 gemacht werden.
Übung 18: *irgend-* als Adverb
Übung 19: *irgend-* als Artikelwort und Pronomen
Übung 20: *irgendwo, irgendwelcher* usw. ▷

◁ **Arbeitsbuch, S. 23–26 / Übungen 21–23: Sätze bauen (einen Kompromiss aushandeln)**
Übungen 21 + 23: Bei ausreichender Kurszeit als Vorentlastung vor Aufgabe D3.
Übung 22: eventuell als Hausaufgabe ▷

◁ **Arbeitsbuch, S. 27 / Übung 24: Phonetik**
Am besten im Unterricht nach dem ersten Anhören einmal im Chor mit dem ganzen Kurs sprechen. Sprechen Sie mit. Danach noch einmal im Chor sprechen lassen, diesmal sprechen aber nur die TN. Im Anschluss noch einmal hören und dann in Paaren abwechselnd sprechen lassen. Ermuntern Sie die TN, ein wenig Theater zu spielen. Das macht Spaß und hilft bei der Aussprache. ▷

◁ **Arbeitsbuch, S. 28 / Übung 25: Texte bauen (ein Problem darlegen und einen Lösungsvorschlag unterbreiten)** Bei ausreichender Kurszeit Teilaufgabe a im Unterricht, Teilaufgaben b + c als Hausaufgabe ▷

E Die liebe Technik!, S. 17

E1 Produktwerbung
E1a (kursorisches Hören)
■ Plenum:
Zur Unterstützung beim Notizenmachen können Sie folgende Fragen an die Tafel schreiben, welche die TN während des Hörens beantworten sollen:
Wie heißt das Produkt?
(Lösung: „Parkengel")
Was ist es?
(Lösung: eine Software)
Ein Zubehör für welches Fahrzeug?
(Lösung: Auto)
Was kann das Produkt (Vorteile)?
(Lösung: Parklücke suchen, das Auto einparken)

Hinweis: *Notizen machen* bedeutet in *Ziel* zunehmend, Informationen stichwortartig zu notieren. Das sind Fertigkeiten, die später in vielen Kontexten wie Ausbildung, Studium, Arbeitssituationen beherrscht werden müssen. Hier muss das Wesentliche erfasst und mit den richtigen Schlüsselbegriffen notiert werden.
Manchmal gibt es während einer Vorlesung den Hinweis, man solle sich keine Notizen machen, weil es später ein Hand-out gibt. Die Vorstellung, *Notizen machen / schreiben* sei etwas für Anfänger, entspricht nicht den tatsächlichen Anforderungen.

🔘 **CD 1.5:** Die TN hören den Text einmal.

■ Partnerarbeit:
Die TN unterhalten sich über das Gehörte. Bei Bedarf noch einmal vorspielen.
■ Plenum:
Die Antworten auf oben genannte Fragen werden besprochen.

E1b
■ Partnerarbeit:
Die TN tauschen ihre Meinungen aus.

Hinweis zur Landeskunde
Obwohl es natürlich einen solchen *Parkengel* (leider …) noch nicht gibt, sind sogenannte Einparkhilfen, die mit Sensoren, Minikameras und Display für den Fahrer ausgestattet sind, bereits erhältlich. Im Gegensatz zu dem im Hörtext vorgestellten Gerät, das ja selbst einparken würde, muss der Fahrer dies noch selbst tun.
Es gibt mittlerweile auch Programme, die bei der Suche helfen. Das Einparken muss aber dann doch der Fahrer vornehmen, auch wenn Sensoren ihn dabei unterstützen.
Die im Text angepriesene Parkplatzsuche wäre auch ein Wunschtraum, da in den meisten Innenstädten das Finden eines Parkplatzes ein großes Problem ist. Wenn man überhaupt einen Parkplatz findet (blaue Zonen), ist die Parkzeit oft zeitlich beschränkt und das Parken kostet auch meistens eine Gebühr. Um dieser Parkplatznot entgegenzuwirken, werden in den meisten Städten kostenpflichtige, mehrstöckige Parkhäuser oder Tiefgaragen gebaut. Dort kann man sein Auto ohne Zeitlimit abstellen. Wenn man das Auto wieder abholt, muss eine Parkgebühr für die Dauer des Parkens bezahlt werden. Der Vorteil: Man muss sich nicht vorher schon entscheiden, wie lange man parken möchte, sondern bezahlt beim Abholen des Autos.
Durchaus üblich in deutschsprachigen Ländern ist heutzutage eine im Auto leicht anzubringende externe Software zur Navigation. Diese Navigationsgeräte (in der Umgangssprache „Navi" genannt) sind inzwischen auch in Discount-Supermärkten wie z. B. Aldi oder Lidl zu relativ günstigen Preisen erhältlich. Damit werden Routen berechnet, Adressen und Wege gefunden, sogar Ausweichrouten bei Verkehrsproblemen auf der Strecke werden vorgeschlagen. Auch sogenannte Smart-Phones verfügen zunehmend über solche Applikationen.

E2 Anruf beim Kundenservice
E2a (selektives Hören)
■ Einzelarbeit:
🔘 **CD 1.6:** Die TN hören das Gespräch, auf Wunsch auch zweimal.
Nach dem Hören machen die TN Notizen. Als Hilfe können Sie folgende Fragen an die Tafel schreiben:
Erste Forderung des Kunden: (neuen *Parkengel* oder Geld zurück)
Reaktion Kundenservice: (Kunde muss Gerät ausbauen lassen und zusammen mit einer Beschreibung des Defekts an die Firma schicken)
Zweite Forderung des Kunden: (die Firma muss dann auch Kosten für Aus- und Einbau des Geräts übernehmen)

◁ **Arbeitsbuch, S. 30 / Übung 26: Sätze bauen**
(Beschwerde am Telefon)
Teilaufgaben a, b und d eventuell im Unterricht,
Teilaufgabe c als Hausaufgabe. Bei ausreichender
Kurszeit könnte der Dialog in Teilaufgabe a
mit verteilten Rollen gelesen werden, wobei
die TN zur richtigen Intonation angehalten
werden sollten. ▷

E2b (detailliertes Lesen: Beschwerdebrief)
■ Einzelarbeit/Plenum:
Die TN lesen den Text und kreuzen an, Besprechung
im Plenum.

E2c (Schreiben: Beschwerdebrief)
■ Partnerarbeit:
Der Brief wird zu zweit ergänzt.

Hinweis: Bei dieser Paarübung empfiehlt es sich,
stärkere und schwächere TN als Team zusammenarbeiten zu lassen. Das Formulieren von Texten ist
meistens die schwierigste Aufgabe für schwächere
TN. Zusammen mit einem stärkeren TN haben sie
dann auch ein Erfolgserlebnis (voneinander lernen),
vor allem wenn (wie in Teilaufgabe E2d vorgeschlagen) die Texte mit anderen Paaren zur Korrektur
getauscht werden.
Man sollte aber auch vermeiden, zu dominante
TN mit zu zurückhaltenden arbeiten zu lassen: Die
Gefahr, dass die schüchternen TN sich dann überhaupt nicht einbringen können, ist relativ groß.

E2d
■ Partnerarbeit:
Die Texte werden getauscht und korrigiert.
■ Plenum:
Lassen Sie wenigstens einen Brief komplett vorlesen
und an entsprechender Stelle von verschiedenen
Paaren die Lösungsvorschläge ergänzen.
Wenn Sie eine Überleitung zur Grammatik brauchen,
können Sie die Lösungsvorschläge auch an die Tafel
schreiben und anschließend im Arbeitsbuch die
Übungen 27–29 zum Thema *wenn/falls, entweder –
oder, statt ...* machen lassen.

◁ **Arbeitsbuch, S. 33 / Übung 27: Grammatik**
(Bedingungssätze: *wenn* und *falls*) ▷
◁ **Arbeitsbuch S. 34 + 35 / Übungen 28–30:**
Grammatik (Texte strukturieren)
Übung 28: Wiederholung *entweder ... oder*
Übungen 29 + 30: modale Angaben *(an)statt
dass, anstatt zu, stattdessen, statt + Genitiv* ▷
◁ **Arbeitsbuch, S. 36–38 / Übungen 31–33:**
Grammatik (Aufforderungen)
eventuell als Hausaufgabe ▷
◁ **Arbeitsbuch, S. 38–41 / Übungen 34 + 35:**
Texte bauen (schriftliche Beschwerde) ▷

Hinweis zur Binnendifferenzierung:
Die Aufgabe 34 eignet sich besonders für TN, die
beim Formulieren eigener Texte noch Probleme
haben. Die Textbausteine in Teilaufgabe c ermöglichen es auch schwächeren TN, einen ansprechen-
den Text zu formulieren und ein Erfolgserlebnis
beim Verfassen eines Textes zu haben. Aufgabe
35 (Vertiefung) ist wegen des selbstständigen
Formulierens für TN geeignet, die weniger Probleme
haben, eigenständig zu formulieren.

Hinweis zur Prüfungsvorbereitung:
Diese Übung bereitet auf die B2-Prüfung vor. In der
Prüfung *telc Deutsch B2, schriftlicher Ausdruck* ist
eine Beschwerde ein gängiges Prüfungsformat. In
der Lektion 12 wird auch die Beschwerdeform geübt,
die für die *Prüfung B2 Mittelstufe Deutsch* des *ÖSD*
typisch ist.
Auf C1 ist das Einfordern nicht eingehalte-
ner Vereinbarungen ein Thema. Dafür sind die
Strukturen, die hier in Zusammenhang mit der
Beschwerde aufgebaut werden, notwendig. Deshalb
sind sie auch Teil der Kannbeschreibungen.

☐ **Box: Prüfungen auf Niveau B2, S. 105** ☐

9

Fokus Grammatik:
Aufforderungen im Kontext, S. 18

Hinweis:
Im Arbeitsbuch wird dieses Thema auf S. 36–38
mit den Übungen 31–33 behandelt. Wenn Sie diese
Übungen bereits vorher als Hausaufgabe gegeben
haben, beteht hier eine gute Möglichkeit, den dies-
bezüglichen Wissensstand der TN zu prüfen beziehungsweise zu vertiefen, zusammenzufassen.

Aufgabe 1
Aufgabe 1a
■ Plenum:
Die TN betrachten das Foto und klären die Situation
(Berufsleben – auf einer Baustelle)
■ Einzelarbeit:
Die TN kreuzen an, welche Aufforderungen zu dieser
Situation passen.

Aufgabe 1b
■ Plenum:
● CD 1.7: Die TN hören und vergleichen ihre
Lösungen.

Hinweis: Die knappen Aufforderungen 1, 3, 4, 6, 7
sind hier angebracht, da es sich um eine Baustelle
handelt, wo es sehr laut ist und man im Allgemeinen
kurze, präzise Anweisungen braucht.

Aufgabe 2a + b

- Einzelarbeit:
Die TN entscheiden sich für die zu den Fotos passenden Sätze.
- Plenum:
⊙ CD 1.8: Die TN hören und vergleichen ihre Lösungen.

Aufgabe 3

Aufgabe 3a
- Einzelarbeit:
⊙ CD 1.9: Die TN hören und ordnen zu.

Aufgabe 3b
- Einzelarbeit/Partnerarbeit:
Die TN entscheiden sich für die zu den Aufforderungen passenden Gespräche und vergleichen mit ihrem Partner.
Spielen Sie den Text noch einmal vor.

Aufgabe 4

Hinweis: Wenn Sie in Aufgabe 3b den Hörtext noch einmal vorgespielt haben, ist das an dieser Stelle nicht mehr nötig.
- Einzelarbeit:
Die TN lesen die Aufgabe und kreuzen an.
- Plenum:
Die Lösungen werden besprochen.

Extra-Aktivität: laut intonieren beziehungsweise brummen

Lassen Sie die TN in Kleingruppen die in Aufgabe 3b aufgeschriebenen Aufforderungen vorlesen und bitten Sie die TN, durch Betonung Höflichkeit oder Unhöflichkeit beziehungsweise Aggressivität zu signalisieren. Ermuntern Sie die TN, auch einmal laut zu werden.
In einem weiteren Schritt können Sie die TN auffordern, markante Sätze auszuwählen und diese nur zu brummen. Durch die entsprechende Intonation soll klar werden, ob es sich um eine höfliche Aufforderung handelt, also ein Satz aus den Teilaufgaben a–c gebrummt wird, oder um eine aggressive beziehungsweise unhöfliche Aufforderung aus den Teilaufgaben d–f. Die anderen TN der Kleingruppe raten, um welche Sätze es sich handelt.

◁ **Arbeitsbuch, S. 41 / Übung 37:** Fokus
Grammatik: Test
Als „Endkontrolle" (Übung 37a) beziehungsweise Ergänzung (37b). ▷

Hinweis zum Sprachgebrauch: Zur angemessenen Sprachanwendung gehört es unbedingt dazu, dass man Aufforderungen verstehen und Aufforderungen angemessen formulieren kann. Dabei kommt es relativ selten zur einfachen Verwendung von Imperativformen. Die Übungen in Band 1, Lektion 7, Übung 3–5 und hier in Lektion 9, Übung 31–33 zeigen dies recht deutlich.

Im Hinblick sowohl auf die rezeptiven als auch auf die produktiven Fertigkeiten sind diese Übungen sehr wichtig.

F Die ganze Welt in einer Kugel – oder doch nicht?, S. 19

F1

Hinweise zum Sprachgebrauch:
Austro-Kanadier ist jemand, der in Österreich geboren beziehungsweise aufgewachsen ist, jetzt aber in Kanada lebt. Weitere interessante Kombinationen:
austro- = Österreich betreffend
afro- = Afrika betreffend (Afroamerikaner = der Amerikaner, dessen Vorfahren aus Afrika stammen)
anglo- = England beziehungsweise Englisch betreffend
franko- = Frankreich betreffend (z. B. frankophon = jemand, der Französisch spricht; frankophil = jemand, der frankreichfreundlich ist)
italo- = Italien betreffend
selfmade (aus dem Englischen: selbst gemacht) bedeutet hier, dass er es ohne Hilfe anderer geschafft hat, Millionär zu werden.
Cheopspyramide: die größte Pyramide Ägyptens (12 km südlich von Kairo) mit einer Kantenlänge von knapp 230 m und einer Höhe von 137 m.

Gebräuchliche Maßeinheiten
– Fläche:
Quadratmeter (m²), Quadratkilometer (km²), Ar (a), Hektar (ha), Morgen (in der Landwirtschaft)
1 Ar = 100 m²; 1 ha = 10.000 m²;
1 km² = 1.000.000 m²; 1 Morgen= 2.500 m² oder 25 Ar;
– Entfernungen:
Millimeter (mm), Zentimeter (cm), Dezimeter (dm), Meter (m), Kilometer (km), Meilen, Seemeilen
1 cm = 10 mm; 1 dm = 10 cm, 1 m = 100 cm,
1 km = 1.000 m; 1 Meile = ca. 1,6 km;
1 Seemeile = ca. 1,5 km
– Gewichte:
Gramm (g), metrisches Pfund, Kilogramm (kg), Zentner, europäische Tonne (t)
1 Pfund = 500g; 1 kg = 1.000 g; 1 Zentner = 50 kg;
1 t = 1.000 kg
in Österreich: 1 dag (Dekagramm oder „Deka") = 10 g
– Volumen
Milliliter (ml), Kubikzentimeter (cm³), Liter (l), Hektoliter (hl)
1 ml = 1 m³; 1 l = 1.000 ml = 1.000 cm³; 1 hl = 100 l

Hinweise zur Landeskunde:

Die **Steiermark** ist eines der neun österreichischen Bundesländer und liegt im Südosten Österreichs, südlich von Wien, östlich von Kärnten und westlich vom Burgenland. Dieses Bundesland grenzt außerdem im Süden an Slowenien.

Die anderen österreichischen Bundesländer: Vorarlberg, Tirol, Salzburg, Kärnten, Ober- und Niederösterreich, das Burgenland – und die Hauptstadt Wien, die auch ein Bundesland ist.

Eine **Gemeinde** ist in allen drei deutschsprachigen Ländern (Deutschland, Österreich, Schweiz) die kleinste Verwaltungseinheit des Staates.

Der **Gemeinderat** ist die Vertretung der Bürger einer Gemeinde, eine Art Mini-Parlament.

Der Gemeinderat legt die Grundsätze für die Verwaltung der Gemeinde fest und entscheidet über alle Angelegenheiten der Gemeinde, soweit nicht der Bürgermeister kraft Gesetzes zuständig ist. Auch der Gemeinderat kann dem Bürgermeister bestimmte Angelegenheiten übertragen. Die Mitglieder des Gemeinderats, die sogenannten Gemeinderäte, werden von den Bürgern gewählt.

Bürgerversammlung: Der **Bürgermeister** ist das Oberhaupt, also der „Chef" einer Gemeinde und wird entweder vom Gemeinderat oder von den Bürgern direkt gewählt. In größeren Städten in Deutschland heißen diese Bürgervertretungen „Stadtrat", außerdem gibt es dort mehrere Bürgermeister und als Chef den sogenannten Oberbürgermeister.

F1a (selektives Lesen)

■ **Einzelarbeit:**
Die TN lesen den Text und suchen die folgenden Informationen aus dem Text:
Mega-Freizeitpark Magna Globe Resort (10 ha groß) mit Weltkugel (120 m hoch, auf 20–30 m hohen Statuen) – keine Eintrittsgebühr, soll 10.000 Besucher täglich anlocken

F1b

■ **Partnerarbeit:**
Die TN vergleichen die gefundenen Fakten des Projekts und formulieren Sätze nach dem vorgegebenen Muster.
In der Kugel: *In der Kugel gibt es ein Themenrestaurant. In der Kugel findet man ein Amphitheater (3000 Plätze). In der Kugel kann man viele Sehenswürdigkeiten besichtigen. In der Kugel findet man aber auch Wasserfälle und Urwälder. Man kann dort eine Zeitreise durch die Geschichte machen. An manchen Stellen sieht es dort aus wie in einem Urwald. Usw.*
Außerhalb der Kugel: *Außerhalb der Kugel gibt es eine Galopp- und Trabrennbahn. Daneben gibt es auch ein Natur-Lehrzentrum für Schüler und ein Umweltschutzzentrum. Man findet dort aber auch eine Konferenz- und eine Wohnhausanlage. Das Projekt bietet auch ein Einkaufszentrum. Usw.*

Hinweis: Diese Aufgabe wird zur Vorbereitung der Diskussion in F3 benötigt.

■ **Plenum:**
Besprechen Sie die Aufgabe mit dem gesamten Kurs. Ein TN kann auf Zuruf die Informationen aus Aufgabe 1a an die Tafel schreiben – am besten schon getrennt nach *in der Kugel* und *außerhalb der Kugel*. Danach formulieren die TN im Plenum die Sätze aus Aufgabe 1b.

F2 (Notizen machen)
■ **Einzelarbeit:**
Die TN notieren ihre Meinung zu den Fragen. Bitten Sie die TN auch, eine Begründung für ihre Meinung zu überlegen und aufzuschreiben. Beim Notizenmachen ist es wichtig, dass die TN lernen, Stichworte aufzuschreiben und nicht ganze Sätze zu formulieren.

☐ **Box: Notizen machen, S. 99** ☐

F3 (Rollenspiel „Bürgerversammlung", eine Diskussion führen)
Hinweis: Idealerweise bilden die TN Vierergruppen. Lässt sich die TN-Zahl des Kurses nicht durch vier teilen, bilden Sie so viele Vierergruppen wie möglich und eventuell noch entsprechend viele Dreiergruppen. Gruppen mit mehr als vier Teilnehmern sind nicht so gut, da dann zwei TN die gleiche Rolle einnehmen müssen und der einzelne TN in der Diskussion nicht wirklich um seine Position kämpfen muss. Dies führt manchmal dazu, dass nur einer der beiden spricht.

■ **Kleingruppen:**
Die TN entscheiden sich für eine Rolle.
■ **Einzelarbeit:**
Die TN lesen ihre entsprechende Rollenkarte und machen sich Notizen mit eigenen Argumenten. Bevor die Diskussion beginnt, sollten die TN die Ausdrücke und Wendungen auf S. 20 im Kursbuch durchlesen und sich überlegen, welche davon sie benutzen können, beziehungsweise welche für ihre Diskussion nützlich sein könnten.

Hinweis: Geben Sie den TN genug Zeit, diese Wendungen und Ausdrücke durchzulesen. Pro Situation (Verständnis zeigen / Unverständnis zeigen / Stellung nehmen usw.) sind etliche Alternativen aufgeführt. Beim Durchlesen sollen die TN die Wendungen markieren, die ihnen besonders gut gefallen, jedoch nicht mehr als zwei bis drei pro Situation. Diese sollten dann aber in der Diskussion tatsächlich zur Anwendung kommen.
Für alle diese produktiven Aufgaben gilt, dass die Vorbereitungszeit und die gründliche Vorbereitung das Gelingen der Aufgabe sicherstellen. Außerdem trainieren die TN damit auch das effektive Nutzen der Vorbereitungszeit in den Prüfungen.

■ Kleingruppen:
Die TN diskutieren und finden eine Lösung.

F4

■ Plenum:
Ein Sprecher je Gruppe stellt kurz die gefundene Lösung dar.

F5

Die Internetrecherche eignet sich gut als Hausaufgabe, vor allem wenn Sie keinen Internetzugang in den Unterrichtsräumen haben. Am nächsten Tag werden die gefundenen Informationen zusammengetragen. Auch als Projekt für einzelne Kursteilnehmer eignet sich die Aufgabe. In diesem Fall werden die gefundenen Fakten in einem Kurzreferat zusammengefasst und vorgetragen.
Haben Sie aber die Möglichkeit, während des Kurses ins Internet zu gehen, dann könnten Sie folgendermaßen vorgehen:
Geben Sie ein Zeitlimit von ca. 10–15 Minuten. Die TN notieren die gefundenen Informationen in Stichpunkten und danach wird alles gesammelt, was die TN gefunden haben, und an der Tafel notiert. Weisen Sie vorher darauf hin, dass es in diesem Fall wichtig ist, darauf zu achten, wann etwas geschrieben wurde (vor, während oder nach der Planung des Unternehmens) und aus welcher Quelle die Informationen stammen.

◁ **Arbeitsbuch, S. 42 + 43:** *Darüber hinaus*
Übung 38: Übung zu den Prüfungen (Steht das im Text?) Trainiert das Leseverstehen.
Übung 39: Texte lesen (selektives Lesen)
Auch diese Übung besitzt gewisse Prüfungsrelevanz (Zuordnungsaufgaben beim Leseverstehen.) ▷

□ **Box: Die Arbeit mit Arbeitsbuch und Lösungsschlüssel, S. 85** □

Wendungen und Ausdrücke, S. 20
Hinweis: Auf der Lerner-CD-ROM (im Arbeitsbuch mit Lerner-CD-ROM) finden Sie alle Wendungen und Ausdrücke aus *Ziel* B2, Band 1 und Band 2, nach Sprechabsichten sortiert.

Grammatik, S. 21
Hinweis: Auf der Lerner-CD-ROM (im Arbeitsbuch mit Lerner-CD-ROM) finden Sie die Gesamtübersicht zur Grammatik aus *Ziel* Band 1 und Band 2. Für manche TN ist es wichtig, die einzelnen Grammatikphänomene auch in einem Gesamtzusammenhang sehen zu können. Die Grammatikübersicht mit 45 Seiten ist eine nützliche Referenzgrammatik für diese Stufe.

Fotodoppelseite: Aus Überzeugung, S. 21, 22
Hinweis: Im Lehrwerkservice komplett (zum kostenlosen Ausdrucken) oder im Anhang (als Auswahl) finden Sie Arbeitsblätter für die Projektarbeit zu den Fotodoppelseiten als Kopiervorlagen.

Worum geht es in der Lektion?

Lernziel: Alltagsgespräche führen

Abschnitt **A**: „Was sich liebt, das ähnelt sich"
Fertigkeiten: Sprechen
Lernziele: Die TN sprechen über Anpassung im Allgemeinen.

Abschnitt **B**: „Farbenspiel" – Farben und ihre Bedeutung
Fertigkeiten: Lesen, Sprechen
Lernziele: Farben im engeren und weiteren Sinn werden thematisiert: Die TN erweitern ihren
Wortschatz zum Thema *Farben* (konkret und figurativ in Redewendungen), sie lesen Sachtexte
und erreichen in einer Diskussion eine Einigung.

Abschnitt **C**: „Das passt nicht mehr?!" Die Deutschen wurden neu vermessen.
Fertigkeiten: Lesen, Hören, Sprechen
Lernziele: Die TN lesen einen Sachtext zu dem realen Projekt *Size Germany* zur Vermessung der
Deutschen (Größe, Höhe, Umfang, Proportionen). Das Vokabular zum Thema Kleidung steht im
Mittelpunkt des Abschnitts. Kurzinterviews zu diesem Projekt werden gehört. Die TN formulie-
ren die eigene Meinung dazu und ergänzen ein Telefongespräch. Dazu gibt es noch Gespräche
beim Einkauf von Kleidungsstücken im Angebot.

Abschnitt **D**: „Architektur der Übergänge" – ein außergewöhnliches Architekturprojekt
Fertigkeiten: Hören, Sprechen
Lernziele: Die TN verstehen in einem Radiointerview die wichtigsten Informationen und erwei-
tern ihren Wortschatz zum Thema *Architektur*, *Umwelt* und *Industrie*. Sie legen ihren eigenen
Standpunkt dar, begründen diesen und einigen sich mit anderen.

Abschnitt **E**: „Anpassung an ...?" Politisches und soziales Engagement einer Wahlbeobachterin im Ausland
Fertigkeiten: Lesen, Sprechen, Hören
Lernziele: Die TN sprechen über die Themen *Krankenhaus* und *Hilfsorganisationen*. Außerdem
lernen sie das nötige Vokabular sowie die Wendungen und Ausdrücke für die Beurteilung und
Bewertung von Aktionen oder von Engagement.

Abschnitt **F**: „Der Anpasser: andere Länder, andere Sitten"
Fertigkeiten: Lesen, Sprechen
Lernziele: Die TN lesen einen authentischen journalistischen Text ohne Zuhilfenahme des
Wörterbuchs. Danach notieren sie eigene Gedanken und tauschen sich mit ihren Lernpartnern
über das Thema *Vorbereitung auf einen Auslandsaufenthalt* aus. Dabei setzen sie die gelernten
Ausdrücke und Wendungen korrekt ein.

Fokus Grammatik:
1. Negation im Kontext
2. Partikeln im Kontext (Auswahl)

Thematischer Einstieg: Assoziationsseite, S. 24

Hinweis zu den Assoziationseinheiten im Unterricht siehe Lektion 9, S. 7 und Kopiervorlage S. 142 f.

Aufgabe 1
■ Plenum:
Die TN lassen ihre Bücher zu. Schreiben Sie an die Tafel: *sich an etwas anpassen*
Klären Sie zusammen mit den TN die Bedeutung des Wortes.

Hinweis: Sinnverwandte Ausdrücke, die zur Klärung herangezogen werden können: *sich angleichen, sich einfügen, sich einleben, sich eingliedern, sich einordnen, sich gewöhnen an etwas, vertraut werden mit etwas, sich richten nach etwas, sich einstellen auf etwas*
Fremdwörter im Deutschen (helfen in internationalen Gruppen oft mehr als deutsche Synonyme): *sich akklimatisieren, sich integrieren, konform gehen mit etwas*

Hinweis: Wenn Ihre TN lieber mit konkreten Aufgaben arbeiten, können Sie hier direkt mit dem Abschnitt A beginnen.

■ Kleingruppen/Plenum:
Bitten Sie die TN, in der Kleingruppe zunächst zu sammeln, woran sie sich ganz persönlich schon einmal anpassen mussten. Die Ideen werden danach im Plenum geäußert.
Schreiben Sie dann folgende Begriffe an die Tafel, sodass um jeden Begriff ein Assoziogramm gemalt werden kann:
Menschen — Tiere — Pflanzen
Schreiben Sie abseits davon an die Tafel:
Woran passt sich jemand/etwas an?
Die TN sammeln in den Kleingruppen Ideen.
Schreiben Sie währenddessen zur Inspiration der TN weitere Begriffe an die Tafel:
Arbeit, Natur, Klima, Jahreszeit usw.

■ Plenum:
Bitten Sie aus jeder Gruppe einen TN an die Tafel, damit er die Assoziogramme mit den Ideen der Gruppe ergänzt. Die TN aus der jeweiligen Gruppe helfen mündlich.

Aufgabe 2
■ Kleingruppen:
Die TN öffnen die Bücher, betrachten die Fotos und klären die Frage, inwieweit die Fotos zum Thema *angepasst* passen. In schwächeren Gruppen können auch zunächst die auf den Fotos dargestellten Personen und Dinge beschrieben werden.

Einstiegsaufgabe A: Was sich liebt, das ähnelt sich, S. 25

Hinweis: Wenn Sie die Aufgaben der Assoziationsseite intensiver bearbeitet haben, können Sie in dieser Lektion die Aufgabe A weglassen.

A (Sprechen)
Aa
■ Plenum:
Besprechen Sie kurz die Aufgabenstellung
■ Einzelarbeit:
Die TN betrachten die Fotos, lesen die Wendungen und machen sich Gedanken zu der gestellten Frage.
■ Partnerarbeit:
Die TN tauschen ihre Gedanken aus.

Ab
■ Partnerarbeit:
Die TN äußern ihre Empfindungen.

Hinweis zur Landeskunde / interkulturelle Komponente:
Im deutschen Sprachraum sagt man, dass sich vor allem ältere Hundebesitzer und Hunde optisch und im Verhalten aneinander anpassen beziehungsweise einander immer ähnlicher werden. Fragen Sie die TN, ob man das in ihrem Heimatland auch so oder ähnlich sagt.

B Farbenspiel, S. 25

B1
B1a (detailliertes Lesen)
■ Einzelarbeit:
Die TN versuchen, spontan und ohne viel zu überlegen die Aufgabe zu lösen.
■ Plenum:
Die Lösungen werden besprochen.

Hinweis: In dieser Aufgabe geht es um die Verwendung von Farben in Redewendungen. Diese sind festgelegt und werden überall verstanden.

B1b
■ Plenum:

Hinweis: Hier geht es um die Redewendungen mithilfe von Farben in der Muttersprache. Interessant ist, ob diese Redewendungen in der Übersetzung für die anderen TN oder überhaupt auf Deutsch verständlich sind.

◁ **Arbeitsbuch, S. 44 / Übung 1: Wortschatz (Farben)** ▷
◁ **Arbeitsbuch, S. 45 / Übung 2: Wortschatz (Farben), Vertiefung** ▷

Hinweis: In den Arbeitsbuchübungen werden Farben, Farbnuancen, Wortbildungen usw. geübt sowie feste Ausdrücke, wie *eine Fahrt ins Blaue*.

B2

B2a

■ Einzelarbeit:
Die TN schreiben ihre Assoziationen auf.

■ Plenum:
Schreiben Sie die fünf Farben (wenn möglich mit Farbkreide) nebeneinander an die Tafel und lassen Sie die TN selbst ihre Assoziationen an die Tafel schreiben. So bewegen sich möglichst alle TN zur Tafel – der Kreislauf kommt in Schwung.

Hinweis: Zumindest aus der Sicht des deutschen Sprachgebrauchs gibt es hier kein *richtig* oder *falsch*. Wie der Hinweis zur Landeskunde und der Lesetext in B2c zeigen, ist die Interpretation sehr vielfältig. Die TN können hier ihre eigenen Erfahrungen, Empfindungen, kulturellen Erfahrungen einbringen.

Hinweis zur Landeskunde und zum Sprachgebrauch:

Farben werden manchmal mit folgenden Gefühlen oder Charaktereigenschaften in Verbindung gebracht:

Weiß	Unschuld, Reinheit
Schwarz	Farbe der Dunkelheit, Trauer, Traurigkeit, Böses, Kummer, aber auch Eleganz
Rot	Farbe der Liebe, des Feuers, aber auch Wut/Zorn
Gelb	Eifersucht und Neid
Grün	Hoffnung (Farbe der Frische, des Wachstums), manchmal aber auch Neid
Blau	Farbe des Himmels: Treue, Sehnsucht, Wahrheit, Glaube,

B2b (kursorisches Lesen, Sprechen)

■ Einzelarbeit:
Die TN lesen den Text.

■ Kleingruppen (2–4 TN), danach Plenum:
Die TN tauschen ihre Ideen darüber aus, was das Ziel des Textes sein könnte.

B2c (selektives Lesen)

■ Plenum:
Lesen Sie gemeinsam mit den TN die Aufgabe und stellen Sie sicher, dass die Aufgabenstellung verstanden wurde.

■ Einzelarbeit:
Die TN suchen die Eigenschaften aus Aufgabe B2a (Tafelanschrieb) im Text und markieren diese im Text als erledigt.
Danach kreisen die TN die fehlenden Eigenschaften im Buch ein.

■ Plenum:
Die Aufgabe (Teilaufgaben 1 und 2) wird besprochen. Bitten Sie freiwillige TN, die im Text neuen Eigenschaften an der Tafel (Aufgabe B2a) eventuell in anderer Farbe zu ergänzen.
Die TN äußern sich dazu, ob sie Eigenschaften unpassend finden. Fragen Sie die TN auch, warum sie diese oder jene Eigenschaft für unpassend halten.

Folgende Übungen eignen sich gut als Hausaufgabe:
◁ **Arbeitsbuch, S. 46 + 47 / Übungen 3–6: Grammatik (Wortbildung Nomen)**
Übung 3: Wiederholung (-heit, -keit, -er, -erin, -nis, -ung, -ei, -lein, -chen, -e)
Übung 4: -ität, -schaft, -ion, -ismus
Übung 5 ▷

Hinweis: Die Nomen in den Teilaufgaben 3–5 gehören der n-Deklination an, d. h. sie haben außer im Nominativ Singular immer die Endung *-en*: „Ich kenne einen Studenten, der …" – „Die Tasche gehört dem Praktikanten." – „die Frau des Journalisten" – „Die Polizisten sind im Einsatz."
Im Rahmen der Binnendifferenzierung können Sie hier eine kurze Wiederholungssequenz einfügen. Überstrapazieren Sie das Thema aber nicht.

Hinweis: Für die TN kann es ganz interessant sein, diese Wörter mit den Übersetzungen in der Muttersprache oder einer anderen Sprache zu vergleichen. Welche von ihnen sehen ähnlich aus oder klingen ähnlich?

Übung 6: „falsche Freunde": An dieser Stelle kann die Auswahl und Arbeit mit dem Wörterbuch thematisiert werden.

Hinweis: Diese Übung basiert auf „falschen Freunden", wenn man die deutsche Bedeutung mit der englischen vergleicht. Eventuell ergeben sich für andere Sprachen auch „falsche Freunde" aus der Übung 5a.
Ein berühmter falscher Freund ist das Wort *gift*: „*das Gift*" und „*the gift*" (das Geschenk) haben schon zu manchen unangenehmen Missverständnissen geführt.

☐ **Box: Die Arbeit mit dem Wörterbuch, S. 91** ☐

B2d (Sprechen: sich einigen)

■ Plenum/Kleingruppen:
Bitten Sie die TN, sich in Kleingruppen (z. B. Vierergruppen) zusammenzufinden, oder teilen Sie die Gruppen ein – z. B. mithilfe von bunten Zetteln, die Sie austeilen. Die TN werden gebeten, sich nach Farben auf den Zetteln zusammenzufinden (alle TN mit einem blauen Zettel formen die „blaue Gruppe", die mit einem roten Zettel die „rote Gruppe" usw.).

10

Lassen Sie eine Gruppe die Aufgabenstellung und die Sprechblasen mit verteilten Rollen laut lesen. Die TN lesen dann in den Kleingruppen noch die Redemittel, bevor sie mit der Diskussion beginnen. In schwächeren Gruppen eignen sich folgende Übungen im Arbeitsbuch als Vorentlastung für die Aufgabe B2d:

◁ **Arbeitsbuch, S. 52 / Übung 14: Phonetik (kurze Antworten)** ▷
◁ **Arbeitsbuch, S. 52 / Übung 15: Sätze bauen (verkürzte Sätze)** ▷

Weitere Übungen im Arbeitsbuch:
◁ **Arbeitsbuch, S. 51 / Übung 13: Phonetik**

Folgende Übungen stellen eine gute Vorentlastung oder Vorbereitung beziehungsweise Ergänzung zu Fokus Grammatik: Negation im Kontext (Kursbuch S. 27) dar:

◁ **Arbeitsbuch, S. 48–50 / Übungen 7–12: Grammatik (Negation)**
  Übung 7: Wiederholung *nicht* und *kein*
  Übung 8: Negationswörter
  Übung 9: Negation mit Vor- und Nachsilben
  Übung 10: *weder ... noch*
  Übung 11: Verstärkung der Negation (*gar, überhaupt, auch*)
  Übung 12: Kurze Antworten ▷

Hinweis: Für die lebendige Kommunikation ist es wichtig, sich in den Antworten den Gepflogenheiten der Muttersprachler anzunähern. Um die Korrektheit der grammatischen Struktur in Sätzen sicherzustellen, hieß es im Anfängerunterricht oft: „Antworten Sie bitte in ganzen Sätzen." Gerade bei einfachen Antworten des Alltags beschränkt man sich aber in der Regel auf die neue Information. Nutzen Sie hier die Möglichkeit, dies mit Ihren TN zu besprechen.

Hinweis: Das Thema *Negation* knüpft hier an die ablehnenden Wendungen und Ausdrücke an.

Hinweis – die Position von *nicht*
Häufig kommt die Frage nach der richtigen Stellung von *nicht* im Satz. Hierbei zu sehr in die Tiefe zu gehen, hat wenig Sinn, denn das Thema ist schier unerschöpflich ... Es gibt allerdings eine pragmatische Faustregel, mit der die TN meist gut leben können:
Wenn **der ganze Satzinhalt negiert** werden soll, steht *nicht* möglichst weit am Ende des Satzes, jedoch vor dem zweiten Teil des Verbs:
Der Zug fährt heute nicht. / Der Zug ist gestern nicht gefahren.
Kaufst du die Schuhe? – Nein, ich kaufe sie nicht. Mein Bruder hat gestern seine Hausaufgabe nicht gemacht. Ich mache sie heute auch nicht. Allerdings wird sich die Lehrerin darüber morgen sicher nicht freuen.

Außerdem wird *nicht* vor die präpositionale Ergänzung und vor modale Angaben gestellt:
Herr Müller fliegt dieses Jahr nicht nach Ägypten. / Das Buch liegt nicht auf dem Tisch. / Der Zug fährt nicht nach Hamburg.
Herr Meier muss wirklich nicht viel arbeiten./ Mein Mann tanzt leider nicht gern.

Wenn **Teile des Satzes negiert** werden sollen, steht *nicht* vor dem Satzteil, der negiert wird.
Ich bin gestern nicht pünktlich gekommen (ich bin gekommen, aber nicht pünktlich). / Die Kinder sollen nicht heute Nachmittag Tennis spielen, sondern morgen Nachmittag. / Nicht Ella hat das kaputt gemacht, sondern Erna.

Alle weiteren Regeln und Möglichkeiten gehören in die Stufe C1.

Fokus Grammatik: Negation im Kontext, S. 27

Aufgabe 1

Hinweis zur Binnendifferenzierung:
Für schwächere TN empfiehlt es sich, die Übungen 7–12 im Arbeitsbuch S. 48–50 vor Fokus Grammatik: *Negation im Kontext* bearbeiten zu lassen, z. B. als Hausaufgabe.
Als Einzelphänomen sind die Dinge hier nicht neu. Manches haben die TN bisher aber wahrscheinlich eher als Vokabel gelernt und nicht als Möglichkeit der Negation systematisiert.

1a
▪ Plenum:
⊙ CD 1.11: Die TN hören und lesen die Sätze.
1b
▪ Einzelarbeit:
Die TN ordnen die Sätze zu.
▪ Plenum:
Die Aufgabe wird besprochen.

Aufgabe 2
▪ Einzelarbeit/Plenum:
⊙ CD 1.12: Die TN hören und ordnen die „Smileys" zu. Danach Kontrolle im Plenum.

Aufgabe 3
3a
▪ Einzelarbeit:
⊙ CD 1.13: Die TN hören, streichen und ergänzen.
3b
▪ Partnerarbeit:
Die TN vergleichen die Ergebnisse aus Aufgabe 3a und versuchen das Prinzip zu finden.

● Plenum:
Besprechung der Aufgabe

◁ **Arbeitsbuch, S. 74 / Übung 36:** Mini-Test zum
Fokus Grammatik ▷

C Das passt nicht mehr!?, S. 28

C1
● Plenum:
Die TN suchen gemeinsam nach Situationen, in
denen dieser Satz passt.
z. B.:
*man ist älter / stärker / dünner geworden, der Körper
hat sich verändert, weil man viel Sport macht / keinen
Sport mehr macht / ein Kind bekommen hat / einen
sitzenden Beruf ausübt / ...:* Schrank aufräumen /
Kleidung aussortieren und dadurch im Schrank Platz
schaffen/machen / Hochzeitskleid, -anzug nach
mehreren Jahren wieder anprobieren / im Herbst
probiert man die Winterkleidung vom letzten Jahr
und sie passt nicht mehr / Kleid, man hat es vor
zehn Jahren getragen / der berühmte Kommunions-
anzug / Kleidungsstücke, die man irgendwann
geerbt hat / *Kinder sind gewachsen:* Sie sind aus
einem Kleidungsstück „herausgewachsen", das
heißt, sind zu groß dafür geworden *die Mode hat sich
geändert:* man kann das Kleidungsstück nicht mehr
tragen

Hinweis: Man sollte nicht auf dem Klischee dick /
dünn herumreiten. Auch wäre hier die Diskussion
gesund / ungesund nicht angebracht. Im Übrigen
haben deutsche Wissenschaftler 2009 herausgefunden, dass die Kriterien dünn / dick = gesund /
ungesund so, wie bisher angenommen, nicht stimmen. Die Mediziner müssen hier umdenken.

C2
C2a (kursorisches Lesen: Zeitungsartikel)
● Einzelarbeit:
Die TN lesen den Text und kreuzen an.

Hinweise zum Sprachgebrauch:
Konfektion: fabrikmäßige Serienherstellung von
Kleidung
Konfektionsgröße: genormte Kleidergrößen für
Kleidung, die industriell gefertigt wurde
Konfektionsware: industriell gefertigte Kleidung
Maßanfertigung: Gegenteil von Konfektionsware,
das heißt nach dem persönlichen Maß des Kunden
geschneidert (auch: Maßanzug, Maßschuhe, nach
Maß gefertigt usw.)
„Size Germany": (aus dem Englischen *to size*) =
größenmäßig ordnen, d. h. Deutschland beziehungs-
weise die deutsche Bevölkerung vermessen und in
Kleidergrößen einteilen

Hinweis zur Landeskunde:
Hintergrundinformationen Projekt „Size Germany"
Von Juli 2007 bis Spätherbst 2008 wurden an verschiedenen Standorten in ganz Deutschland rund
13000 Männer, Frauen und Kinder nach Größe und
Umfang vermessen. Freiwillige konnten sich melden
und mitmachen. Es war die erste Reihenmessung
in Deutschland, die mithilfe einer sehr modernen,
sogenannten Bodyscanning Technologie einen reprä-
sentativen Querschnitt der gesamten deutschen
Bevölkerung lieferte. Kameras dieses Laserscanners
zeichneten die Körpermaße des Probanden auf
und gaben sie an ein Computerprogramm weiter.
Es wurde ein genaues Abbild der Versuchsperson
gezeichnet, und innerhalb von Sekunden erschien
ein dreidimensionaler „Zwilling" des Probanden auf
dem Bildschirm.
Über 80 Unternehmen vorwiegend aus der Mode-
und Bekleidungsindustrie, aber auch aus anderen
Wirtschaftszweigen wie z. B. der Automobilindustrie
beteiligten sich finanziell an diesem ein bis zwei
Millionen Euro teuren Projekt. Durchgeführt wurde
die Untersuchung federführend von einem unabhän-
gigen, international tätigen Forschungs- und Dienst-
leistungszentrum für die Textil- und Bekleidungsindustrie (Hohensteiner Institute).

Ziel des Projekts war, die Körpermaßtabellen zu
aktualisieren, sodass die Kleidergrößen wieder den
heutigen Proportionen der Menschen entsprechen
und Hersteller ihre Schnitte anpassen können.
Als Ergebnis kam heraus, dass sowohl Frauen als
auch Männer insgesamt breiter geworden sind.
Der Taillenumfang bei Frauen z. B. hat sich seit der
letzten Messung um durchschnittlich etwa vier Zentimeter vergrößert, der Brustumfang um mehr als zwei
Zentimeter. Anders sieht es bei der Körperhöhe der
jungen Leute aus, sie nimmt nicht mehr so stark zu
wie früher. Schon vor längerer Zeit haben Forscher
festgestellt, dass die jungen Generationen in Indus-
trieländern immer größer werden, nämlich um 1,8 cm
pro Jahrzehnt. Diese Tendenz scheint nun gebremst.
Doch auch wenn die jüngeren Generationen nicht
mehr so stark wachsen wie früher, der Anteil der
sehr großen Menschen in Deutschland steigt und die
sehr großen Menschen in der Bevölkerung werden
immer größer. Diese Trends zu kennen ist wichtig für
die Industrie, denn an die neuen Obergrenzen werden viele Produkte angepasst, nicht nur Kleidung,
sondern z. B. auch die Höhe von Türen, Stuhlgrößen,
Griffe in Bussen und U-Bahnen usw.

Seit Februar 2009 können die an dem Projekt beteiligten Firmen über ein Online-Portal auf die neuen
Maße der Bevölkerung zugreifen. Die Bekleidungs-
hersteller haben bereits begonnen, ihre Standard-
größen anzupassen – so wird z. B. die Damengröße
36 künftig weniger tailliert ausfallen.

10

Doch auch international soll sich etwas verändern. Eine Arbeitsgruppe des europäischen Normungskomitees CEN arbeitet an einem europaweit einheitlichen System der Kleidergrößen. Die Ergebnisse aus der „Size Germany"-Studie werden darin ebenso berücksichtigt wie ähnliche Messreihen aus Spanien, Frankreich, Schweden und Großbritannien. Idealerweise braucht sich ein Kunde dann nur noch eine Größe zu merken und er wird seine Größe in ganz Europa finden können.

C2b (Argumente zusammenfassen)
■ Einzelarbeit:
Die TN notieren ihre Meinung mit Begründung in Stichworten oder in ganzen Sätzen.

Hinweis: Geben Sie den TN einen genauen Arbeitsauftrag, wie sie die Aufgabe lösen sollen. Diese Aufgabe eignet sich gut dazu, auch einmal Sätze ausformulieren zu lassen. Limitieren Sie allerdings die Zeit, denn es soll kein Aufsatz geschrieben werden, sondern nur ein paar korrekte Sätze. Oder aber die TN üben, ihre Meinung in Stichworten zu notieren und diese mit Stichworten der Begründung zu verbinden. Wichtig ist, dass alle TN einheitlich der einen oder anderen Möglichkeit folgen.

Folgende Übungen dienen der Wiederholung sowie der Erweiterung und der Vertiefung des Wortfeldes *Kleidung*:
◁ **Arbeitsbuch, S. 53 + 54 / Übungen 16–18: Wortschatz (Kleidung, Konfektion)**
Übung 16: Wiederholung *Kleidungsstücke*
Übung 17: *Kleidungsstücke* und Verben
Übung 18: Muster, Farben, Qualität
Übung 19: Kleidergrößen international, diese Übung eignet sich gut für ein Kursgespräch zum Thema *Kleidergrößen* und *Kleidereinkauf*. ▷

Interkulturelle Komponente: Kursgespräch Kleiderkauf in heterogenen Gruppen
In internationalen Gruppen stellt jeder TN die in seinem Land gebräuchlichsten Größeneinheiten (z. B. anhand der Tabelle aus Übung 19 im Arbeitsbuch S. 54) vor. Bitten Sie die TN auch, über ihre Erfahrungen mit Größen beziehungsweise Passformen im Heimatland und im deutschen Sprachraum zu berichten. Folgende Fragen können helfen, das Gespräch in Gang zu bekommen:
„Welche Kleidergrößen gibt es in Ihrem Heimatland?" – „Passen Ihnen die fertigen Kleidungsstücke immer sofort oder müssen Sie etwas ändern?" – „Gibt es Unterschiede zwischen den Passformen in Deutschland und in Ihrem Heimatland oder in einem anderen Land?" – „Wo kaufen Sie lieber ein: in Deutschland oder in Ihrem Heimatland?" – „In welchen Geschäften kaufen Sie gern ein: in kleinen Boutiquen oder in großen Kaufhäusern?" – „Wen nehmen Sie mit?

Oder gehen Sie lieber ganz allein?" – „Brauchen Sie Beratung beim Kleiderkauf?" – „Kaufen Sie geplant oder spontan?"

◁ **Arbeitsbuch S. 55 / Übung 20: Sätze bauen (über Kleidung sprechen)** – gut geeignet für den Unterricht
20a: Plenum/Einzelarbeit (hören)
20b: erst Einzelübung, dann mit dem Lernpartner laut lesen und das Gespräch am Ende eventuell selbstständig weiterführen
20c: erst Einzelübung, dann Vergleich mit dem Lernpartner, schließlich Besprechung im Plenum
20d Vertiefung: Die TN verfassen in Kleingruppen Werbetexte für die Kleider. Kopieren Sie die Fotos je einmal stark vergrößert und hängen Sie diese an eine Pinwand im Klassenzimmer. Bitten Sie die TN, ihre Werbetexte auf ein Blatt Papier in Form von Sprechblasen zu schreiben und hängen Sie diese zu dem entsprechenden Foto. Ein TN pro Gruppe liest den Gruppentext wie ein engagierter Verkäufer vor.
20e Vertiefung: In Partnerarbeit führen die TN nun Verkaufsgespräche zu den Kleidern. Lassen Sie einige davon im Kurs vorspielen. ▷

C3
C3a (kursorisches Hören: Kurzinterviews)
■ Plenum:
Lesen Sie die Aufgabenstellung zusammen mit den TN durch.
■ Einzelarbeit:
◉ CD 1.14–21: Die TN hören einmal und kreuzen an.
■ Partnerarbeit:
Die TN vergleichen ihre Antworten und sprechen besonders über die Punkte *meine Meinung* und *gutes Argument*

Hinweis: Die Lösung der Frage, ob das Projekt bekannt ist und ob die / der Befragte das Projekt positiv findet, ist eindeutig und objektiv. Ob die Meinung der Befragten gegebenenfalls die eigene Meinung widerspiegelt oder die Statements gute Argumente enthalten, ist eine subjektive Einschätzung, für die es kein *richtig* oder *falsch* gibt. Die Frage, ob die Meinung der eigenen Meinung entspricht, bezieht sich auf Aufgabe C2b.

C3b
■ Kleingruppen:
Die TN diskutieren in Kleingruppen, ob sie an diesem Projekt teilnehmen würden oder nicht.

Extra-Projekt – Internetrecherche
Als Hausaufgabe könnten sich interessierte TN über das reale Projekt „Size Germany" (siehe oben) im Internet informieren. In einem Kurzvortrag wird dem Kurs das Projekt vorgestellt.

□ Box: Kurzvortrag, S. 100 □

◁ Arbeitsbuch, S. 58–61 / Übungen 21–24: Grammatik (Modalpartikeln)
Diese Übungen können losgelöst von Abschnitt C erledigt werden. In schwächeren Kursen empfiehlt es sich, die Übungen im Unterricht zu machen und gemeinsam zu besprechen. Ermuntern Sie die TN, mit ihren Lernpartnern die geeignete Intonation auszuprobieren, bevor die Sätze von der CD gehört werden.
Übung 21: Modalpartikeln in Fragen
Übung 22: Modalpartikeln in Aussagen
Übung 23: Modalpartikeln in Aufforderungen
Übung 24: Modalpartikeln im Satz ▷

◁ Arbeitsbuch S. 61 / **Übung 25:** Phonetik (Modalpartikeln) ▷

Hinweis zum Sprachgebrauch – Modalpartikeln
Modalpartikeln werden in der gesprochenen Sprache sehr häufig benutzt. Sie ermöglichen es dem Sprecher, dem Gesagten Eindeutigkeit zu geben, sodass der Zuhörer sofort merkt, ob der Sprecher überrascht, verärgert, freundlich oder unfreundlich ist. Man kann damit Fragen interessanter machen, Sätze höflicher formulieren usw. Modalpartikeln stehen in der Satzmitte, und zwar immer nach Verb und Pronomen.

C4

◁ Arbeitsbuch, S. 63 / **Übung 26:** Sätze bauen (Fragen und Antworten im Alltagsgespräch) ▷

Hinweis zur Binnendifferenzierung: Diese Übung ist für schwächere Kurse gut geeignet zur Vorbereitung auf Aufgabe C4 im Kursbuch. Die TN lösen die Aufgabe zunächst in Einzelarbeit, sprechen dann die Dialoge mit entsprechender Intonation in Partnerarbeit.

C4a (detailliertes Hören)
■ Plenum:
Erklären Sie zunächst die komplette Aufgabe:
Teilaufgabe a: nur hören
Teilaufgabe b: Dialogfragment lesen
Teilaufgabe c: Sätze formulieren
Teilaufgabe d: Telefongespräch führen
■ Plenum:
CD 1.22: Die TN hören den Ausschnitt.

C4b (detailliertes Lesen)
■ Einzelarbeit:
Die TN lesen auf S. 127.

C4c (detailliertes Lesen, Telefongespräch schreiben)
■ Einzelarbeit:
Die TN formulieren die fehlenden Sätze.

Hinweis: Die Informationen unter dem Dialogfragment auf Seite 127 geben den TN die Informationen, die sie in ihren Antworten verwenden können.

C4d (ein Telefongespräch führen)
■ Partnerarbeit:
Die TN führen abwechselnd die Gespräche mit ihrem Lernpartner. Bitten Sie die TN, sich auf ein Gespräch zu einigen.
■ Plenum:
Lassen Sie freiwillige TN ihre Gespräche vorspielen. Unterhaltsam und lebensnah ist es, wenn Sie die TN bitten, sich Rücken an Rücken zu setzen, sodass sie sich nicht sehen. Das ist die echte Situation von Telefongesprächen, bei denen man seinen Gesprächspartner nur hört. Für die TN anfangs etwas ungewohnt, aber amüsant.

Fokus Grammatik: Modalpartikeln im Kontext, S. 29

Hinweis: Weisen Sie die TN darauf hin, dass es sich hier um einen auch idiomatischen Aspekt der Sprache handelt. Es geht in erster Linie darum, die Intention des Gesagten zu verstehen. Das passiert einerseits mithilfe der Modalpartikeln, andererseits auch durch die Intonation des Satzes. Je nach Kontext und Betonung können manche Partikeln Unterschiedliches bedeuten.
Die Beispielsätze auf dieser Fokus-Grammatik-Seite sind ganz typisch und können als Chunks auch auswendig gelernt werden.

Aufgabe 1
1a + b
■ Einzelarbeit:
Die TN lesen den Satz.
CD 1.23: Die TN hören die verschiedenen Fassungen und kreuzen an.
1c
■ Einzelarbeit:
Die TN lesen zunächst die Aufgabenstellung. Wichtig ist, dass die Nomen in 1–7 in ihrer Bedeutung klar sind. Eventuell lieber mit einem Wörterbuch die Bedeutung klären.
CD 1.23: Die TN hören noch einmal und kreuzen an.
■ Plenum:
Die Aufgabe wird besprochen.

Aufgabe 2

▪ Einzelarbeit:
Die TN lesen die Sätze zunächst und entscheiden sich für die Zuordnung.
▪ Partnerarbeit:
Die TN lesen einander die Sätze laut vor und vergleichen ihre Lösungen.
▪ Einzelarbeit:
◉ CD 1.24: Die TN hören und ändern gegebenenfalls ihre Lösungen.
▪ Plenum:
Die Lösungen werden verglichen.

Aufgabe 3

▪ Einzelarbeit / Plenum:
Die TN lösen die Aufgabe zunächst allein, Besprechung im Plenum.

Aufgabe 4

▪ Einzelarbeit:
◉ CD 1.25: Die TN hören und lesen gleichzeitig. Machen Sie nach jeder Teilaufgabe eine Pause und lesen Sie mit den TN die Hinweise.

Hinweis zum Sprachgebrauch:

Wie in der Aufgabenstellung bereits angemerkt, handelt es sich hier um Tendenzen.
Die Bandbreite, die die Partikeln abdecken können, ist wesentlich größer. So kann *denn* zum Beispiel auch Ungeduld bedeuten.
Es gibt ganze Bücher zu diesen Thema, Übersichtstabellen usw. Solche Tabellen sind wenig hilfreich, verstören die TN völlig und erwecken in ihnen den Eindruck, dass man das niemals lernen kann.
Hilfreich ist es aber in jedem Fall, auf Betonung, Mimik und Gestik zu achten.
Zu den Beispielen könnten eventuell diesbezügliche Fragen gestellt werden.
Beispiel 1: *denn* in Fragen kann neben Interesse und Erstaunen auch Ungeduld bedeuten. („Wo bleibst du denn?")
Beispiel 2: *ja / aber* können Unerwartetes positiv („Die Soße ist ja scharf! Hmm, lecker.") oder negativ („Die Soße ist aber scharf…") unterstützen.
Beispiel 3: *eigentlich* macht einen Satz schwächer und manchmal sogar höflicher. Der Satz „Bist du eigentlich verheiratet?" klingt ohne *eigentlich* eher inquisitorisch.
Wie gesagt, es ist besser, einzelne Sätze als Chunks zu lernen und dabei auf die angemessene Verwendung zu achten. Damit ist gemeint, dass Sätze ohne Partikeln von Muttersprachlern oft als zu forsch, zu hart empfunden werden, Menschen ausländischer Herkunft wiederum die Sätze mit Partikeln nicht richtig zuordnen können und deshalb manchmal nicht angemessen reagieren. Als KL sollten Sie eine zu theoretische Behandlung des Themas vermeiden.

Die Übersetzungsmöglichkeiten bzw. Schwierigkeiten, je nach Muttersprache, in Aufgabe 5 (Fokus-Grammatik-Seite) machen dies deutlich.

Aufgabe 5

▪ Plenum:
Besprechen Sie mit den TN die Aufgabenstellung.
▪ Einzelarbeit:
Die TN suchen nach adäquaten Übersetzungen in die Muttersprache oder eine andere Sprache.
▪ Plenum:
Lassen Sie die TN erzählen, ob es in ihrer Sprache auch solche Partikeln gibt und welche Möglichkeiten der Übersetzung es gibt.

☐ Box: Übersetzen im Fremdsprachenunterricht, S. 104 ☐

◁ Arbeitsbuch, S. 74 / Übung 37: Fokus Grammatik: Test ▷

D Architektur der Übergänge, S. 30

D1

D1a
▪ Einzelarbeit:
Die TN ordnen die Begriffe den Fotos zu.
D1b
▪ Kleingruppen (2–4 TN):
Jeder TN beschreibt ein Foto mündlich und stellt Vermutungen an, worum es sich handeln könnte. Erst zum Schluss wird mit der Lösung auf S. 129 verglichen.

◁ Arbeitsbuch, S. 64 / Übung 27: Wortschatz (Gebäude)
Eventuell im Unterricht in Partnerarbeit ▷

D2
D2a (detailliertes Lesen)
▪ Einzelarbeit:
Die TN lesen den Text und entscheiden sich dann für aus ihrer Sicht passende Adjektive.

Hinweis zur Zeitökonomie:
Möglicherweise sind nicht alle Adjektive in ihrer Bedeutung bekannt. Klären Sie erst nach der Erledigung der Aufgabe die eventuell unbekannten Wörter. Manches hat sich dann nämlich möglicherweise bereits erschlossen.

▪ Plenum:
Die TN äußern ihre Meinung, ein TN schreibt die genannten Adjektive an die Tafel.

◁ Arbeitsbuch S. 64–69 / **Übungen 28 + 29:**
Grammatik (Wortbildung: Adjektiv, Verb)
Diese Übungen zur Wortbildung eignen sich sehr
gut als Hausaufgabe. Sie helfen den TN, unbekannte Wörter in Texten zu erschließen. Die blau-
en Übungen sollten von allen TN gemacht werden,
die braunen Vertiefungsübungen sind fakultativ.
Übung 28: Adjektive: internationaler Wortschatz
Übung 29: Verben aus Adjektiven ▷

◁ Arbeitsbuch S. 70 / **Übungen 30 + 31:**
Wortschatz (Umwelt und Industrie)
Vorentlastung für den Hörtext in D2b

D2b (kursorisches Hören)
■ Plenum:
Entscheiden Sie (gegebenenfalls nach Rücksprache
mit den TN), welche Version gehört wird (Hinweise
siehe unten). Zusammen mit den TN lesen Sie die
Aufgabenstellung.
■ Einzelarbeit:
Die TN lesen die Aufgaben 1–3, hören abschnittwei-
se und kreuzen an.
■ Partnerarbeit/Plenum:
Die Lösungen werden zuerst mit dem Partner vergli-
chen, dann im Plenum besprochen.

Hinweis zur Binnendifferenzierung:
Es werden hier zwei Versionen des Hörtextes angeboten, die entweder für sich allein benutzt werden
können oder auch in Kombination – erst der leichtere,
dann der anspruchsvollere Text. Das Ziel ist es, den
TN Mut zu machen, ihnen zu zeigen, dass sie auf dieser Stufe auch schwierigere Texte verstehen können.
Die leichtere Version – eine Studiovariante – wird
gehört, die Aufgabe wird gelöst. Anschließend wird
die echte Radiosendung gehört. Die TN streichen die
Lösungen an, die sie im neuen Hörtext wiederent-
deckt haben.
Man kann aber auch zuerst den schweren Text mit
den TN bearbeiten und dann die Lösungen anhand
des leichteren Textes überprüfen.
Die Vorgehensweise ist sehr stark abhängig von
der jeweiligen Gruppe, deren Kenntnisstand, deren
Motivation und eventuell auch vom Kursort.

Hinweis: Authentische Texte. Die Forderung nach
authentischen Texten lässt sich leicht formulieren.
Für den TN stellen sich authentische Texte oftmals
als besonders schwierig dar, weil die Sprecher sich
selbst unterbrechen, nicht gezielt auf Fragen antworten, landeskundliches Wissen mitschwingen lassen,
das den TN nicht geläufig ist usw.
Auf B2 lernt der TN aber, mit authentischen Texten
umzugehen. Das Lehrwerk *Ziel* B2 bietet deshalb
eine authentische Umfrage (siehe Abschnitt B dieser
Lektion), einen Ausschnitt aus einer Radiosendung
(siehe Abschnitt D) und ein exklusives Interview mit

Frau Eva Fischer in einer gesprochenen und einer
geschriebenen Version (siehe Abschnitt E). Die
Reihe der exklusiven Interviews (siehe auch Band 1,
Lektion 7) setzen wir in Lektion 12, 15 und 16 fort.
Warum sind diese exklusiven Interviews gemacht
worden? Zum einen konnte man mit dem Interview-
partner die Länge vorher vereinbaren. Dann wurden die inhaltlichen Schwerpunkte geklärt und die
Fragen den Interviewpartnern vorher mitgeteilt. Die
Antworten aber sind nicht für das Lehrbuch bearbeitet worden. Vielmehr hören die TN die authentischen
Antworten, die während des Interviews gegeben
wurden, in unveränderter Form von den interviewten
Personen selbst gesprochen. Die unterschiedlichen
persönlichen Sprechweisen sind für die TN eine weitere Herausforderung.
Beim Hörverstehen ist zu beachten, dass das Hörverstehen wie auch das Leseverstehen auf B2 in
erster Linie selektiv und kursorisch ist. Auf das
Detailverstehen kommt es schwerpunktmäßig dann
erst auf dem Niveau C1 an.
Deshalb ist es besonders wichtig, dass die Aufgabenstellungen zu den Hörtexten in der Reihenfolge
eingehalten werden. Auch sind die Hörtexte in
Band 2 im Rahmen des B2-Niveaus schwieriger als
jene in Band 1. Das hat etwas mit der progressiven
Erweiterung der Fertigkeiten in *Ziel* zu tun.

🔘 CD 1.26–28 Version 1:
Einfacher hinsichtlich der Wortwahl und in neutra-
ler Hochsprache, relativ langsam gesprochen. Gut
geeignet für schwächere Kurse.
🔘 CD 1.29–31 Version 2:

Hinweis: Radiosendung des Schweizer Rundfunks
(nicht in Schweizer Dialekt, dem sogenannten
„Schwiizerdütsch" oder Schweizerdeutsch gesprochen, sondern auf Hochdeutsch, allerdings mit star-
ker Schweizer Färbung).
Dieser Text eignet sich auch dazu, die Schweizer
Färbung vorzustellen. Dies ist wichtig, weil die
Prüfungen auch Texte mit Schweizer oder österreichischer Färbung präsentieren.

Möglicherweise ungewohnte Ausdrücke:
🔘 CD 1.29 *zum Handkuss kommen* = an die
Reihe kommen, zum Zug kommen,
bedeutet in Österreich aber auch:
draufzahlen. Im Hörtext aber im ersten Sinn.
🔘 CD 1.30 *spintisieren* = nachdenken, fantasie-
ren, einen Gedanken verfolgen
kaschieren = verbergen, verstecken
taxieren = abschätzen, einschätzen
ausfachen = ein Wort aus dem
Baugewerbe; bedeutet: Wände, die
erst aus einem Gestell bestehen, hinterher auszustopfen, zu füllen

Hinweis zur Landeskunde:
Die Baumgartner AG ist eine Fensterfabrik, ein Familienbetrieb mit 130 Mitarbeitern in Hagendorn in der Zentralschweiz. Hagendorn liegt unweit des Zuger Sees, etwa 30 km südlich von Zürich. Um konkurrenzfähig zu bleiben und zur Produktion eines neuen Fenstertyps entschloss sich der Chef, Thomas Baumgartner, seinen Betrieb massiv zu erweitern. Die Firma liegt allerdings am Rande einer schützenswerten Landschaft, des Reuss-Lorze-Gebietes, das zu den Schweizer BLN-Gebieten (Bundesinventar der Landschaften und Naturdenkmäler von nationaler Bedeutung) gehört. Damit entstand ein Konflikt zwischen Natur- und Landschaftsschutz einerseits und der Stärkung der lokalen Wirtschaft und dem Erhalt von Arbeitsplätzen andererseits. Weil die Firmenerweiterung in diese besonders geschützte Landschaft eingreifen würde, machte die Gemeinde strenge Auflagen, und der Firmeninhaber musste eine Ausschreibung beziehungsweise einen Architekturwettbewerb ausrufen. Diesen gewannen die jungen Schweizer Architekten Nikolaus Graber und Christoph Steiger aus Luzern (beide 1968 geboren). Zusammen mit dem Landschaftsarchitekten Stephan Koepfli, ebenfalls aus Luzern, schufen sie für die Büroaufstockung und die 14.000 m² große Produktionshalle eine Lösung, die den ökologischen und auch ökonomischen Anforderungen gerecht wurde. Sie erhielten dafür mehrere Preise, unter anderem den 1. Preis beim Deutschen Landschaftsarchitekturpreis 2007.
Das Besondere an dem Gebäude ist zum einen ein flaches, weit ausladendes, vollständig mit einer Wiese begrüntes Dach. Zum anderen wurde eine außergewöhnliche, fassadenhohe Rahmenkonstruktion aus Metall und Holz um das Gebäude gestellt, die mit ortstypischen Wildgehölzen bepflanzt wurde. Sie wird von den Architekten als Vegetationswand bezeichnet. Langsam soll so das Gebäude in der Landschaft verschwinden.

D2c
■ Partnerarbeit:
Zu zweit werden die in D2a angekreuzten Adjektive durchgesehen, besprochen und eventuell ergänzt.
■ Plenum:
Wenn bei Aufgabe D2a die genannten Adjektive an die Tafel geschrieben wurden, können diese jetzt besprochen und möglicherweise ergänzt werden.

D3
D3a
■ Einzelarbeit:
Die TN überlegen, welche(s) Foto(s) aus Aufgabe D1a sie für eine Werbebroschüre nehmen würden. Besprechen Sie mit den TN, dass folgender Aspekt dabei berücksichtigt werden soll: Ein Architekturbüro will zur Landschaft passende Gebäude bauen.

Notizen zu dem/den gewählten Gebäude/n werden gemacht.

Hinweis: Eventuell würden die TN lieber gleich ihre Meinung sagen, ohne vorher Stichworte zu notieren. Machen Sie deutlich, dass es einfacher ist, schrittweise vorzugehen:
– zuerst die Schlüsselwörter, die wesentlichen Begriffe suchen,
– dann sich Gedanken über *das Wie* der Formulierung machen.
Wenn man beides auf einmal tut, läuft man Gefahr, nur altbekannte Wendungen und Ausdrücke wie *Ich finde ...* zu verwenden.

D3b (Sprechen: sich einigen, den eigenen Standpunkt begründen)
■ Kleingruppen (3 TN, maximal 4 TN):
Zuerst wird in der Kleingruppe diskutiert, dann einigt man sich auf ein Foto.
■ Plenum:
Ein Vertreter je Kleingruppe fasst kurz das Gruppenergebnis zusammen und gibt eine Begründung für die Wahl.

Weiterführendes Projekt:
Je nach verfügbarer Kurszeit und Kreativität der TN können Sie auch die komplette Werbebroschüre mit Text und Foto oder Zeichnung erstellen lassen. Sehr gut geeignet auch als Hausaufgabe, – wenn möglich in den Kleingruppen aus Aufgabe D3b.

E Anpassung an?, S. 31

E1 (Sprechen)
■ Kleingruppen:
Die TN beschreiben zuerst, was sie auf dem Foto sehen, und vergleichen dann in der Gruppe mit der Realität im deutschen Sprachraum beziehungsweise in den Heimatländern der TN, wenn die TN dazu bereit sind.
Vorschläge für Fragestellungen (eventuell an der Tafel festhalten):
„Wie sieht ein Krankenzimmer (in Ihrem Heimatland) aus?", „Wie viele Personen liegen in einem Zimmer?", „Wie sieht die Einrichtung aus?", „Womit ist das Zimmer ausgestattet?", „Wo kann man sich waschen und zur Toilette gehen?", „Wer versorgt die Kranken?", „Gibt es genug Personal (Krankenschwestern, -pfleger) oder müssen die Angehörigen mithelfen?", „Was für Essen bekommen die Kranken und wie oft?", „Bekommen sie genug Essen, gutes Essen usw.?", „Bringen die Angehörigen das Essen mit?", „Wie oft dürfen die Patienten Besuch bekommen und wann?", „Wie laut/leise ist es in einem Krankenzimmer?"

Interkulturelle Komponente: Wenn Sie einen Kurs mit TN aus verschiedenen Herkunftsländern unterrichten, können Sie entweder länderhomogene oder länderheterogene Gruppen bilden lassen.

Länderhomogene Gruppen: Die TN sammeln Informationen zu den oben genannten Fragestellungen und vergleichen anschließend im Plenum.

Länderheterogene Gruppen: Die TN erzählen über die Realitäten in ihrem Land und vergleichen innerhalb der Gruppe. Im Plenum wird pro Gruppe zusammengefasst, welche Unterschiede beziehungsweise Gemeinsamkeiten es in der Gruppe gab.

Hinweis: Hier ist es wichtig, sensibel mit dem Thema umzugehen. Manche wollen vielleicht nicht über die Situation in ihren Heimatländern sprechen. Dann gibt es noch immer die Möglichkeit, mit der Aufgabe E2a einzusteigen und die TN zu bitten, die Übungen zum Wortschatz im Arbeitsbuch zu erledigen, siehe Arbeitsbuch, Übung 32. Dort lernen die TN wichtige Wörter und wichtige Chunks zum Thema.

E2
E2a (detailliertes Lesen)
■ **Einzelarbeit:**
Die TN lesen den Artikel und markieren die Textstellen, in denen das Krankenhaus beschrieben wird.
■ **Plenum:**
Die TN beschreiben das Krankenhaus mit eigenen Worten.

Hinweis: Hier wurde ganz bewusst auf die Nennung des Krankenhauses, des Ortes verzichtet. Auch handelt es sich hier um ein kirchliches Krankenhaus in einem sehr armen Land, sodass sich niemand verletzt fühlen muss. Der Text soll nur zum Nachdenken über Hilfsaktionen anregen, es soll nicht der Istzustand in einem bestimmten Land diskutiert werden.

E2b
■ **Partnerarbeit/Plenum:**
Fragen Sie die TN: „Was genau hat Frau Fischer im Zusammenhang mit dem Krankenhaus gemacht?"
– „Warum war sie überhaupt in dem Land?"
Die TN sprechen zuerst zu zweit, danach im Plenum.

E2c (Sprechen: soziales Engagement bewerten)
■ **Einzelarbeit:**
Fordern Sie die TN auf, die Aufgabenstellung und die angebotenen Redewendungen genau zu lesen. Die TN machen sich zunächst Gedanken zu dem Thema und notieren diese in Stichpunkten.
■ **Kleingruppen:**
Die TN sprechen in der Gruppe. Achten Sie darauf, dass die vorher erstellten Notizen benutzt werden und auch die Redemittel zum Einsatz kommen.

◁ **Arbeitsbuch, S. 70 / Übung 32: Wortschatz (Krankenhaus und Hilfseinrichtungen);** die Vertiefungsaufgaben d + e eignen sich auch als Kursgespräch ▷

◁ **Arbeitsbuch, S. 72 / Übung 33 + 34: Sätze bauen (über Engagement sprechen),** schriftlich als Hausaufgabe und wenn möglich Besprechung (Eventuell korrigieren Sie die Texte und geben sie dann den TN zur Überarbeitung.) ▷

E3
E3a
■ **Plenum:**
Lesen Sie die Fragen des Interviews laut vor, die TN lesen mit. Das ist deshalb wichtig, weil die TN in Einzelarbeit möglicherweise nicht nur die Fragen, sondern auch schon den restlichen Text lesen. Aufgabe E3b würde dann nicht mehr so gut funktionieren.

E3b (kursorisches Lesen und Hören)
Organisatorischer Hinweis:
Diese Aufgabe funktioniert am besten, wenn Sie zwei Räume zur Verfügung haben, denn die Gruppe B soll das Interview hören, während die Gruppe A das Interview liest. Auch ein provisorischer Ort, z. B. ein Pausenraum oder eine Sitzecke im Flur ist für Gruppe A möglich.

■ **Plenum:**
Teilen Sie den Kurs in zwei ungefähr gleich große Gruppen (A und B) ein. Sie können das nach dem Zufallsprinzip tun, oder auch nach Vorliebe der TN: Wer liest lieber einen Text (Gruppe A), wer hört lieber einen Text (Gruppe B)?
■ **Einzelarbeit:**
🔊 CD 1.32–33: Teilen Sie Kopien des Arbeitsblattes (S. 144) mit den Fragen aus.
Gruppe A (liest): die Informationen werden nach dem Lesen aus der Erinnerung notiert.
Gruppe B: Die Bücher sind geschlossen, das Interview wird einmal vorgespielt. Beim zweiten Hören werden die Antworten notiert.

Sprachlicher Hinweis:
Die Sprecherin hat einen dezenten, österreichisch / bayrisch gefärbten Akzent, der das Verständnis nicht beeinträchtigen sollte. Das hat etwas mit ihrer Biografie zu tun: geboren und aufgewachsen in Bayern, seit langem in Österreich lebend. Der gesprochene Text unterscheidet sich naturgemäß vom im Buch abgedruckten Text.

E3c
■ **Partnerarbeit:**
Jeweils ein TN aus Gruppe A arbeitet mit einem TN aus Gruppe B zusammen. Die TN vergleichen und ergänzen ihre Notizen. Diese Phase ist ganz wichtig.

E3d

■ Einzelarbeit:
Die Gruppen werden getauscht, das heißt die TN, die vorher den Text gelesen haben, hören jetzt und umgekehrt.

■ Kleingruppen:
Die TN tauschen ihre Erfahrungen aus.

■ Plenum:
Fassen Sie im Plenum die gemachten Erfahrungen zusammen und zeichnen Sie ein Stimmungsbild. Zum Beispiel mit einer einfachen Strichliste an der Tafel: So viele TN sagen, das Lesen war schwieriger, so viele sagen, das Hören war schwieriger.

Hinweis: Wahrscheinlich fanden die TN das Hören schwieriger. Versuchen Sie mit ihnen gemeinsam zu erarbeiten, woran das liegt.
Mögliche Faktoren: Aussprache – Intonation – persönliche Färbung der Sprache – Nichterkennen von Wörtern – an einem schwierigen Wort hängen bleiben – beim Lesen noch einmal lesen können usw.
Animieren Sie die TN, über Satellitenfernsehen, Fernsehen, Internet (zum Beispiel Youtube oder Ähnliches oder auf den Seiten von Radiosendern) Sendungen anzuhören, kurze Filme anzusehen und ihre Hörsensibilität zu steigern.
Kleine Filme – siehe DVD, die am Computer angesehen werden, können über die *Wiedergabe* „langsamer / fein" gestellt werden. Dies ist für TN, die mit dem Sprechtempo Schwierigkeiten haben, eine gute Übungsmöglichkeit: Nachdem sie den Film einige Male verlangsamt gesehen haben, stellen sie auf „normale Wiedergabe" um und hören den Text in der echten Fassung. Jetzt wirkt der Text auch in der schnelleren Variante vertraut.

Organisatorischer Hinweis:
E3b: Falls Sie überhaupt keine Möglichkeit zur räumlichen Trennung haben, geben Sie der Hälfte des Kurses den Text als Hausaufgabe auf (Aufgabenstellung Gruppe A, siehe oben Aufgabe E3b) und bitten Sie die andere Hälfte ausdrücklich, den Text nicht zu lesen. In der nächsten Unterrichtsstunde hören dann alle gemeinsam den Text.
E3c: Die TN der Gruppe A haben zu Hause bereits Notizen nach dem Lesen gemacht und können diese mit den TN der Gruppe B, die den Text bisher idealerweise noch nicht kennt, nach dem Hören vergleichen. Die TN der Gruppe A können sich auf diese Weise auch selbst beobachten und ihre eigenen Aufzeichnungen vom Unterricht (nach dem Hören) mit denen der Hausaufgabe (nach dem Lesen) vergleichen.
E3d: Alle TN lesen den Text. Danach kann im Plenum von allen TN geäußert werden, was leichter gefallen ist: lesen oder hören.

◁ **Arbeitsbuch S. 73 / Übung 35: Wortschatz (Politik)** ▷

F Der Anpasser: andere Länder, andere Sitten, S. 33

F1 (Sprechen: jemanden beschreiben)

■ Einzelarbeit: Die TN lesen „die Typen". Sie überlegen sich kurz, wie sich die einzelnen Typen in der Fremde verhalten. Eventuell machen sie sich stichpunktartige Notizen.

Sprachlicher Hinweis:
In der Fremde muss nicht unbedingt „im Ausland" bedeuten, sondern kann auch eine fremde Region innerhalb eines Landes meinen (z. B. ein Norddeutscher in Bayern, ein Landmensch in der großen Stadt usw.).

■ Partnerarbeit:
Je zwei TN beschreiben einander das mögliche Verhalten der Typen und vergleichen ihre Meinungen.

F2

F2 a + b
■ Einzelarbeit:
Die TN lesen und kreuzen an.

■ Plenum:
Die TN erzählen kurz, was sie angekreuzt haben. Fragen Sie auch, warum sich die TN für die jeweilige Lösung entschieden haben.

F2c (kursorisches Lesen)

■ Einzelarbeit:
Die TN lesen den Text auf S. 130 und vergleichen mit ihren Vermutungen von Aufgabe F2a/b.

■ Partnerarbeit:
Die TN vergleichen ihre Lösungen und sprechen über den Text.

■ Plenum:
Fragen Sie die TN, ob sich ihre Erwartungen größtenteils bestätigt haben oder nicht. Fragen Sie auch, wie den TN der Text gefallen hat und ob der Autor recht hat oder nicht.

Hinweis: Wenn Sie merken, dass während des Lesens viel in Wörterbüchern geblättert wird, bitten Sie die TN, das nicht zu tun und die Aufgaben ohne Wörterbuch zu erledigen. Meistens verstehen die TN mehr, als sie selbst vermuten. Nach Aufgabe F2c können Sie bei Bedarf im Kurs einzelne Textpassagen, die den TN schwergefallen sind oder die nicht verstanden wurden, gemeinsam mit den TN im Plenum klären. Fragen Sie also immer zuerst das Plenum, ob jemand das betreffende Wort oder den betreffenden Ausdruck erklären kann. Erst danach erklären Sie selbst.

☐ Box: Strategien zum Erschließen unbekannter
Wörter, S. 92 ☐

F3
F3a
■ Einzelarbeit:
Die TN lesen die Aufgabenstellung und machen sich
Notizen.

**F3b (Sprechen: sich über Standpunkte und
Erfahrungen austauschen)**
■ Plenum/Einzelarbeit:
Lesen Sie die Aufgabe zusammen mit den TN.
Verweisen Sie die TN auf die Übersicht auf S. 34
(Wendungen und Ausdrücke). Noch vor dem Ge-
spräch in Kleingruppen lesen die TN diese Seite
durch und markieren die Ausdrücke, die man im
folgenden Gespräch einsetzen könnte.
■ Kleingruppen:
Die TN tauschen ihre Meinungen, Gedanken und
Erfahrungen aus.

Filmtipp: Ein sehr amüsanter Film zum Thema ist
L'Auberge espagnole, der das Leben in einer internationalen WG von Erasmusstudenten in Barcelona
beschreibt.

◁ Arbeitsbuch, S. 75: *Darüber hinaus*
  Übung 38: Texte lesen (ein Gedicht zum
  Vergnügen)
  Übung 39: Übung zu Prüfungen (Notizen
  machen)
  Trainiert das richtige Zuhören und Notieren
  beim Hörverstehen. ▷

☐ Box: Die Arbeit mit Arbeitsbuch und
  Lösungsschlüssel, S. 85 ☐

Wendungen und Ausdrücke, S. 34
Hinweis: Auf der Lerner-CD-ROM (im Arbeitsbuch
mit Lerner-CD-ROM) finden Sie alle Wendungen und
Ausdrücke aus *Ziel* B2, Band 1 und Band 2 nach
Sprechabsichten sortiert.

Grammatik, S. 35
Hinweis: Auf der Lerner-CD-ROM (im Arbeitsbuch
mit Lerner-CD-ROM) finden Sie die Gesamtübersicht
zur Grammatik aus *Ziel* B2, Band 1 und Band 2. Für
manche TN ist es wichtig, die einzelnen Grammatikphänomene auch in einem Gesamtzusammenhang
sehen zu können. Die Grammatikübersicht mit 45
Seiten ist eine nützliche Referenzgrammatik für diese
Stufe.

**Fotodoppelseite: Aus Überzeugung,
S. 36, 37**
Hinweis: Im Lehrwerkservice komplett (zum kos-
tenlosen Ausdrucken) oder im Anhang (als Auswahl)
finden Sie Arbeitsblätter für die Projektarbeit zu den
Fotodoppelseiten als Kopiervorlagen.

Worum geht es in der Lektion?

Lernziel: Rat oder Hilfe suchen und anbieten

Abschnitt **A**: „Reisefieber"
Fertigkeiten: Lesen, Sprechen
Lernziele: Die TN sprechen über ihren Umgang mit Reisefieber; sie lesen und hören ein Gedicht zu dem Thema. Sie formulieren dann ihre Eindrücke. Abschließend formulieren sie Tipps.

Abschnitt **B**: „Pech gehabt?"
Fertigkeiten: Lesen, Sprechen
Lernziele: Die TN lesen Texte aus einem Internetforum. Sie beschreiben ein Problem und erörtern die Möglichkeiten.

Abschnitt **C**: „Wer hat an der Uhr gedreht?" – Pünktlichkeit und Probleme bei öffentlichen Verkehrsmitteln
Fertigkeiten: Lesen, Hören, Sprechen, Schreiben
Lernziele: Nach einem kurzen Sachtext über die Historie der Eisenbahn hören die TN ein Gespräch im Reisezentrum der Bahn. Sie lernen Ausdrücke und Wendungen zur Beschreibung schwieriger Situationen und zur Darstellung von Problemen. Diese werden beim Sprechen und in Beschwerdebriefen eingesetzt.

Abschnitt **D**: „Mein Freund Baki" – eine außergewöhnliche Karriere
Fertigkeiten: Lesen, Sprechen
Lernziele: Eine authentische Erzählung wird gelesen. Die TN geben anderen Menschen gefragt oder ungefragt Ratschläge und lernen, auf solche angemessen zu reagieren.

Abschnitt **E**: „Das mache ich morgen. Versprochen!"
Fertigkeiten: Lesen, Sprechen, Schreiben
Lernziele: Die TN beschäftigen sich mit Sprichwörtern, lesen einen Text und machen einen kleinen Persönlichkeitstest. Anschließend wird zu zweit ein Dialog zur Lösung einer problematischen Situation verfasst und gespielt.

Fokus Grammatik:
1. *selbst* im Kontext
2. irreale Sätze (Vergangenheit) im Kontext

Thematischer Einstieg: Assoziationsseite, S. 38

Hinweis zu den Assoziationseinheiten im Unterricht
siehe Lektion 9, S. 7 und Kopiervorlagen S. 142 f.

Aufgabe 1
■ Plenum:
Die Bücher der TN bleiben geschlossen. Schreiben Sie das Lektionsthema an die Tafel: *verpasst*
■ Kleingruppen:
Fragen Sie die TN: „Was kann man alles versäumen oder verpassen?"
Schreiben Sie die Frage auch an die Tafel. Die TN sammeln Ideen, die ihnen zu dem Thema einfallen. Jede Gruppe zeichnet ein Assoziogramm mit dem Wort *verpasst* im Zentrum.
■ Plenum:
Nach Beendigung der Gruppenarbeit wird das Assoziogramm an der Tafel vervollständigt. Dazu geht ein Vertreter je Gruppe an die Tafel und überträgt die Ideen der Gruppe oder ergänzt den Wortigel mit neuen Ideen.

☐ Box: Ideensammlung mithilfe von Brainstorming und Assoziogramm, S. 97 ☐

Aufgabe 2
■ Plenum:
Die TN öffnen die Bücher, betrachten die Fotos und versuchen die Ideen an der Tafel mit den Fotos zu verbinden. Fragen Sie: „Passen die Fotos zu den gesammelten Ideen oder nicht? Müsste man eventuell andere/neue Fotos hinzufügen?"

Einstiegsaufgabe A: Reisefieber, S. 39

A1 (Sprechen: sich austauschen)
■ Plenum:
Die TN erzählen über ihre Erfahrungen.

A2
A2a (kursorisches Hören und Lesen)
■ Einzelarbeit:
◉ CD 1.34: Die TN hören und lesen das Gedicht, danach schreiben sie ihre Eindrücke auf einen Zettel. Verweisen Sie auf den rosa Kasten im Buch. Die Wendungen und Ausdrücke dort sind eine Wiederholung, sie sollen die TN dazu anregen, verschiedene Aspekte des Gedichts zu betrachten.

A2b (Sprechen: sich austauschen)
■ Partnerarbeit:
Die TN unterhalten sich über ihre Eindrücke.

Extra-Übung Phonetik: Ermutigen Sie die TN dazu, in einer Partnerübung den Vorleser des Gedichts nachzuahmen. Erst durch die richtige Intonation wird das Gedicht lebendig und interessant.

☐ Box: Tipps zum Aussprachetraining, S. 93 ☐

A3 (Sprechen)
■ Kleingruppen:
Die TN erzählen einander ihre persönlichen „Tricks".
■ Plenum:
Fragen Sie: „In welcher Gruppe gab es überraschende, besondere Tricks?"
Die einzelnen Gruppen berichten.

B Pech gehabt?, S. 39

Ba (kursorisches Lesen: Forumsbeitrag; Sprechen: Probleme beschreiben)
■ Einzelarbeit:
Die TN lesen den Forumsbeitrag ohne Wörterbuch.
■ Plenum:
Die TN klären die Frage, worum es in dem Text genau geht.

Bb (Sprechen: Möglichkeiten erörtern)
■ Kleingruppen:
Die TN stellen Vermutungen darüber an, ob der Vertrag rückwirkend gekündigt werden kann oder nicht.
■ Plenum:
Sammeln Sie die Kurstendenz mithilfe einer Strichliste an der Tafel. Zählen Sie: Wie oft wurde Ja und wie oft Nein geantwortet?

Bc (detailliertes Lesen)
■ Einzelarbeit:
Die TN lesen die Texte ohne Wörterbuch.
■ Plenum/Partnerarbeit:
Fragen Sie: „Sind die Meinungen der Antworten einheitlich?" – „Welche Meinung haben die Autoren des Forums?" – „Kann man den Vertrag noch kündigen oder nicht?"
Je nach Kursgröße und -zusammensetzung können Sie die Fragen in Partnerarbeit oder im Plenum bearbeiten lassen.

Hinweis: Wenn Sie einerseits zurückhaltende TN, andererseits aber auch sehr aktive TN im Kurs haben, empfiehlt es sich, die Aufgaben zur Meinungsäußerung in Kleingruppen erledigen zu lassen, da sonst immer nur dieselben Personen antworten und die schüchternen TN leicht frustriert werden.

Hinweis: Das Verfassen eines entsprechenden Kündigungsschreibens üben die TN im Arbeitsbuch.

◁ **Arbeitsbuch, S. 76 / Übung 1 + 2: Wortschatz (Verträge)**
Je nach verfügbarer Zeit als Hausaufgabe oder im Unterricht. ▷

◁ **Arbeitsbuch, S. 77 / Übung 3a–c: Texte bauen (Vertrag kündigen)**
a + b im Unterricht oder als Hausaufgabe.
c (Vertiefung) als Hausaufgabe für
interessierte TN. ▷

C Wer hat an der Uhr gedreht?, S. 40

C 1a
■ Partnerarbeit:
Die TN überlegen, was der Mann mit der Uhr macht.
■ Plenum:
Die Ideen werden im Plenum gesammelt.

Hinweis zur Landeskunde:
Die Frage „Wer hat an der Uhr gedreht?" bezieht
sich auf Uhren, die mit der Hand eingestellt werden
mussten. Dieser Satz ist vielen aus dem Song der
Zeichentrickserie: „Der rosarote Panther" bekannt.

C 1b (Zeitungsartikel: selektives Lesen)
■ Einzelarbeit:
Die TN lesen den Text gezielt nach der Fragestellung.
Betonen Sie, dass es das Ziel dieser Leseübung ist,
die Frage zu beantworten, was der Mann mit der
Bahnhofsuhr macht – nichts weiter. Es geht also um
selektives Lesen, was den TN anhand dieses Textes
erklärt werden kann.
■ Plenum:
Stellen Sie noch einmal die Frage: „Was macht der
Mann mit der Bahnhofsuhr?"
Die TN antworten. Fragen Sie, wo das im Text steht.

□ **Box: Lesestrategien, S. 87** □

C 1c (Sprechen)
■ Kleingruppen (4–6 TN):
Die TN legen dar, wie wichtig oder unwichtig
Pünktlichkeit im öffentlichen Verkehr aus ihrer Sicht
ist. Sie erzählen auch über eigene Erfahrungen damit
in Deutschland oder Österreich, in der Schweiz oder
in ihrem Heimatland.

Interkulturelle Komponente: Je nach Zusammensetzung des Kurses bieten sich hier wieder zwei alternative Vorgehensweisen an.
**Länderhomogene Kleingruppen (4–5 TN) im
international besetzten Kurs:** Die TN sammeln die
Erfahrungen aus ihrem Land und machen Notizen,
um die Gedanken später im Plenum zu präsentieren.
Im Plenum werden im Anschluss daran die Gruppenergebnisse der verschiedenen Länder verglichen.
Länderheterogene Kleingruppen: Die TN erzählen,
wie wichtig im jeweiligen Heimatland Pünktlichkeit
im öffentlichen Verkehr ist. Hier muss sich im
Plenum keine vollständige Wiedergabe des Gesagten
anschließen; Sie können auch nur danach fragen, in
welcher Gruppe es etwas ganz Außergewöhnliches
zu berichten gibt, das für alle TN interessant wäre.
Länderhomogener Kurs: Wenn der Kurs im Ausland
stattfindet oder Sie in Deutschland einen Kurs mit
TN aus nur einem Land unterrichten, lassen Sie in
Kleingruppen von persönlichen Erfahrungen und
der Situation im Heimatland erzählen. Anschließend
erzählen die TN im Plenum, was sie über Deutschland bereits wissen und ob es einen Unterschied
zum Heimatland gibt.
Vielleicht können die TN im Internet recherchieren,
z. B. *Pünktlichkeit Bus und Bahn* (Google – erweiterte
Suche: Deutschland / deutsche Sprache).

Hinweis zur Landeskunde:
Deutschland
In Deutschland gibt es ein im Allgemeinen gut funk-
tionierendes öffentliches Verkehrsnetz. Allerdings
hat es in den letzten Jahren einige Verschiebungen
gegeben. Generell kann man sagen, dass die Preise
für öffentliche Verkehrsmittel im Vergleich zu vielen
anderen Ländern sehr hoch sind.
Öffentlicher Personennahverkehr / Städte:
Vor allem in Großstädten wie Berlin, München,
Stuttgart usw. gibt es ein sehr gut funktionieren-
des System des innerstädtischen Verkehrs mit
Bussen, Straßenbahnen, U-Bahnen. Nachts fahren
diese Verkehrsmittel zwar seltener und nur bis etwa
Mitternacht, aber tagsüber fahren sie sehr häufig. An
jeder Haltestelle hängt ein Fahrplan mit den genau-
en Abfahrtszeiten, die auch meistens eingehalten
werden. (Deshalb warten Busfahrer z. B. nicht auf
einen verspäteten Fahrgast.) Nicht selten fahren
diese Verkehrsmittel im 5–10-Minuten-Takt. Auch in
mittelgroßen Städten gibt es meistens ein gut funkti-
onierendes Bussystem.
Anbindung der Dörfer: Abgesehen von den kleinen
Orten im Umkreis der Großstädte, die oft durch
S-Bahnen an die Zentren angeschlossen sind, sieht
es im sogenannten Überlandverkehr wesentlich
schlechter aus. Die Busse fahren selten (oft nur
zwei- oder dreimal am Tag), und immer weniger
Dörfer sind an ein Verkehrsnetz angeschlossen.
Das liegt daran, dass so gut wie alle Familien Autos
besitzen und lieber flexibel sind, d. h. dann fahren
wollen, wenn sie möchten oder müssen, statt sich
nach einem Busfahrplan zu richten. Sehr oft werden
Busverbindungen gestrichen, weil immer weniger
Menschen mit diesen Bussen fahren. Je weniger
Busse fahren, desto unpraktischer wird es für die
Leute und desto weniger fahren sie mit dem öffentli-
chen Verkehrsmittel. Wenn Busse fahren, fahren sie
aber größtenteils pünktlich und halten den an der
Haltestelle angegebenen Fahrplan ein.

Bahn: Hier hat es in den letzten Jahren sehr große Veränderungen gegeben. Seit die Bahn neu organisiert wurde, muss mehr auf Gewinn geachtet werden. Deshalb wurden und werden wenig benutzte und damit nicht lukrative Strecken nach kleinen Orten bzw. Dörfern gestrichen. Die großen Verbindungen funktionieren allerdings immer noch gut. Natürlich gibt es Verspätungen, aber es gibt mittlerweile eine Pünktlichkeitsgarantie, und unter bestimmten Umständen kann der Fahrgast bei Verspätungen einen Teil seines Fahrpreises zurückbekommen. Eine Privatisierung ist geplant.

Schweiz
Der innerstädtische Verkehr funktioniert ähnlich. Die Anbindung der Gemeinden und der kleineren Ortschaften ist sehr gut organisiert. Das Eisenbahnnetz der Schweiz ist hervorragend ausgebaut. Das Angebot für die Reisenden im Nah- und Fernverkehr ist gut und wird von den Schweizern gern genutzt. Diese Faktoren tragen dazu bei, dass die Schweiz oft auch als das „Bahnland" bezeichnet wird.

Österreich
Auch Österreich verfügt über ein gut ausgebautes Bahnnetz. Auch relativ kleine Orte lassen sich mit der Bahn erreichen. Gut sind auch die Bahnverbindungen in die benachbarten Länder. Was in Österreich aber auffällt, ist die sternförmige Anordnung des Bahnnetzes: Aus allen Richtungen, aus allen Nachbarländern gelangt man direkt nach Wien. Das hat etwas mit der führenden Rolle der Hauptstadt im einstmaligen kaiserlichen Österreich zu tun.

◁ **Arbeitsbuch, S. 78 / Übungen 4 + 5:** Wortschatz (Verbindungen mit *schwer* und *tun*)
Übung 4: im Unterricht

Sprachlicher Hinweis: Möglicherweise kommen Fragen zum Kasus der Personal- bzw. Reflexivpronomen *mir, mich, dir*. Lassen Sie die TN in diesem Fall nach dem Infinitiv der Verben suchen:
es fällt jemandem schwer bzw. *etwas fällt jemandem schwer* (Dativ)
jemand tut sich leicht (Reflexivpronomen im Akkusativ)
sich etwas schwer machen (Reflexivpronomen im Dativ, weil ein direktes Objekt – *etwas* – folgt). Aber auch hier gilt der Hinweis: Die TN sollten diese Ausdrücke (1–4) einfach als Chunks lernen.

Übung 5:
a (Wiederholung) + **b** als Hausaufgabe
c Die Ausdrücke sind idiomatisch; sie kommen in b vor. 2 und 4 sind auch aus der Grundstufe bekannt.
+ **d** (Vertiefung) für interessierte TN; eher auch im deutschen Sprachraum, wo die TN diese Ausdrücke öfter hören. ▷

◁ **Arbeitsbuch, S. 79 / Übung 6: Grammatik** (Adjektive mit Präpositionen) zu Hause ▷

◁ **Arbeitsbuch, S. 80 / Übung 7: Grammatik** (zusammengesetzte Nomen) zu Hause oder im Unterricht; Teilaufgabe b eignet sich als kleiner Wettbewerb im Unterricht („Wer findet die meisten Kombinationen?"); auch als Partnerübung möglich ▷

◁ **Arbeitsbuch, S. 80 + 81 / Übungen 8 + 9 Grammatik** (Pronomen *damit*)
Übung 8 als Hausaufgabe
Übung 9 Partnerübung im Unterricht (etwas schwieriger) ▷

Sprachlicher Hinweis:
Die Regel lautet: Bei Personen *mit + Personalpronomen im Dativ;* bei Dingen, ganzen Sätzen, Sachverhalten *damit.*

◁ **Arbeitsbuch, S. 81 / Übung 10: Phonetik**
Als Hausaufgabe, sofern die TN ein Arbeitsbuch plus CD besitzen; ansonsten im Unterricht. ▷

Hinweis: Phonetik-Übungen im Unterricht sollten im ersten Durchgang im Plenum mit allen TN gesprochen werden. Wenn überhaupt, dann erst beim zweiten Mal einzelne TN vor dem Plenum laut sprechen lassen. Falls die TN sich noch nicht gut kennen, müssen Sie entscheiden, ob man das laute Sprechen wirklich einzeln vor dem gesamten Kurs machen lassen kann. Für einige TN könnte das zu viel Stress und Frustration bedeuten, wenn sie den Eindruck vermittelt bekommen, dass die Phonetik oder die Intonation schlecht ist. In solchen Fällen bieten sich Partnersituationen an, bei denen Sie gezielt den TN helfen können, die Schwierigkeiten haben.
Sie haben aber auch die Möglichkeit, einzelnen TN das Üben bestimmter Sequenzen anzubieten. Dies ist mit der eingelegten Lerner-CD-ROM im Arbeitsbuch kein Problem.

C2
C2a (kursorisches Hören: Gespräch am Schalter)
■ Einzelarbeit:
🔘 **CD 1.35:** Die TN hören das Gespräch und machen sich Notizen zu den beiden Fragen.
■ Partnerarbeit:
Die TN vergleichen ihre Lösungen.

C2b (detailliertes Hören)
■ Plenum:
Lesen Sie zusammen mit den TN die Aufgabenstellung sowie die Ausdrücke und Wendungen zur Beschreibung einer Situation 1–10.
■ Einzelarbeit:
🔘 **CD 1.35:** Die TN hören das Gespräch noch einmal und kreuzen die Lösungen an.

- Plenum:
Besprechung der Lösungen.

C3 (Sprechen: ein Problem darstellen)

- Partnerarbeit:
Jeweils zwei TN finden sich zusammen. Ein TN liest die Situation 1 auf S. 130, der Partner liest die Situation 2 auf S. 133. In Einzelarbeit erledigen die beiden Partner jeweils ihre Aufgabe 1–3. In Teilaufgabe 3 sollen die TN die in C2b gehörten Wendungen und Ausdrücke benutzen. Weisen Sie die TN explizit darauf hin.
Anschließend spielen die TN die beiden Gespräche. Wenn Sie genug Zeit haben, können Sie auch ein besonders gelungenes Gespräch im Plenum vorspielen lassen.

◁ **Arbeitsbuch, S. 82 + 83 / Übungen 11 + 12:** WORTSCHATZ (Reisen) ▷
◁ **Arbeitsbuch, S. 83 / Übung 13:** WORTSCHATZ (Probleme) ▷
◁ **Arbeitsbuch, S. 84 / Übungen 14 + 15:** Sätze bauen (schwierige Situation beschreiben, Problemsituation darstellen) Hausaufgabe zur Vertiefung und zur Einübung ▷

C4 (Schreiben: Beschwerdebrief)

- Einzelarbeit:
Als Vorbereitung lesen die TN im Arbeitsbuch auf S. 38 / Übung 34 (Lektion 9) die Tipps für Beschwerdebriefe. Selbstständig verfassen die TN einen Beschwerdebrief.

Hinweis zur Zeitökonomie: Es empfiehlt sich, bei schriftlichen Aufgaben im Unterricht ein Zeitlimit zu setzen (hier z. B. maximal 20 Minuten). Das gewöhnt die langsameren TN im Hinblick auf Prüfungssituationen daran, nicht unendlich viel Zeit zu brauchen. Außerdem ist es ansonsten in einer Unterrichtssituation schwierig, schriftliche Aufgaben durchzuführen, da es in einer Gruppe zum einen auch immer langsam arbeitende Perfektionisten und zum anderen schneller und weniger genau arbeitende TN gibt.

☐ **Box: Schreibaufgaben im Unterricht, S. 98** ☐

Hinweis zur Prüfungsvorbereitung:
Diese Übung lehnt sich an die Prüfungen B2 (außer Goethe-Zertifikat), *schriftlicher Ausdruck* an. Dort ist eine Beschwerde ein gängiges Prüfungsformat.

☐ **Box: Prüfungen auf B2-Niveau, S. 105** ☐

◁ **Arbeitsbuch, S. 85 / Übung 16:** Texte bauen (Beschwerdebrief)
Hausaufgabe vor allem für Prüfungskandidaten ▷

D Mein Freund Baki, S. 41

D1
D1a (kursorisches Lesen)

- Einzelarbeit/Plenum:
Bitten Sie die TN zunächst, die Aufgaben selbstständig zu lesen, und klären Sie anschließend dabei aufgetretene Verstehensprobleme.
- Einzelarbeit:
Die TN lesen den Text abschnittsweise und lösen nach jedem Abschnitt die entsprechenden Aufgaben.
- Plenum:
Besprechung der Aufgaben, Vergleich der Lösungen. Fragen Sie immer wieder nach, wo genau die Antwort im Text zu finden ist.

Hinweis: Erst in Aufgabe D4 erfahren die TN, dass Bakis berufliche Situation sich doch noch zum Besseren entwickelt hat. Dass diese Information erst hier gegeben wird, ist für den Ablauf der Lektion wichtig. Deshalb sollte man an dieser Stelle auf die Besprechung von Bakis Lebenslauf verzichten.

Hinweis zur Landeskunde:
Bei dem Text handelt es sich um einen Beitrag im Magazin der Wochenzeitung *Die Zeit* vom Oktober 2007. Die Journalistin berichtet über ihren Klassenkameraden Baki Davrak, der Schauspieler wurde und nach seiner Entdeckung zunächst Erfolg hatte, danach aber in der Filmbranche keine Beachtung mehr fand und als Parkwächter arbeiten musste. Dann bekam er wie durch ein Wunder eine wichtige Rolle in Fatih Akins viel beachtetem Film „Auf der anderen Seite". Dieser Film wurde für die Goldene Palme in Cannes nominiert und erhielt die Auszeichnung für das beste Drehbuch.
Baki Davrak:
1971 geboren im südbadischen Bad Säckingen. Ausbildung in der Theaterszene von Hannover und Berlin. Bis heute ist er auch Bühnendarsteller. Filmrollen: 1997 „Lola und Bilidikid" / 1999 „Dealer" / 2007 Hauptrolle „Auf der anderen Seite" / 2007 „Brinkmanns Zorn".
Fernsehfilme bzw. -serien: „Wolffs Revier", „Eva Blond", „Meine verrückte türkische Hochzeit", „Kommissarin Lucas", „Tatort", „Ein Fall für zwei" usw.
Auf der anderen Seite (Filmzusammenfassung):
Das in Deutschland und in der Türkei spielende Drama erzählt in drei durch Zwischentitel abgegrenzten Kapiteln die Geschichten von sechs Menschen. Der erste Handlungsstrang wird als „Yeters Tod" angekündigt. Nejat (Baki Davrak), ein türkischstämmiger, introvertierter Germanistikprofessor, ist zunächst wenig begeistert, als Ali, sein Vater, ihm die Prostituierte Yeter als neue Frau an seiner Seite vorstellt. Ali bezahlt Yeter für die Beziehung und verbindet damit uneingeschränkte Besitzansprüche auf die Frau. Als er Yeter bei einem Streit im Affekt

tötet, bricht Nejat mit seinem Vater. Fortan wird die Suche nach Yeters verschollener, in der Türkei lebenden Tochter Ayten für Nejat zur fixen Idee. In Istanbul kommt er in den Besitz eines deutschen Buchladens und sucht gleichzeitig nach Ayten. Sein Vater verbüßt in Deutschland eine Haftstrafe wegen Totschlags und wird später ausgewiesen.

Im zweiten Erzählstrang, „Lottes Tod", erfährt man, dass Ayten eine Politaktivistin ist und in der Hoffnung auf politisches Asyl aus Istanbul nach Deutschland flieht. In Bremen sucht sie nach Yeter, ihrer Mutter. An einer Universität lernt sie die gleichaltrige Lotte kennen, die gegen den Willen ihrer Mutter beschließt, die illegal in Deutschland lebende Türkin zu beschützen. Nachdem diese entdeckt und in die Türkei abgeschoben wird, reist Lotte ihr nach, kann der inzwischen Inhaftierten jedoch nicht helfen. Bei einem Besuch in der Haftanstalt bittet Ayten ihre Freundin, die auf einem Hausdach versteckte Pistole an sich zu nehmen. Dabei kommt Lotte jedoch ums Leben.

Im dritten Teil, „Auf der anderen Seite", kommen die beiden Geschichten zusammen. Lottes Mutter reist nach Istanbul. Gleichzeitig passieren sie und Ali, Nejats Vater, den Zoll. Lotte hat kurz vor ihrem Tod Nejats Buchladen besucht, was dazu führte, dass dieser ihr ein Zimmer zur Untermiete anbot. So kommt es im weiteren Verlauf zu einer Begegnung zwischen Nejat und Lottes Mutter, die sich inzwischen um die inhaftierte Ayten kümmert. Kurz bevor das zu ahnende Zusammentreffen der Hauptpersonen der vorigen Kapitel stattfindet, endet der Film mit Nejat, der am Strand auf seinen Vater wartet. Sechs Personen, deren Schicksal auf die unterschiedlichste Art miteinander verwoben ist. Eines ist allen jedoch gemein: Sie sind Pendler zwischen der deutschen und der türkischen Kultur. Der Film birgt neben der emotionalen Ebene auch gesellschaftskritische Momente.

☐ Box: Originaltexte auf B2-Niveau, S. 88 ☐

D1b (Notizen machen / über Inhalte sprechen)
■ Einzelarbeit:
Die TN lesen die Aufgabenstellung einschließlich der Fragen, lesen den Text noch einmal und machen sich Notizen.
■ Plenum:
Die Antworten werden im Kurs gesammelt. Notieren Sie die gegebenen Antworten kurz in Stichworten an der Tafel, eventuell gegliedert nach den folgenden Punkten:
Erwartung der Freunde – Wende – Fehler – gefährdete Existenz

D1c (Sprechen: eine Situation bewerten)
■ Kleingruppen:
Die TN sprechen über die gelesene Erzählung und bewerten Bakis Situation. Fragen Sie, ob die TN auch die Sorgen der Freundin hätten oder ob sie diese für unbegründet halten.

◁ **Arbeitsbuch, S. 85–87 / Übungen 17–19: Grammatik** *(selbst)*
Diese Übungen behandeln das Thema des Fokus Grammatik (Kursbuch, S. 44), Aufgaben 18 und 19c zur Vertiefung. ▷

Hinweis:
◁ **Arbeitsbuch, S. 87 + 88 / Übungen 20 + 21: Grammatik (irreale Sätze in der Vergangenheit);** gute Vorbereitung für Aufgabe D2. ▷

D2
D2a
■ Einzelarbeit:
Die TN ergänzen eigenständig das Assoziogramm mithilfe des Textes. Achtung: Hier handelt es sich um die Meinung der Freundin; erst in Teilaufgabe D2b geht es um die Meinung der TN.
■ Plenum:
Das Assoziogramm wird an die Tafel geschrieben und auf Zuruf der TN ergänzt.

D2b
■ Plenum:
Die TN sammeln gemeinsam ihre Ideen. Ein TN ergänzt das Assoziogramm, wenn möglich in einer anderen Farbe als in Aufgabe D2a.

D3 (Sprechen: Ratschläge geben und darauf reagieren)
■ Partnerübung:
Tipp zur Paarbildung: Teilen Sie die Gruppe in zwei Hälften, indem Sie fragen, wer gern die Rolle von Bakis Freund/Freundin übernehmen würde und wer die Rolle von Baki. Beide Gruppen stellen sich locker einander gegenüber, und jeder Partner sucht sich einen aus der jeweils anderen Gruppe.

Hinweis: Man könnte oft einfach den Sitznachbarn als Partner nehmen. Aber vor allem in zeitintensiven Kursen lässt die Konzentration infolge des langen Sitzens stark nach. Da bringen ein wenig Bewegung und auch ein neuer Lernpartner etwas Abwechslung. Außerdem ist der häufigere Wechsel von Lernpartnern auch für die Stimmung im Kurs förderlich. Es gibt aber Kurssituationen, in denen es sich aus räumlichen Gründen oder aus Zeitgründen nicht anbietet, im Kurs neue Lernpaare zu bilden. Eine gute Möglichkeit, doch etwas Dynamik in den Kurs zu bringen, ist, dass sich jeder TN nach einem bestimmten Schlüssel jedes Mal auf einen anderen

Platz setzt. So gibt es dann in jeder Einheit neue Lernpaare und neue Arbeitsgruppen.

□ Box: Bewegung und Entspannung im Unterricht, S. 106 □

● Einzelarbeit:
Die TN lesen die jeweiligen Rollenkarten und machen sich Notizen darüber, was sie inhaltlich sagen möchten. Dann überlegen sie, welche der ihnen bereits bekannten Wendungen und Ausdrücke sie verwenden würden. Schließlich liest jeder TN die zu seiner Rolle passenden auf S. 43 im Kursbuch.
● Partnerarbeit:
Die TN spielen die Gespräche.
● Plenum:
Besonders gelungene Gespräche können im Plenum vorgespielt werden. Die anderen TN bekommen die Aufgabe, auf verwendete Redemittel zu achten.

◁ **Arbeitsbuch, S. 88 / Übung 22: Wortschatz** (Ratschläge) ▷
◁ **Arbeitsbuch, S. 89 / Übung 23: Sätze bauen** (Ratschläge geben) ▷
◁ **Arbeitsbuch, S. 90 / Übung 24: Sätze bauen** (ungefragt Ratschläge geben)
Diese Übung eignet sich auch gut als Vorbereitung auf Aufgabe D3 im Kursbuch. ▷
◁ **Arbeitsbuch, S. 91 / Übung 25: Sätze bauen** (auf ungefragt erteilte Ratschläge reagieren):
Teilaufgabe a auch als Vorbereitung auf D3, Teilaufgabe b (Vertiefung) zu Hause. ▷

D4 (Sprechen: etwas rückblickend bewerten)
● Einzelarbeit:
Die TN lesen den Text auf S. 122.
● Plenum:
Lesen Sie mit den TN die Aufgabenstellung sowie die Wendungen und Ausdrücke.
● Kleingruppen:
Die TN bewerten jetzt im Nachhinein Bakis Einstellung. Achten Sie darauf, dass auch die im Buch angegebenen Wendungen und Ausdrücke verwendet werden.

◁ **Arbeitsbuch, S. 92 / Übung 26: Grammatik** (Modalverb als Vollverb)
Hinweis: Die unterschiedlichen Formen des Partizips II bei Modalverben bereiten den TN oft Schwierigkeiten. Anhand dieser Aufgabe (vor allem Teilaufgaben b und d) kann man gut demonstrieren, wann das Partizip wie der Infinitiv aussieht (wenn es sich um ein „echtes" Modalverb handelt und ein Vollverb dazugehört) und wann das Partizip mit *ge*- und -*t* gebildet wird (wenn das Modalverb Vollverb ist). Lassen Sie die TN in den Teilaufgaben b und d zunächst die Modalverben markieren. Dann suchen die TN nach den „echten" Modalverben und unterstreichen das entsprechende Vollverb. ▷

◁ **Arbeitsbuch, S. 93 / Übung 27: Grammatik** (wie Modalverben: *sehen, hören*) ▷
◁ **Arbeitsbuch, S. 94 / Übung 28: Phonetik** ▷
◁ **Arbeitsbuch, S. 94 / Übung 29: Sätze bauen** (etwas im Nachhinein bewerten)
Diese Übung kann entweder vor Aufgabe D4 als Vorbereitung gemacht werden oder danach zur Festigung. ▷

D5
D5a
● Partnerübung/Plenum:
Lassen Sie die TN kurz zu zweit ihre Meinung äußern und sprechen Sie dann mit dem gesamten Kurs darüber.

D5b (Sprechen: interkulturelle Unterschiede)
● Kleingruppen:
Hier gibt es wieder je nach Kurszusammensetzung die Möglichkeit, länderhomogene oder länderheterogene Gruppen bilden zu lassen.
● Plenum:
Lassen Sie die Gruppen im Plenum kurz erzählen, wie man Ratschläge im Heimatland der TN handhabt. Fragen Sie, ob die TN schon einmal diesbezügliche Erfahrungen mit Deutschsprachigen hatten, sei es als Empfänger, sei es als Erteiler von Ratschlägen.

Hinweis: In den Lernzielkatalogen nehmen die Bereiche *Ratschläge geben* und *Tipps geben* einen verhältnismäßig großen Raum ein. Im Umgang mit anderen Menschen sind sie eigentlich an bestimmte Situationen gebunden. Diese werden in Prüfungen oft aufgegriffen.

Landeskunde: Wenn man den Schilderungen von Ausländern im deutschen Sprachraum Glauben schenken darf, mischen sich z. B. die Deutschen häufig in das Leben der Ausländer ein. Oft sind das gut gemeinte Ratschläge, die aber bei den Ausländern nicht so ankommen. Die Übungen 23c und 25 können den TN dabei helfen, auf solche „Ratschläge" angemessen zu reagieren.

Fokus Grammatik:
selbst im Kontext, S. 44

Aufgabe 1 a + b
● Einzelarbeit/Plenum:
◉ CD 1.36 + 1.37: Die TN hören und lesen. Die Lösungen werden im Plenum besprochen.

Aufgabe 2
● Plenum:
Lesen Sie die Aufgabenstellung mit den TN durch und stellen Sie sicher, dass alle verstanden haben, dass sie danach suchen sollen, ob *selbst* vor oder nach dem Bezugswort steht.

- Einzelarbeit/Plenum:
Die TN lösen die Aufgabe in Einzelarbeit; Besprechung im Plenum.

Aufgabe 3
a
- Einzelarbeit/Plenum:
Die TN überlegen und übersetzen in ihre Muttersprache oder eine andere Sprache.

b + c
- Einzelarbeit/Plenum:
🔘 CD 1.38 + 1.39: Die TN hören, lesen und lösen die Aufgabe in Einzelarbeit; Besprechung im Plenum.

Aufgabe 4
- Plenum:
🔘 CD 1.40: Die TN hören und sprechen gemeinsam laut nach.

◁ Arbeitsbuch, S. 95 / **Übung 30**: Fokus Grammatik: Test ▷

Fokus Grammatik: irreale Sätze (Vergangenheit) im Kontext, S. 45

Aufgabe 1
a
- Einzelarbeit/Plenum:
🔘 CD 1.41: Die TN hören, lesen und lösen die Aufgabe in Einzelarbeit; Besprechung im Plenum.
Hinweis:
Falls Sie merken, dass die TN Probleme mit der Einteilung und den Begriffen haben, fragen Sie im Plenum nach Beispielen für
irreale Wünsche, z. B. „Hätte ich doch ein Auto!" – „Könnte ich mir nur die Wörter besser merken!"
irreale Bedingungen, z. B.: „Hätte ich gewusst, dass es regnet, hätte ich einen Schirm mitgenommen." – „Wenn es nicht geschneit hätte, wären nicht so viele Unfälle passiert."
Feststellungen: „Ich hätte es nie für möglich gehalten, dass er den Preis gewinnen würde."

Hinweis: Die Grammatik dieser Seite ist nicht neu. In vielen Lehrwerken wird sie schon auf B1 behandelt. Es ist aber gut möglich, dass die TN das Gefühl haben, dass sie das noch nie gelernt haben. Dann sollten die Übungen 20, 21 und 26, 27 im Arbeitsbuch unbedingt als Hausaufgabe gemacht werden.

b
- Einzelarbeit/Plenum:
Die TN lösen die Aufgabe in Einzelarbeit; Besprechung im Plenum.
Hinweis: Falls Sie die Übung 26 im Arbeitsbuch auf S. 93 noch nicht gemacht haben oder die TN noch Probleme mit der Unterscheidung haben, lassen Sie

die TN in jedem Satz der Aufgabe 2b die konjugierte Form der Verben *können* und *wollen* umkreisen (Sätze 1 + 2: *hätte … können*, Satz 3: *hätte … können / gewollt hätte*, Satz 4: *hätte gekonnt / gewollt hätte*, Satz 5: *hätte gekonnt*).
Überall, wo ein gelb markierter Infinitiv ohne Umkreisung stehen bleibt, ist ein Modalverb.

Aufgabe 2
- Einzelarbeit/Plenum:
Die TN lösen die Aufgabe in Einzelarbeit; Besprechung im Plenum.

Aufgabe 3
- Einzelarbeit/Plenum:
Die TN lösen die Aufgabe in Einzelarbeit; Besprechung im Plenum.

◁ Arbeitsbuch, S. 96 / **Übung 31**: Fokus-Grammatik-Test ▷

E Das mache ich morgen. Versprochen!, S. 46

E1
E1a (detailliertes Lesen)
- Partnerarbeit:
Die TN lesen zunächst die Aussagen A, B, C. Dann ordnen sie Sprichwort für Sprichwort zu.
- Plenum:
Die TN vergleichen und diskutieren ihre Lösungen.

Interkulturelle Komponente:
Fragen Sie die TN, ob es in ihrer Sprache auch Redewendungen ähnlichen Inhalts gibt. Wenn ja: Wie lauten diese?

E1b
- Kleingruppen:
Die TN unterhalten sich darüber, welches Motto A–C ihnen am besten gefällt und wie sie es im Alltag anwenden (könnten). Sie können auch nach Situationen fragen, in denen nach Meinung der TN das eine oder das andere Motto besser ist, z. B. Hausarbeit, Prüfungsvorbereitung, Prüfungssituation, Lernen im Allgemeinen, Aufgaben im Beruf usw.

E2 (kursorisches Lesen)
- Einzelarbeit:
Die TN lesen den Text und kreuzen an. Fragen Sie, ob die TN ein deutsches Sprichwort oder eines in ihrer Sprache kennen, das diese Person beschreibt. (Deutsch: „Morgen, morgen, nur nicht heute, sagen alle faulen Leute.")

E3 (detailliertes Lesen)

■ Einzelarbeit:
Die TN machen den Test und addieren ihre erreichten Punkte.

■ Partnerarbeit:
Die TN unterhalten sich, vergleichen ihre Antworten und lesen gemeinsam die Auswertung auf S. 132.

Hinweis: In Kursen, in denen die TN eher wenig über sich erzählen, nichts über sich preisgeben möchten oder wo es nicht üblich ist, über sich zu sprechen, sollte die Auswertung in Einzelarbeit erfolgen.

E4
E4a

■ Einzelarbeit:
Die TN lesen den Text und machen sich mit der Situation vertraut.

E4 b–d (über Möglichkeiten sprechen, sich Notizen machen)

■ Partnerarbeit:
Die TN sammeln Ideen zu den drei Punkten und machen sich Notizen, am besten in Tabellenform. Schreiben Sie an die Tafel:

mögliche Probleme – mögliche Ratschläge – mögliche Reaktionen

E4e (Dialog schreiben)

■ Partnerarbeit:
Die TN schreiben gemeinsam einen Dialog. Verweisen Sie auf die Wendungen und Ausdrücke auf S. 48 im Kursbuch. Ermutigen Sie die TN dazu, sich bewusst zu überlegen, welche Wendungen und Ausdrücke sie benutzen; sie sollten welche aus dieser Lektion, aber auch solche, die sie bereits kennen und die hier passen, bewusst verwenden.

Hinweis: Raten Sie Ihren TN, sich solche Wendungen und Ausdrücke zu merken, die zu ihrem Stil, zu ihrer Persönlichkeit und zu ihren Lebenssituationen passen. Es hat wenig Sinn, Listen von Wendungen und Ausdrücken einfach auswendig zu lernen.

E5 (Sprechen: Problemsituation klären)

■ Kleingruppen zu je 4 TN:
Lesen Sie mit den TN zusammen die Aufgabe und weisen Sie explizit auf die Aufgabe der Beobachtergruppe hin. Damit stellen Sie sicher, dass jeder TN weiß, wie die Aufgabe abläuft. Diese Beobachtungsaufgaben haben zwei Ziele: Zum einen hören die TN zu, die gerade nicht an der Reihe sind. Zum anderen achten sie bewusst auf Wendungen und Ausdrücke, die sie sich so noch einmal bewusst machen.
Es geht darum, die verwendeten Ausdrücke und Wendungen auf ihren richtigen Gebrauch hin zu prüfen (Problemdarstellung, Ratschläge erteilen bzw. darauf reagieren). Die TN spielen abwechselnd ihre Dialoge

bzw. beobachten die Lernpartner. Hier kann man auch noch einmal auf den angemessenen Gebrauch von Wendungen und Ausdrücken eingehen.

Hinweis: Falls die TN-Zahl ihres Kurses sich nicht durch vier teilen lässt, können Sie natürlich auch drei Paare zusammenarbeiten lassen beziehungsweise die Partnerarbeit in Aufgabe E4e zu dritt erledigen lassen. In diesem Fall müssen Sie allerdings darauf achten, dass alle drei TN in der Partnerarbeit zum Sprechen kommen.

◁ Arbeitsbuch, S. 96 + 97: *darüber hinaus*
Übung 32: Übung für Prüfungen (Wörter einsetzen)
In Anlehnung an *telc Deutsch B2* (*Sprachbausteine Aufgabe 2*) und *Goethe-Zertifikat B2* (*Leseverstehen Aufgabe 4*, dort allerdings ohne Angabe der Wörter).
Übung 33: Texte lesen (Steht das im Text?)
Übung besitzt auch Prüfungscharakter, solche und ähnliche Aufgaben sind allgemein üblich. ▷

☐ **Box: Die Arbeit mit Arbeitsbuch und Lösungsschlüssel, S. 85** ☐

Hinweis: Diese Aufgaben sind für zu Hause gedacht. Machen Sie den TN immer wieder klar, dass es bei den Lesetexten nicht darum geht, jedes Wort zu verstehen, sondern vielmehr um den großen Zusammenhang. Entscheidend ist, dass die Aufgabe korrekt gelöst werden kann. Lassen Sie die TN die für die Lösungen relevanten Textstellen unterstreichen und besprechen Sie diese mit den TN beim nächsten Kurstermin.

Wendungen und Ausdrücke, S. 48
Hinweis: Auf der Lerner-CD-ROM (im Arbeitsbuch mit Lerner-CD-ROM) finden Sie alle Wendungen und Ausdrücke aus *Ziel B2*, Band 1 und Band 2, nach Sprechabsichten sortiert.

Grammatik, S. 49
Hinweis: Auf der Lerner-CD-ROM (im Arbeitsbuch mit Lerner-CD-ROM) finden Sie die Gesamtübersicht zur Grammatik aus *Ziel B2*, Band 1 und Band 2. Für manche TN ist es wichtig, die einzelnen Grammatikphänomene auch in einem Gesamtzusammenhang sehen zu können. Die Grammatikübersicht mit 45 Seiten ist eine nützliche Referenzgrammatik für diese Stufe.

Fotodoppelseite: Haben wir es versäumt, unser Wissen rechtzeitig und vernünftig zu archivieren?, S. 50, 51
Hinweis: Im Lehrwerkservice komplett (zum kostenlosen Ausdrucken) oder im Anhang (als Auswahl) finden Sie Arbeitsblätter für die Projektarbeit zu den Fotodoppelseiten als Kopiervorlagen.

Worum geht es in der Lektion?

Lernziel: Vereinbarungen treffen

Abschnitt **A:** „**Geschafft! Oder doch nicht?**"
Fertigkeiten: Hören, Sprechen
Lernziel: Die TN betrachten vier Zeichnungen und vermuten, was diese Personen geschafft
haben könnten. Danach hören sie Mailbox-Nachrichten, erkennen die jeweilige Situation und
schreiben dazu Antworten in Form einer SMS.

Abschnitt **B:** „**Ihr Zeugnis bitte!**"
Fertigkeiten: Lesen, Sprechen
Lernziel: Hier geht es um Berufsausbildung, rechtliche Bestimmungen des Handwerks und
nötige Nachweise für einen Beruf. Die TN lesen einen Informationstext und berichten über die
Realität im eigenen Land. Dabei geht es auch darum, eigenes Wissen zu relativieren.

Abschnitt **C:** „**Der Weg zum Erfolg**"
Fertigkeiten: Hören, Sprechen, Schreiben
Lernziel: Die TN hören ein Interview mit einer erfolgreichen Autorin und Universitätsdozentin.
Der Lebenslauf dieser Frau wird bewertet, dann wird im Kurs darüber diskutiert. Im Zentrum
der produktiven Fertigkeiten stehen die Bewertung von Informationen und Meinungen sowie die
Beschreibung des eigenen Werdegangs.

Abschnitt **D:** „**Ein Kunstwerk geschaffen?**"
Fertigkeiten: Sprechen
Lernziel: Die TN beschäftigen sich mit Graffiti und deren Folgen. Über die Maßnahmen im
Umgang mit dieser Kunstform wird kontrovers diskutiert. Im Arbeitsbuch werden Verben mit
abtrennbaren und festen Vorsilben sowie Nomen-Verb-Verbindungen geübt.

Abschnitt **E:** „**Ich schaffe das nicht mehr!**"
Fertigkeiten: Lesen, Hören, Schreiben
Lernziele: Die TN lesen ein Stellenangebot und beschäftigen sich mit Problemen im Berufs-
leben. Nach dem Lesen von Gesetzestexten beschweren sie sich schriftlich über nicht ein-
gehaltene Vereinbarungen und/oder Regelungen. Im Arbeitsbuch wird das Verfassen von
Bewerbungsschreiben und Beschwerdebriefen geübt.

Abschnitt **F:** „**Geschafft: ‚Nie wieder dreckiges Geschirr!'**"
Fertigkeiten: Sprechen
Lernziele: Vier TN sollen gemeinsam eine *WG-Aufgabenverteilung* erstellen. Nach der Diskussion
soll ein Konsens gefunden werden.

Fokus Grammatik:
1. Wo können die Satzteile stehen? Der Blick von hinten
2. Die Stelle vor dem Verb (Vorfeld)

Thematischer Einstieg: Assoziationsseite, S. 52

Hinweis zu den Assoziationseinheiten im Unterricht
siehe Lektion 9, S. 7 und Kopiervorlagen S. 142 f.

Aufgabe 1
■ Plenum:
Die Bücher sind geschlossen. Schreiben Sie das Wort *geschafft* an die Tafel.
Klären Sie die Bedeutung, wenn sie unklar ist.
Die TN überlegen sich kurz Situationen, in denen man *geschafft* rufen kann.

Aufgabe 2
■ Plenum:
Fragen Sie: „Was haben diese Fotos mit dem Wort *geschafft* zu tun?"
Die TN überlegen und notieren ihre Ideen (vgl. auch Kopiervorlage S. 142).

Hinweis: Wenn die TN zu einem der Fotos keine Ideen haben, ist das nicht schlimm. Dann sind sie vielleicht umso gespannter darauf, welches Thema im jeweiligen Lektionsabschnitt behandelt wird. Man sollte es auf jeden Fall vermeiden, das Thema, das dann im Abschnitt behandelt wird, zu erzwingen.

Hinweis: Im Abschnitt D wird *schaffen* im Sinne von *kreieren* verwendet. Das sollte hier aber auch noch nicht thematisiert werden.

Einstiegsaufgabe A: Geschafft! – Oder doch nicht?, S. 53

A1 (Sprechen: Vermutungen äußern)
■ Einzelarbeit/Partnerarbeit:
Die TN überlegen zunächst allein und notieren ihre Vermutungen. Die Ideen werden dann mit dem Lernpartner ausgetauscht.
■ Plenum:
Wenn die Vermutungen im Plenum geäußert werden, sollten auch die Halbsätze in den Sprechblasen benutzt werden.

A2 (detailliertes Hören: Mailbox)
■ Einzelarbeit/Plenum:
CD 2.2: Die TN hören die Nachrichten auf der Mailbox und entscheiden darüber, von welchem Thema die Personen sprechen und ob etwas geschafft/nicht geschafft wurde. Danach kurzer Vergleich im Plenum.

A3 (Schreiben: Antwort-SMS)
A3a
■ Partnerarbeit:
Die TN überlegen sich zu zweit eine Antwort-SMS je Nachricht. Betonen Sie, dass es sich um SMS handelt und alles entsprechend kurz sein soll. Vielleicht kennen die TN bereits allgemein übliche Abkürzungen oder verwenden eigene.
Geben Sie jedem Paar eine Folie, auf welche die SMS geschrieben werden.

A3b
■ Plenum:
Legen Sie die Folien nacheinander auf. Die Verfasser der jeweiligen SMS lesen laut vor, die anderen TN erkennen oder raten, was gemeint ist.

Hinweis zur Landeskunde:
Vor allem unter Jugendlichen bekannt ist die sogenannte SMS-Sprache, die aus einer Zusammensetzung von Abkürzungen besteht (vgl. dazu *Ziel* B2, Band 1 Kursbuch S. 75 und S. 125.)
Einige Beispiele:
akla = alles klar / KO20MISPÄ = ich komme 20 Minuten später / BB = bis bald /
HDL = hab' dich lieb / HDGDL = hab' dich ganz doll lieb / LG = Liebe Grüße usw.

B Ihr Zeugnis bitte!, S. 54

Tipp:
Als Einstieg in das Thema können Sie die Kopiervorlagen der Zeugnisse auf S. 145 mehrfach kopieren und in Kleingruppen verteilen. Die TN lesen die Zeugnisse und unterhalten sich darüber, woher die Zeugnisse stammen und ob sie selbst so etwas schon einmal gesehen oder bekommen haben. Stellen Sie einen Bezug zum Heimatland her.

B1 (über Wichtigkeit sprechen)
B1a
■ Plenum:
Fragen Sie die TN, ob sie Zeugnisse oder Zertifikate besitzen und wenn ja, wofür. Schreiben Sie (oder ein TN) die Beispiele für Zeugnisse an die Tafel (z. B. Schulzeugnis, Diplom-Urkunde, Arbeitszeugnis, Sprachenzertifikat).
■ Kleingruppen:
Die TN überlegen jetzt, warum diese Zeugnisse wichtig sind.

Hinweis: Hier soll nur das Vorwissen der TN aktiviert werden. Eventuell werden schon Aspekte genannt, die dann in B1d von Bedeutung sind.

B1b

■ Einzelarbeit/Partnerarbeit:
Die TN kreuzen an und vergleichen mit ihrem Lernpartner.
■ Plenum:
Die Antworten werden verglichen und anschließend wird darüber diskutiert.

Hinweis interkulturelle Komponente:
In international besetzten Kursen bietet es sich an, nach der Einzelarbeit länderhomogene Gruppen zusammenzufassen. Im Plenum berichten diese Gruppen dann gemeinsam von ihren Ländern.

Hinweis Lösung Aufgabe B1b, deutschsprachige Länder (D-A-CH):
Auto fahren: ja (Führerschein)
an der Universität studieren: ja, man muss auf dem Gymnasium das Abitur (D), die Matura (A und CH) gemacht haben; als Ausländer muss man Deutschkenntnisse nachweisen
Deutschland: für manche Fächer ist ein bestimmter Notendurchschnitt Voraussetzung; manche Universitäten haben Bewerbungsgespräche, manche haben Eignungstests oder wollen diese einführen
Österreich/Schweiz: für manche Studienfächer ist das große Latinum Voraussetzung, kann oft während des Studiums nachgeholt werden
Fahrrad fahren: nein, man darf ohne Fahrradprüfung Fahrrad fahren; an den Grundschulen wird jedoch eine Fahrradprüfung abgelegt; Ziel dieser Prüfung ist es, die Verkehrssicherheit der Kinder zu erhöhen
tanken: nein, das macht jeder Autofahrer selbst, und wenn es ein sogenannter Tankwart macht, dann braucht er für diese Tätigkeit kein Zeugnis
einen Wasserhahn in der Küche reparieren: nein, das darf jeder, der das kann; aber wenn man einen Installateur ruft, muss dieser eine Prüfung abgelegt haben
Sport unterrichten: ja, wenn jemand in der Schule Sportlehrer ist; im Freizeitbereich (Vereine) kann man Sport unterrichten oder Sportgruppen leiten ohne Nachweis einer entsprechenden Berufsausbildung
in einer Band spielen: nein
als Babysitter arbeiten: nein
als Dolmetscher arbeiten: ja; das ist eine Ausbildung, unter anderem an Berufsfachschulen
als Verkäuferin arbeiten: Aushilfskräfte brauchen kein Zeugnis, Fachverkäuferinnen haben ein Zeugnis, weil es sich hier um einen Ausbildungsberuf handelt

Hinweis zur Landeskunde:
In Deutschland sind Zeugnisse sehr wichtig für das Berufsleben. Das Abiturzeugnis z. B. wird bei jeder Bewerbung mitgeschickt, auch wenn das Abitur schon Jahre oder Jahrzehnte zurückliegt. Zur Ausübung vieler Berufe braucht man ebenfalls ein Zeug-

nis, das eine absolvierte Ausbildung belegt. In der Industrie z. B. spricht man von *Facharbeitern* (mit Ausbildung und entsprechendem Zeugnis) und *ungelernten Arbeitern* (ohne Ausbildung bzw. Zeugnis). Letztere werden wesentlich schlechter bezahlt. Während des Berufslebens kann man ein Arbeitszeugnis bekommen, dem keine Prüfung vorangeht, sondern das beschreibt, wie man arbeitet. Man bekommt es, wenn man die Firma wechselt. Manche Arbeitnehmer lassen sich in regelmäßigen Abständen Arbeitszeugnisse ausstellen, um für eine Neubewerbung gerüstet zu sein.
Die Sprache in diesen Arbeitszeugnissen ist nicht einfach zu verstehen. Für einen Laien klingen die Bemerkungen dort oft sehr positiv, obwohl sie es in Wahrheit nicht sind. Ein Fachmann jedoch versteht die Bedeutung der Formulierungen sofort.
Aber auch in anderen Bereichen bekommt man Zeugnisse oder Zertifikate: in der Freizeit (z. B. Sportabzeichen), bei beruflichen Fortbildungen (Teilnahmezertifikate), bei Sprachprüfungen.

B1c

■ Kleingruppen/Plenum:
Die TN überlegen gemeinsam und notieren ihre Ideen; Besprechung im Plenum.
Hinweis: Diese Aufgabe ist durchaus spielerisch gedacht; wenn die TN eher sachlich veranlagt sind, kann man diese Aufgabe auch auslassen.

B1d

■ Plenum:
Die TN äußern ihre Meinung dazu, ob mehr Zeugnisse bessere Chancen bedeuten, und zwar unterteilt nach dem Heimatland und Deutschland. Fragen Sie, ob die TN Unterschiede zwischen den Ländern sehen.

Hinweis zur Landeskunde:
In Deutschland gibt es das Phänomen der Überqualifizierung, das in den Heimatländern der TN eher selten ist und deshalb Unverständnis auslöst. Tatsächlich ist es aber so, dass in Deutschland ein Bewerber manchmal eine Arbeit nicht bekommt, weil er überqualifiziert ist. Für manche Arbeitsstellen wird z. B. lieber ein Fachhochschulabsolvent genommen als ein Universitätsabsolvent oder ein promovierter Bewerber. Der Universitätsabsolvent ist vielleicht zu teuer, oder man befürchtet, dass der Promovierte zu theoretisch an die Arbeit herangehen würde. Auch die Tatsache, dass der künftige Chef nicht so qualifiziert ist, könnte eine Rolle spielen. Manchmal befürchtet man auch, dass jemand mit hoher Ausbildung und theoretischem Wissen eine einfachere Tätigkeit als langweilig empfindet und bald wieder kündigen wird. Ebenso werden aber auch Personen,

die über eine enorme Erfahrung verfügen, oft nicht eingestellt, wenn sie das entsprechende „Papier" nicht haben.

◁ **Arbeitsbuch, S. 99 / Übung 1: Wortschatz** (Schule und Ausbildung) ▷
◁ **Arbeitsbuch, S. 100–102 / Übung 2: Wortschatz** (Schule und Ausbildung)
Übungen 2 a–c sind gut für den Unterricht geeignet, 2 d–g als Hausaufgabe. ▷

B2
B2a (selektives Lesen)
■ Einzelarbeit/Partnerarbeit:
Die TN lesen den Text und ergänzen die Tabelle, dann vergleichen sie mit dem Lernpartner.
■ Plenum:
Besprechung der Aufgabe im Plenum.

Hinweis zur Landeskunde – Begriffsklärungen:
Ausbildungsberufe:
Dazu gehören Berufe, in denen etwas produziert wird, aber auch Dienstleistungsberufe, in denen also irgendwelche Arbeiten für andere getätigt werden (Installateur, Änderungsschneider, Bankkauffrau). Die Ausbildungsvoraussetzungen hängen von dem jeweiligen Beruf ab. Die Ausbildungswege sind in den drei deutschsprachigen Ländern unterschiedlich geregelt. Im Zweifelsfall muss man ganz speziell recherchieren. Die Ausbildungen dauern in der Regel zwei oder drei Jahre.

Gesellenprüfung: Viele Ausbildungsberufe (vor allem im handwerklichen Bereich) enden mit einer sogenannten Gesellenprüfung. Diese umfasst in der Regel einen theoretischen und einen praktischen Teil.

Abschlussprüfung: Ausbildungsberufe wie Industriekauffrau/-mann enden mit einer Abschlussprüfung, die normalerweise von der zuständigen Kammer oder einer anderen Institution abgenommen wird.

Meisterprüfung: Gesellen haben nach einer vorgeschriebenen Berufserfahrung die Möglichkeit, sich zum Meister ausbilden zu lassen. Dieser Ausbildungsabschnitt endet mit der sogenannten Meisterprüfung. In vielen Bereichen des Handwerks ist der Meistertitel noch immer Voraussetzung für die Gründung eines Betriebs. Im Bereich der Industrie gibt es in vielen Handwerksberufen den Industriemeister.

◁ **Arbeitsbuch, S. 102 / Übungen 3 + 4:** Grammatik *(je ... desto)*
Auch für den Unterricht gut geeignet. ▷
◁ **Arbeitsbuch, S. 103 / Übung 5:** Grammatik *(je ... desto)*
Ideal als Hausaufgabe. ▷

B2b (Informationen einbringen und vergleichen)
■ Kleingruppen:
Die TN bilden Gruppen und tauschen sich aus. Weisen Sie explizit auf die Redemittel im Kursbuch zur Aufgabe B2b hin.
Mit den Wendungen und Ausdrücken, die mit *soviel* und *soweit* beginnen, kann man sein Wissen relativieren: Man drückt damit aus, dass man dieses oder jenes Wissen hat, dass es aber auch anders sein kann.
Ich frage mich ... leitet eine Wendung ein, die in diesem Zusammenhang den kulturellen Unterschied betont.

Hinweis:
Wenn es im Kurs möglich ist, länderhomogene Gruppen oder Gruppen mit TN, die aus ähnlichen Kulturen stammen, zu bilden, dann bietet sich folgendes Vorgehen an.
■ Gruppen:
Die TN unterhalten sich darüber, wie die Realität in ihrem Land aussieht, und machen sich Notizen. Falls Sie in Ihrem Kursraum die Möglichkeit haben, Zettel aufzuhängen, lassen Sie je Gruppe einen Stichwortzettel (am besten groß, in Plakatform) schreiben und aufhängen.
■ Plenum:
Die TN erläutern die Ergebnisse ihrer Gruppe. Falls Sie die Stichwortzettel aufhängen können, wäre hier eine Präsentation der Ergebnisse in Form einer *Messe* möglich. Die TN gehen von Plakat zu Plakat, lesen und notieren sich Fragen dazu. Danach stellen sich die einzelnen Gruppen den Fragen der übrigen Kursteilnehmer.

☐ **Box: Auswertung von Gruppenarbeit, S. 96** ☐

Extraprojekt Internetrecherche:
Wenn die TN feststellen, dass sie zum Thema „Eröffnung eines Handwerksbetriebes im eigenen Land" wenig wissen, geben Sie dieses Thema als Hausaufgabe und lassen Sie die TN entweder im Internet oder im Familien- bzw. Bekanntenkreis nachforschen. In der nächsten Kursstunde berichten sie.

◁ **Arbeitsbuch, S. 103 / Übung 6: Phonetik** ▷
◁ **Arbeitsbuch, S. 103 / Übung 7: Sätze bauen** (persönliche Informationen, Einschätzungen, Meinungen weitergeben)
Diese Übung eignet sich gut für den Unterricht, weil viel in Partnerarbeit gemacht wird.
Bei knapper Kurszeit können Sie die TN auch bitten, die Übung außerhalb des Unterrichts zu zweit zu erledigen. ▷

C Der Weg zum Erfolg, S. 55

C1
- **Plenum:**

Schreiben Sie an die Tafel: *Das habe ich geschafft!*
Deuten Sie auf den Satz und fragen Sie die TN: „Was habe ich geschafft?" – „Welches Ziel könnte ich mir vorher gesetzt und dann erreicht haben?"
- **Kleingruppen:**

Die TN diskutieren und notieren ihre Ideen.
- **Plenum:**

Sammeln Sie die Ideen aus den Gruppen und schreiben Sie diese an die Tafel (ein paar Starthilfen: Ziele könnten sein, die Aufnahmeprüfung an der Musikhochschule zu schaffen, einen Job zu bekommen, die Diplomarbeit fertigzustellen, vom Zehnmeterbrett ins Wasser zu springen, ein schwieriges Gespräch mit jemandem zu führen usw.).

C2
C2a (kursorisches Hören)
- **Einzelarbeit:**

Die TN lesen die Aussagen a–h. Geben Sie den Tipp, die Schlüsselwörter in den Aussagen zu markieren, damit sie sich dann während des Hörens schneller zurechtfinden.
🔘 CD 2.3–5 Die TN hören und ordnen die Aussagen.
- **Plenum:**

Die Lösung wird besprochen.

C2b (detailliertes Hören)
- **Einzelarbeit/Plenum:**

Die TN lesen die Aufgabe.
🔘 CD 2.3–5: Die TN hören den Text noch einmal und kreuzen an.
Danach Besprechung der Lösungen im Plenum.

Hinweis zu den B2-Prüfungen:
Diese Aufgabe zum Hörverstehen lehnt sich an die gängigen Prüfungsformate an.

☐ **Box: Prüfungen auf Niveau B2, S. 105** ☐

◁ **Arbeitsbuch, S. 105 / Übung 8: Wortschatz (beruflicher Werdegang)**
Die Übung ist gut geeignet als Vorbereitung für Aufgabe C3c. ▷

◁ **Arbeitsbuch, S. 106 / Übung 9: Sätze bauen (beruflicher Werdegang)**
Gut geeignet als Vorbereitung für Aufgabe C3c. ▷

◁ **Arbeitsbuch, S. 107 / Übung 10: Sätze bauen (beruflicher Werdegang)**
Binnendifferenzierung: Sehr wichtige Übung für TN, die ins Berufsleben eintreten wollen oder den Arbeitsplatz wechseln möchten. In diesem Fall kann die Übung auch als Dialog im Unterricht durchgesprochen und in Partnerarbeit gespielt werden. ▷

◁ **Arbeitsbuch, S. 107 / Übung 11: Texte bauen (beruflichen Werdegang beschreiben)**
Binnendifferenzierung: Die Vertiefungsübung c ist besonders wichtig, wenn jemand gerade vor einer Bewerbung steht.

Hinweis: Auf der DVD zu *Ziel* B2 gibt es einen Film zu Lektion 12, in dem das Bewerbungsgespräch geübt wird. Das ist vor allem unter interkulturellen Aspekten interessant.

C3
C3a
- **Einzelarbeit:**

Die TN überlegen, ob Martha Schad *es geschafft hat*, und vergleichen mit dem Tafelanschrieb aus Aufgabe C1. Die Gedanken werden kurz in Stichworten notiert. Mögliche Kontroversen: Sie hat eigentlich nicht ihre Ziele verfolgt, sondern war gezwungen, etwas aus ihrem Leben zu machen. Die späteren Ziele waren eine Folge ihrer Scheidung. Aus einer anderen Perspektive gesehen, hat Martha Schad etwas in ihrem Alter geschafft, eine Karriere aufgebaut, was andere, auch jüngere Frauen nicht schaffen. Aus der Sicht jüngerer TN ist die Beurteilung sicher nicht eindeutig.

Hinweis: Das Ergebnis dieser Aufgaben ist sehr vom kulturellen Hintergrund der TN abhängig. Gegebenenfalls, vor allem wohl in homogenen Gruppen, sollten Sie eine Gegenposition einnehmen, damit auch die jeweils anderen Wendungen und Ausdrücke verwendet werden.

C3b (Sprechen: einen Werdegang bewerten und auf die Bewertung anderer eingehen)
- **Einzelarbeit:**

Geben Sie den TN Zeit, die Wendungen und Ausdrücke durchzulesen. Erklären Sie, falls etwas unbekannt sein sollte.

- **Kleingruppen:**

Die TN tauschen nun ihre Ideen aus und verwenden dazu ihre Notizen aus C3a. Bitten Sie die TN, darauf zu achten, auch gezielt die im Buch aufgeführten Wendungen und Ausdrücke in den geeigneten Sprech-Situationen einzusetzen.

◁ **Arbeitsbuch, S. 108 / Übung 12: Sätze bauen (etwas bewerten und auf Bewertungen eingehen)**
Hinweis: Übung 12b eventuell schriftlich zu Hause, im Unterricht als Dialog mündlich üben. ▷

◁ **Arbeitsbuch, S. 110 / Übung 13: Texte bauen (etwas bewerten und auf Bewertungen eingehen)**
Hinweis: Empfehlen Sie den TN zunächst, alle Satzanfänge in Aufgabe 12, die sich für Bewertungen eignen, zu markieren. ▷

◁ **Arbeitsbuch, S. 111 / Übung 14: Phonetik**

C4 (über den Werdegang einer Person schreiben)

■ Einzelarbeit:

Die TN verfassen einen Text über sich oder eine Person ihrer Wahl. Geben Sie ein Zeitlimit.

Hinweis: Falls Ihr Kurs sehr gut harmoniert und keine Berührungsängste bestehen, können Sie anschließend die Texte auch tauschen lassen. Die TN lesen den Text ihres Lernpartners und erklären, was ihnen gut gefallen hat bzw. wo etwas unklar ist. Wenn die TN ihren eigenen Werdegang beschreiben, kann man dies als eine Art Rätsel veranstalten: Die TN verfassen ihre Texte über sich anonym. Die Texte werden eingesammelt und wieder beliebig verteilt. (Achten Sie darauf, dass niemand seinen eigenen Text bekommt.) Danach lesen die TN je einen Text und raten, um wen es sich handeln könnte. Die Auflösung erfolgt mittels eines „Klassenspaziergangs" – die TN laufen zu dem TN, den sie hinter dem Text vermuten.

D Ein Kunstwerk geschaffen?, S. 57

D1
D1a

■ Plenum:

Bitten Sie die TN, die beiden Fotos zu betrachten und sie spontan zu beschreiben.

■ Einzelarbeit/Plenum:

Die TN lesen die Aufgabe und kreuzen an. Danach Sammlung der Ideen im Plenum.

D1b (kursorisches Hören)

■ Einzelarbeit:

CD 2.6: Die TN lesen die Aufgabe und hören.

D1c

■ Kleingruppen:

Die TN äußern ihre Meinungen. Fragen Sie die TN, ob jemand eine ähnliche Aktion schon einmal gesehen oder davon gehört hat. Vielleicht im Heimatland der TN?

Projekt – Kunstaktionen:

Interessierte TN können sich im Internet über spektakuläre Aktionen wie z. B. die Verpackung des Berliner Reichstagsgebäudes im Jahr 1995 durch das Künstlerpaar Christo und Jeanne-Claude informieren. Bei nächster Gelegenheit werden die Ergebnisse der TN im Unterricht präsentiert. Es gibt auch immer wieder Aktionen, in denen Städte Skulpturen zu einem Thema in ihrem Stadtgebiet aufstellen lassen usw.

D2
D2a

■ Plenum:

Schreiben Sie das Wort *Grafitti* an die Tafel, wenn das Wort in Aufgabe D1a nicht gefallen ist. Fragen Sie dann: „Was ist das?" – „Wer macht das?" – „Wo findet man das?"

Lesen Sie die Aufgabenstellung mit den TN.

■ Kleingruppen:

Die TN beantworten die Fragen der Aufgabe und diskutieren darüber.

Hinweis zur Landeskunde – Hintergrundinformationen:

Graffiti: Hinter *Graffiti* verbirgt sich zunächst eine alte Technik der Fassadengestaltung. *Graffiti* stammt als Begriff aus dem Wort *graphein* (altgriechisch). Das italienische Wort *Sgraffiti* bzw. *Graffiti* bedeutet *das Gekratzte* (das entsprechende Verb: *sgraffiare*). Mit diesem Wort bezeichnete man die Kratztechnik, mit der auf Fassaden reliefartige Motive gestaltet wurden. Im 19. Jahrhundert wurde der Begriff *Graffiti* in der Altertumsforschung und in der Archäologie für anonyme, gekratzte Nachrichten an Wänden verwendet (sie wurden bei Ausgrabungen antiker Städte gefunden).

Heute bezeichnet man zunächst alles, was von unbekannten Personen an Oberflächen, die öffentlich wahrnehmbar sind, gemalt, gesprayt, gekratzt usw. wird, als Graffiti. Das können Wörter sein, aber auch Piktogramme oder künstlerisch gestaltete „Bilder".

Wie die Graffiti gemacht werden und welche Botschaften sie transportieren, hängt sehr stark davon ab, in welchem Land sie gemacht werden.

In Europa gibt es mittlerweile auch schon Graffiti-Künstler, die aus der illegalen Szene herausgekommen und etablierte Künstler geworden sind.

Weitere Informationen finden Sie unter http://www. graffitieuropa.org.

Extra-Projekt: Je nach Kurszusammensetzung könnten manche TN sich dazu motiviert fühlen, zu diesem Thema einen Kurzvortrag zu halten. Haben mehrere TN Interesse, könnte man jedem TN ein eigenes Unterthema anbieten.

Auf der Internetseite des Instituts für Graffitiforschung (http://www.graffitieuropa.org) findet man zahlreiche Informationen und Hinweise.

D2b (Maßnahmen formulieren)

■ Plenum:

Besprechen Sie die Aufgabe mit den TN.

■ Partnerarbeit:

Die TN erledigen gemeinsam Schritt für Schritt die Aufgaben 1–3 auf S. 57 (siehe auch Vorschläge auf S. 124).

Zusätzlich zu den im Buch vorgeschlagenen Notizzetteln in Teilaufgabe 3 könnten die TN stichpunktartige Plakate mit ihren Vorschlägen verfassen. Diese können in Aufgabe D2c verwendet und ganz zum Schluss von allen Gruppen zum Vergleich der Ideen nebeneinander an die Wand gehängt werden.

D2c (Sprechen: Maßnahmen vorschlagen und Vorschläge bewerten)

■ Kleingruppen (immer je zwei Paare aus Aufgabe D2b)

Hinweis: Falls nicht genug Paare vorhanden sind, lassen Sie eine 6er-Gruppe bilden.
Die TN lesen zusammen die Aufgabe sowie die Ausdrücke und Wendungen. Bitten Sie die TN, möglichst viele davon gezielt im folgenden Gespräch einzusetzen. Die TN diskutieren über Vorschläge und Maßnahmen.

◁ **Arbeitsbuch, S. 118 / Übung 22: Texte bauen (auf Vorschläge reagieren)**
Übung 22a passt auch vor Aufgabe D2c im Kursbuch als Vorbereitung.
Übung 22b nach Aufgabe D2c. ▷

Folgende **Grammatik-Übungen** können auch losgelöst von Aufgabe D2 erledigt werden.

◁ **Arbeitsbuch, S. 112 / Übung 15 (Verben mit abtrennbaren und festen Vorsilben)** ▷
◁ **Arbeitsbuch, S. 113 / Übung 16 (abtrennbare Vorsilben)** ▷
◁ **Arbeitsbuch, S. 115 / Übung 17 (Wortstellung bei abtrennbaren Vorsilben)** ▷
◁ **Arbeitsbuch, S. 115 / Übung 18 (feste Vorsilben)**, Übung c Vertiefung: Vorsilben, die fest und abtrennbar sind. ▷
◁ **Arbeitsbuch, S. 116–118 / Übungen 19–21 (Nomen-Verb-Verbindungen)** ▷

Fokus Grammatik: Wo können die Satzteile stehen? Der Blick von hinten, S. 58

Aufgabe 1
a in Einzelarbeit
b + c in Partnerarbeit
■ Plenum:
Besprechung der Lösungen.

Aufgabe 2
Erst in Einzelarbeit, Besprechung im Plenum.

Aufgabe 3 a + b: Tendenzen zur Stellung der Satzteile
Erst Einzelarbeit, dann mit Partnern und im Plenum besprechen.

Aufgabe 4 a + b
Erst Einzelarbeit, dann mit Partnern und im Plenum besprechen.

Hinweis: Sehr oft haben die TN auf dieser Niveaustufe bereits ein gutes Sprachgefühl und lösen die Aufgaben intuitiv richtig. Als Fazit kann man den TN mit auf den Weg geben, dass im Deutschen die Wortstellung relativ frei ist, ausgenommen die Stellung der Verben.

Hinweis zur Begriffsklärung: Angaben sind fakultative, für einen Satz nicht notwendige Satzglieder. Sie geben einem Satz zusätzliche Informationen.
Ergänzungen sind die vom Verb abhängigen Satzteile: Subjekt, Akkusativobjekt, Dativobjekt, präpositionale Objekte. Ohne die Ergänzungen ist ein Satz nicht vollständig.
Siehe auch *Ziel* B2, Band 1, Lektion 1, Seite 14.

Hinweis – Regeln zur Satzstellung:
Der Satzbau ist im Deutschen, verglichen mit dem Satzbau anderer Sprachen, relativ frei. Denken Sie auf dieser Fokus-Grammatik-Seite daran, dass sich die nächste Fokus-Grammatik-Seite mit dem Anfang des Satzes beschäftigt. Gerade hier ergibt sich nämlich z. B. ein großer Unterschied zur englischen Sprache.

Zusammengefasst ein paar Regeln für Hauptsätze, die Sie mit den TN aus den Sätzen in 1c erarbeiten können.

1. Das konjugierte Verb steht im Hauptsatz an Position 2 (siehe den ersten blauen Balken). Diese Regel gilt immer. Bei der Ja/Nein-Frage bleibt die erste Position unbesetzt.
Der zweite Teil des Verbs (Infinitive, Partizipien, trennbare Vorsilben) ganz zum Schluss des Satzes.

2. Nach dem konjugierten Verb gilt Folgendes:
– Falls das Subjekt (wer etwas tut) nicht an Position 1 steht, kommt es nach dem konjugierten Verb. Auf diesem Niveau erscheint es noch nicht angebracht, auf die Frage einzugehen, wie die Satzmitte aufgebaut ist. Wir schlagen vor, dass Sie betonen, was am Satzende steht.
– Satzende (vor dem zweiten Verbteil): Akkusativergänzung mit unbestimmtem Artikel oder Nullartikel, lokale Angaben auf die Frage *wohin?*, präpositionale Ergänzungen (bei Verben mit festen Präpositionen). Diese Regel ist wichtig. Wird das nicht eingehalten, klingt der Satz falsch.

3. Ein Motor für die Wortstellung ist der Artikel: Ergänzungen mit unbestimmtem Artikel stehen hinten, weil die unbestimmten Satzteile die neue Information transportieren. Ergänzungen mit

bestimmtem Artikel (oder als Pronomen) transportieren eine bekannte Information und wandern nach vorn:

Ich schenke ihr zum Geburtstag eine neue Kamera.
Ich habe ihr die Kamera zum Geburtstag geschenkt.
Ich habe sie ihr zum Geburtstag geschenkt.

Die folgende Regel sollten Sie nur heranziehen, wenn die TN mit schon gelernten Regeln kommen. Grundsätzlich muss man nämlich betonen: Die Kasusendungen sind in der deutschen Sprache deshalb so wichtig, weil der Satzbau so frei ist. Oder andersherum: Der Satzbau kann so frei sein, weil es die Kasusendungen gibt. Im Gegensatz dazu hat man im Englischen eine verhältnismäßig starre Ordnung der Sätze. Beachten Sie aber, dass die TN bei den Regeln für die Satzmitte sofort Beispiele finden, in denen es anders ist, weil auch die Satzmitte, wie Sie bei der folgenden Regel sehen werden, sich eher an der Intention als an der Regel orientiert.
– Satzmitte: Pronomen, Akkusativergänzung mit bestimmtem Artikel, Dativergänzung, Angaben in der Satzmitte.
Die Reihenfolge *Zeit vor Ort* bei den freien Angaben ist eine *Nummer-sicher-Regel*: Man kann so nichts falsch machen.
Je nachdem, was man betonen will, kann man diese Reihenfolge aber auch umdrehen. Wenn der Ort ein kurzes Adverb ist *(da, dort)*, steht dieses oft vor der Zeitangabe.

Anmerkung: Manche TN kennen im Hinblick auf freie Angaben vielleicht die so-genannte *te-ka/ko-mo-lo-Regel*, das heißt: Bei einer Anhäufung von Angaben stehen temporale Angaben vor den kausalen/konditionalen/konzessiven; diese kommen vor den modalen, und am Ende stehen die lokalen Angaben. Diese Regel ist aber wenig hilfreich. Auf der C1-Stufe werden die TN lernen, wie sie mit dieser Frage umzugehen haben. Sicher ist, dass die Teile der Satzmitte sehr lang sein können, dass aber die Anhäufung von Angaben in der Satzmitte eine theoretische ist. Gerade auf B2-Niveau führt diese Regel eher zu einer Blockade beim Sprechen und Schreiben als zu einer Erleichterung. Auch werden die Sätze dadurch stilistisch nicht besser. Betonen Sie immer wieder, dass die Wortstellung im Deutschen eigentlich nicht starr ist, außer beim Verb.

◁ **Arbeitsbuch, S. 129 / Übung 32: Test Fokus Grammatik** ▷

E Ich schaffe das nicht mehr!, S. 59

E1
E1a (detailliertes Lesen)
■ Einzelarbeit:
Die TN lesen die Aufgabe und den Text.
■ Plenum:
Klären Sie eventuelle Verständnisprobleme.

Hinweis: Auch die Stellenangebote in der mittleren Verwaltung klingen heute oft unverständlich, auch für Muttersprachler. Weisen Sie die TN darauf hin, dass Stellenangebote oft auch modische, trendige Begriffe enthalten, die man nachschlagen oder im Internet recherchieren muss.
Disposition = die mengenmäßige Aufteilung von Aufträgen
Speditionsfernverkehr = hier geht es um den Transport von Waren usw. auf LkWs und eventuell auch auf der Schiene, in der Luft oder auf dem Wasser
Ladelisten = Listen, auf denen verzeichnet ist, was alles z. B. mit einem LkW transportiert wird
Customer Service = Kundenservice
Auslieferung = ist die Phase des Transports, wenn die Ware usw. den Kunden bzw. das Transportziel erreicht
Informationen zu den gesetzlichen Regelungen finden Sie im Anhang, wie in E2 angegeben.

E1b (selektives Hören)
■ Einzelarbeit:
◉ CD 2.7: Die TN hören den Text und notieren.

Hinweis: Auf diesem Niveau lernen die TN, Informationen mit eigenen Worten zusammenzufassen. In der Aufgabe fassen sie diese in Stichpunkten zusammen. Diese Fertigkeit wird z. B. in der TestDaF-Prüfung verlangt. In komplexerer Form wird sie dann auf C1 noch einmal intensiv im Zusammenhang mit schwierigeren Sachtexten geübt.

■ Partnerarbeit/Plenum:
Die TN besprechen ihre Lösungen zunächst mit dem Lernpartner, dann im Plenum. Fragen Sie die TN, was die Freundin empfiehlt. (Letzter Satz: „Also, ich würd' doch mal mit dem Betriebsrat sprechen …".) Klären Sie, auch im Hinblick auf Aufgabe E3, den Begriff *Betriebsrat*.

Hinweis zur Landeskunde – Betriebsrat:
Betriebsräte gibt es nur in privaten Betrieben und Unternehmen, die mindestens fünf wahlberechtigte, fest angestellte Mitarbeiter haben. Das ist im Betriebsverfassungsgesetz geregelt.
Die Aufgabe des Betriebsrats ist die Förderung und die Sicherung der Beschäftigung (des Arbeitsplatzes) der Arbeitnehmer. Mit folgenden Themen sollte sich der Betriebsrat beschäftigen: Arbeitsplatzumgebung

und Arbeitsablauf; Einstellungen, Kündigungen, Versetzungen usw. (Personalangelegenheiten); Sozialpläne usw. bei betrieblichen Veränderungen; Überwachung der Einhaltung von Gesetzen, Tarifvereinbarungen, Bestimmungen und Betriebsvereinbarungen, wobei hier ein gewisses Mitspracherecht besteht; Kontrolle bei der Einhaltung der Gleichberechtigung von Männern und Frauen usw.

In all diesen Bereichen vertritt der Betriebsrat die Interessen der Arbeitnehmer. Er hat kein Mitspracherecht in rein wirtschaftlichen Fragen wie Investitionen usw.

Die Anzahl der Mitglieder des Betriebsrats hängt von der Anzahl der Mitarbeiter ab.

◁ **Arbeitsbuch, S. 119 / Übung 23: Wortschatz (Arbeitsplatz)**
Eventuell als Vorentlastung bereits vor Aufgabe E1 machen lassen. ▷

◁ **Arbeitsbuch, S. 120 / Übung 24: Wortschatz (Arbeitsplatz)** ▷

E2 (selektives Lesen)
■ Einzelarbeit:
Die TN lesen die Texte auf S. 132 selektiv und ergänzen die Tabelle. Empfehlen Sie den TN, die Tabelle auf ein extra Blatt Papier zu schreiben, um lästiges Blättern zu vermeiden. Schreiben Sie die Tabelle an die Tafel.
Binnendifferenzierung: Sehr schnelle TN können bei Lohn/Gehalt auch die übrigen zwei Länder lesen und danach den anderen TN berichten.
■ Plenum:
Die TN präsentieren die Lösungen, Sie ergänzen die Tabelle.

Interkulturelle Komponente:
Vergleich der Arbeitssituation in deutschsprachigen Ländern mit der in den Heimatländern der TN. Fragen Sie die TN: „Hat das Gelesene Sie überrascht?" – „Ist das in Ihrem Land genauso?" – „Was finden Sie gut/schlecht?"
Eine weitere Möglichkeit, vor allem in Kursen mit TN, die Kontakt zu Berufstätigen haben oder sogar selbst berufstätig sind: Bitten Sie die TN, sich in einer kurzen Ideenfindung Wörter oder Sätze zu überlegen, die zu deutschen Arbeitnehmern passen bzw. diese charakterisieren (z. B. konzentriert / leicht abzulenken, lieben Freizeit und Urlaub, Arbeit wird streng von Freizeit getrennt, Arbeit ist kein Spaß, arbeiten viel / wenig, sind zufrieden / unzufrieden, fleißig / träge, ordentlich / chaotisch usw.). Genauso können Sie es mit der Frage nach dem Image von deutschen Arbeitnehmern im Ausland machen. Nach der Ideenfindung tragen die TN ihre Schlagworte zusammen. Schreiben Sie oder ein TN an der Tafel mit.

◁ **Arbeitsbuch, S. 122 / Übung 25: Sätze bauen (berufliche Vereinbarungen treffen)**
Auch gut für den Unterricht als Partnerübung, vor allem Übungen 25b + c. ▷

◁ **Arbeitsbuch, S. 122 + 123 / Übungen 26 + 27: Texte bauen (Bewerbungsschreiben)**
Vertiefungsübungen vor allem für TN, die ins Berufsleben eintreten oder ihre Arbeitsstelle wechseln möchten.
Ergänzung zu Übung 27b: Lassen Sie die TN reale Stellenanzeigen in der Zeitung oder im Internet suchen, um die sie sich gern bewerben möchten. Falls die TN keine Möglichkeit dazu haben, können auch Sie Anzeigen mitbringen. ▷

E3
E3a (Schreiben: Beschwerdebrief)
Falls viel Zeit seit Aufgabe E1b vergangen ist, spielen Sie das Telefongespräch zur Erinnerung noch einmal vor.
🔘 CD 2.7: Die TN hören das Gespräch noch einmal.
■ Einzelarbeit:
Die TN lesen die Aufgabe, erledigen die Teilaufgaben und schreiben den Brief. Weisen Sie die TN explizit auf die Wendungen und Ausdrücke auf S. 60 hin.

Hinweis: In diesem Fall sind die Wendungen und Ausdrücke quasi der Aufbau des Beschwerdebriefs. Die TN haben zu der Textsorte „Leserbrief" viele Möglichkeiten kennengelernt, wie sie ihre Meinung ausdrücken können. Der Beschwerdebrief soll den TN helfen, mitzuteilen, dass etwas anders war, als es angekündigt, versprochen war. Dieser Beschwerdebrief ist Bestandteil der Prüfung Mittelstufe Deutsch B2, ÖSD.

E3b
■ Partnerarbeit:
Die TN lesen und besprechen die Briefe mit dem Lernpartner. Achten Sie darauf, dass die TN die im Brief genannten Punkte nummerieren. Sehr häufig ist unstrukturiertes Vorgehen beim Briefeschreiben ein Problem, nicht nur, aber vor allem auch in Prüfungssituationen. Dadurch, dass die TN die Punkte im Text des Lernpartners suchen sollen, wird ihnen eventuell eher bewusst, dass Strukturierung für ein besseres Verständnis beim Empfänger sehr wichtig ist.

◁ **Arbeitsbuch, S. 126 / Übung 28: Grammatik (Reihenfolge der Satzteile)**
Anmerkung: Als *Satzende* werden hier der letzte Satzteil vor dem Verb 2 (Präfix bei trennbaren Verben, Partizip II beim Perfekt, Infinitiv bei Modalverben) und das Verb 2 bezeichnet, und zwar gemäß der Definition im Kursbuch, S. 58, Fokus-Grammatik-Seite: Wo können Satzteile stehen? Der Blick von hinten. ▷

◁ **Arbeitsbuch, S. 127 / Übung 29:** Grammatik (Vorfeld)
Vgl. auch Fokus Grammatik S. 60. ▷

◁ **Arbeitsbuch, S. 128 / Übung 30:** Texte bauen (Beschwerdebrief)
Prüfungsrelevante Aufgabe ▷

☐ **Box: Prüfungen auf B2-Niveau, S. 105** ☐

◁ **Arbeitsbuch, S. 128 / Übung 31:** Texte bauen (Beschwerdebrief)
Vertiefungsaufgabe – trainiert strukturiertes Vorgehen beim Briefschreiben. ▷

Fokus Grammatik: die Stelle vor dem Verb (Vorfeld), S. 60

Aufgabe 1 a–c
■ Einzelarbeit/Partnerarbeit:
Die TN bearbeiten die Aufgabe zunächst selbstständig und vergleichen dann mit dem Lernpartner.
■ Plenum:
Besprechung der Aufgabe.

Aufgabe 2 a–c
■ Partnerarbeit:
2a: Die TN lesen einander die Sätze laut vor und korrigieren sie.
2b: Die TN markieren die Satzteile wenn möglich in verschiedenen Farben, z. B. rot für die Frage *wer?*, blau für *wann?*, grün für *wo/wohin?* usw.
2c: Die TN lesen gemeinsam und entscheiden sich für die Lösungen.
■ Plenum:
Die Lösungen werden besprochen.

Aufgabe 3 a–c
■ Partnerarbeit:
Die TN lesen eventuell laut die Sätze in 3 a und bearbeiten gemeinsam 3 b + c.
■ Plenum:
Besprechung der Aufgabe.

Hinweis: Dieses Grammatikkapitel soll eine ganz wichtige Regel für die Satzproduktion bewusst machen: Im Deutschen darf immer nur „eine Information" vor dem Verb stehen, im Gegensatz z. B. zum Englischen. Diese Information kann sehr lang, kann aber auch nur ein Adverb sein. Diese Regel ist auch für die Zeichensetzung sehr wichtig, siehe auch Fokus-Grammatik-Seite *Die drei goldenen Kommaregeln* im Kursbuch, S. 115.

◁ **Arbeitsbuch, S. 129 / Übung 33:** Fokus Grammatik: Test ▷

F Geschafft: „Nie wieder dreckiges Geschirr!", S. 61

F (Sprechen: Vereinbarungen aushandeln)
■ Plenum:
Gehen Sie mit den TN genau die Aufgaben 1–4 durch, damit klar ist, was in der Gruppe (Teilaufgabe 1, 3, 4) und was selbstständig (2) erledigt wird.
■ Kleingruppen (idealerweise Vierergruppen, aber auch Dreier- oder Fünfergruppen möglich):
Die TN erledigen Schritt für Schritt die Aufgabe.
■ Plenum:
Die Plakate werden im Kursraum aufgehängt und verglichen.

◁ **Arbeitsbuch, S. 130 + 131:** *darüber hinaus*
Übung 34: Übung zu Prüfungen (Fragen zum Inhalt bei Hörverstehen)
Übung 35: Texte lesen (Hypothesen bilden, verifizieren) ▷

☐ **Box Die Arbeit mit Arbeitsbuch und Lösungsschlüssel, S. 85** ☐

Wendungen und Ausdrücke, S. 62
Hinweis: Auf der Lerner-CD-ROM im Arbeitsbuch mit Lerner-CD-ROM finden Sie alle Wendungen und Ausdrücke aus *Ziel* B2, Band 1 und Band 2, nach Sprechabsichten sortiert.

Grammatik, S. 63
Hinweis: Auf der Lerner-CD-ROM im Arbeitsbuch mit Lerner-CD-ROM finden Sie die Gesamtübersicht zur Grammatik aus *Ziel* B2, Band 1 und Band 2. Für manche TN ist es wichtig, die einzelnen Grammatikphänomene auch in einem Gesamtzusammenhang sehen zu können. Die Grammatikübersicht mit 45 Seiten ist eine nützliche Referenzgrammatik für diese Stufe.

Fotodoppelseite: Der *red dot design award*, S. 64, 65
Hinweis: Im Lehrwerkservice komplett (zum kostenlosen Ausdrucken) oder im Anhang (als Auswahl) finden Sie Arbeitsblätter für die Projektarbeit zu den Fotodoppelseiten als Kopiervorlagen.

Worum geht es in der Lektion?

Lernziel: etwas oder jemanden kurz vorstellen, beschreiben

Abschnitt **A:** **„Helfen Sie Ihrem Gedächtnis auf die Sprünge"**
Fertigkeiten: Hören, Sprechen
Lernziel: Jemand hat den Namen seines Gesprächspartners vergessen. Diese Episode hören die TN.
Sie versuchen sich in die Situation des Protagonisten hineinzudenken. Dann erzählen sie eigene
ähnliche Erlebnisse.

Abschnitt **B:** **„In Vergessenheit geraten"**
Fertigkeiten: Lesen, Sprechen
Lernziel: Die TN lesen ein kurzes Statement über die Langspielplatte und erinnern sich selbst an
Gegenstände, die nicht mehr aktuell sind, die sie aber lieb gewonnen haben.

Abschnitt **C:** **„Mir liegt es auf der Zunge."**
Fertigkeiten: Lesen, Schreiben, Sprechen
Lernziel: Sachtexte zur Funktion des Gehirns werden gelesen und die Hauptaussagen zusammen-
gefasst. Daraus entsteht dann eine kurze Textzusammenfassung.

Abschnitt **D:** **„Ein perfekter Freund"**
Fertigkeiten: Lesen, Sprechen, Schreiben
Lernziel: Ein Auszug aus Martin Suters Roman „Ein perfekter Freund" wird gelesen und sowohl
mündlich als auch schriftlich zusammengefasst. Die TN äußern interpretatorische Vermutungen zur
Handlung und zu den Protagonisten der Erzählung.

Abschnitt **E:** **„Für das Erinnern"**
Fertigkeiten: Hören, Sprechen
Lernziele: Die TN stellen einen Erinnerungsort ihrer Wahl vor. Der Hörtext befasst sich mit Anne
Frank und einer Ausstellung zu ihrem Leben.

Abschnitt **F:** **„Heute im Studio"**
Fertigkeiten: Hören, Sprechen
Lernziele: Die TN werden mit verschiedenen Formen der Begrüßung vertraut gemacht und lernen,
sich und andere in einer der Situation angepassten Form vorzustellen.

Abschnitt **G:** **„Erfinden Sie sich neu!"**
Fertigkeiten: Schreiben, Sprechen
Lernziele: Die TN verfassen eine Fantasiebiografie über sich selbst. Anschließend lesen sie die
Biografie des Lernpartners und stellen diesen im Kurs vor.

Fokus Grammatik:
1. Unpersönliche Ausdrücke im Kontext
2. Vermuten, Einschätzen; Modalverben im Kontext

**Thematischer Einstieg:
Assoziationsseite, S. 66**

Hinweis zu den Assoziationseinheiten im Unterricht
siehe Lektion 9, S. 7 und Kopiervorlagen S. 142 f.

Hinweis: Wenn die TN sich nicht gern mit offenen
Fragen beschäftigen, steigen Sie mit Aufgabe A in
die Lektion ein.

Aufgabe 1
▪ Kleingruppen:
Die TN versuchen zunächst die Fotos zu beschreiben und
überlegen, was diese mit dem Thema „Vergessen" zu tun
haben. Es geht hier, wie auch in den anderen Lektionen,
nicht darum, die „richtigen" Lösungen zu finden.
A: Handy mit Erinnerungsfunktion, die hilft, einen
Geburtstag nicht zu vergessen.
B: Schallplatte, heute schon fast vergessen ...
C: Menschlicher Kopf, das Gehirn leuchtet – dort sitzt
die Erinnerung und damit auch das Vergessen.
D: Man könnte vermuten, der Buchtitel und das Foto
(eine alte Hauswand mit geschlossenen Fensterläden)
deuten auf vergangene Zeiten hin, die man vielleicht
(nicht) vergessen will. In Wirklichkeit ist es der Buch-
umschlag zu dem Roman „Ein perfekter Freund", aus
dem in Abschnitt D ein Stück gelesen wird und in dem
es um das Vergessen geht.
E: Alte Briefmarke mit Anne Frank, die durch ihr Tagebuch erreichte, dass bestimmte historische Ereignisse
nicht vergessen werden; wenn nur einige TN Anne
Frank nicht kennen, vertrösten Sie sie auf Abschnitt E,
wo das Thema ausführlich behandelt wird. Dort finden
Sie auch Hinweise auf Anne Franks Lebensdaten (vergleiche „Landeskunde", S. 57 f.).
F: In einer Besprechung. In dem Abschnitt geht es um
biografische Daten.

Aufgabe 2
▪ Kleingruppen:
Die TN diskutieren darüber, ob *Vergessen* positiv oder
negativ ist. Lassen Sie für beide Situationen nach Bei-
spielen suchen (zum Beispiel negativ: einen wichtigen
Termin vergessen; positiv: ein schlechtes Erlebnis
vergessen).
▪ Plenum:
Die Gruppenergebnisse werden kurz vorgetragen.

A Helfen Sie Ihrem Gedächtnis auf die Sprünge, S. 67

Einstiegsaufgabe

A1 (über Strategien sprechen)
▪ Plenum:
Fragen Sie: „Was sehen Sie auf den Fotos?" – „Was
machen die Leute?" – „Warum machen sie das?"

▪ Kleingruppen:
Die TN erzählen nun, was sie selbst gegen das Vergessen tun.
▪ Plenum:
Fragen Sie, ob es in den Gruppen irgendwelche besonderen, ungewöhnlichen Tricks dafür gab, etwas nicht
zu vergessen.

A2 (kursorisches Hören)
A2a
▪ Plenum:
Lesen Sie mit den TN die Aufgabenstellung einschließ-
lich der anzukreuzenden Nomen. Klären Sie die Begriffe.
▪ Einzelarbeit/Plenum:
⊙ CD 2.8: Die TN hören und kreuzen an.
Besprechung der Aufgabe im Plenum.

A2b (Sprechen: eine lustige Episode erzählen)
▪ Plenum:
Die TN erzählen, falls sie ähnliche Erlebnisse hatten.

A2c (Sprechen: ein Verhalten beurteilen)
▪ Kleingruppen:
Die TN beurteilen das Verhalten der beiden Männer
und diskutieren darüber.
▪ Plenum:
Lassen Sie die TN der einzelnen Gruppen ein kurzes
Fazit der Gruppenmeinung ziehen. Sie können auch an
der Tafel eine kleine Tabelle führen, um ein Gesamtbild
des Kurses zu bekommen. Bitten Sie die TN, Schlagwörter zu nennen, um das Verhalten der Männer zu
beschreiben:

	positiv	*negativ*
Herr Deffner:	*selbstkritisch,*	*nicht selbstbewusst*
Herr Finninger:	*korrekt, höflich*	

Hinweis – interkulturelle Komponente:
Es ist durchaus möglich, dass die TN, vor allem in
heterogenen Gruppen, sehr unterschiedlich auf die
Situation reagieren. Die zentrale Frage, die sich vielleicht stellt, ist, warum er nicht gleich zugibt, dass ihm
der Name des anderen entfallen ist. Damit wäre die
Peinlichkeit vermeidbar gewesen. Das ist aber im Hinblick auf Höflichkeit eine schwierige Sache. Man könnte hier aber auch darüber diskutieren, wie man sich
als Deutschlernender verhalten könnte, zumal Namen
in einer fremden Sprache erst recht schwierig sind.

B In Vergessenheit geraten, S. 67

B1 (selektives Lesen)
▪ Einzelarbeit:
Die TN lesen die Aufgabenstellung und den Text. Danach überlegen sie sich eine Antwort auf die Frage nach
dem Produkt (es geht um die Langspielplatte – Hinweise
im Text: *Doppel-LP, Vinyl, echte Platte, Schallplatte*).
▪ Plenum:

Die TN nennen die Textstelle, die darüber Auskunft gibt, warum Till Brönner an der Schallplatte hängt („... strahlt die Wärme eines Kaminfeuers aus. Die CD dagegen ist die Zentralheizung."). Fragen Sie: „Was glauben Sie: Warum empfindet Till Brönner das so?" – „Können Sie das nachvollziehen?"

Hinweis – Begriffsklärungen:

Vinyl, auch Polyvinylchlorid (PVC) = ein Kunststoff, aus dem seit ca. 1948 Schallplatten produziert wurden. Vorher benutzte man Schellack, eine harzige Substanz aus Gummilack. Gummilack wiederum wurde aus den Ausscheidungen der sogenannten Lackschildlaus gewonnen.

LP = Langspielplatte, deren Abspieldauer je Seite durchschnittlich etwa 20 Minuten beträgt. Im Gegensatz dazu die so genannte Single, die ungefähr 4–5 Minuten je Seite schafft.

B2 (über Erinnerungen sprechen)

■ **Plenum:**
Lesen Sie zusammen mit den TN die Aufgabe und die Redemittel.

■ **Einzelarbeit:**
Geben Sie den TN kurz Zeit, sich Gedanken zu machen und sich Gegenstände zu überlegen, an denen sie noch hängen. Wenn Sie merken, dass die TN nur wenige Ideen haben, erzählen Sie von eigenen Erinnerungsstücken. Dadurch werden die TN eventuell inspiriert. Falls immer noch nicht, gehen Sie gleich ins Arbeitsbuch, S. 134 / Übung 4.

■ **Kleingruppen:**
Die TN sprechen über das Thema und verwenden möglichst auch die angegebenen Wendungen und Ausdrücke.

◁ **Arbeitsbuch, S. 132 / Übungen 1 + 2:** Wortschatz (Alltagsgegenstände) ▷
◁ **Arbeitsbuch, S. 133 / Übung 3:** Sätze bauen (etwas beschreiben, an das man sich erinnert) ▷
◁ **Arbeitsbuch, S. 134 / Übung 4:** Sätze bauen
  4 a + b: Erinnerung an handgeschriebene Liebesbriefe
  4 c + d: Erinnerungen an das Sparbuch ▷

C Es liegt mir auf der Zunge, S. 68

Hinweis: In diesem Abschnitt werden die TN dazu geführt, einen etwas schwierigeren Sachtext kurz zusammenzufassen. Sachtexte zu verstehen, die nichts mit dem eigenen Interessengebiet zu tun haben, ist erfahrungsgemäß schwer und nicht niveaugemäß. Im Kursbuch wurde deshalb zum Üben ein Sachtext gewählt, der ein Thema aufgreift, das in zunehmendem Maße durchaus in den Medien diskutiert wird. Implizit werden die TN über die Schritte Schlagwörter (Überschriften zuordnen) sowie Hauptinformationen

verstehen (richtige Aussage markieren) an den kurzen Text herangeführt. Diese Schritte werden anschließend im Arbeitsbuch auch geübt. Je nachdem, aus welchem Land die TN kommen oder in welchem Land Sie Ihre TN unterrichten, sind diese Techniken nicht unbedingt aus dem muttersprachlichen Unterricht bekannt. Sie werden in den Prüfungen des GI, des ÖSD oder von Telc und Test-DaF jedoch vorausgesetzt. Je nach Schulsystem kann eine Zusammenfassung auch darin bestehen, möglichst viel aus dem Originaltext wortwörtlich zu übernehmen. Machen Sie den TN gegebenenfalls deutlich, dass das im deutschsprachigen Raum nicht üblich ist.

Ca

■ **Plenum:**
Teilen Sie die TN in vier etwa gleich große Gruppen ein.

Tipp zur schnellen Gruppeneinteilung:

Um eine schnelle Einteilung zu bekommen, schreiben Sie je einen der Buchstaben A, B, C und D auf so viele kleine Zettel, wie TN im Kurs sind. Lassen Sie von jedem TN einen Zettel ziehen. Die TN mit den gleichen Buchstaben finden sich zu einer Gruppe zusammen. Falls die einzelnen Gruppen je Buchstabe mehr als vier TN umfassen, können sie sich zum effektiveren Arbeiten wiederum in Untergruppen aufteilen.

Cb (detailliertes Lesen)

■ **Gruppenarbeit:**
Die TN lesen ihre Texte und lösen die entsprechenden Aufgaben. Gehen Sie zu den Gruppen und helfen Sie. Am Ende der Aufgabe sollten alle Gruppen die richtigen Lösungen angekreuzt und verstanden haben.

Cc (Sprechen: Inhalte zusammenfassen und wiedergeben)

■ **Kleingruppen:**
Die TN formulieren gemeinsam mithilfe der Lösungen aus Aufgabe b mündlich die Kernaussage ihres Textes und machen sich gegebenenfalls Notizen dazu.

Hinweis B2 Prüfungen:

Diese Aufgabe trainiert indirekt mündliche Prüfungsformate.

□ **Box: Prüfungen auf Niveau B2, S. 105** □

Cd

■ **Kleingruppen (neu gebildet!):**
Die TN finden sich zu neuen Kleingruppen mit mindestens je einem Vertreter der Gruppen A, B, C und D zusammen. Sie lesen zunächst die Wendungen und Ausdrücke im Kursbuch und erzählen dann den Inhalt ihres jeweiligen Textabschnitts.

Ce (Schreiben: Zusammenfassung eines Sachtextes)
■ Kleingruppen:
Die Inhaltsangaben werden nun schriftlich formuliert. Wenn möglich werden die Zusammenfassungen im Kursraum so aufgehängt, dass die TN auch die Texte der anderen Gruppen lesen können. In diesem Fall kann man auch gemeinsam besprechen, welche Texte oder Formulierungen die TN als besonders gut gelungen empfinden und warum.

◁ Arbeitsbuch, S. 135 / **Übung 5:** Wortschatz (leicht zu verwechselnde Wörter) ▷
◁ Arbeitsbuch, S. 135–137 / **Übungen 6–10:** Grammatik (unpersönliche Ausdrücke im Kontext)
Übung 6: allgemeine Verständnisübung (wer tut hier was?)
Übung 7: -bar
Übung 8: *lässt sich*
Übung 9: *sein ... zu*
S. 137 / 10: zusammenfassende Übung ▷
◁ Arbeitsbuch, S. 138–140 / **Übungen 11–13:** Sätze bauen (Hauptaussagen kurz zusammenfassen)
Übung 11: Wiederholungsübung
Übung 12: Texte lesen, Hauptaussage von Texten formulieren (Teilaufgabe b ist Vertiefung)
Übung 13: Vertiefung – Radiobeitrag hören, Schlüsselwörter notieren, Hauptaussage des gehörten Textes formulieren ▷
◁ Arbeitsbuch, S. 140 / **Übung 14:** Phonetik ▷
◁ Arbeitsbuch, S. 141 + 142 / **Übungen 15 + 16:** Texte bauen (Textzusammenfassung von einem Sachtext schreiben) ▷

Hinweis zur Kursorganisation: Die Übungen 11, 12, 13, 15 und 16 trainieren die produktiven Fertigkeiten hinsichtlich der Textzusammenfassung eingehend. Sie passen also unmittelbar zu Abschnitt C im Kursbuch. Die Übungen 6–10 zu den unpersönlichen Ausdrücken werden im folgenden Fokus Grammatik (Kursbuch S. 70) aufgegriffen. Sie können den Fokus auch vor diese Übungen des Arbeitsbuches stellen. Der Fokus Grammatik sensibilisiert für die unpersönlichen Ausdrücke; in den Arbeitsbuchübungen geht es hauptsächlich darum, ihre Bedeutung zu verstehen und sie zu trainieren.

Hinweis zur Binnendifferenzierung:
Für TN, welche die Stufe C1 und/oder ein Hochschulstudium anstreben, empfiehlt es sich, auch die Vertiefungsübungen (12b, 13, 16) zu erledigen.

Fokus Grammatik: unpersönliche Ausdrücke im Kontext, S. 70

Aufgabe 1
■ Einzelarbeit:
Die TN lesen die Aufgabenstellung und lösen die Aufgabe.
■ Plenum:
Der Inhalt der Sprechblasen wird laut vorgelesen, die Aufgabe besprochen.

Aufgabe 2 a–c
■ Einzelarbeit:
Die TN erledigen die Aufgaben selbstständig.
■ Plenum:
Besprechen Sie die Aufgaben und schreiben Sie die Lösungen aus Aufgabe b an die Tafel. Achtung: Keine Infinitive aufschreiben, da die unpersönlichen Ausdrücke nur in der 3. Person Singular oder Plural stehen können!

Aufgabe 3
■ Partnerarbeit:
Die TN formulieren die Sätze 1–4 in allen unpersönlichen Varianten. Das heißt: Je Satz im Buch gibt es vier Möglichkeiten.

◁ Arbeitsbuch, S. 156 / **Übung 41:** Fokus-Grammatik-Test ▷

D Ein perfekter Freund, S. 71

Fragen Sie die TN, ob jemand dieses Buch bereits kennt oder ob jemand den Film (Original: „Un ami parfait") gesehen hat. Besprechen Sie mit diesen TN, dass sie am Ende der Unterrichtseinheit die Möglichkeit haben werden, den Inhalt des Buches / des Films zu erzählen. Bitten Sie sie aber, im Unterrichtsverlauf ihr Wissen für sich zu behalten.

Hinweis: Sind mehrere TN im Kurs, die den Film kennen, gehen Sie binnendifferenzierend vor. Die Aufgaben a, b und d lösen alle gemeinsam. Aufgabe c lösen die, welche die Geschichte nicht kennen. Währenddessen bereiten die anderen ihre Zusammenfassung der Geschichte vor. Die Aufgabe d lösen dann wieder alle gemeinsam. Danach erzählen die TN die Handlung der Geschichte. Versuchen Sie die TN dazu zu überreden, das Buch zu lesen. Eine Möglichkeit wäre, dass immer ein TN ein Kapitel / einen Abschnitt liest, den anderen TN kurz über den Fortgang der Geschichte berichtet und anschließend das Buch an den nächsten TN weitergibt, der dann wiederum über den Fortgang der Handlung berichtet usw.

Landeskunde: Hintergrundinformationen
Martin Suter: Martin Suter, geboren 1948 in Zürich, lebt mit seiner Familie in Spanien und Guatemala. Er

ist Schriftsteller, Drehbuchautor und Kolumnist für verschiedene Schweizer Zeitungen. Bis 1991 verdiente er sein Geld auch in der Werbebranche als Werbetexter und Creative Director; seither arbeitet er als freier Autor. Für seine Werke wurde er mit zahlreichen Preisen ausgezeichnet und ist auch international anerkannt. In seinen Romanen „Small World", „Die dunkle Seite des Mondes" und „Ein perfekter Freund" verbindet er Krimihandlungen mit gesellschafts- und medizinkritischen Ansätzen. Bisher wurden drei seiner Bücher mit renommierten Schauspielern verfilmt: „Beresina oder die letzten Tage der Schweiz" (CH/D/A 1999), „Ein perfekter Freund" (Frankreich 2006), „Lila Lila" (Deutschland 2008/2009). Auch als Theaterautor feierte Suter Erfolge. Für das Theater am Neumarkt Zürich verfasste er zwei Komödien: „Über den Dingen" (2004) und „Mumien" (2006).

„Ein perfekter Freund": Dieser Roman kreist um das Thema „Medien gegen Industrie" im Zusammenhang mit einem handfesten Lebensmittelskandal. Im Verlauf des Romans versucht die Hauptperson Fabio, ein Journalist, die Zeit zu rekonstruieren, in die seine Gedächtnislücke fällt. Dabei gerät er an zwielichtige, dubiose Gestalten und erkennt mit Befremden, dass auch seine eigene Biografie nicht ohne Abgründe ist. Verpackt ist die Geschichte in eine Art Kriminalroman, durch den sich auch eine Liebesgeschichte zieht.

Da (kursorisches Lesen)
- Einzelarbeit:
Die TN lesen den Auszug aus dem Roman und lösen die beiden Aufgaben.
- Partnerarbeit:
Die TN vergleichen ihre Lösungen und diskutieren darüber.

Hinweis: Sind mehrere TN im Kurs, die den Film kennen, gehen Sie binnendifferenzierend vor.
Aufgaben a, b und d lösen alle gemeinsam. Aufgabe c lösen die, welche die Geschichte nicht kennen. Währenddessen bereiten die anderen ihre Zusammenfassung der Geschichte vor.

- Einzelarbeit:
Die TN lesen den Auszug aus dem Roman und lösen die beiden Aufgaben.
- Partnerarbeit:
Die TN vergleichen ihre Lösungen und diskutieren darüber.

Db (Sprechen: Inhalt wiedergeben und interpretieren)
- Partnerarbeit:
Die TN lesen zunächst die Aufgabenstellung sowie die Wendungen und Ausdrücke. Dann erzählen sie einander den Inhalt der Textpassage.

- Plenum:
Bitten Sie einen der TN, die Textzusammenfassung zu beginnen, und fordern Sie die anderen TN auf, bei Bedarf zu helfen. Bitten Sie die TN, darauf zu achten, dass auch die Wendungen und Ausdrücke verwendet werden. Alternativ kann ein TN mit dem ersten Halbsatz der Ausdrücke und Wendungen beginnen und den Satz vervollständigen. Der nächste TN fährt mit dem zweiten Halbsatz fort usw.

Dc (Sprechen: Vermutungen äußern und interpretieren)
- Plenum:
Lesen Sie die Aufgabenstellung gemeinsam mit den TN. Lassen Sie die Sätze in der Sprechblase auch laut vorlesen. Fragen Sie die TN, was die Modalverben hier ausdrücken (*müsste, dürfte, könnte* geben hier das subjektive Empfinden des Sprechers wieder; je nach Modalverb klingt die Vermutung sicherer oder weniger sicher).
Hinweis: Die Übungen 21–27 im Arbeitsbuch S. 145–147 greifen dieses Grammatikthema auf. Siehe dazu auch den Fokus Grammatik, S. 73.
- Kleingruppen:
Die TN stellen Vermutungen an und diskutieren darüber.
- Plenum:
Die Vermutungen der Kursteilnehmer werden zusammengefasst.

Dd (Schreiben: Inhaltszusammenfassung mit Interpretation)
- Einzelarbeit:
Besprechen Sie die Aufgabe mit den TN und bitten Sie diese, sich an die Leitpunkte in der Aufgabenstellung zu halten. Geben Sie ein Zeitlimit. Beides, genaues Beachten der Aufgabenstellung und Zeitlimit, ist für Prüfungssituationen sehr wichtig.
- Partnerarbeit:
Die TN tauschen die Texte, lesen diese und sagen, was sie gut / nicht so gut / nicht verständlich finden.

Projekt: Lesen
Tauschbörse: Es macht großen Spaß zu erkennen, dass man in der Fremdsprache bereits Originalliteratur lesen kann. Die Lerner auf B2-Niveau können das, trauen sich möglicherweise aber ohne Anleitung noch nicht so recht. Deshalb ist es gut, wenn Sie Vorschläge machen oder sogar ein paar Taschenbücher verleihen können, die dann von interessierten TN gelesen werden. Auch „Ein perfekter Freund" wäre ein guter Anfang.
Möglicherweise gibt es sogar TN in der Gruppe, die bereits Bücher auf Deutsch gelesen haben. Lassen Sie diese von ihren Erfahrungen berichten und bitten Sie sie, wenn möglich auch ihre Bücher zu verleihen.

Gemeinsamer Bibliotheksbesuch: Wenn es sich organisatorisch machen lässt, ist ein gemeinsamer Besuch der örtlichen Bücherei, möglichst mit Führung, sehr inspirierend. Wenn es nicht geht, geben Sie den TN als Hausaufgabe den Auftrag, nach dem besprochenen Buch Martin Suters in der Bücherei zu suchen und es eventuell auszuleihen.

☐ Box: Originaltexte auf Niveau B2, S. 88 ☐

◁ **Arbeitsbuch, S. 143 + 144 / Übungen 17–19:** Grammatik (verkürzte Antworten) ▷
◁ **Arbeitsbuch, S. 144 / Übung 20:** Wortschatz (ein Gesicht beschreiben) ▷
◁ **Arbeitsbuch, S. 145–147 / Übungen 21–27:** Grammatik (Modalverben – Vermutungen und Einschätzungen)
Übung 21: Wiederholung der Bedeutung von Modalverben
Übung 22: weitere Verwendungen von …
sollen/sollten (22a): *sollten* = Rat, *sollen* = der Wunsch oder Rat einer dritten Person (typische Beispiele: „Ich soll Ihnen einen schönen Gruß von meinem Mann ausrichten." – „Der Arzt sagt, ich soll mehr Sport treiben."; (vergleiche auch Übung 32, S. 150: *sollen* für Intentionen und Absichten)
(nicht) müssen / (nicht) brauchen" (22b): *nicht müssen/brauchen* ist eine Art Erlaubnis oder Freisprechen von einer Verpflichtung; weitere Beispiele: „Du musst deine Hausaufgabe nicht sofort machen. Du darfst erst spielen." – „Du brauchst heute nicht zu kochen. Wir gehen ins Restaurant."
Die echte Negation von *müssen* ist *nicht dürfen*. Beide Male wird eine Verpflichtung, eine Obligation ausgedrückt.
mag/möchte (22c) *mag* = allgemeine Präferenz, zum Teil wie *lieben*; *möchte* = *wollen*;
Achtung: Oft haben die TN gelernt, dass *möchte* der Konjunktiv II von *mögen* ist, und sind verwirrt. Machen Sie dann (aber nur wenn das Thema zur Sprache kommt) klar, dass *möchte* zwar grammatikalisch ein Konjunktiv ist, die Bedeutung und der Gebrauch sich davon aber gelöst haben und *möchte* jetzt nur noch als Synonym und höflichere Version von *wollen* gebraucht wird.
Anmerkung: Die Unterscheidung dieser hier geübten Situationen fällt den TN oft sehr schwer, weil in anderen Sprachen die Modalverben ganz anders funktionieren und Übersetzungen überhaupt nicht weiterhelfen.
Übung 23: Wiederholung Vermutungen
Übung 24: Vermutungen und Einschätzungen in verschiedenen Abstufungen der Unsicherheit, ausgedrückt durch die Modalverben *können, dürfen, müssen*
Übung 25: *sollen* als distanzierte Wiedergabe einer Information

Übung 26: *wollen* als Einschätzung
Übung 27: Vergangenheit ▷
◁ **Arbeitsbuch, S. 148 + 149 / Übungen 28 + 29:** Sätze bauen (Inhalte mit Interpretation beschreiben) ▷
◁ **Arbeitsbuch, S. 149 / Übung 30:** Phonetik ▷
◁ **Arbeitsbuch, S. 149 / Übung 31:** Texte bauen (die Handlung einer Geschichte zusammenfassen und Vermutungen äußern) ▷

Fokus Grammatik: Vermuten, Einschätzen, Modalverben im Kontext, S. 73

Aufgabe 1
1a
■ Einzelarbeit:
◉ CD 2.9: Die TN hören und lesen gleichzeitig.
1b
■ Einzelarbeit/Partnerarbeit:
Die TN ordnen die Farben zu.
Extra-Aktivität: Man könnte hier auch fragen, welche Sätze eine größere Sicherheit ausdrücken. Schreiben Sie dazu an die Tafel:

sicher   wahrscheinlich   möglich

Bitten Sie nun die TN, die Sätze zuzuordnen (sicher: Sätze A, H / wahrscheinlich: C, D, E, F, I / möglich: B, G).

Aufgabe 2
2a
■ Plenum:
Lesen Sie mit den TN die Aufgabenstellung und fragen Sie, was passiert ist (ein Betrag wurde zweimal überwiesen).
■ Einzelarbeit:
Die TN lesen die Varianten A, B und entscheiden sich, was Feststellung und was Vermutung ist.
■ Plenum:
Die Lösung wird besprochen. Schreiben Sie an die Tafel:
A: muss … bezahlt haben
B: hat … bezahlen müssen
Fragen Sie die TN nach dem grammatikalischen Unterschied.
A: Modalverb im Präsens (*muss*), Hauptverb (*bezahlen*) im Infinitiv Perfekt (*bezahlt haben*); die Vermutung, ausgedrückt durch *müssen*, erfolgt im Präsens, die Handlung in der Vergangenheit (*bezahlt haben*).
B: Modalverb im Perfekt (*hat … müssen*), Hauptverb im Infinitiv (*bezahlen*); die Verpflichtung zur Zahlung, ausgedrückt durch *müssen*, erfolgt in der Vergangenheit, genauso wie die Handlung.

2b

- Partnerarbeit/Plenum:
Die TN lösen die Aufgabe. Besprechung im Plenum.

Aufgabe 3 a + b

- Einzelarbeit:
🔘 CD 2.10: Die TN hören und entscheiden sich.
- Partnerarbeit/Plenum:
Besprechung der Aufgabe zuerst mit dem Lernpartner, dann im Kurs.
Hinweis: *dürfte* und *müsste* liegen in der Abstufung sehr eng beieinander. Man kann hier also in Aufgabe 3a auch die umgekehrte Lösung gelten lassen, also B4 + D3 oder B3 + D4; genauso für die Prozentangaben in 3b.

E Für das Erinnern, S. 74

E1

- Plenum:
Die Bücher sind geschlossen. Schreiben Sie an die Tafel:
Eine Stadt / Ein Land erinnert sich ...
Fragen Sie die TN nun, womit eine Stadt / ein Land sich an eine berühmte Persönlichkeit oder ein bestimmtes Ereignis erinnern kann. Vielleicht können Sie ein Beispiel aus dem Kursort oder der näheren Umgebung nennen. Das könnte ein Denkmal sein, ein Museum, eine Erinnerungsstätte, eine Feier zum Jahrestag eines Ereignisses usw.
Notieren Sie die Ideen der TN an der Tafel.

E2

E2a (kursorisches Hören)

- Einzelarbeit/Plenum:
🔘 CD 2.11, 12: Die TN hören den Text und ordnen die Fotos zu. Besprechung im Plenum.

E2b (detailliertes Hören)

- Einzelarbeit:
Die TN lesen die Aufgabenstellung und die Inhalte beziehungsweise Aussagen. Klären Sie gegebenenfalls Verständnisprobleme.
🔘 CD 2.11, 12: Die TN hören noch einmal und finden die Reihenfolge der Aussagen heraus.
- Partnerarbeit/Plenum:
Die Aufgabe wird besprochen.
Fragen Sie die TN im Anschluss, ob sie Anne Frank bereits vorher kannten und ob sie vielleicht das Tagebuch bereits gelesen haben. Ermuntern Sie die TN, das Buch auf Deutsch in der Originalfassung zu lesen.

Projekt: Anne Frank (Kurzvortrag)

Vor allem TN, welche die Stufe C1 anstreben, sollten dazu ermuntert werden, einen Bericht zu schreiben und einen Kurzvortrag zu halten. Am besten funktioniert das mit Themen, welche die TN sehr interessieren oder zu denen sie einen Bezug haben. Anne Frank,

ihr Leben und ihr Tagebuch wären so ein Thema. Möglich wäre auch eine Aufteilung: Eine Person informiert sich über das Leben der Anne Frank, eine andere Person über das Tagebuch.

☐ Box: Kurzvortrag, S. 100 ☐

Landeskunde: Anne Frank

Lebensdaten: Geboren am 12. Juni 1929 in Frankfurt am Main als zweite Tochter von Edith und Otto Frank. Die Familie war mit dem jüdischen Glauben zwar verbunden, aber nicht strenggläubig. Als Hitler 1933 an die Macht kam und antijüdische Gesetze erlassen wurden, emigrierte der Vater nach Amsterdam, wohin er Geschäftsverbindungen hatte. Anne Frank kam 1934 zusammen mit ihrer Mutter und der älteren Schwester Margot (geboren 1926) nach. Solange die Niederlande sich neutral verhielten, konnte die Familie ein relativ normales Leben führen; die Mädchen lernten Niederländisch und besuchten die Schule. 1939/40 begann eine schreckliche Zeit. Erst kam der Krieg, dann marschierten deutsche Truppen in die Niederlande ein. Damit wurde das Leben der Familie Frank zunehmend von antisemitischen Regelungen und Gesetzen eingeschränkt. Als es dann auch in den Niederlanden zu Deportationen kam, tauchte die Familie im Juli 1942 zusammen mit vier weiteren Personen im Hinterhaus des väterlichen Geschäfts unter. Zwei Jahre lang wurden sie von den niederländischen Angestellten der Firma versteckt und versorgt, bis sie im August 1944 anonym verraten und daraufhin festgenommen wurden. Die acht Versteckten wurden in Konzentrationslager verschleppt, mussten dort unbeschreiblich Schreckliches erleiden und kamen bis auf den Vater Otto alle ums Leben. Anne und ihre Schwester Margot starben im März 1945 im KZ Bergen-Belsen an Typhus. Otto Frank lebte danach zunächst wieder in Amsterdam, später in der Schweiz, wo er 1980 im Alter von 91 Jahren starb. Er hatte sich zeitlebens dem Tagebuch seiner Tochter und der Verbreitung der darin enthaltenen Botschaft gewidmet.

„Das Tagebuch der Anne Frank": In den Jahren ihres Amsterdamer Verstecks führte Anne in Form von Briefen an ihre fiktive Freundin Kitty ein Tagebuch über ihr Leben in der Abgeschlossenheit. Sie beschreibt das Leben im Versteck sowie tagespolitische Ereignisse. Das Zusammenleben von acht Menschen auf engstem Raum und die sich daraus ergebenden Konflikte schildert sie ebenso wie ihre eigenen Krisen als Heranwachsende.
Das Tagebuch ist in niederländischer Sprache verfasst und schwankt zwischen Selbstvertrauen und Zweifeln, Träumen und Alpträumen; am Ende jedoch überwiegt die Zuversicht. Es wurde später im Versteck der Franks gefunden. Im Sommer 1944, also im Alter von 15 Jahren, fertigte Anne Frank eine Reinschrift ihres Tagebuchs an, um es nach Kriegsende als Buch mit dem Titel *Het Achterhuis* (Das Hinterhaus) zu veröffent-

lichen. Im Juni 1947 brachte Anne Franks Vater das Tagebuch unter diesem Titel in Amsterdam heraus. Die deutsche Übersetzung lautet *Das Tagebuch der Anne Frank*. Es wurde in rund 50 Sprachen übersetzt. Im Laufe der Jahre kam es immer wieder zu erweiterten, kritischen Ausgaben. Die letzte, um weitere vom Vater bis zu seinem Tod zurückgehaltene vier Seiten ergänzte Ausgabe erschien 2001.

Das Buch wurde mehrmals verfilmt, für die Bühne bearbeitet und ein Tanztheater danach choreografiert. 2009 wurde das Tagebuch von der UNESCO in die Liste des Weltdokumentenerbes aufgenommen. 2009 erschien das Buch „Grüße und Küsse an alle". *Die Geschichte der Familie von Anne Frank*. Grundlage dieses Buches sind Tausende Briefe und Dokumente, die auf dem Dachboden des „Frank"-Hauses in Basel gefunden wurden. Zusammengefügt wurde die „Familiengeschichte" von Mirjam Pressler unter Mitarbeit von Gerti Elias.

Hinweis: Die Eröffnungsrede zur Wanderausstellung zu Anne Franks Leben und Wirken bietet einen guten Anlass, die Zeit des Nationalsozialismus und die Folgen für die deutsche und die europäische Geschichte im Unterricht zu thematisieren. Vieles an tagespolitischen Fragestellungen und Problemen bleibt ohne dieses Wissen nur schwer zugänglich.

◁ **Arbeitsbuch, S. 150 / Übung 32:** Grammatik (*sollen* für Intentionen und Ziele) ▷
◁ **Arbeitsbuch, S. 150 / Übung 33:** Wortschatz (Denkmäler und Erinnerungsstätten in der Stadt) Gute Vorbereitung für Aufgabe E3. ▷
◁ **Arbeitsbuch, S. 152 + 153 / Übungen 34–36:** Grammatik (konsekutive Angaben) ▷
◁ **Arbeitsbuch, S. 153 / Übung 37:** Sätze bauen (Erinnerungsstätten / Orte der Erinnerung) ▷

E3 (Sprechen: eine Erinnerungsstätte / ein Denkmal vorstellen)
■ **Einzelarbeit:**
Die TN entscheiden sich für eines der beiden Themen (Erinnerungsstätte in einem deutschsprachigen Land oder in der Heimat). Weisen Sie die TN auf die Wendungen und Ausdrücke hin, die dort, wo sie passen, bewusst verwendet werden sollen. Auch hier gilt: Die Wendungen und Ausdrücke sind eine Bereicherung des Ausdrucks, und verhelfen den TN dazu, ihren Sprachstand zu verbessern.
Beschränken Sie die Vorbereitungszeit, während der die TN sich Notizen machen.
■ **Kleingruppen/Plenum:**
Je nachdem, aus wie vielen TN Ihr Kurs besteht, können die TN im Plenum oder in Kleingruppen erzählen. Die zuhörenden TN werden aufgefordert, Fragen zum Gehörten zu stellen.

Hinweis:
Diese Aufgabe trainiert indirekt eines der möglichen mündlichen Prüfungsformate. Wenn Sie in Ihrem Kurs TN haben, die eine der entsprechenden Prüfungen anstreben, lassen Sie diese TN im Plenum vortragen. So erzeugen Sie etwas mehr Spannung und gewöhnen die TN an die Prüfungssituation.

☐ **Box: Prüfungen auf Niveau B2, S. 105** ☐

Extra-Projekt – interkulturelle Komponente: Nationalfeiertage (Kurzvortrag)
Für heterogene Gruppen im deutschen Sprachraum: Bitten Sie die TN des Kurses, einen kurzen Vortrag über den Nationalfeiertag ihres Heimatlandes vorzubereiten. Wenn es mehrere TN aus einem Land in Ihrem Kurs gibt, kann die Aufgabe natürlich als gemeinsames Projekt erledigt werden.
Alternativ können die TN auch versuchen herauszufinden, woran der deutsche, der schweizerische, der österreichische Nationalfeiertag erinnert und wie er gefeiert wird (Deutschland: 3. Oktober, Erinnerung an die Wiedervereinigung, (Beitritt der DDR zur Bundesrepublik im Jahr 1990) / Österreich: 26. Oktober „Tag der Fahne" als Ausdruck des Willens zur Erhaltung der Unabhängigkeit / Schweiz: 1. August Erinnerung an den Zusammenschluss der drei Urkantone Uri, Schwyz und Unterwalden zum „Ewigen Bund"). Dies kann je nach Kursort durch persönliche Gespräche mit Einheimischen oder durch Internetrecherche geschehen.

☐ **Box: Kurzvortrag, S. 100** ☐

F Heute im Studio, S. 75

F1
F1a
■ **Einzelarbeit:**
Die TN lesen die Wendungen und Ausdrücke. Verzichten Sie auf Erklärungen dazu, zu welcher Gelegenheit man die einzelnen Wendungen und Ausdrücke verwendet. Das würde zu viel von Aufgabe F1c vorwegnehmen. Bitten Sie die TN, sich auf Bekanntes zu konzentrieren.

F1b (detailliertes Hören)
■ **Einzelarbeit:**
◎ **CD 2.13:** Die TN hören die Begrüßungssequenzen. Machen Sie nach jeder Situation 1–15 eine kurze Pause, damit die TN das Gehörte kurz reflektieren können. Die TN kreuzen an, ob ihnen die gehörte Situation vertraut ist, in der Muttersprache oder sogar im Deutschen.

F1c (detailliertes Hören)

▪ Plenum:
Besprechen Sie mit den TN die Aufgabenstellung, damit allen der Unterschied zwischen *öffentlicher Diskussion / Vortrag* und *Besprechung/Gespräch* klar ist.

▪ Einzelarbeit/Partnerarbeit:
○ CD 2.13: Die TN hören noch einmal. Geben Sie nach jeder Situation kurz Zeit für die Entscheidung und den Vergleich mit dem Lernpartner.

▪ Plenum:
Besprechung der Aufgabe mit allen TN.

F2 (Sprechen: eine Person vorstellen)

F2a

▪ Partnerarbeit:
Die TN überfliegen kurz die Texte auf S. 134 und einigen sich auf eine Person. Alternativ können Sie die Texte aufteilen, sodass alle Personen vorgestellt werden und die TN selbst nicht auswählen können, wen sie vorstellen. Damit wird die Aufgabe noch lebensnaher.
Die TN lesen den jeweiligen Text genau und markieren interessante Textstellen.

F2b

▪ Partnerarbeit:
Weisen Sie die TN auch auf die Ausdrücke und Wendungen auf S. 76 hin.

F2c

▪ Plenum:
Die TN stellen ihre Person vor. Wenn möglich stellt jedes Paar eine Person vor. Haben zu viele Paare dieselbe Persönlichkeit ausgewählt, ist es besser, den Kurs in Kleingruppen zu unterteilen oder im Plenum nur einige Paare vortragen zu lassen; sonst wird die Aufgabe zu eintönig.

◁ Arbeitsbuch, S. 154 / **Übung 38: Sätze bauen (jemanden begrüßen, sich oder jemanden vorstellen)** ▷
◁ Arbeitsbuch, S. 154 / **Übung 39: Sätze bauen (anwesende Personen vorstellen)** ▷
◁ Arbeitsbuch, S. 155 / **Übung 40: Sätze bauen (eine Person kurz vorstellen und ihren Werdegang beschreiben)**
Vertiefungsaufgabe, besonders geeignet für TN, die bereits in Deutschland, der Schweiz oder Österreich arbeiten oder arbeiten wollen. ▷

G Erfinden Sie sich neu!, S. 75

▪ Plenum:
Besprechen Sie mit den TN zunächst die Aufgabe, damit die TN wissen, was auf sie zukommt: Fantasiebiografie schreiben, Texte tauschen, Lernpartner vorstellen.

▪ Einzelarbeit (Schreiben):

Geben Sie ein Zeitlimit vor! Die TN schreiben ihren Text. Bitten Sie die TN, leserlich zu schreiben.

▪ Partnerarbeit/Einzelarbeit:
Die TN tauschen die Texte, lesen sie und unterstreichen die wichtigen Informationen.

▪ Plenum/Kleingruppe :(Sprechen)
Je nach Kursgröße stellen die TN ihren Partner im Plenum oder in einer Kleingruppe vor. Weisen Sie noch einmal darauf hin, dass die Situation eine Konferenz sein soll. Die zuhörenden TN achten auch darauf, ob auch Wendungen und Ausdrücke der Lektion verwendet werden.

◁ Arbeitsbuch, S. 157 + 158: *Darüber hinaus*
Übung 43: Texte lesen (Intentionen erkennen)
Auch diese Übung besitzt Prüfungsrelevanz. Die Aufgabe 3 im Leseverstehen der Prüfung *Goethe-Zertifikat B2* behandelt genau dieses Erkennen von Meinungen oder Standpunkten in einem Text.
Übung 44: Übung zu Prüfungen (Auswahl von Fotos für eine Broschüre)
Hier wird die Aufgabe 2 der mündlichen Prüfung im *Goethe-Zertifikat B2* geübt. ▷

☐ Box: Die Arbeit mit Arbeitsbuch und Lösungsschlüssel, S. 85 ☐

Wendungen und Ausdrücke, S. 76
Hinweis: Auf der Lerner-CD-ROM (im Arbeitsbuch mit Lerner-CD-ROM) finden Sie alle Wendungen und Ausdrücke aus *Ziel B2*, Band 1 und Band 2, nach Sprechabsichten sortiert.

Grammatik, S. 77
Hinweis: Auf der Lerner-CD-ROM (im Arbeitsbuch mit Lerner-CD-ROM) finden Sie die Gesamtübersicht zur Grammatik aus *Ziel B2*, Band 1 und Band 2. Für manche TN ist es wichtig, die einzelnen Grammatikphänomene auch in einem Gesamtzusammenhang sehen zu können. Die Grammatikübersicht mit 45 Seiten ist eine nützliche Referenzgrammatik für diese Stufe.

Fotodoppelseite: In zwei Kulturen zu Hause, S. 78, 79
Hinweis: Im Lehrwerkservice komplett (zum kostenlosen Ausdrucken) oder im Anhang (als Auswahl) finden Sie Arbeitsblätter für die Projektarbeit zu den Fotodoppelseiten als Kopiervorlagen.

Worum geht es in der Lektion?

Lernziel: spezielle Informationen einholen, zusammenfassen und weitergeben

Abschnitt **A**: **„Von anderen Sprachen abgeschaut"**
Fertigkeiten: Hören, Sprechen
Lernziel: Die in andere Sprachen eingeflossenen deutschen Wörter werden thematisiert. Die TN lesen einen Sachtext zu diesem Thema. In einem Hörbeispiel sollen diese ausgewanderten deutschen Wörter erkannt und ihre Bedeutung im neuen Umfeld erraten werden.

Abschnitt **B**: **„Nachmachen verboten!"**
Fertigkeiten: Lesen, Hören, Sprechen
Lernziel: Die TN lesen einen Zollamtsbericht und einen juristischen Sachtext zum Thema Markenfälschung. Dieser Sachverhalt wird in einem Rollenspiel nachempfunden. In einem Radiointerview geht es um den Patentschutz. Die TN trainieren hier das kritische Nachfragen und das Einholen von Informationen.

Abschnitt **C**: **„Bank statt Eltern?"**
Fertigkeiten: Lesen, Sprechen
Lernziel: Ein Zeitungstext über Studiengebühren führt auf das Thema hin, dazu passend der Anfang einer Website über Studienkredite. Die TN bekommen individuell weitere Detailinformationen dazu und können diese in ein Gespräch einbringen.

Abschnitt **D**: **„Ideengeber Natur"**
Fertigkeiten: Lesen, Sprechen
Lernziel: Biologie und Technik sind Thema des Abschnitts. Die TN lesen Sachtexte und geben deren Inhalte wieder. Sie lernen, Gespräche und Diskussionen zu unterbrechen, um inhaltlich etwas hinzuzufügen.

Abschnitt **E**: **„In aller Munde ..."**
Fertigkeiten: Sprechen, Lesen/Hören, Schreiben
Lernziele: Die TN bestimmen selbst das Thema und wählen Texte frei aus. In Gruppen werden die Texte gesichtet, gelesen und zusammengefasst. Im Gespräch tauschen sich die TN inhaltlich aus, ergänzen Informationen und fassen zusammen. Am Ende der gemeinsamen Arbeit entsteht ein geschriebener Text, der alle relevanten Informationen zusammenfasst.

Fokus Grammatik:
1. Passiv im Kontext
2. Modale Angaben

Thematischer Einstieg: Assoziationsseite, S. 80

Hinweis zu den Assoziationseinheiten im Unterricht
siehe Lektion 9, S. 7 und Kopiervorlagen S. 142 f.

Aufgabe 1

■ Plenum:
Die Bücher sind geschlossen. Bringen Sie einen Gegenstand in den Unterricht mit, der nicht *echt* ist, zum Beispiel eine Plastik- oder Papierblume, die Reproduktion von einem Bild eines berühmten Künstlers, ein Schmuckstück, das offensichtlich nicht aus Gold ist o. Ä. Zeigen Sie ihr Mitbringsel den TN und fragen Sie: „Ist das echt oder nachgemacht?"

Schreiben Sie dann als Assoziogramm an die Tafel:
nachgemacht

■ Kleingruppen:
Die TN sammeln Ideen dazu, was man alles nachmachen könnte.
■ Plenum:
Die Ideen werden an die Tafel geschrieben.
Die TN öffnen die Bücher. Fragen Sie: „Und diese Fotos: Was haben die mit dem Wort *nachgemacht* zu tun?" Die TN äußern ihre Ideen. Falls diese nicht schon vorher genannt wurden, wird das Assoziogramm damit ergänzt.

Aufgabe 2

■ Plenum:
Inspiriert durch die Fotos, kommen die TN vielleicht auf noch mehr Ideen dazu, was zum Thema passen könnte.

Hinweis:
Fragen Sie auch: „Wie ist das in Ihrer Kultur: Ist Nachmachen gut oder schlecht, erlaubt oder verboten?" Diese Frage kann aber auch an den Abschnitt B angeknüpft werden.

A Von anderen Sprachen abgeschaut, S. 81

Einstiegsaufgabe

Hinweis: Hier bietet sich ein kleiner Exkurs darüber an, dass es im deutschen Sprachraum durchaus Wörter gibt, die in verschiedenen Regionen unterschiedlich gebraucht werden, etwa *abschauen* und *abgucken*. Ist das eine verstärkt im südlichen Raum üblich, ist das andere Wort eher im nördlichen Raum zu finden. Aber diese Grenzen sind – das erkennt man immer stärker – fließend und nicht absolut zu setzen; *abgeschaut* kommt aber bei Google ungefähr doppelt so oft vor wie *abgeguckt*.

A1

A1a

■ Einzelarbeit/Partnerarbeit:
Die TN ordnen zu und vergleichen mit dem Lernpartner.

A1b (selektives Lesen)

■ Plenum:
Die TN erklären die Bedeutung von *ausgewandertes Wort* und äußern ihre Ideen dazu, warum es diese Wörter gibt. Notieren Sie in Stichworten die Essenz der Ideen.
■ Einzelarbeit:
Die TN lesen den Text auf S. 143 und lösen die dazugehörigen Aufgaben.
■ Plenum:
Die Lösungen zu den Aufgaben von S. 143 werden besprochen. Waren die Vermutungen richtig, welche die TN vorher angestellt hatten?

A2

A2a (Hören)

■ Einzelarbeit:
◉ CD 2.16: Bereiten Sie die TN darauf vor, dass sie möglicherweise kein deutsches Wort erkennen. Wenn im Kurs TN sind, deren Muttersprache gesprochen wird, haben die es natürlich leichter.

A2b (detailliertes Lesen)

■ Partnerarbeit:
Die TN lesen die Wörter und ergänzen die Tabelle in A2c.
◉ CD 2.16: Lassen Sie die TN noch einmal hören. Jetzt verstehen sie die ausgewanderten Wörter sicher besser.

A2c (Sprechen: raten)

■ Partnerarbeit:
Die TN raten und vergleichen mit der Lösung auf S. 142.
■ Plenum:
Sprechen Sie über die Lösungen und fragen Sie die TN, ob sie richtig geraten haben. Wenn ein TN die hier vorkommenden Sprachen spricht, fragen Sie ihn, ob er das Wort kannte und vor allem wusste, woher es kam.

Hinweis – Fernsehtipp:
Falls Sie französischsprachige TN im Kurs haben oder Ihr Kurs in einem französischsprachigen Land stattfindet, empfehlen Sie den TN die Sendung „Karambolage" im Programm arte (seit 2004 sonntags 20 Uhr), auch abrufbar über die Website http://www.arte.tv/de/europa/karambolage/104016.html
Von dort stammt auch die folgende Erklärung für das Wort *vasistas* für Dachfenster oder Dachluke:
Es gibt die verschiedensten Geschichten darüber, wie es zu diesem Wort *vasistas* kam. Zum Beispiel sollen die Deutschen, von der Invasion und dem Lärm der Soldaten Napoleons überrascht, aus den Mansardenfenstern gerufen haben: „Was ist das?", und diese

Frage soll dann als Name des Fensters nach Frankreich gekommen sein. Oder aber in Frankreich stationierte deutsche Soldaten sollen auf die Mansardenfenster gedeutet und gefragt haben: „Was ist das?"

A3 (Sprechen: vermuten über die eigene Sprache)
■ Plenum:
Die TN berichten, ob es in ihrer Sprache Wörter gibt, die aus dem Deutschen oder aus einer anderen Sprache stammen. Falls den TN spontan nichts einfällt, können Sie dies auch als kleine Aufgabe für zu Hause geben. Die TN berichten dann in der nächsten Unterrichtsstunde.

Hinweis zur Landeskunde
Bis September 2006 machte sich der Deutsche Sprachrat mit einer internationalen Ausschreibung auf die Suche nach sogenannten ausgewanderten Wörtern. Wer deutsche oder deutschstämmige Wörter in einer anderen Sprache kennt, sollte diese benennen und erzählen, was sie in ihrer neuen sprachlichen Heimat bedeuten. Über 6000 Einsendungen aus aller Welt waren die Folge. Daraus entstand ein Buch mit dem Titel „Ausgewanderte Wörter", das im Hueber Verlag erschienen ist und einen interessanten, amüsanten Überblick über diese Wörter gibt. In Japan gibt es zum Beispiel das *märchenland*, in Schweden den *besserwisser*, in England isst man den *kohlrabi*, in Russland das *butterbrot*, und in Australien fährt man *gemutlich* auf der *autobahn*, und wenn ein Nigerianer *is-das-soo* sagt, meint er das Gleiche wie ein Deutscher.
Auch nach sogenannten *eingewanderten Wörtern* wurde von November 2007 bis Februar 2008 vom Goethe-Institut und dem Deutschen Sprachrat gesucht. Sprachinteressierte aus 45 Ländern haben sich an dem Wettbewerb beteiligt. Insgesamt gingen 3500 Einsendungen in 42 Sprachen ein. Auch diese Sammlung erschien im Hueber Verlag.

B Nachmachen verboten!, S. 82

B1
B1a (detailliertes Lesen)
■ Einzelarbeit/Plenum:
Die TN lesen den Text (ohne Wörterbuch!) und ordnen die Definitionen zu. Danach Besprechung der Aufgabe im Plenum.

Hinweis zum Sprachgebrauch:
zivilrechtlich = das Zivilrecht betreffend
Privatrecht, auch **Zivilrecht** genannt: regelt die Rechtsbeziehungen zwischen verschiedenen Personen / Firmen, sogenannten Rechtssubjekten. Grundlage ist in Deutschland das Bürgerliche Gesetzbuch (BGB), in Österreich das Allgemeine Bürgerliche Gesetzbuch (ABG) und in der Schweiz das Zivilgesetzbuch.
öffentliches Recht: regelt im öffentlichen Interesse alle Beziehungen zwischen dem Staatsbürger und dem Staat. Zum öffentlichen Recht gehören Staatsrecht, Völkerrecht, Verwaltungsrecht und Strafrecht.

B1b (Sprechen: Meinungen, Vermutungen äußern)
■ Kleingruppen:
Die TN diskutieren darüber, was man mit den Reisenden machen soll.

◁ **Arbeitsbuch, S. 159 + 160 / Übungen 1 + 2: Wortschatz (Zoll, Grenze)** ▷

B1c (selektives Lesen)
■ Plenum:
Lassen Sie die TN die Aufgabenstellung und die fett gedruckte Überschrift des Textes lesen. Klären Sie eventuelle Verständnisprobleme. Möglicherweise ist das Wort *beschlagnahmen (= an sich nehmen, einziehen, konfiszieren, sicherstellen)* nicht bekannt.
■ Partnerarbeit / Plenum:
Die TN sprechen zuerst zu zweit, lassen Sie dann einzelne TN die Informationen wiedergeben.

B1d (kursorisches / selektives Hören)
■ Einzelarbeit / Plenum:
◉ CD 2.17: Die TN hören und streichen die nicht gehörten Aussagen durch. Kontrolle im Plenum.

Hinweis zur Prüfungsvorbereitung:
Sowohl diese Aufgabe als auch die Aufgabe in B2a lehnen sich stark an die Prüfungsformate zum Hörverstehen der B2 Prüfungen an. Radiointerviews (Aufgabe B2a / CD 2.18, 2.18) kommen in allen gängigen Formaten vor.

☐ **Box: Prüfungen auf Niveau B2, S. 105** ☐

B1e
■ Kleingruppen:
Wenn möglich finden sich dieselben Kleingruppen wie bei Aufgabe B1b zusammen und tauschen ihre Meinungen aus. Bitten Sie die TN zu begründen, warum sich ihre Meinung (nicht) geändert hat.

B2

Hinweis zur Landeskunde – Hintergrundwissen:
Urheberrecht: Dieses Recht schützt geistiges Eigentum, das heißt die schöpferische Leistung eines jeden Menschen, der etwas schreibt, malt, zeichnet, Musik komponiert, interpretiert usw. Die Funktion dieses Gesetzes (in Deutschland das Urheberrechtsgesetz, UrhG) besteht darin, den Urheber eines Werks anzuerkennen und zu bezahlen. Dieses Recht geht nach dem Tod der Urheberperson auf deren Erben über und gilt dann noch 70 Jahre lang. Während das Urheberrecht

als Kulturrecht bezeichnet wird, dienen die beiden folgenden Gesetze dem gewerblichen Rechtsschutz.

Patentrecht: Es schützt neue technische Erfindungen und ist als Ansporn und Belohnung für den Erfinder gedacht. Die Offenlegung von Erfindungen soll damit auch gewährleistet werden. Es gilt 20 Jahre lang.

Markenrecht: Damit werden Marken, Namen, Titel geschützt. Einerseits soll der Verbraucher vor Irreführung geschützt werden, andererseits soll der Anbieter davor bewahrt werden, dass jemand anders seinen Produkt-, Firmennamen usw. verwendet. Die Gesetze heißen *Markengesetz* in Deutschland und *Markenschutzgesetz* in Österreich und der Schweiz. Umfassende Informationen dazu finden Sie bei der Bundeszentrale für politische Bildung in dem Dossier von Till Kreutzer: „Bis hierher – und nicht weiter? Wie das Urheberrecht unser Leben beeinflusst". Viele interessante Publikationen können bei der Bundeszentrale kostenlos angefordert oder auch im Internet gelesen bzw. bestellt werden (Bundeszentrale für politische Bildung, Adenaueralle 86, 53113 Bonn, Website: www.bpb.de/).

B2a

■ Plenum:
Vorentlastung: Lassen Sie die TN wiederholen, was ein Patent ist (vergleiche Aufgabe B1a, S. 82). Klären Sie in diesem Zusammenhang auch die Begriffe *Patentrecht* und *geistiges Eigentum*.

■ Einzelarbeit (kursorisches Hören):
Die TN lesen die Aufgabenstellung und die Fragen mit den Antworten komplett. Klären Sie mögliche Unklarheiten. Lassen Sie die TN dann noch einmal die Frage 1 mit den Antworten lesen und bitten Sie sie, beim ersten Hören das Buch und eventuell auch die Augen zu schließen, um sich bestmöglich auf den Inhalt zu konzentrieren.

☐ Box: Hören (Wie hört man „richtig" zu?), S. 89 ☐

🔘 CD 2.18 + 2.19: Die TN hören den Text und kreuzen danach die Antworten zu Frage 1 an.
Hinweis: Der zweite Teil des Interviews beginnt mit Professor Altinger. Das könnte für manche TN schwierig zu erkennen sein; deshalb hilft es, den TN diese Information zu geben, bevor Sie CD 2.19 abspielen. Alle drei Personen sprechen mit österreichischer Färbung deutsch.

■ Partnerarbeit/Plenum:
Die TN vergleichen ihre Lösungen. Besprechung im Plenum. Schreiben Sie an die Tafel:
Dr. Lindemeier
Professor Altinger
Bitten Sie die TN, zu rekapitulieren, was sie über die beiden Personen erfahren haben, und schreiben Sie die Informationen unter den jeweiligen Namen.
(Dr. Lindemeier: Ingenieur, jetzt in Rente, hat viel erfunden und einige Patente angemeldet, ist

---

für das jetzige Patentrecht; Professor Altinger: Universitätsprofessor für Patentrecht, will Reform des Patentrechts.)

■ Einzelarbeit (detailliertes Hören):
Die TN lesen die Frage 2 mit den Antworten.
🔘 CD 2.18 + 2.19: Die TN hören noch einmal das komplette Interview.

■ Partnerarbeit:
Die TN vergleichen ihre Lösungen.

■ Plenum:
Besprechung der Lösungen.

B2b

■ Partnerarbeit:
Die TN lesen die (halben) Fragen eventuell laut und finden die richtige Überschrift.

◁ **Arbeitsbuch, S. 160 / Übungen 3 + 4: Grammatik** (*sich lassen* und seine Ersatzformen *man kann, können + Passiv, sind ... zu + Infinitiv*) ▷
◁ **Arbeitsbuch, S. 161 / Übung 5: Grammatik** (Passiv bei unpersönlicher Redeweise) ▷
◁ **Arbeitsbuch, S. 161 / Übung 6: Grammatik** (Passiv)
Durch die Fragestellung der Aufgabe a soll das sogenannte Zustandspassiv erkannt werden, das für abgeschlossene oder fertige Handlungen benutzt wird. ▷
◁ **Arbeitsbuch, S. 162 / Übungen 7 + 8: Grammatik** (Wiederholung *werden* als Voll- oder Hilfsverb) ▷
◁ **Arbeitsbuch, S. 163 / Übung 9: Grammatik** (Wiederholung unpersönliche Ausdrücke) ▷

B3 (Sprechen: Diskutieren, Argumentieren, Überzeugen)

■ Plenum:
Gehen Sie die Aufgabe mit den TN genau durch. Der Kurs wird in Kleingruppen eingeteilt.
Tipp zur schnellen Gruppeneinteilung: Bereiten Sie so viele kleine Zettel vor, wie Sie TN im Kurs haben. Nehmen Sie davon so viele Zettel weg, wie Sie Gruppen bilden lassen möchten und schreiben Sie darauf: *Zollbeamter + Ziffer*.
Wenn Sie zum Beispiel 15 TN im Kurs haben und diese in 3 Gruppen einteilen möchten, schreiben Sie auf einen Zettel *Zollbeamter 1*, auf einen zweiten *Zollbeamter 2* und auf einen dritten Zettel *Zollbeamter 3*. Auf die restlichen Zettel schreiben Sie nur jeweils die Zahl 1, 2 oder 3. Geben Sie alle Zettel zusammen in ein Gefäß oder eine Mütze und lassen Sie die TN je einen Zettel ziehen. Damit haben Sie die Gruppen und gleich den jeweiligen Zollbeamten bestimmt.

■ Kleingruppen:
Die TN schreiben die Redemittel aus B2b auf Kärtchen. Alternativ können Sie diese bereits vorbereitet mitbringen. Achten Sie darauf, dass die TN sich wirklich zu ihren Ideen Notizen machen, bevor die Diskussion

beginnt. Während des Rollenspiels können die TN die Kärtchen mit den bereits verwendeten Redemitteln auf eine Seite legen; so sehen sie am Ende, welche Redemittel noch nicht gebraucht wurden.

◁ **Arbeitsbuch, S. 163–168 / Übungen 10–15 :** Sätze bauen (kritisch nachfragen / nachfragen, um besser zu verstehen)
Übung 10: Wiederholungsübung
Übung 11: Verständnisfragen bei kürzeren Statements
Übung 12: Alltagssituation: Reaktion auf ein Gerücht
Übungen 13 + 14: Auf alltägliche Behauptungen kritisch reagieren
Übung 15: Verständnisfragen und kritische Nachfrage bei einem längeren Text, Modalpartikeln *denn, eigentlich, etwa* ▷

◁ **Arbeitsbuch, S. 168 / Übung 16: Phonetik** (richtige Intonation, die Untertöne bei Fragen) Teilaufgabe b zur Vertiefung ▷

◁ **Arbeitsbuch, S. 169 / Übung 17: Texte bauen** (Vertiefung) ▷

Fokus Grammatik: Passiv im Kontext, S. 84

Aufgabe 1

Hinweis: Hier geht es um die Bewusstmachung der Funktion, die viele TN zwar gelernt, sich aber möglicherweise nicht angeeignet haben. Hinzu kommt, dass das Deutsche sich gern dieser Form bedient, während andere Sprachen das Passiv eher vernachlässigen, auch wenn die Formen existieren. Die Formen im Deutschen sollten hinlänglich bekannt sein. Um sicher zu sein, können Sie ein Beispiel in allen Formen durchkonjugieren lassen, zum Beispiel: *jemand wird verfolgt – ich werde verfolgt, du wirst verfolgt, er/sie/es wird verfolgt ...*

Aufgabe 1 a + b

■ Einzelarbeit/Plenum:
Die TN lösen die Aufgabe allein. Danach Besprechung im Plenum.

Aufgabe 1c

■ Plenum:
Besprechen Sie zunächst die Aufgabenstellung, sodass allen klar ist, was mit „Täter" gemeint ist.
■ Einzel- oder Partnerarbeit:
Die TN lesen und lösen die Aufgabe nach Wunsch allein oder zu zweit.

Aufgabe 1d

Hinweis: Die Formulierung in der Muttersprache sensibilisiert für die unterschiedlichen Ausdrucksformen in verschiedenen Sprachen. Man erkennt, dass man viele

Sätze eben nicht wörtlich übersetzen kann. Die TN erkennen aber auch besser, in welchen „Situationen" sich Passivstrukturen anbieten und in welchen nicht. Auch wenn es die Form in der Muttersprache gibt, bedeutet dies noch nicht, dass sie genauso eingesetzt wird. Auch hier gilt: Achtung vor falschen Freunden.

□ **Box: Übersetzen im Fremdsprachenunterricht, S. 104** □

Aufgabe 2 a + b

■ Einzelarbeit/Plenum:
Die TN lösen die Aufgaben. Besprechung im Plenum.

Hinweis: Wie im Arbeitsbuch auf S. 161 bei Übung 6, so geht es auch hier um den Bedeutungsunterschied zwischen dem sogenannten Zustandspassiv (mit dem Hilfsverb *sein* gebildet) und dem Vorgangspassiv (mit *werden* gebildet).
Da in etlichen Sprachen das Passiv nur mit dem Hilfsverb *sein* gebildet wird, kommt es bei diesem Thema oft zu Verwirrungen.
Manchmal versucht man, den Unterschied folgendermaßen zu erklären: Man fragt sich, ob die Handlung schon abgeschlossen ist, ob es also um das Resultat der Handlung geht, oder ob der Handlungsprozess noch nicht abgeschlossen ist. Wenn man einen Satz im Vorgangspassiv hört oder liest, sieht man vor seinem inneren Auge den Handlungsablauf und nicht das Resultat der Handlung.
Hilfreicher scheint oft zu sein, wenn man die TN auf dieser Stufe darauf hinweist, was sie in Lektion 8 zum Partizip II gelernt haben. Was bedeutet das Partizip II? Im Zusammenhang mit *sein* wird es wie ein Adjektiv verwendet. *Die Gurke ist geschnitten. Die Seiten sind kopiert.*
Wie und ob man den Begriff des Zustandspassivs einführen sollte, hängt auch stark von der Grammatik der jeweiligen Muttersprache der TN ab. Auf den Begriff Zustandspassiv wurde in *Ziel* B2 verzichtet. Das Abgeschlossene der Handlung wird im Sinne von *fertig, erledigt* vermittelt.

◁ **Arbeitsbuch, S. 179 / Übung 32: Fokus-Grammatik-Test**
Kurze Übung zum generellen Verständnis der Funktion des Passivs. Kann man eventuell auch vor den Fokus Grammatik setzen. ▷

C Bank statt Eltern?, S. 85

C1

■ Kleingruppen/Plenum:
Die TN unterhalten sich über das Foto und sammeln Ideen. Anschließend werden diese im Plenum zusammengetragen und an der Tafel notiert.

C2

C2a (kursorisches und selektives Lesen)

Hinweis zur Landeskunde: Die niedrigeren Studiengebühren in Österreich, die zum Sommersemester 2009 dort wieder abgeschafft wurden, und der leichtere Zugang zu manchen Studiengängen haben bewirkt, dass viele deutsche Studenten nach Österreich zum Studium gehen. Dort wiederum stößt diese Entwicklung auf Sorge und sogar Unmut, weil auf diese Weise die Universitäten immer voller werden und sich die Studienbedingungen für die Studenten zum Teil massiv verschlechtern.

Weisen Sie Ihre TN darauf hin, dass sich diesbezügliche Informationen sehr schnell ändern können und die Bestimmungen immer wieder neu geregelt werden. Das kann sich gegebenenfalls in Deutschland auch von Bundesland zu Bundesland, in der Schweiz von Kanton zu Kanton sehr unterschiedlich entwickeln.

■ Einzelarbeit:
Bitten Sie die TN, den Text zweimal zu lesen. Beim ersten Mal sollen sie die Hauptidee des Textes erfassen, also den sogenannten roten Faden sehen. Beim zweiten Mal werden, wie in der Aufgabe beschrieben, die Folgen von Studiengebühren im Text gesucht und unterstrichen. Dazu muss man den Text genau lesen.

C2b

■ Kleingruppen:
Die TN sammeln gemeinsam Ideen dazu, welche Folgen die Studiengebühren haben können, und notieren diese Ideen. Dann erzählen die TN über die Situation in ihrem Heimatland und äußern ihre persönliche Meinung.

■ Plenum:
Jede Gruppe fasst kurz mündlich ihre Ergebnisse zusammen. Die Informationen werden in Stichpunkten an der Tafel notiert: Mögliches Tafelbild:

Länder mit Gebühren	Länder ohne Gebühren	Folgen	Meinungen

Hinweis: Wenn Sie eine insgesamt heterogene Kursgruppe haben, bietet es sich bei dieser Aufgabe an, auch heterogene Kleingruppen zu bilden.

C3

C3a (detailliertes Lesen)

■ Einzelarbeit:
Die TN lesen den Ausschnitt der Homepage.

■ Plenum:
Lassen Sie die TN Vermutungen darüber anstellen, was wohl im Text der kompletten Homepage stehen wird. Fragen Sie, welche Informationen die TN erwarten und ob sie diese Homepage interessiert.

C3b (detailliertes Lesen)

■ Partnerarbeit/Einzelarbeit:
Die TN finden sich in Paaren zusammen. Je ein Partner liest Text A (Kursbuch S. 140), der andere Text B (Kursbuch S. 243). Die TN bekommen dadurch unterschiedliche Informationen über Studienkredite, das heißt, ihr Vorwissen unterscheidet sich. Es ist also wichtig, dass jeder TN nur den ihm zugedachten Text liest.

C3c (Sprechen)

■ Plenum:
Klären Sie mit den TN die Aufgabe und lesen Sie gemeinsam die Redemittel. Die TN sollen diese im folgenden Gespräch möglichst passend einsetzen.

■ Partnerarbeit:
Mit dem in Aufgabe C3b erworbenen Hintergrundwissen tauschen sich die TN über das Thema Studienkredite aus. Sie bringen ihre Informationen in das Gespräch ein, heben das Wesentliche hervor und knüpfen an das Gesagte an. Ermuntern Sie die TN dazu, auch eigenes Wissen einfließen zu lassen. Vielleicht hat der eine oder andere bereits Erfahrungen mit Studienkrediten.

Hinweis: Manche TN werden vielleicht einwenden, dass sie sich nicht für ein Studium oder einen Studienkredit interessieren. Weisen Sie sie darauf hin, dass auch dann einige Informationen nützlich sein können und dass die Wendungen und Ausdrücke themenunabhängig interessant sind.

◁ **Arbeitsbuch, S. 169 / Übung 10: Wortschatz (Geldverkehr)**
Teilaufgaben e–g zur Vertiefung, vor allem für TN, die sich fürs Bankwesen interessieren ▷

◁ **Arbeitsbuch, S. 171 / Übung 11: Wortschatz (Studium)**
Vertiefungsaufgabe, gut für TN, die ein Studium in einem deutschsprachigen Land anstreben ▷

◁ **Arbeitsbuch, S. 172 / Übung 12: Grammatik (sollen und sollte)**
sollen (Indikativ Präsens): Aufforderung, Auftrag einer anderen Person
*sollte (*als Konjunktiv II): Rat, Empfehlung
sollte (als Präteritum): Aufforderung einer anderen Person in der Vergangenheit
Vergleiche dazu auch S. 150 / Übung 32, S. 145 / Übungen 21 + 22, S. 147 / Übung 25. ▷

◁ **Arbeitsbuch, S. 173 / Übung 21: Sätze bauen (an Gesagtes oder Vorgegebenes anknüpfen)** ▷

D Ideengeber Natur, S. 86

D1

D1a

■ Partnerarbeit/Plenum:
Die TN unterhalten sich über die Fotos und die Wörter. Bitten Sie die TN, zunächst ohne, dann auch mit Wörterbuch die Begriffe zuzuordnen. Besprechung im Plenum.

D1b

■ Plenum:
Die TN sprechen über die Gegenstände.

D2 a + b (kursorisches Lesen)

■ Einzelarbeit:
Die TN lesen die Texte und lösen die Aufgaben.
■ Partnerarbeit/Plenum:
Die TN vergleichen mit ihren Lernpartnern. Wenn alle TN fertig sind, Besprechung im Kurs.

Hinweis Prüfungen: Diese Aufgabe entspricht gängigen Prüfungsformaten: Eine Kurzübersicht finden Sie auf S. 105. Detailliertere in den Materialien zur Prüfungsvorbereitung.

◁ **Arbeitsbuch, S. 175 / Übungen 22 + 23:** Wortschatz (Technik, Wissenschaft, Forschung) ▷
◁ **Arbeitsbuch, S. 175–177 / Übungen 24–28:** Grammatik (modale Angaben)
Vergleiche dazu auch den Fokus Grammatik S. 88.
Übung 25: *indem* und *dadurch, dass*
Übung 26: Vertiefung (Konjunktionen in Sachtexten)
Übung 28: *ohne dass, ohne ... zu, ohne* ▷

D3

Hinweis zur Binnendifferenzierung: Diese Aufgabe ist wichtig für TN, die ein Studium oder ein Praktikum im deutschen Sprachraum anstreben. Haben Sie wenig Kandidaten im Kurs, auf die das zutrifft, dann bieten Sie ihnen an, dass man an dieser Aufgabe freiwillig teilnehmen kann. Die anderen TN lösen in der Zeit Aufgaben im Arbeitsbuch oder beschäftigen sich mit einem Projekt, oder sie lesen (siehe Lektion 13).

Hinweis zur Kursorganisation: Die folgende Aufgabe ist vergleichsweise zeitintensiv. Sie sollten sie deshalb möglichst an den Anfang einer Unterrichtseinheit setzen. Wenn Sie nicht mehr genügend Zeit für die folgende Aufgabe haben, andererseits aber noch nicht am Ende der Stunde angelangt sind, können Sie auch als Vorbereitung die dazu passenden Übungen im Arbeitsbuch vorschalten (Arbeitsbuch, S. 177 / Übungen 29 + 30).

Hinweis: Die Inhaltskärtchen finden Sie auch als Kopiervorlagen auf S. 146–148.

D3a

■ Plenum:
Bitten Sie die TN, zunächst spontan Wendungen und Ausdrücke zur Wiedergabe von Textinhalten zu nennen. Danach können die auf S. 76 beziehungsweise auf S. 90 im Kursbuch zu Hilfe genommen werden. Schreiben Sie diese an die Tafel.

Hinweis B2-Prüfungen: Diese Redemittel sind wichtig für den mündlichen Teil der B2-Prüfungen.

D3b

■ Plenum:
Erklären Sie das Vorgehen bei den folgenden Aufgaben und deren Sinn.
– Einteilung in Dreiergruppen.
– Jeder TN einer Gruppe liest zwei kurze Texte zu unterschiedlichen Themen der Bionik (ähnlich wie in Aufgabe D2a drei Texte).
– Jeder TN bekommt Inhaltskärtchen zu seinen Texten.
– Zuerst werden in Einzelarbeit die Aufgaben zu den Texten gelöst.
– Anschließend erzählen die TN in den Dreiergruppen den Inhalt ihres jeweiligen Textes.
– Während ein TN erzählt, unterbrechen die anderen TN, wenn sie etwas zu einem Thema hören, zu dem etwas Ähnliches auch in ihrem Text geschrieben steht. Zu diesem Teil der Aufgabe sind im Kursbuch Wendungen und Ausdrücke zusammengefasst.
– Immer wenn die Information weitergegeben worden ist, wird das dazu passende Inhaltskärtchen abgelegt.
– Die TN erzählen so lange, bis alle Inhaltskärtchen abgelegt sind.
■ Kleingruppen (möglichst 3 TN je Gruppe):
Die TN verteilen die Texte.
■ Einzelarbeit:
Die TN lesen ihre Texte und lösen die entsprechenden Aufgaben.

D3c (Sprechen: Informationen einbringen)

■ Kleingruppen:
Die TN lesen zusammen die Aufgabe und tauschen sich dann, wie in der Aufgabe beschrieben, über das Gelesene aus.

Hinweis: Die Aufgabe zeigt den TN anhand der Inhaltskärtchen, wie man bei Textwiedergaben strukturiert vorgehen kann. Weisen Sie Ihre TN auf diesen Aspekt hin, denn diese Fähigkeit ist sehr wichtig für Studierende und hilft auch im Berufsleben.

◁ **Arbeitsbuch, S. 177 / Übung 29:** Phonetik (unterbrechen und hinzufügen) ▷
◁ **Arbeitsbuch, S. 177 + 178 / Übungen 30 + 31:** Sätze bauen (unterbrechen, um inhaltlich etwas hinzuzufügen)
Übung 31: Vertiefungsübung mit einem Hörtext und einem Lesetext zum Thema Erziehung. ▷

Fokus Grammatik: modale Angaben, S. 88

Aufgabe 1

- Einzelarbeit:

1a Aufgabe zur Sensibilisierung
1b Die TN setzen selbstständig ein.

- Plenum:

Besprechung der Aufgaben. Vergleiche auch Arbeitsbuch, S. 176 / Übung 25.

Hinweis: Den TN muss bewusst sein, dass *durch* eine Präposition ist, wohingegen *dadurch, dass ...* und *indem* Nebensätze einleiten.

Aufgabe 2

- Einzelarbeit:

2a Aufgabe zur Sensibilisierung
2b Die TN setzen selbstständig ein.

- Plenum:

Besprechung der Aufgaben. Vergleiche auch Arbeitsbuch, S. 177 / Übung 28.

Hinweis: Den TN muss bewusst sein, dass auf *ohne* in seiner Funktion als Präposition ein Nomen folgt. Außerdem kann nach *ohne* ein Infinitivsatz mit *zu* folgen. *Ohne dass ...* leitet einen Nebensatz ein.

◁ **Arbeitsbuch, S. 179 / Übung 33:** Fokus-Grammatik-Test ▷

E In aller Munde ..., S. 89

E1
E1a

- Plenum:

Die Anregungen sollten von den TN kommen. Hier haben sie selbst Gelegenheit, das Thema zu bestimmen. Falls die Ideen spärlich kommen, geben Sie die Ideensuche als Hausaufgabe.

E1b

- Plenum:

Schreiben Sie die vorgeschlagenen Themen an die Tafel, die TN einigen sich auf ein Thema.

E1c

- Einzelarbeit/Kleingruppen:

Die TN sammeln Texte zu dem beschlossenen Thema. Dies kann als Hausaufgabe für jeden TN einzeln oder als gemeinschaftliches Projekt erledigt werden. Falls Sie im Unterricht Zugang zum Internet haben, können die TN dort auch selbst nach interessanten Artikeln zum Lesen oder Hören suchen.

Hinweis: Weisen Sie Ihre TN im Zusammenhang mit einer Internetrecherche darauf hin, dass sie hier das Gelernte über Schlagwörter/Schlüsselwörter/ Schlüsselbegriffe anwenden können. Je besser die zur Suche eingesetzten Schlagwörter, desto besser die Ergebnisse. Zeigen Sie den TN auch, wie man über die erweiterte Suche zu noch genaueren Ergebnissen kommen kann.

Tipp – alternatives Vorgehen:
Bringen Sie diverse aktuelle Zeitungen und Zeitschriften in den Unterricht mit. Diese werden im Unterrichtsraum ausgelegt. Die TN blättern darin mit der Aufgabe, nur durch das Lesen der Überschriften ein aktuelles Thema zu suchen. Danach stimmen die TN über die Themen ab. Nun suchen die TN in den Zeitungen nach Artikeln zu diesem Thema.

E2 (Lesen/Hören, Sprechen, Schreiben)

- Plenum:

Besprechen Sie die Aufgaben mit den TN, sodass die Vorgehensweise klar ist. In den Kleingruppen soll wie folgt vorgegangen werden.
Mündlich (Aufgabe A):
1. Schritt: Material lesen in Einzelarbeit
2. Schritt: Notizen machen in Einzelarbeit
3. Schritt: In der Gruppe beginnt ein TN seinen Text wiederzugeben. Die anderen TN ergänzen Informationen aus ihren Texten, fragen nach oder widersprechen (Vorgehensweise ähnlich wie bei Aufgabe D3, S. 87). Hier sollen auch die neu gelernten Wendungen und Ausdrücke verwendet werden (vergleiche S. 87 und S. 90).
Schriftlich (Aufgabe B):
4. Schritt: Die TN sichten das vollständige Material in den Gruppen. Dazu werden die Texte zwischen den Gruppen ausgetauscht.
5. Schritt: Die TN notieren sich weitere Informationen.
6. Schritt: Ein Text je Gruppe wird verfasst; alle wichtigen Informationen zum Thema sollen darin enthalten sein.
7. Schritt: Die Texte werden zwischen den Gruppen ausgetauscht. Danach werden die Texte von der jeweils anderen Gruppe gelesen und kommentiert.
8. Schritt: Jede Gruppe bekommt ihren Text zurück und überarbeitet diesen.

- Kleingruppen:

Die TN lesen eventuell noch einmal die Aufgabe und gehen vor wie beschrieben.

Hinweis: Weisen Sie die TN darauf hin, dass ein derart strukturiertes Vorgehen ihnen in jeder Prüfung, bei jeder Aufgabe hilft. So laufen sie nicht Gefahr, Inhaltspunkte, Themenbereiche zu vergessen; so können sie aber auch gezielt nach guten Wendungen und Ausdrücken suchen. Bei einem solch systematischen Vorgehen ist es aber auch leichter, die einzelnen Prüfungsaufgaben in der vorgegebenen Zeit zu erledigen.

◁ **Arbeitsbuch, S. 179–181:** *darüber hinaus*
Übung 34: Texte lesen (Rubriken finden, Überschriften zuordnen)

Übung b: Trainiert das in den Prüfungen beim Leseverstehen geforderte Zuordnen (vergleiche dazu die Box: *Prüfungen auf Niveau B2*, S. 105).
Übung 35: Übung zu Prüfungen (Beschreibung einer Grafik, eigene Stellungnahme) Vorbereitung auf mündliche Prüfungsformate ▷

☐ **Box: Die Arbeit mit Arbeitsbuch und Lösungsschlüssel, S. 85** ☐

Wendungen und Ausdrücke, S. 90

Hinweis: Auf der Lerner-CD-ROM (im Arbeitsbuch mit Lerner-CD-ROM) finden Sie alle Wendungen und Ausdrücke aus *Ziel* B2, Band 1 und Band 2, nach Sprechabsichten sortiert.

Grammatik, S. 91

Hinweis: Auf der Lerner-CD-ROM (im Arbeitsbuch mit Lerner-CD-ROM) finden Sie die Gesamtübersicht zur Grammatik aus *Ziel* B2, Band 1 und Band 2. Für manche TN ist es wichtig, die einzelnen Grammatikphänomene auch in einem Gesamtzusammenhang sehen zu können. Die Grammatikübersicht mit 45 Seiten ist eine nützliche Referenzgrammatik für diese Stufe.

Fotodoppelseite: „Theater macht die Welt nicht nach, …", S. 92, 93

Hinweis: Im Lehrwerkservice komplett (zum kostenlosen Ausdrucken) oder im Anhang (als Auswahl) finden Sie Arbeitsblätter für die Projektarbeit zu den Fotodoppelseiten als Kopiervorlagen.

15

Worum geht es in der Lektion?

Lernziel: einen kurzen Vortrag halten

Abschnitt **A:** **„Original und Kopie"**
Fertigkeiten: Sprechen
Lernziel: Die TN suchen Unterschiede zwischen zwei Bildern und unterhalten sich über Originale und Kopien.

Abschnitt **B:** **„Für mich entdeckt"**
Fertigkeiten: Lesen, Sprechen
Lernziel: Nach einem kurzen Gespräch über Erfindungen wird ein Sachtext zum Thema Mikrowelle gelesen. In Gruppen wird kontrovers darüber diskutiert, ob der Einsatz der Mikrowelle gut oder schlecht ist. Die Argumente werden einerseits selbst gesucht, andererseits werden Informationen dazu auch in kurzen Texten gelesen und zusammengefasst.

Abschnitt **C:** **„Ausgesuchte Orte"**
Fertigkeiten: Hören, Lesen, Sprechen
Lernziel: Die TN hören eine touristische Führung über den Ort Zermatt, geben die wichtigsten Punkte wieder und achten auf die verwendeten Wendungen und Ausdrücke. Sie stellen im Anschluss selbst einen Ort vor – dazu verwenden sie das vorgegebene Material, oder sie bereiten selbstständig einen Kurzvortrag zu einem Ort ihrer Wahl vor und präsentieren diesen auch.

Abschnitt **D:** **„Talentförderung! Talentförderung?"**
Fertigkeiten: Lesen, Hören, Sprechen
Lernziel: Über die Talentsuche mithilfe von Castingshows wird zuerst gelesen und gesprochen. Anschließend hören die TN ein Gespräch über eine Popakademie und bereiten einen Vortrag zum Thema Castingshows mit all ihren Vor- und Nachteilen, Chancen und Gefahren vor.

Abschnitt **E:** **„Für die zukünftige Gesellschaft entdeckt?"**
Fertigkeiten: Lesen, Sprechen, Schreiben
Lernziele: Die TN beschäftigen sich mit Produktideen für die ältere Generation. Neben einem Text, der gelesen wird, stehen Ideenfindung und Präsentation dieser Idee im Mittelpunkt.

Abschnitt **F:** **„Ihr Kaufhaus"**
Fertigkeiten: Sprechen
Lernziele: Die TN bereiten einen Vortrag vor und präsentieren diesen. Das Thema ist, wie man ein Kaufhaus für eine spezielle, selbst gewählte Zielgruppe entwickeln könnte.

Fokus Grammatik:
1. Aussagen im Text strukturieren – Reihung
2. Artikelwörter im Kontext

Thematischer Einstieg: Assoziationsseite, S. 94

Hinweis zu den Assoziationseinheiten im Unterricht
siehe Lektion 9, S. 7 und Kopiervorlagen S. 142 f.

Aufgabe 1
■ Plenum:
Die Bücher bleiben geschlossen. Schreiben Sie folgenden Begriff in die Mitte eines Assoziogramms an die Tafel: *etwas entdecken*
Fragen Sie: „Was fällt Ihnen zu diesem Verb ein?"
Lassen Sie die TN frei assoziieren und schreiben Sie die Ideen in das Assoziogramm.
Grenzen Sie gegebenenfalls das Wort *entdecken* von den Begriffen *erfinden, erforschen* ab.

Hinweis zum Sprachgebrauch – Bedeutungsabgrenzung:

entdecken = (zufällig) herausfinden, sehen / Kenntnis erhalten / erfahren / auf etwas stoßen

erfinden = Neues schaffen / sich ausdenken / konstruieren, nachdem man ein Phänomen entdeckt hat

erforschen = genau untersuchen / etwas Unbekanntes untersuchen, um neue Erkenntnisse zu gewinnen / analysieren / ergründen / erkunden / auf die Spur kommen

■ Kleingruppen/Plenum:
Die Bücher werden geöffnet. Die TN unterhalten sich darüber, was die Fotos mit Entdeckungen zu tun haben könnten. Zusammenfassung der Ideen im Plenum.
Denken Sie daran: Die folgenden Vorschläge dienen Ihnen zur Orientierung; bei den Beiträgen der TN gibt es kein *richtig* oder *falsch*, verbessern Sie auch die Hinweise der TN nicht.
Vorschläge:
Foto **A**: Ein Künstler entdeckt einen neuen Stil / Bild eines berühmten Künstlers auf dem Speicher entdeckt, gefunden.
Foto **B**: Erst wurde das Phänomen der Mikrowellen entdeckt, dann genau erforscht und schließlich für ein Küchengerät weiterentwickelt – die Mikrowelle für die Küche war erfunden.
Foto **C**: Ein neuer Berg wurde entdeckt / jemand hat die Natur, das Wandern als Hobby für sich entdeckt.
Foto **D**: Ein Künstler wird entdeckt – durch Zufall, bei einer Talentsuche, in einer Talentshow usw.
Foto **E**: Jemand entdeckt das Fotografieren als Hobby für sich / durch das Fotografieren entdeckt jemand viele Dinge, die er vorher nicht gesehen hat.

Aufgabe 2
■ Plenum:
Fragen Sie: „Gibt es etwas, was Sie gern entdecken würden?" Ideensammlung im Plenum, eventuell Sammlung der Ideen an der Tafel.

A: Original und Kopie, S. 95

Einstiegsaufgabe

Aa
■ Einzelarbeit/Partnerarbeit:
Die TN suchen erst allein nach den vier Unterschieden und vergleichen dann mit dem Nachbarn.

Ab (über Vorlieben sprechen)
■ Plenum:
Vielleicht haben Sie ein Poster mit dem Abdruck eines berühmten Gemäldes eines bekannten Künstlers zu Hause. Bringen Sie es mit und fragen Sie: „Original oder Kopie? Was glauben Sie?" – „Wo kann man so etwas kaufen?"
Die TN diskutieren darüber, ob es unbedingt ein teures Original sein muss oder ob auch eine billige Kopie schön ist. Auch die Frage, ob es überhaupt erlaubt ist, eine Kopie zu besitzen, kann hier diskutiert werden.
Sie können an das in Lektion 14 besprochene Thema von Fälschung und Patentschutz anknüpfen (vergleiche S. 82/83) und fragen, wie man vor diesem Hintergrund dazu stehen soll.
Fragen Sie die TN auch, wie das mit der Musik ist, die sie aus dem Internet herunterladen. Ist das in Ordnung oder nicht? Darf man eine CD kopieren?

Hinweis zur Landeskunde: Kopien, die als solche ausgewiesen sind, oder Poster usw. kann man ganz legal kaufen. Eine Kopie, welche die Signatur des ursprünglichen Künstlers enthält und auf deren Rückseite nicht vermerkt ist, dass es eine Kopie ist und von wem, die dann als Original verkauft wird, ist eine Fälschung. In vielen Museen hängen Fälschungen; immer wieder wird eine neue entdeckt. Manchmal aber stellt sich eine „Fälschung" als Original heraus.
Vergleiche dazu auch Informationen über Urheber-, Patent- und Markenrecht im *Hinweis zur Landeskunde S. 62 f.*

B Für mich entdeckt, S. 95

B1 (über Vorteile sprechen)
■ Kleingruppen:
Die TN sprechen zunächst über die Fotos. Sie sollen die Fragen klären: „Um welche Erfindungen handelt es sich hier?" – „Welche dieser Erfindungen sind besonders wichtig für Sie persönlich, für die Menschheit?" – „Haben diese Erfindungen auch Nachteile?"
Fotos von links nach rechts: Waschmaschine, Flugzeug, i-Pod (mp3-Player), Stethoskop

◁ Arbeitsbuch, S. 182 / Übung 1 (Sätze bauen: über Vor- und Nachteile sprechen) ▷

B2

B2a

■ Partnerarbeit/Plenum:

Die TN versuchen, das Wort zu entschlüsseln. Besprechung im Plenum. Geben Sie den Tipp, Komposita immer in die Komponenten zu zerlegen. Hier: „Zufall" und „Entdeckung". Wenn Sie die Assoziationsseite nicht gemacht haben, können Sie hier auf die Bedeutungsunterschiede *entdecken – erfinden – erforschen* eingehen (vergleiche S. 70).

☐ **Box: Strategien zum Erschließen unbekannter Wörter, S. 92** ☐

B2b (kursorisches/detailliertes Lesen)

■ Einzelarbeit/Plenum:

Die TN lesen die Fragen und den Text; die Nummern werden notiert. Besprechung im Plenum.

Hinweis zur Prüfungsvorbereitung:

Diese Aufgabe trainiert das Herausfiltern von Informationen aus einem Text, das in sehr vielen Prüfungen verlangt wird: *Goethe-Zertifikat B2*, Leseverstehen, Aufgabe 2 oder auch *telc Deutsch B2*, Leseverstehen, Aufgabe 2 oder *Österreichisches B2 Diplom*, Leseverstehen, Aufgabe 1.

Auch hier kann man sehen, dass die Fertigkeiten, die in Prüfungen verlangt werden, vielfältig sind. Die einzelnen Möglichkeiten, Tricks müssen erlernt und geübt werden. Formate der Prüfungen fragen in gebündelter Form diese Fertigkeiten ab.

Hintergrundinformationen – Percy Spencer (1894–1970)

US-amerikanischer Ingenieur und Erfinder. Als Halbwaise wuchs er bei seiner Tante auf, verließ die Schule früh ohne Abschluss und arbeitete bereits mit zwölf Jahren in einer Spinnerei. 1912 ging er zur Marine, später arbeitete er bei einem der führenden Funkgerätehersteller. Seine theoretischen und praktischen Kenntnisse eignete er sich im Selbststudium an. Ab 1925 war er bei der Firma Raytheon angestellt, damals eine kleine Firma, die später die sogenannten Magnetrons in Lizenz nachbaute. Diese Elektronenröhre fand Anwendung im militärischen Bereich, in der Radartechnik. Spencer verbesserte die Leistungsfähigkeit dieser Röhren, wurde Leiter des Forschungslabors der Firma und erhielt die höchste Auszeichnung der US Navy für Zivilpersonen. Nachdem er durch Zufall das Prinzip der Mikrowelle entdeckt hatte und Raytheon dadurch den kommerziellen Mikrowellenofen anbieten konnte, wurde er in den Vorstand der Firma berufen. Im Laufe seiner Karriere reichte er unzählige Patente ein.

B3 (detailliertes Lesen, Sprechen: argumentieren)

■ Plenum:

Besprechen Sie mit den TN die Aufgabe und teilen Sie den Kurs in Gruppe A und Gruppe B. Am besten wäre es, wenn TN, die auch in der Realität für die Mikrowelle sind, in Gruppe A eingeteilt wären, während TN, die diese Geräte kritisch sehen, Gruppe B bildeten. Bringen Sie zwei große Zettel mit den Buchstaben A und B mit und hängen Sie diese an zwei entgegengesetzten Ecken im Zimmer auf. Bitten Sie die TN, sich zu dem Buchstaben zu stellen, der auch ihre Meinung repräsentiert (A: pro, B: contra). Falls am Ende eine Gruppe zu wenig TN hat, lassen Sie das Los entscheiden. Es sollten zwei etwa gleich große Gruppen sein.

■ Kleingruppen (Schritt 1, Kursbuch, S. 96):

Die Gruppen A und B unterteilen sich in kleinere Untergruppen, sodass immer etwa 3–4 TN zusammenarbeiten. Argumente werden gesammelt und notiert; dabei sollte jeder TN eigene Notizen machen, denn die Gruppen werden nachher gemischt. Erst danach werden die Texte auf S. 135 und S. 137 gelesen und die jeweiligen Argumente ergänzt.

■ Plenum (Schritt 2):

Sammeln Sie gemeinsam mit Ihren TN an der Tafel Wendungen und Ausdrücke, die für eine Diskussion wichtig sind. Schreiben Sie diese in Rubriken, wie zum Beispiel:

das Wort ergreifen, Meinung äußern, eigene Erfahrung darstellen, etwas kommentieren, zustimmen, ablehnen, Rückfragen stellen.

■ Kleingruppen (Schritt 3):

Mischen Sie die Gruppen neu, indem Sie in jeder der Gruppen A und B durchzählen lassen. Wenn Sie Ihren Kurs in fünf Vierergruppen (bei 20 TN) einteilen möchten, lassen Sie in Gruppe A zweimal bis 5 zählen und in Gruppe B genauso. Dann finden sich alle TN mit der Zahl 1 zusammen (Gruppe 1), alle mit der Zahl 2 (Gruppe 2) usw. Der Vorteil dieses Verfahrens ist, dass sich die neuen Gruppen relativ schnell zusammenfinden, auch wenn die Teilnehmerzahl sich nicht genau durch 4 teilen lässt. Außerdem erreichen Sie eine maximale Durchmischung in den neuen Gruppen. Die TN diskutieren kontrovers. Halten Sie die TN dazu an, auch die an der Tafel gesammelten Wendungen und Ausdrücke zu benutzen.

◁ **Arbeitsbuch, S. 183 / Übungen 2–5: Grammatik (Texte strukturieren)**
Übung 2: Konjunktionen erkennen und übersetzen
Übung 3: in eine Reihenfolge bringen (*erstens, zweitens, außerdem, dazu* usw.)
Übung 4: nebengeordnete Satzverbindungen (*sowohl ... als auch* usw.)
Übung 5: gegeneinander (*weder ... noch*) ▷

◁ **Arbeitsbuch, S. 184 / Übung 6: Sätze bauen** (Wiederholungsübung: *dafür oder dagegen sein*) ▷

◁ **Arbeitsbuch, S. 185 / Übung 7: Phonetik** ▷

◁ **Arbeitsbuch, S. 185 + 186 / Übungen 8 + 9: Texte bauen** (seine Meinung äußern, Postings schreiben) ▷

Hinweis: Hier geht es nicht darum, neue Konjunktionen zu lernen; das meiste ist den TN als Einzelphänomen geläufig. Vielmehr geht es hier darum, wie auch im folgenden Fokus Grammatik, den TN die Möglichkeiten noch einmal aufzuzeigen, die sie für eine gelungene Kommunikation brauchen können. Dieser Aspekt wird auch in allen Prüfungen bewertet.

Fokus Grammatik: Aussagen im Text strukturieren – Reihung, S. 97

Aufgabe 1 a + b
■ Einzelarbeit/Plenum:
Lösung der Aufgabe erst in Einzelarbeit. Besprechung im Plenum.

Aufgabe 2
■ Einzelarbeit/Partnerarbeit:
Die TN suchen die vorgegebenen Satzverbindungen. Dadurch werden sie für deren Gebrauch sensibilisiert. Vergleich mit dem Lernpartner.
■ Plenum:
Fragen Sie die TN, ob einer der Ausdrücke neu für sie ist. Bitten Sie die TN, sich die neuen oder noch nicht geläufigen Ausdrücke aufzuschreiben und eine Entsprechung in der Muttersprache zu finden.

Hinweis zur Binnendifferenzierung: Wenn Sie diese Seite mit den TN bearbeiten, bevor sie die Übungen (s. o.) im Arbeitsbuch gemacht haben, dann fragen Sie genau nach, welche Ausdrücke den TN unbekannt sind. Möglicherweise müssen einige TN ganz bestimmte Übungen machen, den Stoff wiederholen, wohingegen anderen TN die Zusammenfassung auf der Fokus-Grammatik-Seite reichen kann.

Aufgabe 3
3a
■ Partnerarbeit/Plenum:
Die TN finden so viele Varianten wie möglich. Besprechung im Plenum (vergleiche Lösung auf S. 145).

3b
■ Einzelarbeit:
Diese Aufgabe sollte zu Hause erledigt werden. Besprechung erfolgt mit jedem TN individuell.

Hinweis: Ziel dieser Aufgabe ist es nicht, dass die TN über ihre alten Texte entsetzt und frustriert sind. Vielmehr sollen sie erkennen, wie viel sie in den letzten Lektionen dazugelernt haben, vor allem, wenn sie auch darauf achten, manche Wendungen und Ausdrücke auszutauschen.

◁ **Arbeitsbuch, S. 205 / Übung 45:** Fokus-Grammatik-Test ▷

C Ausgesuchte Orte, S. 98

C1
■ Partnerarbeit:
Die TN unterhalten sich über die Fotos und klären die Fragen im Buch. Zu der Frage, was sie gern über den Ort ihrer Wahl erfahren würden, machen sich die TN Notizen. Fragen Sie, ob jemand im Kurs schon einmal an einem dieser Orte war oder ob jemanden die Fotos an einen Ort erinnern, an dem er schon einmal war.

Hinweis: TN sind schnell frustriert, wenn sie das Gefühl haben, dass ihre Fragen unbeantwortet bleiben. Zu Bild A, Matterhorn, bekommen die TN viele Informationen über den Hörtext in C2. Zu den Bildern B und C finden sie dann Informationen in der Aufgabe C3 im Anhang. Notieren Sie die Fragen der TN in Aufgabe C1 und greifen Sie sie wieder auf, wenn einige der TN ihren Kurzvortrag zum Thema B oder C halten.

C2
C2a (kursorisches Hören)
■ Einzelarbeit:
◉ CD 2.20, 21: Die TN hören die beiden Abschnitte einmal und kreuzen an.

C2b (Schreiben: Informationen notieren)
■ Partnerarbeit:
Die TN ergänzen das Assoziogramm. Lassen Sie die TN den Hörtext erst danach noch einmal hören (vergleiche Aufgabe C2c).

C2c (selektives Hören)
■ Einzelarbeit:
Die TN lesen die Wendungen und Ausdrücke.
◉ CD 2.20, 21: Die TN hören die beiden Abschnitte noch einmal und kreuzen an.

C2d
■ Einzelarbeit:
Die TN ordnen die Aspekte aus Aufgabe C2a den Wendungen und Ausdrücken zu.
■ Partnerarbeit/Plenum:
Die TN vergleichen ihre Lösungen, bevor die Aufgabe im Plenum besprochen wird.

◁ **Arbeitsbuch, S. 187 / Übung 10:** Grammatik (lokale Angaben) Wiederholung von Präpositionen und Wegbeschreibungen ▷
◁ **Arbeitsbuch, S. 188 / Übungen 11 + 12:** Grammatik (lokale Angaben: Präpositionen) ▷
◁ **Arbeitsbuch, S. 188 + 189 / Übungen 13 + 14:** Grammatik (lokale Angaben: Adverbien) ▷
◁ **Arbeitsbuch, S. 190 / Übungen 15 + 16:** Grammatik (lokale Angaben: Ausdrücke) Übung 15 zur Vertiefung ▷

◁ Arbeitsbuch, S. 190 / **Übung 17: Grammatik** (lokale Angaben) zusammenfassende Übung zu Adverbien und Präpositionen ▷

◁ Arbeitsbuch, S. 194 / **Übung 22: Phonetik** (Adverbien im Satz) ▷

◁ Arbeitsbuch, S. 190 / **Übung 18: Grammatik** (*man*) ▷

Hinweis zur Kursorganisation:

Die folgenden Übungen können als Vorbereitung für die Aufgabe C4 auf S. 99 im Kursbuch betrachtet werden. Man kann sie aber auch als Auf- oder Nachbereitung erst nach dieser Aufgabe schalten.

◁ Arbeitsbuch, S. 191 / **Übung 19: Wortschatz** (Beschreibung von Orten) ▷

◁ Arbeitsbuch, S. 193 / **Übungen 20 + 21: Sätze bauen** (einen kurzen Vortrag halten)
Übung 20: lesen, Informationen aus dem Text herausholen;
Übung 21: schreiben, Städte beschreiben ▷

◁ Arbeitsbuch, S. 194 / **Übung 23: Texte bauen** (Kurzvortrag, Präsentation) Texte lesen, interessanter formulieren, strukturieren ▷

◁ Arbeitsbuch, S. 195 / **Übung 24: Texte bauen** (Kurzvortrag, Präsentation)
Vertiefungsaufgabe, die besonders gut auf die Aufgabe C4 im Kursbuch vorbereitet. Mittels eines Textes soll ein Vortrag über die Stadt Dessau-Roßlau vorbereitet werden. Schrittweise Hinführung an die Aufgabe. ▷

◁ Arbeitsbuch, S. 195 / **Übung 24: Texte bauen** (Kurzvortrag, Präsentation)
Vertiefungsaufgabe – Präsentation der Stadt Graz mithilfe kurzer Textpassagen und von Fotos als Informationslieferanten ▷

C3 (detailliertes Lesen)

Hinweis zur Binnendifferenzierung: Wenn Sie einen Kurs haben, in dem die TN weder an einer Prüfung noch an einem Studiums- oder Praktikumsaufenthalt im deutschen Sprachraum interessiert sind und auch kein Interesse an Vorträgen haben, dann modifizieren Sie die Aufgabe, indem Sie ihnen vorschlagen, über eine schöne Reise oder Ähnliches zu berichten.

Hinweis zur Kursorganisation:

Variante 1: Alle TN erledigen A als Hausaufgabe. Teilaufgaben B und C werden im Unterricht gemacht. Die TN entscheiden sich dabei für B oder C.
Variante 2: Die komplette Aufgabe C3 wird zur Hausaufgabe erklärt, das heißt, die Vorbereitung erfolgt zu Hause, die Vorträge (C4) werden während des Unterrichts gehalten. Die TN können selbst entscheiden, ob sie Teilaufgabe A, B oder C erledigen wollen.

Variante 3: Die TN erledigen die Teilaufgaben B oder C im Unterricht. Dann entscheiden die TN gemeinsam, zu welchen drei oder vier Orten als Hausaufgabe Informationsmaterial gesucht werden soll. Zur nächsten Unterrichtsstunde bringen die TN dieses Material mit, das dann untereinander verteilt wird. Als weitere Hausaufgabe werden die Vorträge vorbereitet.

Hinweis zur Binnendifferenzierung:

TN, die ein Studium anstreben oder auch in den Beruf einsteigen möchten, sei die Teilaufgabe A sehr empfohlen. Die selbstständige Suche nach Informationsmaterial sowie Sichtung und sinnvolle Auswahl des Materials sind dafür ein gutes Training.
Manchmal hilft es TN, die kein Interesse an einem Vortrag haben oder denen eine solche Aufgabe schwerer fällt, diese in einer Paar- oder Dreiergruppe zu erledigen.

■ Einzelarbeit:
Die TN lesen die Texte auf S. 139 oder S. 140 und bereiten mithilfe der Aufgabe den Kurzvortrag vor.

C4 (Sprechen: einen Ort präsentieren)
■ Kleingruppen/Plenum:
Je nachdem, wie groß Ihr Kurs ist, können Sie die Kurzvorträge im Plenum halten lassen oder innerhalb von Kleingruppen. Achten Sie darauf, dass es für die Zuhörenden nicht zu langweilig wird, immer wieder das gleiche Thema zu hören. Sie können auch zuerst ausgewählte TN zu Thema B oder C im Plenum vortragen lassen und dann immer Paare bilden lassen, wobei jeweils ein TN mit Thema B und ein TN mit Thema C zusammenkommen.

Hinweis zur Kursorganisation:

Wenn viele TN die Teilaufgabe A erledigt haben und damit viele verschiedene Orte präsentiert werden, ist es natürlich für alle TN am interessantesten. Ermutigen Sie deshalb Ihre TN zu dieser Aufgabe. Sie können die Vorträge auch auf mehrere Kurstage verteilen, sodass es für die Zuhörer nicht zu eintönig wird. Ab und zu als Auflockerung ein kleiner Vortrag über einen anderen Ort ist für alle schön.
Variante: Die Vorträge können, wenn viele TN sich für die Aufgabe A entschieden haben, auch als Kurszeitung veröffentlicht werden.

Hinweis zur Prüfungsvorbereitung:

In der mündlichen Prüfung B2 wird in der Regel eine Präsentation, ein Kurzvortrag verlangt. Zeigen Sie den TN, dass es egal ist, worüber sie den Kurzvortrag halten. Die Hinweise zur Struktur und zu den Wendungen und Ausdrücken sowie zur Strukturierung eines Textes sind immer hilfreich. Somit ist auch diese Aufgabe im Kursbuch prüfungsrelevant.

☐ Box: Kurzvortrag/Präsentation, S. 100 ☐

D Talentförderung! Talentförderung?, S. 100

D1 (detailliertes Lesen)
■ Plenum:
Bitten Sie die TN, zu beschreiben, was sie auf dem Foto A sehen. Fragen Sie: „Hat jemand von Ihnen diese Sendung schon einmal gesehen?" – „Gibt es solche Sendungen auch in Ihrem Heimatland?"
Sprechen Sie dann mit den TN über die Begriffe *Casting* und *Castingshows*. Was ist das? War schon einmal jemand dabei? Für welche Bereiche der Kunst gibt es so etwas?
■ Einzelarbeit:
Die TN lesen die Texte.
■ Kleingruppen:
Diskussion über den richtigen Weg zum Erfolg.

Hinweis zum Sprachgebrauch – Worterklärung:
*Casting (*aus dem Englischen, ursprünglich *Rollenbesetzung, Auswahlverfahren zur Rollenverteilung):*
Ins Deutsche übernommener Begriff für das Auswahlverfahren bei Schauspielern, Sängern, Tänzern, Models oder auch Musikern im Popmusikbereich. Meistens ist die Vorauswahl aus extrem vielen Kandidaten gemeint, die für Inszenierungen (Theater, Oper, Zirkus, Konzerte), Filmaufnahmen (Kinofilm, Fernsehfilm, Werbefilm, Musikvideo) oder Fotoaufnahmen (Katalog, Zeitschriften, Poster, usw.) ausgewählt werden wollen. Sehr oft finden diese Castings in groß angelegten Talentwettbewerben oder Talentshows (Castingshows) statt.
Castingshows: Die Kandidaten werden vor einem Massenpublikum von einer Jury ausgewählt, nachdem sie einige vorgegebene Aufgaben bewältigt haben. Auch das Publikum kann sehr oft mit entscheiden. Meistens werden diese Shows von Fernsehsendern veranstaltet oder zumindest übertragen, und dabei entscheidet dann das Fernsehpublikum per Telefon.

D2
D2a
■ Plenum:
Die TN berichten über Castingshows in ihrem Heimatland. Falls die TN nicht viel darüber wissen, könnten sie als Hausaufgabe im Internet recherchieren und dann dem Kurs berichten.

Hinweis zur Landeskunde:
Seit Anfang des neuen Jahrtausends gibt es Castingshows. Zunächst waren sie nur auf den Privatsendern des deutschsprachigen Fernsehens (RTL, Pro Sieben, in der Schweiz TV3) präsent, später sogar auch auf dem österreichischen staatlichen Sender ORF. Die Formate der Sendungen wurden sehr oft aus englischsprachigen Ländern übernommen. In mehreren Runden kürte man Kandidaten aus den verschiedensten Bereichen. Anfangs ging es in der Sendereihe *Popstars* oder in der überaus erfolgreichen Produktion *Deutschland sucht den Superstar (DSDS)* darum, Sänger auszuwählen; später kamen auch Tänzer und Models hinzu. In Deutschland erfreut sich seit 2006 die Sendung *Germany's Next Top Model,* moderiert von Heidi Klum (selbst in einer Castingshow entdecktes und danach sehr erfolgreiches, aber auch umstrittenes Model), vor allem bei jüngeren Fernsehzuschauerinnen großer Beliebtheit.
Allerdings werden diese Shows oft wegen unfairer, ja unmenschlicher Behandlung der Kandidaten kritisiert. Die Gewinner der Shows haben beileibe nicht alle dauerhaften Erfolg.

D2b
■ Einzelarbeit/Plenum:
Die TN lesen, kreuzen an und vergleichen im Kurs. Schreiben Sie die Zeitungsüberschriften an die Tafel; bei jeder Nennung wird ein Strich danebengemacht. So erhält man ein Stimmungsbild des ganzen Kurses.

D2c (Schreiben: Meinungen und Ideen notieren)
■ Kleingruppen (3 TN):
Die TN sammeln und notieren Antworten zu den Fragen.
■ Plenum:
Die Antworten aus den Gruppen werden zusammengetragen.
Tipp: Um ein Stimmungsbild des Kurses für alle TN visuell darzustellen, können Sie die sieben Fragen auch auf sieben Plakate schreiben und an eine Pinnwand beziehungsweise an die Wand heften. Bitten Sie die TN dann, in den Kleingruppen eine stichpunktartige Zusammenfassung der Antworten zu jeder Frage auf separate Zettel zu schreiben und diese unter die jeweilige Frage zu kleben oder zu heften.

D3
D3a (kursorisches Hören)
■ Einzelarbeit:
Die TN lesen die Themen.
🔘 **CD 2.22–25:** Die TN hören das ganze Gespräch einmal und nummerieren die Themen.
■ Plenum:
Die Lösungen werden verglichen und besprochen.

D3b (Sprechen: Argumente/Aussagen vergleichen)
■ Kleingruppen:
Die TN vergleichen in den Kleingruppen ihre Notizen aus Aufgabe D2c mit dem Gehörten. Falls die Antworten zu den Fragen an eine Pinnwand geheftet wurden (vergleiche Tipp zu Aufgabe D2c), kann sich der ganze Kurs auch vor der Pinnwand versammeln und darüber diskutieren, was zu dem Gehörten passt.

D3c (detailliertes Hören)

■ Einzelarbeit:
Die TN lesen zunächst die Sätze 1 a–c und 2 a–c.
🔘 CD 2.24: Abschnitt 3 des Gesprächs wird noch einmal gehört. Die TN kreuzen an.
■ Partnerarbeit/Plenum:
Die TN vergleichen zuerst mit dem Nachbarn. Danach wird die Aufgabe im Kurs besprochen.

Hinweis zum Sprachgebrauch:

*covern (*Partizip II: *gecovert,* aus dem Englischen): Der Begriff wird im Bereich der Pop-, Rock- und Jazzmusik verwendet, wenn ein Musikstück auf legale Weise neu gefasst wird. Das Lied oder Stück eines Künstlers beziehungsweise einer Band wird von einem anderen Interpreten gesungen oder gespielt. Dabei kann dieser ganz frei interpretieren oder bearbeiten. Prominentestes Beispiel sind die *Beatles,* deren Stücke immer wieder neu interpretiert wurden und werden. Zur Abgrenzung: Die Neufassung durch den Original-interpreten ist ein sogenanntes *Remake.*

Hinweis B2-Prüfungen:

Diese Aufgabe lehnt sich sehr stark an die gängigen Prüfungen auf dem Niveau B2 an.

☐ Box: Prüfungen auf Niveau B2, S. 105 ☐

D3d

■ Partnerarbeit:
Die TN lesen die hypothetischen Aussagen und dis-kutieren darüber, ob Udo Dahmen zustimmen würde oder nicht.
■ Plenum:
Besprechung und Diskussion über die Lösungen.

D4

■ Plenum:
Lesen Sie zusammen mit den TN die Aufgabe.
■ Partnerarbeit:
Die TN bearbeiten nach und nach die Teilaufgaben.

Hinweis zur Zeitökonomie:

Bei ausreichend verfügbarer Kurszeit können Sie die TN die Vorträge auch mündlich präsentieren lassen. Dies ist auch in Kleingruppen von 4–6 TN möglich.

Hinweis zur Kursorganisation:

Die Übungen 35 und 36 im Arbeitsbuch auf S. 199 + 200 helfen beim Schreiben und auch beim Halten eines Vortrags. Eventuell können Sie die Übungen vor Aufgabe D4 (als Hausaufgabe) erledigen lassen. Sie sind besonders geeignet für TN, die das Niveau C1 anstreben oder in einem deutschsprachigen Land an eine Hochschule gehen beziehungsweise ein Praktikum machen oder sogar einen Beruf ausüben möchten.

◁ **Arbeitsbuch, S. 197 / Übungen 26 + 27:** Grammatik (Partikeln zur Verstärkung der Aussage) Übung passt zum mündlichen Vortrag. ▷
◁ **Arbeitsbuch, S. 197–199 / Übungen 28–34:** Grammatik (Artikelwörter)
Vergleiche dazu auch Fokus Grammatik, Kursbuch S. 102.
Übung 28: Wiederholung Artikelwörter
Übung 29: Wiederholung Artikel und Pronomen
Übung 30: Wiederholung Adjektivendungen nach Artikelwörtern
Übungen 31–33: Artikelwörter
Übung 34: Vertiefung, selten gebrauchte Artikelwörter ▷
◁ **Arbeitsbuch, S. 199 + 200 / Übungen 35 + 36:** Sätze bauen (einen Kurzvortrag halten)
Übung 35: Vertiefung, wichtige Wendungen und Ausdrücke
Übung 36: Vertiefung, vorgegebene Argumente zu einem Thema formulieren ▷
◁ **Arbeitsbuch, S. 201 / Übungen 37–40:** Texte bauen (Kurzvortrag – gemeinsam erarbeitete Ergebnisse darstellen) optimal zur Vertiefung nach Aufgabe C4 im Kursbuch ▷

15

Fokus Grammatik: Artikelwörter im Kontext, S. 102

Aufgaben 1–3

■ Einzelarbeit/Plenum:
Die TN lösen die Aufgaben in Einzelarbeit. Besprechung im Plenum.

Hinweis zur Grammatik:

Sehr oft bereiten die Artikelwörter in Kombination mit Adjektivendungen Probleme. Vergleichen Sie dazu im Arbeitsbuch, S. 198 / Übung 30 sowie weitere Übungen im Arbeitsbuch zu Band 1 (Kapitel 2), S. 24. Gerade in diesem Zusammenhang ist die Einteilung der Artikelwörter sehr wichtig, denn sie zieht die Art der Adjektivdeklination nach sich.
Oft schon wurde festgestellt, dass das vermeintlich unlösbare Problem einiger TN mit der Adjektivdeklina-tion eigentlich ein Problem mit den Artikelwörtern war.

Hier eine kurze Zusammenfassung der wichtigsten Regeln, die aber nur auf Nachfrage der TN besprochen werden sollten.
Nach folgenden Artikelwörtern wird das Adjektiv dekli-niert wie nach dem
bestimmten Artikel:
– im Singular und im Plural: *dieser, jener, mancher, welcher, derjenige, derselbe,*
– nur im Singular: *jeder* (Plural *alle*),
– nur im Plural: alle Possessivartikel sowie *keine, alle, sämtliche, irgendwelche, beide* (*beide* kann auch wie ein Adjektiv auftreten und zusammen mit dem

bestimmten Artikel dekliniert werden: *Die beiden haben das Auto gestohlen.*),

– Sonderfall: *solcher – ein solcher – solch ein*

Tipp zu *solcher – ein solcher – solch ein*: Dieses Thema möglichst vermeiden, aber wenn es sein muss, hier ein paar Regeln. In der normalen deutschen Umgangssprache wird *solcher* kaum verwendet. Meistens behilft man sich mit *so*, vor allem wenn ein Adjektiv folgt.

solcher als Artikel wird gefolgt von Adjektivendungen wie nach dem bestimmten Artikel (häufiger im Plural, selten im Singular).

Beispiele: „*Mit solchen schlechten Noten wirst du es nicht weit bringen!*" – „*Solche günstigen Angebote gibt es selten.*" – „*Mit solchem alten Gerät kann man nicht ordentlich arbeiten.*" Alternativ: „*Mit so schlechten Noten ...*" – „*So günstige Angebote ...*" – „*Mit so einem alten Gerät ...*"

solch als Adjektiv mit oder ohne unbestimmten Artikel: „*Ich habe solchen Hunger!*" – „*Solche günstige Angebote gibt es selten!*" (vergleiche oben, beide Varianten möglich!) „*Ich habe selten einen solchen Mistkerl getroffen!*" („*... so einen Mistkerl ...*") – „*Mit einer solchen schmutzigen Hose kannst du nicht aus dem Haus gehen!*" („*Mit einer so schmutzigen / Mit so einer schmutzigen Hose ...*")

solch ein (die Alternative mit *so* klingt wesentlich weniger antiquiert): „*Solch ein schlechtes Wetter!*" – „*Solch ein Mistkerl!*" – „*Ich habe solch einen Durst!*"

Nach folgenden Artikelwörtern wird das Adjektiv dekliniert wie nach dem **unbestimmten Artikel**. Das gilt nur für den Singular; im Plural entweder kein Artikel oder Deklination wie nach bestimmtem Artikel (mit *Possessivartikeln* beziehungsweise *keine*): *ein, irgendein, kein, Possessivartikel*.

Nach folgenden Artikelwörtern wird das Adjektiv **ohne Artikel** dekliniert:

– im Singular bei Mengenangaben wie *allerlei, etwas, genug, viel, mehr, wenig*: „*Hier wird viel dummes Zeug geredet.*" – „*Mit etwas gutem Willen können wir das Problem lösen.*"

– im Plural nach *andere, einige, etliche, folgende, mehrere, verschiedene, viele, wenige, lauter*: „*Einige neue Studenten hatten noch kein Zimmer.*" – „*Sie hat mehrere schicke Kleider im Schrank, aber wenige praktische Hosen.*"

– nach Kardinalzahlen: „*Es waren noch drei große Becher Joghurt im Kühlschrank.*" – „*Ich habe dir drei leckere Sorten Eis mitgebracht.*"

E Für die zukünftige Gesellschaft entdeckt?, S. 103

E 1

■ Plenum:
Die TN äußern ihre Vermutungen, bevor sie die Grafiken auf S. 123 ansehen. Schreiben Sie in Stichpunkten an der Tafel mit.

■ Einzelarbeit / Plenum:
Die TN betrachten die Grafiken. Im Plenum wird zunächst darüber gesprochen, wie die Grafiken zu interpretieren sind. Dann wird mit den Stichpunkten an der Tafel verglichen.
Fragen Sie auch, wie es sich mit diesen Fragen im Heimatland der TN verhält.

Hinweis zur Landeskunde:

Aus den Grafiken ist das in den deutschsprachigen Ländern vorherrschende Problem der Überalterung der Gesellschaft ersichtlich. In den Medien wird darüber viel diskutiert, weil diese Überalterung weitreichende Änderungen in der Gesellschaft mit sich bringt. Ein vorherrschendes Thema ist diesbezüglich das Sozialsystem, das auf dem sogenannten Generationenvertrag aufbaut. Die Renten der heutigen Rentner werden von den heutigen Berufstätigen und deren Beiträgen zur staatlichen Rentenversicherung bezahlt. Das funktioniert bis heute sehr gut, weil die Anzahl der Berufstätigen, die in diese Rentenkasse einbezahlen, die Anzahl der Rentner weit übersteigt. Damit ist genug Geld in den Kassen, um diese Renten zu bezahlen. Wenn sich die Bevölkerungsstruktur aber so entwickelt wie für die Jahre 2030 und 2050 prognostiziert, müssen immer weniger aktiv im Berufsleben stehende Arbeitnehmer die Renten von immer mehr Menschen bezahlen. Das bedeutet, dass das heutige System dann so nicht mehr funktionieren würde und man im Hinblick auf diese Entwicklung bereits heute etwas daran ändern müsste.
Für die Wirtschaftsunternehmen bedeutet diese Entwicklung aber auch, dass die Zielgruppe der älteren bis alten Menschen immer größer und damit interessanter wird.
Darüber hinaus wird diese Personengruppe immer aktiver und hat andere Wünsche als noch vor ein paar Jahren. Neben diesen allseits bekannten Fakten kann man ein paar sehr interessante Details feststellen, wenn man die Zahlen der drei deutschsprachigen Länder von 2007 beziehungsweise 2006 miteinander vergleicht. Österreich und Deutschland haben eine fast identische Bevölkerungsstruktur. Den Bauch der Grafik bilden die 42–47-Jährigen, die 1960–1965 geboren wurden und zur sogenannten Babyboomer-Generation gehören. Danach kommt der sogenannte Pillenknick: der betrifft die jetzt 30–33-Jährigen. Diese Phänomene existieren in der Schweiz und ganz generell in der gesamten industrialisierten westlichen Welt genauso. Der Altersaufbau in Deutschland und in Österreich unterschei-

det sich jedoch bei der Anzahl der 60–65-Jährigen, wo man einen deutlichen Einbruch sieht. Rechnet man zurück, so sind dies die Menschen, die in den Jahren 1941–1946 geboren wurden, also größtenteils während des Zweiten Weltkriegs, als offensichtlich weniger Kinder zur Welt kamen beziehungsweise überlebten. In der Schweiz hingegen, deren Bevölkerung nicht vom Krieg betroffen war, gibt es diesen Einbruch nicht.

Hinweis: In *Ziel* C1, Band 1, Lektion 6 wird dieses Thema in Bezug auf die jüngere Generation eingehender behandelt.

E1a
■ Plenum:
Klären Sie die Begriffe zusammen mit den TN und fragen Sie, ob es noch andere Begriffe gibt, die sie gehört haben.

Hinweis zum Sprachgebrauch:
Weil das Bild der zurückgezogen lebenden „Alten" oder „Senioren" heute nicht mehr passt, werden mit den Begriffen *Happy Enders, Generation 50 plus* und *die Neuen Alten* die Menschen ab Mitte 50 bezeichnet und umworben. Dieser Teil der Bevölkerung zeichnet sich durch ein im Allgemeinen komfortables finanzielles Polster aus, reist viel und ist im Durchschnitt relativ fit, unternehmungslustig und konsumfreudig. Die Kinder sind aus dem Haus, die Verpflichtungen werden weniger, man kann sich um sich selbst kümmern. Andererseits wird diese Gruppe in den nächsten Jahren altersbedingt spezielle Bedürfnisse haben, auf die der Artikel S. 142 abzielt.
Happy Enders zielt auf die Vitalität und die Zufriedenheit der älteren Generationen ab.
Generation 50 plus suggeriert eine lange, stabile Lebensphase nach dem 50. Lebensjahr.
Der Begriff *die Neuen Alten* zieht die Grenze zu den wohlvertrauten Alten, wie man sie früher kannte. Sie lebten zurückgezogen, wollten nur noch wenig unternehmen und waren eher kränklich.
Weitere in diesem Zusammenhang anzutreffende Begriffe und Anglizismen sind *Best Agers, Golden Agers, Silver Surfers, Oldies, Woopies* („*well-off older people*, das heißt gut situierte ältere Leute).

E1b (kursorisches Lesen)
■ Einzelarbeit/Partnerarbeit:
Die TN lesen den Text auf S. 142 und beantworten die Fragen. Danach vergleichen und besprechen sie die Aufgabe mit dem Lernpartner.
■ Plenum:
Besprechen Sie die Aufgabe im Kurs.

E2
■ Plenum:
Besprechen Sie die Aufgabe im Kurs und gehen Sie zusammen mit den TN die Wendungen und Ausdrücke durch.

■ Kleingruppen (**Schreiben: Ideen sammeln**):
Die TN lassen sich von den Beispielen auf S. 124 inspirieren. Vielleicht haben die TN aber auch eigene Ideen. Diese werden als Notizen festgehalten. Geben Sie den TN den Tipp, sich einen älteren Menschen aus dem eigenen Umfeld vorzustellen. Dann ist die Ideenfindung leichter.
■ Plenum (**Sprechen: ein Produkt/Angebot präsentieren**):
Die TN stellen ihr Angebot vor. Bitten Sie die TN, ihren Vortrag so aufzubauen, dass jeder TN einen Teil vortragen muss und nicht nur ein Gruppenvertreter spricht. Die angegebenen Wendungen und Ausdrücke sollten möglichst zahlreich verwendet werden.

Hinweis: Wenn Sie TN im Kurs haben, denen nichts einfällt, oder wenn der Kurs weniger Zeit zur Verfügung hat, dann bietet sich die Übung 44 im Arbeitsbuch auf S. 204 an.

◁ **Arbeitsbuch, S. 202 / Übung 41: Wortschatz (Werbung)**
Diese Übung kann direkt für Aufgabe E2 im Kursbuch S. 103 nützlich sein. ▷
◁ **Arbeitsbuch, S. 203 / Übung 42: Grammatik (Nomen mit Präpositionen)** ▷
◁ **Arbeitsbuch, S. 204 / Übung 43: Sätze bauen (ein neues Produkt/Angebot beschreiben/vorstellen)**
Auch als Vorbereitung für Aufgabe E2, Kursbuch S. 103 möglich. ▷
◁ **Arbeitsbuch, S. 204 / Übung 44: Texte bauen (ein neues Produkt/Angebot beschreiben/vorstellen)** siehe Hinweis oben ▷

F Ihr Kaufhaus, S. 103

Fa
■ Plenum:
Besprechen Sie die Aufgabe im Kurs. Ähnlich wie in Aufgabe E2 soll eine Idee vorgestellt werden. Jetzt handelt es sich um eine vorgegebene Idee, ein Kaufhaus. Alles andere ist aber von den TN selbst zu entscheiden beziehungsweise auszudenken, beginnend mit der Kundengruppe. Limitieren Sie die Zeit für die Vorbereitung und damit auch für den Vortrag. Halten Sie die TN dazu an, dieses Zeitlimit zu respektieren, denn es spiegelt die Realität in Prüfungen, aber auch im Universitätsalltag und im Berufsleben wider.
■ Partnerarbeit:
Die TN unterhalten sich, notieren ihre Ideen und überlegen sich eine gute Präsentation. Bitten Sie die TN, auf eine klare Strukturierung ihres Vortrags zu achten. Auch die neu gelernten Wendungen und Ausdrücke (vergleiche S. 103, Aufgabe E2 beziehungsweise S. 104) sollten verwendet werden.

15

Fb

■ Plenum:

Die TN tragen ihre Präsentationen vor. Fordern Sie die zuhörenden TN auf, sich während des Vortrags Notizen zu machen: Welche Wendungen und Ausdrücke hören sie? Was ist interessant/gut an dem Vortrag? Was ist zu kritisieren, zu verbessern? Hörte sich alles logisch an? Stimmt die Reihenfolge? Welche Tipps könnte man den Vortragenden geben?

◁ Arbeitsbuch, S. 206 + 207: *darüber hinaus*
Übung 47: Texte lesen (selektives Lesen – Argumente herausfinden)
Übung 48: Übung zu Prüfungen (Sprechen)
Vorbereitung auf mündliche Prüfungsformate, die eine Meinungsäußerung verlangen. Das Aufnehmen kann manchmal wie eine Art Schocktherapie im positiven Sinn wirken. Es trainiert außerdem bereits das von vielen TN als sehr schwierig empfundene Sprechen in ein Mikrofon im mündlichen Teil des *Test DaF* als Eintrittsvoraussetzung für ein Studium an deutschen Hochschulen. ▷

☐ Box Die Arbeit mit Arbeitsbuch und Lösungsschlüssel, S. 85 ☐
☐ Box: Aufnahme der TN auf Tonträger, S. 100 ☐

Wendungen und Ausdrücke, S. 104

Hinweis: Auf der Lerner-CD-ROM (im Arbeitsbuch mit Lerner-CD-ROM) finden Sie alle Wendungen und Ausdrücke aus *Ziel* B2, Band 1 und Band 2, nach Sprechabsichten sortiert.

Grammatik, S. 105

Hinweis: Auf der Lerner-CD-ROM (im Arbeitsbuch mit Lerner-CD-ROM) finden Sie die Gesamtübersicht zur Grammatik aus *Ziel* B2, Band 1 und Band 2. Für manche TN ist es wichtig, die einzelnen Grammatikphänomene auch in einem Gesamtzusammenhang sehen zu können. Die Grammatikübersicht mit 45 Seiten ist eine nützliche Referenzgrammatik für diese Stufe.

Fotodoppelseite: Vielfalt der Arten entdecken, S. 106 + 107

Hinweis: Im Lehrwerkservice komplett (zum kostenlosen Ausdrucken) oder im Anhang (als Auswahl) finden Sie Arbeitsblätter für die Projektarbeit zu den Fotodoppelseiten als Kopiervorlagen.

Worum geht es in der Lektion?

Lernziel: mit anderen diskutieren und gemeinsam etwas planen (im Prüfungskontext)

Vorbemerkung:
Diese Lektion dient der Konsolidierung und der Prüfungsvorbereitung. Es werden keine neuen Wortnetze entwickelt und keine Grammatikthemen besprochen. Ebenso wenig werden neue Wendungen und Ausdrücke vermittelt. Sowohl die Aufgaben im Kursbuch als auch die Übungen im Arbeitsbuch trainieren die gängigen Prüfungsformate (vergleiche S. 105).

Abschnitt **A:** **„Hören und abschalten"**
Fertigkeiten: Hören, Sprechen, Lesen
Lernziel: Die TN hören Musik und sprechen über Empfindungen. Eine Anekdote über die Goldberg-Variationen wird gelesen und kommentiert.

Abschnitt **B:** **„Immer mit der Ruhe"**
Fertigkeiten: Lesen, Sprechen
Lernziel: Stark angelehnt an die B2-Prüfungen, dient diese Aufgabe dazu, die Anforderungen für die mündliche Produktion zu trainieren. Kurze Texte werden gelesen, zusammengefasst und kommentiert. Die TN stellen Fragen zur Präsentation eines Lernpartners und beantworten ihrerseits Fragen zu ihrer eigenen Präsentation.

Abschnitt **C:** **„Zeitverschwendung?!"**
Fertigkeiten: Hören, Lesen, Sprechen
Lernziel: Die TN sprechen über das Thema Zeit und hören dazu ein Interview mit einem Zeitforscher. Über die Thesen und Argumente des Professors wird diskutiert; dabei wird die eigene Meinung eingebracht. Die anderen Diskussionsteilnehmer sollen von den eigenen Argumenten überzeugt werden.

Abschnitt **D:** **„Spannung!"**
Fertigkeiten: Lesen, Sprechen, Schreiben
Lernziel: Im Mittelpunkt dieses Abschnitts stehen Originalausschnitte aus dem Roman *Tannöd* sowie Buchrezensionen. Die TN ordnen gelesene Meinungen hinsichtlich ihres Stimmungsbildes ein und schreiben selbst eine kleine Buchrezension. Diese wird dann einem Lernpartner mündlich vorgetragen; dieser stellt Fragen dazu.

Abschnitt **E:** **„Entspannt ..."**
Fertigkeiten: Sprechen
Lernziele: Diese Aufgaben trainieren das Konsensfinden bei der Planung einer Unternehmung.

Fokus Grammatik:
1. die drei goldenen Kommaregeln
2. die drei goldenen Rechtschreibregeln

Thematischer Einstieg: Assoziationsseite, S. 108

Hinweis zu den Assoziationseinheiten im Unterricht siehe Lektion 9, S. 7 und Kopiervorlagen S. 142 f.

Aufgabe 1
- Partnerarbeit/Plenum:

Die TN betrachten zu zweit die Fotos und unterhalten sich darüber, welche am besten zum Thema *Entspannt* passen. Dann tragen die TN die Ideen im Kurs zusammen und diskutieren darüber.

Aufgabe 2
Fragen Sie die TN: „Welche anderen Fotos würden hier passen?" – „Wobei entspannen Sie sich am besten?" Sammeln Sie die Ideen an der Tafel.

A Hören und abschalten, S. 109

Einstiegsaufgabe

A1
- Plenum (Vorentlastung):

Fragen Sie, welche anderen Begriffe es im Zusammenhang mit Entspannen noch gibt. Diese werden an der Tafel gesammelt. Fragen Sie, was der Titel des Abschnitts A bedeutet, und klären Sie, dass *abschalten* auch *sich entspannen, sich erholen* bedeuten kann. Weitere Beispiele: *sich erholen, sich ausruhen, relaxen, sich regenerieren, pausieren, rasten, zur Ruhe kommen, eine Ruhepause einlegen, faulenzen, ausspannen, Atem schöpfen, abschalten* usw.

A1a (Hören: Musik)
- Einzelarbeit:

Die TN lesen die Adjektive. Bedeutungsklärung je nach Bedarf.

⊙ CD 2.26: Die TN hören die Musikstücke und kreuzen an.

Hinweis: Musik 1 ist die im Abschnitt A2 besprochene Goldberg-Variation. Die anderen Musikstücke wurden extra für diese Aufgabe komponiert.

A1b (Sprechen: über Musik)
- Kleingruppen:

Die TN sprechen über die Musik und ihre Gefühle während des Hörens.

A1c:
- Plenum:

Die TN berichten zusammenfassend aus ihren Gruppen.

A2
A2a (kursorisches Lesen)
- Einzelarbeit/Plenum:

Die TN lesen die Anekdote.

⊙ CD 2.27: Die TN hören die Musik und äußern sich zu ihrer Wirkung auf sie persönlich.

A2b (über einen Zweck sprechen)
- Plenum:

Geben Sie ein persönliches Beispiel nach Art der Sprechblasen im Buch. Richten Sie sich an einen TN und fragen Sie ihn: „Und Sie? Hören Sie Musik zur Entspannung oder zu einem anderen Zweck?" – „Zu welchem Zweck könnte man denn noch Musik hören?" Die TN berichten aus ihrer Erfahrungswelt.

B Immer mit der Ruhe, S. 110

- Plenum:

Besprechen Sie die Aufgabe mit den TN genau und weisen Sie sie gegebenenfalls auf die Relevanz hinsichtlich der B2-Prüfungen hin (siehe unten). Lassen Sie möglichst kein Wörterbuch zu.

Zusammengefasst ist das Vorgehen wie folgt:

Ba (kursorisches Lesen)
- Einzelarbeit/Partnerarbeit:

Texte lesen und auswählen (keine Prüfungsrelevanz)

Bb (detailliertes Lesen)
- Einzelarbeit:

Vorbereitung (fünf Minuten!): Texte noch einmal genau lesen und Notizen machen zu den drei Punkten *Inhalt, eigene Erfahrungen, Meinung.*

Bc (Sprechen: Inhalte wiedergeben / etwas beurteilen, bewerten / über eigene Erfahrungen sprechen)
- Partnerarbeit:

Präsentation und Stellungnahme (etwa drei Minuten)

Bd (Sprechen: Fragen stellen und beantworten)
Lernpartner stellt Fragen zum Gehörten.

Gehen Sie gemeinsam mit Ihren TN zu den Wendungen und Ausdrücken auf S. 118 und bitten Sie sie, die für diese Aufgabe geeigneten Rubriken herauszufinden (Thema und Inhalt eines Textes präsentieren / die eigene Meinung äußern, Stellung nehmen / eigene Erfahrungen darstellen / Rückfragen stellen).

Hinweis zu den B2-Prüfungen:
Die Aufgaben im Abschnitt B lehnen sich stark an die mündlichen B2-Prüfungen an. Im *Goethe-Zertifikat* (Aufgabe 1, mündliche Prüfung) ist die Aufgabenstellung sehr ähnlich wie in Bb und Bc; allerdings sind die Texte kürzer und einfacher. Außerdem werden, anders als in Bd, vom Prüfungspartner keine Fragen gestellt. Bei *telc Deutsch B2* (Aufgabe 1) ist kein Text zu lesen; die TN präsentieren ein ihnen bekanntes Thema, aber sie müssen, wie hier in Aufgabe Bd, auch auf die Fragen des Prüfungspartners reagieren.

Die zweite mündliche Aufgabe bei *telc* hat einen Text ähnlicher Länge wie hier, der allerdings für beide Prüflinge identisch ist und über den dann gemeinsam hinsichtlich Inhalt, Erfahrungen und Meinungen diskutiert wird. Siehe auch ÖSD, Aufgabe 4.

☐ Box: Prüfungen auf Niveau B2, S. 105 ☐

C Zeitverschwendung?!, S. 111

C1
C1a
■ Partnerarbeit:
Die TN finden sich in Paaren zusammmen, sehen sich dann erst die Bilder an und entscheiden, wer über welches Bild sprechen möchte.
C1b
■ Partnerarbeit:
Die TN sprechen über die Bilder.

C2
Vorentlastung – interkultureller Aspekt:
Fragen Sie die TN, ob sie Sprichwörter oder Redewendungen im Deutschen und in ihrer Sprache kennen, die sich mit dem Thema Zeit beschäftigen.
Beispiele: *„Kommt Zeit, kommt Rat.“ – „Eile mit Weile.“ – „Zeit ist Geld.“ – „Die Zeit heilt Wunden.“ – „Komm’ ich heut’ nicht, komm’ ich morgen.“ – „Was du heute kannst besorgen, das verschiebe nicht auf morgen.“ – „Abwarten und Tee trinken.“ – „Dem Glücklichen schlägt keine Stunde.“ – „Alles hat seine Zeit.“ – „Besser eine Stunde zu früh als eine Minute zu spät.“ – „Besser spät als nie.“ – „Morgen, morgen, nur nicht heute, sagen alle faulen Leute.“*
Fragen Sie die TN dann, welches Verhältnis man in ihrer Heimat zu „Zeit“ hat und ob sie einen Unterschied zur deutschen/europäischen Kultur sehen.

C2a
■ Plenum:
Die TN äußern Vermutungen darüber, womit sich ein Zeitforscher beschäftigen könnte.

C2b (kursorisches Hören)
■ Einzelarbeit:
Die TN lesen die Aufgabenstellung.
◉ CD 2.28–30: Die TN hören ein erstes Mal und kreuzen die Themen an, die sie gehört haben.

C2c
■ Partnerarbeit:
Die TN vergleichen ihre Lösungen und unterhalten sich darüber, womit sich der Professor tatsächlich beschäftigt.
■ Plenum:
Die TN vergleichen ihre Vermutungen aus C2a mit dem Gehörten.

Hintergrundinformationen:
Professor Dr. rer. pol. Karlheinz A. Geißler, geboren 1944, studierte Philosophie, Ökonomie und Pädagogik in München. Danach war er kurz als Lehrer tätig und begann dann seine Forschungs- und Lehrtätigkeit an verschiedenen Universitäten. Von 1975 bis 2006 war er Professor für Wirtschaftspädagogik an der Universität der Bundeswehr in München. Seither nimmt er immer wieder Gastprofessuren im In- und Ausland wahr.
Er ist Mitbegründer der Deutschen Gesellschaft für Zeitpolitik und Mitinitiator des Projekts Ökologie der Zeit. Neben zahlreichen Publikationen und Fernsehauftritten hielt er diverse Vorträge, unter anderen auf Einladung des Goethe-Instituts in Südamerika, Frankreich und Dänemark.

C2d (detailliertes Hören)
■ Einzelarbeit:
Die TN lesen die Aufgabenstellung und die Aussagen.
◉ CD 2.30: Abschnitt 3 wird noch einmal vorgespielt. Die TN kreuzen an.

Hinweis B2-Prüfungen:
Diese Aufgabe lehnt sich sehr stark an die gängigen Prüfungen auf dem Niveau B2 an. Vergleiche dazu *Goethe-Zertifikat B2*, Hörverstehen, Aufgabe 2 sowie *telc Deutsch B2* Hörverstehen, Aufgabe 2, ÖSD-Zertifikat B2, Aufgabe 1.

☐ Box: Prüfungen auf Niveau B2, S. 105 ☐

C3 (Sprechen: kontrovers argumentieren)
■ Plenum:
Lesen und besprechen Sie die Aufgabe mit Ihren TN. Gehen Sie mit den TN auf S. 118 im Kursbuch und fragen Sie, welche Rubriken man für die Argumentation und später für die Diskussion braucht (die eigene Meinung äußern, persönlich Stellung nehmen, eigene Erfahrungen darstellen, etwas erklären, Rückfragen stellen, auf Argumente eingehen und sie einschränken, das Wort ergreifen).
Bitten Sie die TN, darüber hinaus weitere Aspekte und Redemittel zu nennen (vergleiche auch die Lerner-CD-ROM: Wendungen und Ausdrücke).
■ Einzelarbeit:
Die TN bearbeiten Schritt für Schritt die Teilaufgaben 1–3.
■ Kleingruppen (Vierergruppen):
Die TN diskutieren kontrovers und sollen einander von ihrer Meinung überzeugen.

D Spannung!, S. 112

D1
■ **Plenum:**
Die Bücher sind geschlossen. Schreiben Sie an die Tafel: *Krimis*
Bitten Sie die TN, spontan ihre Assoziationen zum Thema zu äußern, und entwickeln Sie ein Assoziogramm an der Tafel. Lassen Sie alles zu: Emotionen, Autoren, Kategorien, Werturteile usw.
■ **Kleingruppen:**
Die TN öffnen die Bücher und sprechen darüber, ob sie Krimis mögen (oder nicht), ob als Buch oder Film, welche Art von Krimis und warum.
■ **Plenum:**
Sammeln Sie Namen von Krimiautoren an der Tafel. Fragen Sie, ob die TN schon einmal einen Krimi auf Deutsch gelesen oder gesehen haben. Fragen Sie auch, ob Krimis in der Kultur der TN populär sind oder nicht.

D2
D2a (kursorisches Lesen)
■ **Einzelarbeit:**
Die TN lesen, betrachten die Fotos und entscheiden sich für eines.
■ **Plenum:**
Die TN äußern sich zu ihrer Entscheidung und begründen diese. Lassen Sie zuerst einzelne TN vortragen, welches Foto sie nehmen würden und warum. Fragen Sie dann alle TN: „Wer ist für Bild A, wer für B und wer für C?" Die TN geben ein Handzeichen. Schreiben Sie den Buchstaben mit den meisten Stimmen an die Tafel und bitten Sie die TN, Begründungen in Stichpunktform zu geben, die Sie ebenfalls an die Tafel schreiben.

D2b
■ **Einzelarbeit (kursorisches/detailliertes Lesen):**
Teilaufgabe 1: Die TN lesen den Text ein erstes Mal. Nach dem ersten Lesen kreuzen sie die Adjektive zur Atmosphäre an. Bitten Sie die TN, ohne Wörterbuch zu lesen und sofort nach dem ersten Lesen die Stimmungsadjektive anzukreuzen.
Teilaufgabe 2: Die TN lesen die Aufgabe und suchen die Eigenschaften aus dem Text.
Teilaufgabe 3: Die TN lesen weiter.
■ **Kleingruppen:**
Lassen Sie die TN den Inhalt der Textabschnitte zusammenfassen. Die TN machen sich Notizen. Dann vermuten sie, was passiert sein könnte.
■ **Plenum (Sprechen: über den Inhalt eines Buches):**
Ein TN fasst den Text zusammen und gibt die Vermutungen seiner Gruppe wieder. Die anderen TN kommentieren.

Hintergrundinformationen:
Andrea Maria Schenkel: Die 1962 geborene Autorin lebt mit Mann und drei Kindern bei Regensburg. Sie machte nach der Schule mit 16 Jahren eine Ausbildung bei der Post, war dann Hausfrau und Mutter und begann erst mit 42 Jahren zu schreiben. Ein kleiner Verlag brachte Anfang 2007 ihren ersten Kriminalroman, *Tannöd*, heraus, der auf Anhieb zu einem großen Publikumserfolg wurde. Über mehrere Monate hinweg stand das Buch auf diversen Bestsellerlisten und erhielt folgende Preise: Deutscher Krimipreis 2007 (Platz 1), Friedrich-Glauser-Preis 2007 (Debüt), Corine 2007, Martin Beck Award 2008 (Internationaler Kriminalroman). Der Roman wurde bis 2009 nicht nur über eine Million Mal verkauft, sondern auch in 20 Sprachen übersetzt. Man produzierte außerdem ein Hörbuch sowie ein Hörspiel, und mehrere Theater brachten die Geschichte auf die Bühne. Die Filmversion startete im November 2009, die renommierte Schauspielerin Monica Bleibtreu ist dort in ihrer letzten Kinorolle zu sehen. Andrea Schenkels zweiter Roman, *Kalteis*, der wie *Tannöd* eine wahre Geschichte zum Vorbild hat, erschien im August 2007 und erzählt von einem Frauenmörder, der in den 30er-Jahren in München sein Unwesen trieb, verhaftet und hingerichtet wurde. Auch dieses Buch ist erfolgreich, hat Auszeichnungen bekommen und soll verfilmt werden. Der neueste, erstmals nicht auf einer authentischen Geschichte basierende Kriminalroman heißt *Bunker* und handelt von einer entführten und eingeschlossenen Frau.

Tannöd: Die Geschichte beruht auf einem ungeklärten, authentischen Kriminalfall, der 1922 auf einem einsamen Einödhof in Oberbayern passierte. In einer Nacht wird eine komplette Bauernfamilie einschließlich der neuen Magd mit einer Spitzhacke ausgelöscht. Neben der Enträtselung des Mordes erfährt der Leser viel über das nicht besonders heile Leben auf dem Land und wird in die problematischen Beziehungen zwischen den Familienmitgliedern und den Dorfbewohnern eingeweiht. Wirklich gelöst wird der Fall nicht.

D3
D3a
■ **Plenum:**
Besprechen Sie die Aufgabe mit den TN.
■ **Einzelarbeit:**
Die TN lesen und weisen die Bewertungen zu.
■ **Plenum:**
Besprechung der Bewertungen und Bewertungssymbole im Kurs. Fragen Sie die TN, warum sie so entschieden haben.

Hinweis zum *Goethe-Zertifikat B2*:
Die Aufgabe C3a fußt auf der dritten Aufgabe beim Leseverstehen des *Goethe-Zertifikats*. Dort sollen die TN entscheiden, ob der Autor eines Textes etwas positiv oder negativ/skeptisch beurteilt.

D3b
■ **Einzelarbeit/Partnerarbeit:**
Die TN markieren die für sie interessanten Textstellen und vergleichen mit ihrem Lernpartner.

D3c

■ Kleingruppen:
Die TN sprechen über das, was sie bisher von *Tannöd* gelesen haben und ob sie Lust bekommen haben, weiterzulesen.
Falls ja, gibt es das Buch möglicherweise in der örtlichen Bücherei; oder Sie oder ein TN haben es zu Hause und sind bereit, es zu verleihen.

Extra-Projekt:

Interessierte TN versuchen über das Internet oder in einer Bücherei mehr über Autorin und Werk(e) herauszufinden. In der nächsten Kursstunde präsentieren sie das Ergebnis ihrer Recherche.

D4 (eine Rezension schreiben)

■ Plenum:
Gehen Sie mit den TN die Aufgabenstellung durch. Weisen Sie sie darauf hin, dass es sich hier um eine gute Vorbereitung auf Aufgabe D5 handelt. Aufgabe D5 wiederum ist eine der mündlichen B2-Prüfungen (*telc*: erste Aufgabe mündliche Prüfung).
■ Einzelarbeit:
Limitieren Sie die Zeit, damit die Aufgabe nicht zu umfassend erledigt wird. Am Ende wird der Text von den Lernpartnern gelesen und kommentiert.

D5 (Sprechen: ein Buch bewerten / Fragen stellen)

■ Partnerarbeit:
Nach der Vorbereitung in Aufgabe D5 können die TN nun sofort ihr Buch vorstellen. Günstig ist, wenn nicht dieselben Paare wie bei Aufgabe D4 zusammenarbeiten. Achten Sie darauf, dass das Zeitlimit ungefähr eingehalten wird. Weisen Sie die TN auf die Relevanz der Aufgabe für die B2-Prüfung hin.

Hinweis B2-Prüfungen:

Diese Aufgabe ist genau so bei *telc Deutsch B2* zu finden: mündliche Prüfung, erste Aufgabe.

☐ Box: Prüfungen auf Niveau B2, S. 105 ☐

Fokus Grammatik: die drei goldenen Kommaregeln, S. 115

Aufgabe 1

1a ■ ◉ CD 2.31: Einzelarbeit
1b ■ Plenum
1c ■ Einzelarbeit
1d ■ Einzelarbeit, Besprechung im Plenum

Hinweis: Möglicherweise meinen einige TN, die Regel 1 in Aufgabe 1c sei richtig. Sie gilt jedoch nur umgekehrt: Wenn ein Komma im Satz steht, sollte man an der Stelle beim Lesen auf jeden Fall eine Pause machen. Aber man kann Sprechpausen öfter machen, als man Kommas setzt (vergleiche Aufgabe 2a).

Aufgabe 2

2a ■ ◉ CD 2.32: Einzelarbeit
2b ■ Einzelarbeit, Besprechung im Plenum
2c ■ Einzelarbeit, Besprechung erst mit dem Lernpartner, dann im Plenum

Hinweis: Kein Komma steht in der Regel auch, wenn Teilsätze mit *und* beziehungsweise *oder* verbunden werden. Genauso verhält es sich bei *beziehungsweise, sowie, entweder... oder, sowohl... als auch, weder... noch.*
Nach folgenden entgegenstellenden Konjunktionen steht jedoch ein Komma:
aber, doch, jedoch, sondern.

Fokus Grammatik: die drei goldenen Rechtschreibregeln, S. 116

Aufgabe 1

1a ■ Einzelarbeit
1b ■ Einzelarbeit, Verbesserung im Plenum
1c ■ Einzelarbeit, Verbesserung im Plenum

Hinweis: Wenn die Frage kommt, wie man ein *Nomen* erkennt, antworten Sie: Alle Wörter, vor die man einen Artikel setzen kann, gelten als Nomen. Mit *Namen* sind nicht nur Personennamen gemeint, sondern auch andere Eigennamen wie Länder- oder Städtenamen, geografische Begriffe, Institutionen, Organisationen usw. Zum Beispiel: Südamerika, Süddeutsche Zeitung, Kap der Guten Hoffnung, Bayerischer Wald, Statistisches Bundesamt, Deutscher Bundestag, Rotes Kreuz usw.

Aufgabe 2

2a ■ Einzelarbeit
2b ■ ◉ CD 2.33: Einzelarbeit, Besprechung im Plenum. Lassen Sei die TN die Sätze laut nachsprechen

Aufgabe 3

3a ■ Einzelarbeit.
3b ■ Einzelarbeit, Besprechung im Plenum.

Hinweis – interkulturelle Komponente:

Die TN schreiben auf ein großes Plakat Internationalismen in ihrer Sprache. Das kann ganz frei durcheinander geschehen. Oder Sie schreiben ein gängiges internationales Wort auf Deutsch in die Mitte, und die TN schreiben das Wort in ihren Sprachen kreisförmig um dieses Wort herum.

16

E Entspannt ..., S. 117

Hinweis B2-Prüfungen:
Diese Aufgabe lehnt sich stark an die gängigen Formate der mündlichen Prüfungen an. Vergleichen Sie dazu vor allem *telc Deutsch B2*, mündliche Prüfung, Teil 3; OSD-Zertifikat B2, Aufgabe 1.

■ Plenum:
Besprechen Sie die Aufgabe mit den TN. Lesen Sie dazu die fett gedruckte Aufgabenstellung bei Eb zusammen mit den TN. Weisen Sie die TN darauf hin, dass sie zu den meisten in Eb aufgeführten Rubriken auf S. 118 die passenden Wendungen und Ausdrücke finden.

Ea
■ Einzelarbeit/Partnerarbeit:
Die TN lesen die Themen und einigen sich auf eines davon.

Eb
■ Partnerarbeit:
Die TN lesen und besprechen noch einmal die Aufgabenstellung. Die Suche nach geeigneten Redemitteln kann zu zweit erfolgen.

Ec
■ Einzelarbeit:
Um die Aufgabe prüfungsnah zu gestalten und eine echte Diskussion zu erreichen, sollten Sie darauf achten, dass sie von jedem TN einzeln erledigt wird. Die TN können sich auch Notizen machen.

Ed (Sprechen)
■ Partnerarbeit:
Die TN führen nun ein Gespräch zu dem gewählten Thema, an dessen Ende eine Konsensfindung stehen soll.

Ee
■ Partnerarbeit/Kleingruppen:
Sie können die TN zuerst das Gespräch zu zweit führen lassen und ihnen sagen, dass sie sich selbst beobachten sollen.

Ef
■ Partnerarbeit:
Die Paare wiederholen ihre Gespräche. Dazu könnte auch ein weiteres Lernpaar hinzugezogen werden, welches das Gespräch beobachtet und kritisiert.

Hinweis zur Binnendifferenzierung:
Wenn Sie TN im Kurs haben, die demnächst zur B2-Prüfung antreten möchten, lassen Sie diese die Gespräche im Plenum vorführen. Die zuhörenden TN beobachten und beurteilen die Gespräche.

◁ **Arbeitsbuch, S. 208–221 Übungen zu Prüfungen**
Die folgenden Übungen sind vor allem für TN gedacht, die sich für die B2-Prüfungen interessieren (beziehungsweise für den *Test DaF*, siehe Übungen 13–15), und geben einen Überblick über gängige Formate der schriftlichen Prüfungen. Sie ersetzen keine Prüfungsvorbereitung. Es sind aber Aufgaben, die so oder ähnlich in den Prüfungsformaten von *telc Deutsch* B2, Goethe-Zertifikat B2 und ÖSD-Zertifikat B2 auftreten, sowie in *Test DaF* vorkommen.

S. 208 / Übung 1: Lesen (kursorisch, detailliert oder selektiv, je nach Strategie)
S. 209 / Übung 2: Hören (detailliert)
S. 210 / Übung 3: Schreiben (Fehler korrigieren)
S. 211 / Übung 4: Sprachbausteine (Lücken ergänzen)
S. 212 / Übung 5: Lesen (detailliert)
S. 214 / Übung 6: Hören (selektiv)
S. 215 / Übung 7: Schreiben (Beschwerde)
S. 216 / Übung 8: Lesen (fehlende Wörter ergänzen)
S. 216 / Übung 9: Hören (selektiv)
S. 217 / Übung 10: Lesen (fehlende Teile ergänzen)
S. 217 / Übung 11: Schreiben (Kommentar)
S. 219 / Übung 12: Lesen (kursorisch)
Hinweis: Die folgenden drei Übungen sind besonders geeignet für TN, die später die Prüfung *Test DaF* ablegen möchten, um an einer deutschen Hochschule zu studieren.
S. 220 / Übung 13: Text schreiben (eine Statistik kommentieren)
S. 220 / Übung 14: Hören (Stichwörter notieren)
S. 221 / Übung 15: Hören (Stichwörter notieren)
Siehe *Test DaF*, Hörverstehen, Aufgabe 3. ▷

Wendungen und Ausdrücke, S. 118, 119
Hinweis: Auf der Lerner-CD-ROM (im Arbeitsbuch mit Lerner-CD-ROM) finden Sie alle Wendungen und Ausdrücke aus *Ziel* B2, Band 1 und Band 2, nach Sprechabsichten sortiert.

Fotodoppelseite: Aussteigen auf Zeit, S. 120, 121
Hinweis: Im Lehrwerkservice komplett (zum kostenlosen Ausdrucken) oder im Anhang (als Auswahl) finden Sie Arbeitsblätter für die Projektarbeit zu den Fotodoppelseiten als Kopiervorlagen.

1. Arbeitsbuch
Arbeit mit dem Arbeitsbuch und dem Lösungsschlüssel

Das Arbeitsbuch ist ein Instrumentarium, das die TN beim Erlernen der Sprache, also beim Erreichen des Sprachstandes, unterstützt. Deshalb sind die Übungseinheiten in ganz bestimmte Sequenzen eingeteilt:

▶ **WORTSCHATZ:** Wortschatzarbeit bedeutet für die TN die Erarbeitung von Wortnetzen, also Wörtern, die zu einem bestimmten Themengebiet gehören. Der Wortschatzerwerb besteht aber nicht nur aus dem Erlernen von Einzelwörtern. Darüber hinaus werden in der Regel Wortverbindungen und Chunks angeboten. Die Sätze, in denen die Wörter vorkommen, sind nach Sinnzusammenhang, Gebrauchsschwerpunkt und Frequenz ausgesucht worden. In vielen unterschiedlichen Übungs- und Aufgabentypen werden verschiedene Lernertypen angesprochen.

Da der Wortschatz nicht nur im Sinne einer Wortliste, sondern vielmehr in Inhaltszusammenhängen aufgebaut wird, kommt dem Lösungsschlüssel eine große Bedeutung zu: Der Lösungsschlüssel ist kein Mittel, um festzustellen, wie viele Aufgaben der TN korrekt gelöst hat, sondern er soll ihn dabei unterstützen, richtige Lösungen zu finden. Oftmals gibt es mehrere korrekte Lösungen oder gar ganz individuelle Lösungsmöglichkeiten.

▶ **GRAMMATIK:** In der Grammatik geht es darum, Phänomene in ihrer Funktion zu verstehen, Anwendungsmöglichkeiten (nach Intention) zu systematisieren, dann aber auch das Regelwerk des speziellen Phänomens zu verstehen und anzuwenden. Den Hinweis bietet das blaue G am Seitenrand im Kursbuch. Dort finden sich auch Schlagwörter zu den Grammatikthemen und die Übungsnummern im Arbeitsbuch. Auch hier ist der Lösungsschlüssel ein Hilfs- und kein Kontrollmittel.

▶ **SÄTZE BAUEN:** Hier geht es darum, Wendungen und Ausdrücke (sowohl der gesprochenen als auch der geschriebenen Sprache) zu verstehen und anzuwenden: Dazu gibt es für die TN Übungen und Aufgaben, die ihnen zunächst helfen sollen, die Intention und die Anwendungsbereiche der betreffenden Wendungen und Ausdrücke zu verstehen. Dann wird die Anwendung geübt, d. h. in der Regel werden dem TN Inhalte angeboten (als Hörtext, als Lesetext, als Sprechblase, als Dialogausschnitt, als Zeichnung, als Foto), die er der beschriebenen Situation entsprechend mithilfe der Wendungen und Ausdrücke versprachlichen muss. Die Verweise zu den Übungen im Arbeitsbuch stehen im Kursbuch am Seitenrand. Der Lösungsschlüssel dient als Hilfsmittel.

▶ **TEXTE BAUEN:** Diese Sequenz hat eine ähnliche Funktion wie die Sequenz SÄTZE BAUEN, nur werden hier auch die üblichen Strukturen bestimmter Textsorten geübt. Der Lösungsschlüssel kann in diesem Fall nur Musterlösungen anbieten, an denen sich die TN aber von der Länge und vom Niveau her orientieren können. Die Verweise zu den Übungen stehen am Seitenrand im Kursbuch.

▶ **PHONETIK:** Diese Sequenz bietet Übungen und Aufgaben zu ausgewählten schwierigen Einzellauten oder Lautverbindungen, meist aber zu bestimmten Intonationsschwierigkeiten, die im Zusammenhang mit den Wendungen und Ausdrücken stehen.

▶ **FOKUS GRAMMATIK-TESTS:** Hier handelt es sich um Tests, bei denen der Wissensstand oder der Erkenntnisstand zu einem bestimmten Grammatikkapitel abgefragt werden kann. In diesem Fall dient der Lösungsschlüssel der Überprüfung.

▶ **ÜBUNG ZU PRÜFUNGEN:** Diese Übungen und Aufgaben haben das Ziel, mit bestimmten Aufgabentypen vertraut zu machen, die in Prüfungen vorkommen können. Sie können ganz individuell während des Kursverlaufs oder gebündelt am Ende eines Kurses gelöst werden. Sie ersetzen jedoch kein gezieltes Prüfungstraining. Der Lösungsschlüssel dient hier der Kontrolle.

▶ **TEXTE LESEN:** Da man im Unterricht in der Regel nicht genügend Zeit hat, das Lesen längerer Texte individuell zu üben, bieten wir in jeder Lektion noch einmal die Möglichkeit, zu Hause in Ruhe Leseaufgaben zu bearbeiten. Die TN sollten sich an den Aufbau der Übungssequenz halten. Der Lösungsschlüssel wird hier zur Kontrolle eingesetzt.

Die Kennzeichnung *Wiederholung (rot)* und *Vertiefung (braun)* dient der Binnendifferenzierung. Es sei aber darauf hingewiesen, dass die roten Aufgaben das Erlernen der sprachlichen Phänomene in einem B1-Kurs nicht ersetzen.
Die Aufgaben zur Vertiefung sprechen entweder bestimmte Interessengebiete der TN an oder sind speziell für TN konzipiert, die später einen C1-Kurs besuchen, im deutschen Sprachraum studieren möchten oder Ähnliches. Diesen TN seien auch die Extra-CD-ROM und die DVD empfohlen.

2. Binnendifferenzierung
Binnendifferenzierung nach Lernzielen

Mit dem Begriff Binnendifferenzierung werden im Lehrwerk *Ziel* B2 verschiedene Bereiche bezeichnet, nämlich Binnendifferenzierung nach Lernzielen, nach Sprachstand, nach Interesse und nach Schnelligkeit bzw. Lernstärke.

▸ **Lernziel allgemein:** Je nachdem, welche Ziele die einzelnen Lerner verfolgen, können inhaltliche Schwerpunkte gesetzt sowie bestimmte Zusatzmaterialien eingesetzt werden. Dabei bildet das Kursbuch mit seinen acht bzw. sechzehn Lektionen die Grundlage des Spracherwerbs. Gemeinsames Ziel aller TN ist es ja, den Sprachstand B2 zu erreichen.

Trotzdem kann man, je nach Kurszusammensetzung, manche Abschnitte der Lektionen nur kurz, andere hingegen ausführlicher durchnehmen. Tipps dazu gibt es immer wieder in den Hinweisen zum Unterrichtsverlauf im Lehrerhandbuch.

▸ **Lernziel: Prüfung:** Lerner, die dieses Ziel verfolgen, sollten im Lernerportfolio prüfungsorientiert ihre Wendungen und Ausdrücke sammeln, die Rubriken TEXTE LESEN und ÜBUNG ZU PRÜFUNGEN sowie die prüfungsvorbereitenden Hefte bearbeiten. Außerdem wäre es ratsam, alle blauen Übungen, zumindest aber die zu SÄTZE BAUEN und TEXTE BAUEN vollständig zu bearbeiten.
Für TN, die die Prüfung Test DaF ablegen wollen, um dann im deutschen Sprachraum zu studieren, empfehlen wir, auch die Extra-CD-ROM und die DVD durchzuarbeiten. Sie bieten Zusatz-Aufgaben zum Lese- und Hörverstehen sowie zusätzliche landeskundliche Informationen. Für diese Lerner sind auch die Landeskundeinformationen und Informationen zur Sprachanwendung, die Sie im Lehrerhandbuch finden, von Interesse.

▸ **Lernziel: Festigung der Grammatik:** Dies ist eine häufige Motivation der TN. Machen Sie den TN jedoch deutlich, dass die Grammatik nur ein Werkzeug ist. Ihre Beherrschung allein führt nicht zum Ziel, sondern ihre Umsetzung in Kombination mit den Wendungen und Ausdrücken. Trotzdem bieten die Fokus-Grammatik-Seiten und die zahlreichen Übungen und Aufgaben zu einzelnen Grammatikthemen gerade diesen TN die Sicherheit, die sie brauchen. Im Gegensatz zu umfassenden Übungsgrammatiken finden die TN hier die grammatischen Lernziele, die zum Sprachniveau B2 gehören. Siehe auch – Grammatik im Lehrwerk *Ziel* B2, S. 94. Im Internetservice gibt es noch ausgewählte, zusätzliche Online-Grammatikübungen.
Lerner-CD-ROM: Darauf finden die TN eine genaue, detaillierte Gesamtübersicht der Grammatik (*Ziel* B2, Band 1, Lektion 1–8 die Grammatik dieses Bandes, in Band 2, Lektion 9–16 die vollständige Übersicht zu beiden Bänden) als pdf-Datei zum Nachschlagen und als rtf-Datei zum Bearbeiten. So können sich die TN bestimmte Schwierigkeiten markieren, diese kontrastiv bearbeiten oder mit Erklärungen der/des KL erweitern usw.

▸ **Lernziel: Erweiterung des Wortschatzes:** Wir unterscheiden in *Ziel* B2 zwischen aktivem und rezeptivem Wortschatz. Natürlich wird auch im Kursbuch mit Wortschatz gearbeitet: Vorhandenes Wissen wird aktiviert und dann erweitert. Auf der Lerner-CD-ROM findet der TN zu jeder Lektion den ausgewiesenen Lernwortschatz, als pdf und als rtf-Datei. Die rtf-Datei kann er individuell bearbeiten und mit Wörtern und festen Ausdrücken seines Interessengebiets erweitern.
Die zahlreichen Übungen und Aufgaben im Arbeitsbuch dienen der Erweiterung des aktiven Wortschatzes. Die Zusammenstellung der Wortnetze im Arbeitsbuch basiert sowohl auf der Liste in *Profile**, auf anderen Wortschatzsammlungen (Grund- und Aufbauwortschatz) sowie auf Recherchen im Internet und der Wortumfeldanalyse unter http://wortschatz.uni-leipzig.de/abfrage/. TN, die ihren persönlichen aktiven Wortschatz erweitern möchten, finden in den Wortlisten zu den einzelnen Lektionen ein gutes Hilfsmittel. Die Wortlisten können sie auf der Lerner-CD-ROM individuell bearbeiten. Wortschatzübungen werden aber neben den Übungen im Arbeitsbuch auch in den Zusatzmaterialien angeboten.

▸ **Lernziel: Verbesserung der produktiven Sprachanwendung:** Sprechen und Schreiben. Diesem Lernziel dienen neben dem normalen Unterricht die Aufgaben und Übungen im Arbeitsbuch unter SÄTZE BAUEN und TEXTE BAUEN: Dahinter verbirgt sich ein Schreib- und Sprechtraining mit einer außerordentlich hohen Zahl an unterschiedlichen Übungstypen, sodass verschiedene Lernerpersönlichkeiten angesprochen werden können. Die Textsorten, die produktiv erstellt werden, richten sich nach den Textsorten der Niveaubeschreibung (Gemeinsamer Referenzrahmen für Sprachen), aber auch nach den Prüfungsanforderungen. TN, die im deutschsprachigen Raum studieren oder arbeiten wollen, wird der Besuch eines C1-Kurses empfohlen. Die Übungen im Arbeitsbuch geben den Rahmen an, in welchem diese Fertigkeiten auf dem Niveau B2 beherrscht werden müssen.
Manche TN werden den Wunsch äußern, im Rahmen des Schreibens auch ihre Rechtschreibung zu verbessern. Diesen TN empfehlen wir die begleitenden Diktate.

▸ **Lernziel: arbeiten im deutschen Sprachraum:** Zahlreiche Lernziele im Kursbuch bieten dafür eine gute Basis: Probleme beschreiben, Lösungen erörtern,

---

* Profile deutsch, Langenscheidt KG, Berlin und München, 2005

gemeinsam etwas planen, an formellen Diskussionen teilnehmen, einen kurzen Vortrag halten / etwas präsentieren, Informationen in ein Gespräch einbringen usw. Im Bereich der Wortnetze finden die TN nützliches Vokabular.

Diesen TN bietet das zusätzliche kursbegleitende Material zur Berufssprache weiterführende Übungen, die zum Teil im Kurs, zum Teil aber auch selbstständig zu Hause bearbeitet werden können. Die Extra-CD-ROM enthält wertvolle landeskundliche Informationen.

▸ **Lernziel: studieren im deutschen Sprachraum:**
siehe *Lernziel: Prüfung* und *arbeiten im deutschen Sprachraum*

Binnendifferenzierung nach Sprachstand
Der Aufbau des Kursbuchs mit seinen kurzen Lektionen und den Verweisen auf das Arbeitsbuch, bietet der/dem KL ausreichend Möglichkeit, für die TN unterschiedliche Aufgaben und Übungen herauszusuchen bzw. im Kurs zu entscheiden, welche Lerninhalte für den gesamten Kurs notwendig sind (siehe auch: *Arbeit mit dem Arbeitsbuch und dem Lösungsschlüssel*). In den Hinweisen zum Unterrichtsverlauf im Lehrerhandbuch findet die/der KL darüber hinaus zahlreiche Anregungen. Weitere Möglichkeiten zur Binnendifferenzierung bieten die Projekte zu den Fotodoppelseiten sowie die Aufgaben auf der Extra-CD-ROM und der DVD.

Binnendifferenzierung nach Interesse
Der Themenmix in den einzelnen Lektionen, die einzelnen Abschnitte und das Arbeitsblatt zur Einstiegsseite erlauben es, mithilfe der Extra-CD-ROM interessenbezogene Schwerpunkte zu setzen, da in jeder Lektion unterschiedliche Lebensbereiche dargestellt werden. Auch die Fotodoppelseiten sprechen verschiedene Interessen an.

Binnendifferenzierung nach Schnelligkeit und Lernstärke der TN
Gerade die umfangreichen Arbeitsbuch-Übungen ermöglichen es Ihnen, schnellere TN sinnvoll zu beschäftigen. So erhalten auch die langsameren TN die Chance, eine Übung oder eine Aufgabe in Ruhe im Unterricht zu Ende zu bringen. In den Hinweisen zum Unterrichtsverlauf im Lehrerhandbuch findet die/der KL zahlreiche Anregungen dazu.

3. Lesen
Das Trainieren von Lesestrategien
Beim Lesen gibt es verschiedene Lesestrategien, die in dem Lehrwerk *Ziel* B 2 geübt werden sollen. In der In-haltsübersicht (S. 6–9) finden Sie eine genaue Beschreibung der Strategien, die bei den jeweiligen Texten zum Einsatz kommen. Die Fragestellungen zum Leseverstehen sind so formuliert, dass sie jeweils eine der Lesestrategien abrufen bzw. trainieren. Machen Sie den TN immer wieder bewusst, dass die gestellte Frage und die Dauer der Lesezeit einen direkten Bezug zueinander haben: Je tiefer durch die Fragestellung in den Text eingestiegen wird, desto komplexer werden die Antworten und desto länger wird auch die benötigte Lesezeit.

▸ **Orientierendes Lesen:** Hier genügt in der Regel ein Blick auf die Überschrift und den einleitenden Abschnitt, um die Frage zu beantworten. Es soll z. B. lediglich die Textart erkannt werden bzw. anhand einer Überschrift auf den Inhalt des Artikels oder des Buches geschlossen werden.

▸ **Selektives Lesen:** Hierbei liest man nur oberflächlich und konzentriert sich darauf, bestimmte Stichworte und die dazugehörenden Informationen zu erkennen, beispielsweise beim Lesen von Stellenanzeigen darüber, welche Qualifikationen verlangt werden.

▸ **Kursorisches Lesen:** Dabei wird ein Text relativ schnell gelesen. Im Anschluss daran sollten sich Fragen beantworten lassen, die die Hauptaussagen des Textes betreffen. Einzelinformationen, die nur durch ein detailliertes Lesen erkannt werden können, werden hier nicht verlangt.
Vor allem das schnelle Lesen muss oft erst trainiert werden. Besonders wichtig ist diese Vorgehensweise für TN, die eine Prüfung ablegen wollen, denn so lässt sich viel kostbare Zeit einsparen. Eine gute Zeiteinteilung ist in Prüfungen essenziell.

▸ **Detailliertes Lesen:** Der Text soll nun in allen Details verstanden werden. Es werden Einzelinformationen abgefragt, interpretatorische Kommentare sind erwünscht. Für den Unterricht bedeutet dies, dass Sie unbekannten Wortschatz sowie neue Satzstrukturen größtenteils klären sollten.
Für das detaillierte Lesen im Kurs bieten sich verschiedene Vorgehensweisen an.
1. Variante:
Lassen Sie einen Text zuerst still lesen. Fordern Sie die TN auf, dies ohne Wörterbuch zu tun (siehe auch *Der Umgang mit schwierigen Texten*, S. 88). Danach versuchen die TN, unbekannte Wörter und unklare Textpassagen in Partnerarbeit zu entschlüsseln. Schritt für Schritt wird der Text anschließend im Plenum besprochen. Fragen Sie von Zeit zu Zeit nach, was dieses oder jenes Wort bedeutet. Lassen Sie immer zuerst die

TN erklären. Wenn ein TN die Bedeutung eines Wortes wissen möchte, fragen Sie zunächst die anderen TN, ob ihnen das Wort bekannt ist und sie es erklären können. Helfen Sie selbst erst dann mit einer Erklärung, wenn der Kurs zu keiner Lösung kommt.

2. Variante:
Die TN lesen den Text zunächst still in Einzelarbeit. Danach gehen immer so viele TN zusammen in eine Gruppe, wie der Text Abschnitte hat. Der Text wird nun unter den Gruppenmitgliedern aufgeteilt. Jeder Einzelne nimmt sich einen Absatz vor, liest ihn noch einmal und formuliert, je nach Länge des Absatzes, bis zu fünf schriftliche Fragen dazu. Diese werden dann den anderen Gruppenmitgliedern gestellt und, je nach Vorgabe, in Einzelarbeit bzw. in der Gruppe mündlich oder schriftlich beantwortet. Man kann auch eine kleine Rallye daraus machen. Dazu schreiben die TN ihre Fragen auf Kärtchen. Reihum werden die Fragen gestellt, wobei das entsprechende Kärtchen dem Gefragten vorgelegt wird. Weiß der TN die Antwort, darf er das Kärtchen behalten und die nächste Frage stellen. Weiß er keine Antwort, wird die Frage so lange weitergereicht, bis sie beantwortet ist. Weiß niemand die Antwort, antwortet der Autor der Frage selbst, darf das Kärtchen aber nicht behalten.

3. Variante:
Wie Variante 2, nur dass jetzt so viele Gruppen wie Textabschnitte gebildet werden. Jede Gruppe bearbeitet einen Abschnitt und bereitet schriftlich Fragen dazu vor. Diese Fragen werden im Anschluss mit einer Gruppe, die einen anderen Abschnitt bearbeitet hat, ausgetauscht und schriftlich beantwortet.
Mit steigendem Sprachstandniveau nehmen die Leseanforderungen zu: Das kursorische Lesen begleitet die Lerner bis ins höhere Niveau, jedoch nimmt das selektive Lesen auf B2-Niveau ab und wird auf C1-Niveau so gut wie gar nicht mehr trainiert. Auf B2-Niveau nimmt das detaillierte Lesen hingegen stark zu. Auf C1-Niveau steht es dann im Zentrum.
Das Lernerportfolio (siehe eingelegte Lerner-CD-ROM) unterstützt den TN beim Erkennen und Verinnerlichen von Lesestrategien.

Textauswahl

Die Textauswahl für das Kursbuch richtete sich nach den Anforderungen an einen kurzweiligen, abwechslungsreichen Unterricht. Deshalb gibt es dort keine sehr langen Texte, was aber nichts mit dem Sprachniveau des jeweiligen Textes zu tun hat. Die Aufgabenstellung wiederum bestimmt den Schwierigkeitsgrad des Textes. Es ist für die korrekte Lösung einer Aufgabe auf diesem Niveau

nicht entscheidend, dass man jedes Wort eines Textes verstanden hat. Ganz im Gegenteil: In einer Prüfung würde man sich mit diesem Vorgehen selbst blockieren, und man könnte die Aufgabe nicht bewältigen. Hingegen muss man für bestimmte Aufgabenstellungen kurze Textauszüge ganz genau verstehen, um die gestellte Aufgabe zu lösen. Insgesamt wurde auf eine Progression sowohl zwischen Band 1 und Band 2 als auch innerhalb der Bände geachtet.

Originaltexte auf B2-Niveau

Das Lehrwerk *Ziel* B2 legt großen Wert auf Authentizität. Darauf wurde bei der Erstellung der Übungen im Arbeitsbuch besonders geachtet. Hingegen sollen die TN auch immer mehr Originaltexte lesen, was mit dem Wachsen des Sprachstandes auch zunehmend machbar und für die TN äußerst motivierend ist. Mit dieser Zielsetzung werden außerdem die Richtlinien des *Gemeinsamen europäischen Referenzrahmens* berücksichtigt, der für das Niveau B2 im Bereich Lesen vorschreibt, dass die TN „Artikel und Berichte über Probleme der Gegenwart lesen und verstehen" sowie „zeitgenössische literarische Prosatexte verstehen" können. Auf diese Anforderungen zielen auch die gängigen Prüfungen auf B2-Niveau ab (vergleiche Box: *Das Lehrwerk Ziel und Prüfungen auf Niveau B2*, Seite 105).

Der Umgang mit schwierigen Texten

Auf dieser Stufe ist es sehr wichtig, dass die TN eine Strategie entwickeln, mit deren Hilfe sie Texte, die eigentlich über ihrem sprachlichen Niveau liegen, lesen und verstehen können. Die TN sollten nicht zu viele Wörter nachschlagen. Ermutigen Sie sie, Fantasie zu entwickeln, um die Lücken sinngemäß aus dem Kontext zu ergänzen (vgl. auch *Strategien zum Erschließen unbekannter Wörter,* S. 92). Die TN müssen lernen, sich damit zufrieden zu geben, Texte nur „so ungefähr" zu verstehen. Es hilft sehr, wenn man viel liest, und zwar alles, was einen thematisch interessiert.

Lautes Lesen im Plenum

Generell sollten im Unterricht nur Texte laut vorgelesen werden, welche die TN selbst produziert haben, z. B. Dialoge oder Aufgaben. Auch bei phonetischen Übungen ist es manchmal notwendig, Texte nachzusprechen bzw. laut zu lesen. Vorleseübungen beanspruchen viel Kurszeit und können bei den Zuhörern zu Langeweile führen, wenn der Text lang ist oder nicht gut gelesen wird. Vorlesen kann man in der Regel nur, wenn man auch in der Muttersprache vorlesen kann. Vorlesen hat viel mit Wahrnehmungspsychologie zu tun; das kann der DaF/DaZ-Unterricht nicht leisten.

4. Hören

Der Umgang mit Hörtexten

Anhand von Hörtexten werden verschiedene Strategien trainiert, die sowohl im Alltag wichtig sind, als auch zum Lösen diverser Prüfungsaufgaben benötigt werden. Man unterscheidet vier Arten des Zuhörens, auf die in diesem Buch vor den Hörübungen immer hingewiesen wird:

▶ **Orientierendes Hören:** Die TN konzentrieren sich darauf, den Text global zu erfassen und das Thema sowie den Gesamtzusammenhang zu erkennen. Die zentralen Fragen sind: Worum geht es? Was ist das Thema? Wer spricht? Wie viele Leute sprechen?

▶ **Kursorisches Hören:** Hierbei geht es darum, die Hauptaussagen des Textes, den sogenannten roten Faden, zu erkennen.

▶ **Selektives Hören:** Die TN sollen aus dem Hörtext bestimmte Informationen heraushören, die zur Lösung der Aufgabe benötigt werden. Der restliche Hörtext ist für die Aufgabenstellung nicht relevant.

▶ **Detailliertes Hören:** Hierbei müssen sich die TN auf Details konzentrieren. Sehr oft heißt es in der Aufgabenstellung: „Haben Sie folgende Sätze gehört? Ja/Nein."

Wie hört man „richtig" zu?

Geben Sie Ihren TN den Tipp, dass es beim ersten Zuhören sinnvoll ist, die Bücher und eventuell sogar die Augen zu schließen. So lässt man sich weniger leicht ablenken und kann sich besser auf das Gehörte konzentrieren. Wichtig ist auch, dass die TN sich auf das konzentrieren, was sie verstehen, und nicht auf das, was sie nicht verstanden haben. Sie konzentrieren sich dabei auf die Inhalte und Zusammenhänge, die in der Aufgabenstellung verlangt werden. Mit etwas Fantasie und Routine kann man die unklaren Passagen aus dem Kontext im Kopf ergänzen. Wenn Sie Ihren TN diese Lernstrategie demonstrieren möchten, können Sie folgendermaßen vorgehen: Kopieren Sie irgendeinen Text (bei homogenen Gruppen gern auch in der Muttersprache), in den Sie einige Lücken „einbauen". Die TN ergänzen die Lücken aus dem Kontext. Diese Strategie ist besonders bei Hörtexten nützlich. In der Muttersprache wendet man sie automatisch an, wenn man z. B. Radio hört und ein Wort nicht mitbekommt.

Wie oft soll man einen Text vorspielen?

Das kommt sehr auf die Gruppe, die Kursumstände (findet der Kurs in einem deutschsprachigen Land oder im Ausland statt?) und die jeweilige Aufgabenstellung an. Manchmal ist es sinnvoll, eine Hörübung ohne Wiederholung lösen zu lassen. So lernen die TN, dass bestimmte Aufgaben auch dann gelöst werden können, wenn man nicht alles oder sogar relativ wenig verstanden hat. Andererseits ist es für die TN durchaus motivierend, wenn sie bei wiederholtem Hören jedes Mal mehr mitbekommen. Beobachten Sie Ihre TN und fragen Sie diese, ob sie den Hörtext noch einmal hören möchten. Sie sollten allerdings im Auge behalten, ob im Kursbuch selbst noch mehrmaliges Hören vorgesehen ist. Einige Prüfungen arbeiten mit Hörtexten, die nur einmal gehört werden. Hier empfiehlt sich dann ein Prüfungstraining.

Das Trainieren von Hörstrategien

Ebenso wie beim Lesen gibt es auch beim Hören verschiedene Strategien. In der Inhaltsübersicht und hier im Lehrerhandbuch finden Sie eine genaue Beschreibung der Hörstrategien, die bei den einzelnen Aufgaben geübt werden. Die Fragestellungen sind so formuliert, dass sie jeweils eine der Lesestrategien abrufen bzw. trainieren. Machen Sie den TN immer wieder bewusst, dass die Aufgabenstellung und die Frage, wie oft ein Text gehört wird, sehr viel miteinander zu tun haben. Je komplexer die Aufgabenstellung gehalten ist, desto öfter muss der Hörtext gehört werden und desto ausführlicher fallen die Antworten aus.

Orientierendes Hören: Hier genügt in der Regel ein erster Höreindruck, d.h. aufgrund des gehörten Titels, der Einleitung oder der ersten Sequenz soll z. B. die Textart erkannt werden bzw. auf den Inhalt des Hörtextes geschlossen werden.

Selektives Hören: Es handelt sich hier um ein oberflächliches Hören, bei dem man sich darauf konzentriert, bestimmte Schlüsselwörter und die dazugehörenden Informationen herauszuhören. Man darf sich nicht von anderen Informationen oder unverstandenen Passagen irritieren lassen. Der Text wird ein- oder zweimal gehört.

Kursorisches Hören: Das kursorische Hören betrifft zwar den ganzen Text, aber nur in seinen Hauptaussagen; Einzelinformationen, die nur durch ein detailliertes Hören erkannt werden können, werden nicht verlangt. Der Text wird in der Regel ein- oder zweimal gehört. Auch hier sollten sich die TN nicht von unverstandenen Passagen irritieren lassen.

Detailliertes Hören: Der Text soll nun in allen Details verstanden werden.

Es werden Einzelinformationen abgefragt, interpretatorische Kommentare sind erwünscht. Natürlich erfordert ein detailliertes Hören in der Regel eine mehrmalige Wiederholung.

Mit steigendem Sprachstandniveau nehmen auch die Höranforderungen zu: Das kursorische Hören begleitet die Lerner bis ins höhere Niveau, jedoch nimmt das selektive Hören auf B2-Niveau ab und wird auf C1-Niveau so gut wie gar nicht mehr trainiert. Auf B2-Niveau nimmt das detaillierte Hören zu. Detailliertes Hören ist aber nur mit relativ kurzen Texten möglich.

Das Lernerportfolio (siehe eingelegte Lerner-CD-ROM) unterstützt den TN beim Erkennen und Verinnerlichen von Hörstrategien.

5. Wortschatz, Wendungen und Ausdrücke – Grammatik

Wortschatzarbeit auf den Stufen B1 und B2

Während manche TN im Anfängerbereich den Eindruck haben, sie lernten schnell dazu, setzt auf der fortgeschrittenen Stufe oft Frustration ein, weil man den Eindruck hat, zu stagnieren und keine signifikanten Fortschritte mehr zu machen. Das liegt zum einen daran, dass die Fortschritte auf den Niveaus A1 und A2 sehr greifbar sind und häufig an den neu gelernten Grammatikkapiteln festgemacht werden, nach dem Motto: „Ich habe heute das Perfekt gelernt, morgen lernen wir den Konjunktiv." Zum anderen lernt man am Anfang neues Vokabular fast nebenher und bewegt sich noch im konkreten Wortschatzbereich. Die Wörter *Stuhl*, *Tisch*, *Bett* kann man sich leichter merken als die Wörter *Genuss*, *Rohstoffkosten*, *Konkursverfahren*... Dazu kommen die vielen Wortverbindungen, Wendungen und Ausdrücke, die ein gehobenes Sprachniveau ausmachen. Wenn die TN das Niveau B1 erreicht haben, haben sie zwar oft das Gefühl, dass sie sich nicht angemessen ausdrücken können, wissen aber häufig nicht, dass es am Vokabular liegt. Oft meinen die TN, es werde zu wenig Grammatik gelernt, also zu wenig gemacht, was man als „gelernt" abhaken kann. Den meisten ist auch nicht bewusst, dass sich ihr aktiver Wortschatz von Niveau B1 (2.000 Wörter) verdoppeln muss, damit sie den Anforderungen von Niveau B2 genügen.

Das Niveau B1 dient unter anderem dazu, Wortschatz für die rezeptiven Fähigkeiten zu erarbeiten. Es geht also vor allem darum, sich „freizuschwimmen", das heißt Strategien zum Erschließen unbekannter Wörter in schwierigeren Texten zu entwickeln, ohne sofort zum Wörterbuch zu greifen. Das gilt natürlich immer noch für B2; jetzt steht aber auch die Produktion im Vordergrund und damit das Lernen, das Sich-Merken von Wendungen und Ausdrücken. Das ist natürlich extrem mühsam. Und genau hier setzt das Lehrwerk Ziel B2 konkret an. Während im ersten Band die Sprachhandlungen noch persönlicher gehalten sind,

werden sie in Band 2 komplexer und allgemeiner. Auch die Texte werden immer länger, schwieriger und authentischer, sodass die TN am Ende ein echtes B2-Niveau erreicht haben und ihr Sprachstand den Anforderungen der B2-Prüfungen entspricht.

Wortschatzarbeit mit *Ziel* B2

Kursbuch: Vorhandenes Wissen wird aktiviert und neuer Wortschatz dazugelernt. Zu Beginn jeder Lektion werden die TN auf dem Sprachstandniveau abgeholt, auf dem sie sich gerade befinden. Danach führt jede Lektion neben einzelnen Wörtern oder Wortverbindungen bestimmte, ausgewählte Wendungen und Ausdrücke ein. Diese werden oft als Redemittel bezeichnet. Da sie aber nicht nur für die gesprochene Sprache, sondern auch für die geschriebene Sprache und mit wachsendem Sprachstand manchmal nur für den einen oder den anderen Bereich von Bedeutung sind, wird in *Ziel* von *Wendungen und Ausdrücken* gesprochen. Welches Themengebiet hinsichtlich der Wortschatzarbeit in jeder Lektion behandelt wird, sieht man unter dem Begriff *Wortnetze* im Kursbuch auf den Übersichtsseiten 6–9. Dieses Vokabular wird auch in den Arbeitsbuch-Übungen in der Rubrik *Wortschatz* geübt (siehe unten).

Am Ende jeder Lektion sind die Wendungen und Ausdrücke zusammengefasst, die zu den definierten Lernzielen der Lektion (vergleiche Übersicht Seite 6–9) gehören. Dort werden naturgemäß immer nur die neuen aufgelistet; in den Aufgaben werden also die Wendungen und Ausdrücke der vorangegangenen Lektionen vorausgesetzt.

Sinnvoll wäre es, die TN dazu anzuhalten, nicht nur die schon eingeschliffenen Wendungen und Ausdrücke der A2- und B1-Stufen zu verwenden, sondern ihren aktiven Schatz von Wendungen und Ausdrücken gezielt zu erweitern. Dazu werden in einigen Lektionen Beobachtungsaufgaben angeboten. Diese sind selbstverständlich ebenso gut für die anderen Lektionen geeignet, auch wenn es dazu im Buch keine konkrete Aufgabe gibt.

Jeweils der letzte Abschnitt einer jeden Lektion – er ist in der Leiste durch ein Symbol statt durch ein Foto gekennzeichnet – fasst die einzelnen Lernziele in einer umfassenderen Anwendungsaufgabe/ Interaktionsaufgabe zusammen. Sensibilisieren Sie die TN dafür, dass bei diesen Aufgaben die Sprachanwendung wichtiger ist als das inhaltliche Ergebnis. Es ist in der Regel ausreichend, die angebotenen Argumente beziehungsweise Inhalte in die angemessene sprachliche Form zu bringen. Genau dazu dienen die angebotenen Ausdrücke und Wendungen.

Arbeitsbuch: Es gilt, die Wörter, Wendungen und Ausdrücke so im Gedächtnis zu verankern, dass sie abrufbar und situationsgerecht einsetzbar sind. Dazu dienen die vielen Übungen im Arbeitsbuch. Es wird berücksichtigt, dass das menschliche Gehirn nicht statisch ist und neue Informationen an bekannte angeknüpft werden. Deshalb werden die TN im Kursbuch dort abgeholt, wo sie gerade stehen (jeweils Abschnitt A), und im Arbeitsbuch gibt es aus diesem Grund immer wieder Wiederholungsübungen. Die neuen Informationen müssen dann eingeordnet und sortiert werden. Je vielfältiger ein Wort vernetzt ist und je strukturierter es ist, desto besser wird es gespeichert und kann wieder abgerufen werden. Auf dieser Erkenntnis basiert das Arbeitsbuch, wo der Wortschatz unter verschiedenen Gesichtspunkten geübt wird. Es gibt die Übungen mit dem Titel *WORTSCHATZ.* Hier werden sogenannte Wortnetze erarbeitet, also Wörter und Wortverbindungen, die zu einem bestimmten Themengebiet gehören. Bei der Entwicklung der Übungen wurde darauf geachtet, dass die Sätze in einem Sinnzusammenhang stehen. Auch der Gebrauchsschwerpunkt und die Häufigkeit, in der die Wörter vorkommen, wurden beachtet.

In der Rubrik *SÄTZE BAUEN* geht es darum, Wendungen und Ausdrücke (sowohl der gesprochenen als auch der geschriebenen Sprache) zu verstehen und anzuwenden. Dazu gibt es zunächst Übungen, die helfen sollen, die Intention und die Anwendungsbereiche der betreffenden Wendungen und Ausdrücke zu verstehen. Danach wird die Anwendung geübt. In der Regel werden dem TN dazu Inhalte angeboten (in Form eines Hör- oder Lesetextes, als Sprechblase, Dialogausschnitt, Zeichnung oder Foto), die er der beschriebenen Situation entsprechend mithilfe der Wendungen und Ausdrücke sprachlich anwenden muss.

Die Sequenz *TEXTE BAUEN* hat eine ähnliche Funktion wie die Sequenz *SÄTZE BAUEN*, nur werden hier auch die üblichen Strukturen bestimmter Textsorten geübt. Der Lösungsschlüssel kann in diesem Fall nur Musterlösungen anbieten, an denen sich die TN aber hinsichtlich Länge und Niveau orientieren können.

Lerner-CD-ROM: Hier finden die TN zwei Arten von Listen. Zum einen den **Lernwortschatz**, der für jede Lektion die Lernwörter aus dem Kurs- und Arbeitsbuch enthält, sortiert nach Nomen, Verben, Adjektiven und sonstigen Wörtern. In dem *Lernwortschatz* zu Lektion 9–16 finden die TN zur Wiederholung auch Wörter aus dem *Lernwortschatz Ziel*, Band 1, Lektion 1–8. Diese Wortschatzlisten können am Computer mit den Mitteln der Textverarbeitung selbst bearbeitet werden. Man kann Wörter markieren, kopieren, ergänzen, sortieren, löschen und ausdrucken.

Zum anderen gibt es die Datei *Wendungen und Ausdrücke.* Diese Liste enthält alle Wendungen und Ausdrücke der Lektionen 1–16: in Schwarz diejenigen aus *Ziel* B2, Band 1; in Blau diejenigen aus *Ziel* B2, Band 2. Sie sind geordnet nach folgenden Kommunikationszielen: über Statistiken sprechen, Inhalte wiedergeben, vermuten, etwas bewerten, etwas beschreiben, erzählen, berichten, argumentieren, etwas hinzufügen, an etwas anknüpfen, erklären und nachfragen, Gespräche im Alltag, Problemsituationen darstellen / Lösungen anbieten / etwas aushandeln, kommentieren, jemanden/etwas vorstellen/ präsentieren. Wichtig für jede mündliche Prüfung: Thema und Inhalt eines Textes präsentieren, eigene Erfahrungen darstellen, die eigene Meinung äußern / persönlich Stellung nehmen, Rückfragen stellen, etwas erklären, ein Bild beschreiben, eine Entscheidung begründen, auf Argumente eingehen, das Wort ergreifen, Vorschläge machen, auf Vorschläge reagieren.

Die TN werden dazu angehalten, mit der Liste aktiv am Computer zu arbeiten. Um die Wendungen und Ausdrücke zu lernen, können sie beispielsweise zu jeder Gesprächssituation Wendungen und Ausdrücke auswählen, die ihnen persönlich zusagen. Man kann eine Sammlung erstellen, die man gezielt für eine Prüfung braucht und lernen möchte. Es ist möglich, die Wendungen und Ausdrücke der Datei zu markieren, sie in eine eigene Liste herauszukopieren, sie zu ergänzen und zu löschen.

Auch im sogenannten *Lernerportfolio* auf der Lerner-CD-ROM gibt es für jede Lektion die Möglichkeit, über die in der Lektion gelernten Wendungen und Ausdrücke nachzudenken, die für die eigene Persönlichkeit geeigneten auszuwählen und sie aus den Wortlisten in diese Dateien hineinzukopieren. Durch diese häufige aktive Konfrontation mit dem Lernstoff verfügen die TN nach 15 Lektionen über eine beachtliche Erweiterung ihrer Sprech- und Schreibkompetenz.

Es sollten aber auf keinen Fall Listen von Wendungen und Ausdrücken losgelöst von Inhalten auswendig gelernt oder in Tests ohne Kontext abgefragt werden. Dadurch gelangen sie nicht in den aktiven Sprachgebrauch.

Die Arbeit mit dem Wörterbuch

Vielen TN ist auch auf dieser Stufe noch nicht bewusst, wie viele Informationen man aus guten Wörterbüchern herausholen kann. Wichtigste Voraussetzung: Man hat ein wirklich gutes Wörterbuch und weiß damit umzugehen. Auf B2-Niveau sollten die TN zu Hause ein zweisprachiges Wörterbuch mit, wenn möglich, mindestens 200.000 Stichwörtern sowie ein einsprachiges Wörterbuch zur Verfügung haben. Für den Unterricht tut es auch ein kleineres zum Mitnehmen, das nicht so schwer ist. Erklären Sie anhand eines Beispiels, wie man feststellt, ob das Wörterbuch gut ist. Lassen Sie die TN z. B. das Verb *bestehen* suchen. Es sollten an dieser Stelle in dem Wörterbuch alle Varianten erscheinen: etwas bestehen (z. B. eine Prüfung), bestehen im Sinn von existieren (es besteht das Risiko, dass .../ dieser Klub besteht seit 30 Jahren), bestehen aus (der Topf besteht aus Gusseisen), bestehen in (das Problem besteht darin, dass ...), bestehen auf (ich bestehe darauf, den Chef zu sprechen).

In zweisprachigen Wörterbüchern sollten neben den Übersetzungen des einzelnen Wortes in die Muttersprache auch komplette Beispielsätze angegeben sein. Darüber hinaus sollte das Wörterbuch die unregelmäßigen Formen *bestand, bestanden* angeben, sei es direkt beim Verb, sei es durch einen Verweis auf eine Liste mit unregelmäßigen Verben.

Erklären Sie den TN, dass sie immer prüfen müssen, ob die aus dem Wörterbuch herausgesuchte Übersetzung im Kontext logisch ist und damit in der benötigten Situation auch wirklich passt. Wenn man nicht sicher ist, hilft es manchmal auch, einen Gegentest zu machen und die muttersprachliche Übersetzung des Wortes in dem anderen Teil des Wörterbuchs nachzuschlagen. Wenn die Beispiele oder angegebenen Synonyme in der Muttersprache passen, dann ist die Übersetzung richtig. Die TN können die Bedeutung auch mittels eines einsprachigen Wörterbuchs überprüfen.

Weisen Sie auch darauf hin, dass die Bedeutungen immer in absteigender Häufigkeit aufgeführt werden. Das heißt, die zuerst genannte Bedeutung ist die gebräuchlichste. Ein gutes Wörterbuch enthält zudem Listen mit unregelmäßigen Verben. Vorsicht! Wenn zweisprachige Wörterbücher in deutschsprachigen Ländern gekauft werden, ist darauf zu achten, dass es kein Wörterbuch für Deutschsprachige ist, denn dann sind die Listen mit unregelmäßigen Verben oft nur in der Muttersprache der TN vorhanden, was zwar amüsant sein kann, aber sinnlos ist.

Strategien zum Erschließen unbekannter Wörter

Halten Sie die TN dazu an, unbekannte Wörter nicht sofort im Wörterbuch nachzuschlagen. Erklären Sie, dass die TN Strategien entwickeln sollen, mit deren Hilfe sie unbekannte Wörter selbst erschließen können. Hier einige Möglichkeiten:

1. Kontext: Sehr oft kann man mit etwas Fantasie neue Wörter aus dem Kontext heraus erschließen. Um dies zu demonstrieren, können Sie eine Textpassage kopieren (bei homogenen Kursen auch gern in der Muttersprache der TN) und einen Lückentext daraus machen. Die TN raten, welche Wörter fehlen.

2. Komposita: Man zerlegt zusammengesetzte Wörter in ihre Einzelbestandteile. Über die Grundbedeutung der einzelnen Wörter kann man häufig auf die Bedeutung des neuen, zusammengesetzten Wortes schließen (Beispiel Lektion 11, Arbeitsbuch Band 2, S. 80, Übung 7).

3. Wortbildung: Bei Adjektiven zum Beispiel die Suffixe *-los, -voll, -bar* etc. (vgl. Lektion 4, Arbeitsbuch-Übungen 18 + 19, S. 76, 77 oder Lektion 10 Wortbildung, Arbeitsbuch Band 2, S. 46, Übung 3 ff.). In vielen Wörtern „verstecken" sich andere Wörter, z. B. Nomen, aus denen Adjektive gebildet werden (vgl. Lektion 2, Arbeitsbuch-Übung 9b, S. 29) oder auch Verben, die sich in Adjektiven verbergen (vgl. Lektion 4, Arbeitsbuch-Übung 20, S. 78 oder Lektion 10, Arbeitsbuch Band 2, S. 64, Übung 28 zu Wortbildung Adjektiv, Verb.).

Wendungen und Ausdrücke im Unterricht

Jede Lektion bzw. jeder einzelne Abschnitt innerhalb der Lektionen führt bestimmte, ausgewählte Wendungen und Ausdrücke ein. Diese werden oft gemeinhin als Redemittel bezeichnet. Da sie aber nicht nur für die gesprochene Sprache, sondern auch für die geschriebene Sprache und mit wachsendem Sprachstand manchmal nur für den einen oder den anderen Bereich von Bedeutung sind, wird in *Ziel* von Wendungen und Ausdrücken gesprochen.

Sinnvoll wäre es, die TN dazu anzuhalten, nicht nur die schon eingeschliffenen Wendungen und Ausdrücke der A2- und B1-Stufen zu verwenden, sondern ihren aktiven Schatz an Wendungen und Ausdrücken gezielt zu erweitern. Dazu werden in einigen Lektionen Beobachtungsaufgaben angeboten. Diese sind natürlich ebenso gut für die anderen Lektionen geeignet.

Jeweils der letzte Abschnitt jeder Lektion – er ist in der Leiste durch ein Symbol statt durch ein Foto gekennzeichnet – fasst die einzelnen Lernziele in einer umfassenderen Anwendungsaufgabe / Interaktionsaufgabe zusammen. Sensibilisieren Sie die TN dafür, dass bei diesen Aufgaben die Sprachanwendung wichtiger ist als das inhaltliche Ergebnis. Es ist in der Regel ausreichend, die angebotenen Argumente bzw. Inhalte in die angemessene sprachliche Form zu bringen, und dazu dienen die angebotenen Wendungen und Ausdrücke. Nun werden natürlich immer nur die neuen aufgelistet, d. h., dass in den Aufgaben Wendungen und Ausdrücke der vorangegangenen Lektionen vorausgesetzt werden. In Ziel B2, Band 2, Lektion 9–16 werden einige der wichtigsten aus Band 1 noch einmal in einem etwas anders gelagerten Zusammenhang wiederholt. Im Lernerportfolio (siehe eingelegte Lerner-CD-ROM) werden die TN dazu angehalten, sich aus jedem Kommunikationsbereich zwei Wendungen und Ausdrücke herauszusuchen, die zu ihrer Persönlichkeit passen und die sie dann auch ganz bewusst anwenden. Mit dieser Methode verfügen die TN nach fünfzehn Lektionen über eine beachtliche Erweiterung ihrer aktiven Sprech- und Schreibkompetenz.

Es sollten aber auf keinen Fall Listen von Wendungen und Ausdrücken auswendig gelernt oder in Tests ohne Kontext abgefragt werden. Dadurch gelangen sie nicht in den aktiven Sprachgebrauch.

Feste Ausdrücke / Chunks lernen

Unter festen Ausdrücken oder Chunks werden Verbindungen von Wörtern verstanden, die zusammengehören oder häufig gemeinsam verwendet werden. Es reicht zum Beispiel nicht aus, zu wissen, was *die Wand* und was *fahren* bedeutet, wenn in einem Text der Ausdruck *etwas an die Wand fahren* vorkommt. Prüfungen gehen in der Regel davon aus, dass feste Ausdrücke und Chunks gelernt wurden, wenn die Einzelwörter in den Wortlisten vorgekommen sind. Sensibilisieren Sie Ihre TN für dieses Phänomen. Weisen Sie sie darauf hin, dass im Arbeitsbuch diesbezüglich großes Gewicht auf die rezeptive und aktive Erweiterung des Wortschatzes gelegt wird. Feste Ausdrücke kommen aber auch im Bereich der Grammatik vor, zum Beispiel „Verben mit festen Präpositionen", „Ausdrücke mit obligatorischem *es*" usw.
Weiteres Zusatzmaterial zum Thema Wortschatz finden Sie im Produktkranz zu *Ziel* B2, Band 1 und Band 2.

Wortschatzarbeit oder „Was mache ich mit neuen Wörtern?"

Eine Möglichkeit, neues Vokabular festzuhalten, sind natürlich Vokabelhefte, die kontinuierlich geführt werden sollten. Zum einen sollte dort der neue Wortschatz nach Lektionen aufgeschrieben werden. In diesem Zusammenhang sind auch die Seiten „Ausdrücke und Wendungen" am Ende jeder Lektion von Interesse. Zum anderen können in einem Vokabelheft Wörter zu einem bestimmten Themengebiet zusammengetragen werden (siehe oben, Aufgabe C3b).
Eine weitere Methode ist das Lernen mit einer Vokabelkartei. Es geht allerdings nicht darum, sich fertige Karteien zu kaufen, sondern darum, sie selbst zu beschriften. Dies hat den Vorteil, dass man sich die Vokabeln sowohl beim Schreiben als auch beim Wiederholen einprägt. Verweisen Sie die TN auch auf die Lerner-CD-ROM, auf der sie ihren Lernwortschatz in Dateien bearbeiten können. Manche TN lernen neue Wörter in Beispielsätzen. Bauen Sie immer wieder Wortschatzarbeit in Ihren Unterricht ein.

Tipps zum Aussprache-Training

▸ **Übungen zur Phonetik** finden Sie im Arbeitsbuch, wo vor allem Satzmelodie und Satzbetonung geübt werden.
Auf diesem relativ hohen sprachlichen Niveau haben sich bereits individuelle Färbungen in der Aussprache eines jeden Lerners ergeben. Diese sind auch nicht weiter problematisch, sofern sie die Kommunikation nicht beeinträchtigen. Vor allem bei Muttersprachen, die phonetisch weit vom Deutschen entfernt sind, kann es zu Verständnisproblemen kommen. In so einem Fall ist individuelle Betreuung notwendig. Allerdings gibt es ein paar Tricks, mit denen man die Aussprache verbessern kann.

▸ **Laut genug sprechen:** Bei vielen eher schüchternen TN ist allein schon die fehlende Lautstärke manchmal störend. Machen Sie die TN auf dieses Problem aufmerksam, indem Sie im Unterricht immer wieder die Hand an Ihr Ohr legen. Sagen Sie, Sie hätten nichts verstanden, weil zu leise gesprochen worden sei.

▸ **„Korkensprechen":** Schauspieler praktizieren diese Übung, um ihre Aussprache deutlicher zu machen. Diese Übung eignet sich besonders für Partnerarbeit. Partner A liest Partner B einen unbekannten Text mit einem „Hindernis", z. B. mit einem Korken oder einem trockenen Brötchen im Mund vor. Partner B signalisiert, ob er etwas verstanden hat oder nicht. Dann ist Partner B an der Reihe vorzulesen, und Partner A hört zu.

▸ **Einzelne Laute üben:** Für einige (wenige) „Klassiker" bei den Ausspracheproblemen gibt es Hilfestellungen:
„ü": Ein „ü" kann dadurch erreicht werden, dass man zuerst ein „i" ausspricht. Dann versucht man, mit der gleichen Mundstellung, nur durch Schürzen der Lippen, ein „u" auszusprechen.
„r": Das für Asiaten problematische „r" wird auch weiterhin ein Problem bleiben. Allerdings könnte sich der Versuch lohnen, ein gerolltes „r" über die Aussprache von „d-d-d-d-d" über „d-t-d, d-t-d, ...", „d-d-d-dei, d-d-d-dei, ..." bis hin zu „d-d-drrrei, d-d-d-drrrei" zu erreichen.
„w": Für TN mit spanischer Muttersprache ist oft die Aussprache des deutschen „w"- Lautes schwierig. Hier kann man so vorgehen: Die TN sprechen ein lautes „aaaa" mit geöffnetem Mund. Dann legen sie die Unterlippe an die oberen Zähne. Aus dem „aaaa" wird ein „wwww".
„z": Ein deutsches „z" kann man folgendermaßen trainieren: Die / Der KL schreibt die Buchstabenkombination „ts" an die Tafel sowie mehrere Wörter in der

korrekten Schreibweise und daneben dieselben Begriffe mit „ts" geschrieben anstatt mit „z". Die TN lesen die Wörter laut vor.

▶ **Lautes Vorlesen:** Wenn Lerner einem deutschen Muttersprachler Texte laut vorlesen und dieser sie versteht, ohne nachfragen zu müssen, ist das der beste Beweis für eine akzeptable Aussprache. Die TN können das laute Lesen aber auch allein trainieren, z. B. indem sie sich dabei mithilfe eines Kassettenrekorders oder eines mp3-Players selbst aufnehmen. Lautes Sprechen mit oder ohne Publikum wirkt wie Gymnastik für den Mund und trainiert die Aussprache (vgl. *Lautes Lesen im Plenum,* S. 88). Hierzu eignen sich die Übungssätze SÄTZE BAUEN im Arbeitsbuch.

▶ **Partnerdiktate:** Wenn zwei TN einander Texte diktieren, wird unter anderem auch die deutliche Aussprache geübt.

▶ **Zungenbrecher:** Immer wieder beliebt sind Zungenbrecher, die bei schwierigen Lauten erst im Plenum, dann einzeln oder paarweise geübt werden können.

▶ **Konkrete Poesie:** Manchen TN bereiten diese Gedichte Freude und lenken ein wenig von dem Ziel „Aussprachetraining" ab.

Grammatik im Lehrwerk *Ziel* B2
Das Lehrwerk Ziel bietet Grammatik vor allem kontextbezogen an. Es gibt zwei Möglichkeiten, Grammatik zu üben.
Fokus Grammatik: Im Kursbuch gibt es innerhalb jeder Lektion jeweils zwei Fokus-Grammatik-Seiten, das heißt 32 Fokus-Grammatik-Seiten für das Lehrwerk *Ziel* B2, Band 1 und Band 2. Dies ist ein zusätzliches Grammatikangebot mit dem Ziel, bestimmte Phänomene der Sprache noch einmal zusammenzufassen, auf den Punkt zu bringen und in der Regel auf das Niveau B2 hin zu erweitern. Diese Erweiterung betrifft – je nach Thema – das rezeptive Vermögen der TN, das erweiterte Sprachverständnis, eine Sensibilisierung für Intentionen und die Erweiterung des Sprachregisters. Im Sinne der Binnendifferenzierung sind diese Seiten vor allem denjenigen TN zu empfehlen, die eine Prüfung ablegen oder weiterlernen wollen oder nach der Niveaustufe B2 ein Studium, ein Praktikum beziehungsweise einen Arbeitsplatz anstreben. Angeordnet sind die Fokus-Grammatik-Seiten so, dass sie ein Phänomen aufgreifen, das im vorangegangenen Abschnitt vorgekommen ist. Diese Seiten können wahlweise auch am Ende der Lektion gemacht werden oder dann, wenn das Thema von den

TN problematisiert wird, auch im Rückgriff.
Das vollständige oder partielle Weglassen der Fokus-Grammatik-Seiten in lernschwächeren Kursen führt nicht zu einem Sprachstandverlust, wenn die Übungen im Arbeitsbuch gemacht werden. Diese Seiten geben aber einen klaren Hinweis darauf, was Grammatik auf der B2-Stufe bedeutet. Alle Lösungen zu den Fokus-Grammatik-Seiten finden Sie im Kursbuch auf S. 144–145. Im Arbeitsbuch gibt es Tests zu den Fokus-Grammatik-Seiten, die nicht nur der Feststellung dienen, ob alle TN das Lernziel der Fokus-Grammatik-Seiten erreicht haben. Die Tests können auch zu einer speziellen Sprachstanddiagnose herangezogen werden. So können Sie als KL erkennen, ob bestimmte Bereiche der Grammatik ausführlicher behandelt werden müssen oder wo der einzelne TN seine speziellen Lücken hat.
Arbeitsbuch: Hier geht es darum, Phänomene in ihrer Funktion zu verstehen, Anwendungsmöglichkeiten (nach Intention) zu systematisieren, dann aber auch das Regelwerk des speziellen Phänomens zu verstehen und anzuwenden. Die blau gekennzeichneten Übungen decken alles ab, was im Hinblick auf Grammatik gelernt werden muss. Die Kennzeichnungen *Wiederholung* (rot) und *Vertiefung* (braun) dienen der Binnendifferenzierung.
Lerner-CD-ROM: Neben den Lösungen für die Grammatik-Übungen finden die TN hier eine Gesamtübersicht der Grammatik aus Band 1 und Band 2. Auch die Dateien im Lerner-Portfolio geben den TN für jede Lektion Gelegenheit, sich individuell mit der gelernten Grammatik auseinanderzusetzen. Die Dateien sind im rtf-Format gehalten, damit die TN selbst hineinschreiben beziehungsweise etwas aus der Grammatikübersicht hineinkopieren können.

6. Diktate
Diktate im Unterricht
Viele TN möchten im Rahmen des Schreibens auch ihre Rechtschreibung verbessern. Zahlreiche Übungsdiktate sind in dem Zusatzmaterial Diktate zu finden. Eine Möglichkeit, Diktate auf amüsante Weise in den Unterrichtsablauf zu integrieren, sind Laufdiktate: Kopieren Sie einen Text, der diktiert werden soll, je nach Gruppengröße drei- oder viermal und verteilen Sie ihn im Unterrichtsraum, legen Sie z. B. einen auf das Fensterbrett, einen auf das Lehrerpult etc. Der Text muss in zwei annähernd gleich lange Abschnitte aufgeteilt sein. Die TN finden sich in Paaren zusammen. Die erste Hälfte des Textes wird von dem einen, die andere Hälfte von dem anderen Lernpartner diktiert. Dazu müssen die TN aufstehen, zum Text laufen, sich jeweils einen Satz merken, zurücklaufen und dem Partner den

Satz diktieren. Bereiten Sie zur Endkorrektur auch eine Folie bzw. eine Kopie des Textes für jeden TN vor. Anschließend korrigiert jeder entweder seinen eigenen Text oder den des Lernpartners.

Ein Laufdiktat hat einige Vorteile: Die TN müssen sich bewegen, der Kreislauf kommt in Schwung. Zudem wird das Gedächtnis trainiert, weil man sich die Sätze merken muss, und die Aussprache muss korrekt sein, damit der Lernpartner den diktierten Text gut verstehen kann. Der TN, der schreibt, muss gut zuhören und mit dem mehr oder weniger starken Akzent des Partners zurechtkommen.

Das zusätzliche Material zu Rechtschreibung – Diktate finden Sie im Produktkranz von Ziel B2, Band 1 und Band 2.

7. Sozial- und Arbeitsformen
Sozialformen

In der Beschreibung des Unterrichtsablaufs im Lehrerhandbuch gibt es jeweils Hinweise zu den Sozialformen. Es wird empfohlen, diese einzuhalten, weil die TN dadurch mehr für sich erarbeiten können. Sie sammeln mehr Erfahrungen im Umgang mit der Sprache, müssen stärker darauf achten, sich verständlich auszudrücken, und es gibt weniger „Leerlauf" für den einzelnen TN im Unterricht.

Die Beschreibung der Sozialformen beschränkt sich hierbei auf Plenum, Einzelarbeit, Gruppenarbeit und Partnerarbeit. Die dazu passenden Sitzordnungen müssen Sie den Gegebenheiten des Unterrichtsraumes anpassen.

Funktionen von Arbeitsformen

Jede Lektion im Kursbuch folgt in ihrem Ganzen sowie in ihren einzelnen Abschnitten bestimmten Arbeitsformen, die zu dem gewünschten Ergebnis führen. Diese sind nicht willkürlich gewählt und sollten, wenn es der Unterricht erlaubt, auch so ausgeführt und angewandt werden.

▶ **wahrnehmen:** meditativ, im Gespräch, im Unterrichtsgang, Arbeit mit Realien usw.

▶ **sammeln / assoziieren:** einen persönlichen Bezug herstellen, Eigenerfahrungen einbringen, freies Gespräch, freie Schreibaufgabe

▶ **vergleichen / ordnen:** gezieltes Gespräch zwischen TN (Partner oder Kleingruppen) oder KL und TN. Dient der Vorbereitung von Regelfindung, Texterstellung usw.

▶ **beschreiben / benennen:** wie *vergleichen / ordnen;* ist die systematisierende Fortsetzung davon

▶ **dokumentieren / darstellen:** festhalten der Ergebnisse auf einem Arbeitsblatt, im Heft, als Collage, als Wandzeitung, Poster usw.

▶ **mitteilen / austauschen:** im Gespräch, in der Präsentation, im Vortrag usw. mithilfe der unter *dokumentieren / darstellen* genannten Fixierungen

▶ **planen / handeln:** Dies wäre ein freies Projekt, das noch einmal die verschiedenen Phasen des Erwerbs durchläuft, aber in der selbst gesteuerten Umsetzung durch die Lerner.

▶ **wiederholen / üben / automatisieren / vertiefen:** mithilfe gesteuerter, gelenkter Aufgaben und Übungen, in der Regel im Arbeitsbuch

▶ **reflektieren / evaluieren:** Gespräch, Bearbeitung entsprechender Aufgaben (Lernerportfolio), Lernzielkontrollen usw.

▶ **kontrollieren:** Tests, Lehrerkorrektur

Ideen zur Gruppenbildung

▶ **Abzählen:** Die TN zählen der Reihe nach von 1 bis zu der Zahl, die die gewünschte Gruppenzahl angibt. Brauchen Sie z. B. vier Gruppen, lassen Sie von 1 bis 4 zählen, brauchen Sie fünf Gruppen, von 1 bis 5 etc. Die TN mit derselben Zahl gehören zusammen. Achtung: Das funktioniert nicht bei der Bildung von Paaren!

▶ **persönliche Daten:** Die TN stehen auf und suchen Partner, deren Nachname oder Vorname mit demselben Buchstaben anfängt, oder die Partner mit demselben Geburtsmonat / Geburtsjahr finden zusammen. (Vorsicht! Der Kursleiter sollte vorher die Angaben über Geburtsjahr/-monat herausfinden, da bei dieser Methode eventuell zu wenige oder zu viele Gruppen entstehen können.)

▶ **Farben:** Bringen Sie verschiedenfarbige Zettel, Spielsteine, Gegenstände etc. mit. Sie brauchen so viele unterschiedliche Farben, wie Sie Gruppen bilden möchten. Geben Sie alle Zettel oder Spielsteine etc. in ein Gefäß. Jeder TN zieht einen Zettel bzw. einen Spielstein o. Ä. Alle TN, die dieselben Farben gezogen haben, arbeiten zusammen. Das funktioniert für alle Gruppengrößen. Nett und vor allem lecker ist diese Art der Gruppeneinteilung auch mit Gummibärchen oder Smarties.

▶ **Fäden (nur Paarbildung!):** Sie brauchen halb so viele Schnüre/Fäden wie TN in einer Länge von ca. 2–3 m. Halten Sie alle Schnüre in der Mitte, sodass die zwei

Enden nach unten hängen. Die TN stellen sich in einem Kreis um Ihre Hand mit den Schnüren auf und jeder ergreift ein Schnurende. Sobald jeder TN ein Schnurende in der Hand hält, lassen Sie die Schnüre los. Nun ist jeder TN mit einem anderen TN verbunden. Wenn Sie jeweils an ein Ende der Schnüre einen Knoten machen, können Sie auch gleich den TN bestimmen, der eine bestimmte Aufgabe übernehmen soll. Z. B. könnte der TN mit dem Knoten der Interviewer sein, während der Partner mit dem Schnurende ohne Knoten die Rolle des Interviewten spielt.

▶ **Namen:** Schreiben Sie Familiennamen auf Karteikarten, jeweils zweimal denselben Namen – einmal mit „Herr" (z. B. „Herr Huber"), einmal mit „Frau" („Frau Huber"). Sie brauchen so viele Kärtchen wie TN. Verteilen Sie die Kärtchen im Kurs. Danach finden sich die „Ehepaare" zusammen. Falls Sie größere Gruppen brauchen, können Sie Familienkarten erstellen (Vater Huber, Mutter Huber, Tochter Huber, Sohn Huber, Onkel Huber etc.). Der Vorteil ist, dass diese Kärtchen je nach Gruppengröße sehr flexibel einsetzbar sind und es den TN oft Spaß macht, ihre „Familienmitglieder" zu suchen.

▶ **Puzzle:** Zerschneiden Sie ein Bild (ein Foto, eine Ansichtskarte o. Ä.) pro Gruppe. Wenn Sie vier Gruppen à drei TN bilden möchten, brauchen Sie vier Fotos, die Sie in je drei Teile zerschneiden. Verteilen Sie die zerschnittenen Fotos unter den TN. Jeder bekommt einen Schnipsel. Die TN rekonstruieren die zerschnittenen Bilder und finden so ihre Lernpartner. Das funktioniert für alle Gruppengrößen.

▶ **Satzpuzzle:** Nehmen Sie Sätze, Wendungen, Ausdrücke aus der aktuellen Lektion, eventuell mit gerade besprochenen Grammatikstrukturen. Sie brauchen so viele Sätze, wie Sie Gruppen bilden möchten. Zerschneiden Sie die Sätze so, dass jeder TN einen Satzschnipsel bekommt. Die TN rekonstruieren die Sätze und finden so ihre Gruppe.

▶ **Sprichwörter:** Schreiben Sie Halbsätze oder mehrfach zerteilte Sätze von Sprichwörtern auf Kärtchen, teilen Sie diese aus und lassen Sie die TN herausfinden, was zusammenpasst („Der Apfel fällt / nicht weit vom Stamm" oder „Der Apfel / fällt nicht weit / vom Stamm" etc.). Alle TN mit zueinanderpassenden Kärtchen bilden eine Gruppe.

▶ **Grammatik:**
– Dreier-Gruppen: Schreiben Sie unregelmäßige Verben auf Kärtchen (je ein Kärtchen für Infinitiv, Präteritum und Partizip II). Jeder TN sucht dann die anderen beiden TN mit den fehlenden Verbformen.
– Paare: Verben mit Präpositionen. Schreiben Sie auf ein Kärtchen den Infinitiv, auf ein anderes die dazu passende Präposition (z. B.: sich kümmern / um). Erweiterung zu Dreier-Gruppen: der geforderte Kasus (z. B.: sich kümmern / um / + Akkusativ).

▶ **Kursleiterin/Kursleiter:** In manchen Situationen ist es aber auch angebracht, dass die/der KL die Gruppen so einteilt, wie sie/er es für gut hält. Das ist z. B. der Fall, wenn stärkere TN schwächeren TN helfen und gemeinsam in einer Gruppe arbeiten sollen. Natürlich ist es ebenso möglich, stärkere und schwächere Lerner in getrennte Gruppen einzuteilen, insbesondere wenn die/der KL Aufgaben für unterschiedliche Niveaus vorbereitet hat (Binnendifferenzierung). Dann sollten die Gruppen, sprachlich gesehen, möglichst homogen sein.

▶ **Kugellager:** Diese Methode eignet sich besonders dann, wenn möglichst oft verschieden zusammengesetzte Paare miteinander arbeiten sollen. Dazu braucht man Platz für zwei Stuhlkreise, einen innen, einen außen, mit jeweils derselben Menge an Stühlen. Dabei müssen die Stühle so stehen, dass sich die darauf sitzenden TN anschauen. Je ein TN des äußeren Kreises arbeitet mit seinem Gegenüber im inneren Kreis zusammen. Auf ein Signal der/des KL bewegen sich die TN innen und außen in gegensätzliche Richtungen um einen Platz weiter. Also z. B. innen im Uhrzeigersinn, außen gegen den Uhrzeigersinn.

Auswertung von Gruppenarbeit
▶ **Plenumsvortrag:** durch einen Sprecher oder durch mehrere/alle TN pro Gruppe mit verschiedenen Aufgaben.
▶ **Gruppenmixverfahren:** In einem ersten Durchgang arbeiten z. B. drei Gruppen zu vier TN. Im zweiten Durchgang soll ein maximaler Informationsaustausch stattfinden. Dazu wird in jeder Gruppe abgezählt, d. h. jeder TN bekommt eine Zahl zwischen 1 und 4 zugewiesen. Dann treffen sich die TN in vier neuen Gruppen wieder, alle 1er in einer Gruppe, aller 2er in der nächsten Gruppe etc. Jeder TN berichtet aus seiner ursprünglichen Gruppe.
Erweiterung: Jede Gruppe hält im ersten Durchgang ihr Ergebnis auf einem Plakat fest. Die Plakate werden dann im Raum verteilt – entweder auf Tische gelegt, oder an verschiedenen Stellen aufgehängt. Die Neueinteilung erfolgt wie oben; die neuen Gruppen gehen

von Plakat zu Plakat, und der jeweilige „Experte" der Gruppe erläutert die Ergebnisse aus seiner ersten Arbeitsgruppe.

▶ **Messe:** Die Gruppen erstellen Plakate zu ihren Ergebnissen, die im Raum verteilt aufgehängt oder ausgelegt werden. Die TN gehen dann allein und frei zu allen Plakaten, lesen diese und überlegen sich Fragen dazu bzw. schreiben diese auf. In einer dritten Phase wird je ein „Experte" pro Gruppe neben das jeweilige Gruppenplakat gestellt; dieser muss die Fragen der anderen TN beantworten.

Ideensammlung mithilfe von „Brainstorming" und „Assoziogramm"

„Brainstorming" bedeutet, dass man alle Ideen zulässt, die den TN zum vorgegebenen Thema spontan einfallen. Ursprünglich eine Methode zur Ideenfindung in Firmen, eignet sie sich gut als Einstieg in ein Thema und zum Abfragen von vorhandenem Wissen. Um diese ungesteuerten Ideen festzuhalten, bietet sich das sogenannte „Assoziogramm" an, bei dem die Ideen um das vorgegebene Wort gruppiert werden. Oft werden Assoziogramme auch als „Wortigel" bezeichnet.

Unterrichtsbeiträge – wie bringt man schüchterne TN zum Reden?

Häufig tritt im Unterricht folgendes Problem auf: Wenn die / der KL eine Frage stellt, antworten immer nur dieselben TN.
Welche Methoden gibt es, um das zu verhindern?
- **TN namentlich aufrufen,** möglichst nach Blickkontakt (wenn ein TN eindeutig den Blickkontakt meidet, will er damit signalisieren „Ich will nichts sagen, ich weiß nichts ...")
- TN rufen sich gegenseitig namentlich auf.
- TN antworten der Reihe nach (Achtung! Nicht zu lange machen, wird langweilig ...).
- Teilnehmer formulieren ihre Gedanken schriftlich. Geben Sie allen TN etwas Zeit, um ihre Gedanken kurz zu notieren. Auf diese Weise kommen auch die langsameren TN zum Zug.
- **Alternative Übungsformen:** Wenn Sie wissen, dass sich bestimmte TN im Plenum nicht gern einbringen, bestimmen Sie diese nach einer Gruppenarbeit als Gruppensprecher und lassen Sie sie die Ergebnisse im Plenum präsentieren. Da sie dann genau wissen, was sie sagen können, fühlen sie sich sicherer.
- Machen Sie deutlich, dass man in der Regel keine tollen Ideen erwartet, sondern dass es vielmehr darum geht, das Sprachmaterial, die Wendungen und Ausdrücke zu verwenden.

Projekte zu den Fotodoppelseiten

Für viele TN bieten die Projektvorschläge individuelle Aufgaben (Auswahl siehe Anhang oder Gesamtangebot im Lehrwerksservice www.hueber.de/ziel unter *Lehren,* und dann unter **Kopiervorlagen zu den Fotodoppelseiten**). Diese freieren Aufgaben können auf viele Teilnehmer sehr motivierend wirken, weil sie ihren persönlichen Interessen entsprechende Texte erstellen können.

Projekt Kurszeitung

Im Lehrerhandbuch wird immer wieder der Hinweis gegeben, dass sich diese oder jene Aufgabe für einen Beitrag in der Kurszeitung eignet. Was ist eigentlich unter einer Kurszeitung zu verstehen?
Die TN verfassen zu verschiedenen Themen kleine Texte, die für den gesamten Kurs interessant oder unterhaltsam sind. Die Beiträge werden gesammelt, am Kursende kopiert und in gebundener Form jedem TN als Erinnerung mit nach Hause gegeben. Der Hintergedanke ist natürlich, dass die TN Lust zum Schreiben bekommen. Durch den authentischen Schreibanlass hat das Verfassen von Texten in den Augen der TN einen Sinn. Natürlich ist es heutzutage auch möglich, eine eigene Kurs-Website zu kreieren oder die Texte per E-Mail zu verschicken.

Vorschläge für Rubriken einer Kurszeitung:
- Titelblatt: Künstlerisch veranlagte TN gestalten eine Titelseite.
- Gruppenfoto des ganzen Kurses
- Steckbriefe mit Fotos: Oft entwickeln sich in den Kursen Freundschaften und eine regelrechte Gruppendynamik. Deshalb bereitet es den TN viel Freude, so eine Zeitung als Erinnerung an eine schöne Zeit im Kurs mit nach Hause zu nehmen. Ein Steckbrief jedes TN mit Foto hilft, die Erinnerung an die anderen TN lebendig zu erhalten. Beispiele für Stichpunkte in einem Steckbrief:

Vorname und Familienname
Alter
Herkunftsland
Muttersprache
Familienstand
Ausbildung
Tätigkeit
Sternzeichen
Grund, warum ich in Deutschland bin
Lieblingsbeschäftigungen / Hobbys
Lieblingsspeise, -getränk
Lieblingstier
Lieblingsbuch, -schriftsteller
Lieblingsmusik, -sänger, -musiker, -gruppe ...
Lieblingsfilm, -schauspieler, -regisseur

---

* Gemeinsamer europäischer Referenzrahmen für Sprachen: lernen, lehren, beurteilen, Langenscheidt, 2001

Was ich überhaupt nicht leiden kann:
Was ich besonders schätze:
Meine Stärken
Meine Schwächen
Persönliche Wünsche
Generelle Wünsche für die Zukunft

- Rezepte (eventuell: aus meiner Heimat)
- Das wichtigste Fest in meiner Heimat / das für mich wichtigste Fest
- Mein Lieblingsfilm, mein Lieblingsbuch
- Ein besonderes Erlebnis

Für Kurse in deutschsprachigen Ländern auch:
- Meine Heimat: eine kurze persönliche Vorstellung der Heimatstadt oder des Heimatlandes oder sogar der Muttersprache (z. B.: Japanisch – Meine Muttersprache ist ziemlich anders als Deutsch oder andere westliche Sprachen. Ich hoffe, dass dieser Artikel hilft, euch in der japanischen Sprachwelt besser zu orientieren ...)
- Der Anfang in der neuen Heimat: Lustiges oder Nachdenkliches
- Rätsel, Witze, Cartoons
- Sprachbeispiele: kurze Beispiele der verschiedenen Muttersprachen, z. B. Grußformeln, Danke, Bitte, gute Wünsche etc.

8. Schreiben

Schreiben auf Niveau B2

Diese Fertigkeit stellt die TN, die das Niveau B2 oder sogar höher erreichen wollen, vor neue Herausforderungen. Es reicht nach dem Referenzrahmen nicht mehr, wenn der Leser versteht, was wohl gemeint ist. Der Text auf B2-Niveau muss vielmehr folgenden Kriterien entsprechen:
- Texte zu Themen des eigenen Interesses sind klar und detailliert formuliert.
- Gefundene, erhaltene Informationen sind verständlich als solche wiedergegeben und in den Text eingebaut.
- Argumente und Gegenargumente zu einem bestimmten Standpunkt sind nachvollziehbar dargelegt.
- Vorteile und Nachteile bestimmter Sachverhalte werden verständlich erörtert.
- Der eigene Standpunkt am Ende einer Erörterung ist nachvollziehbar.
- Die persönliche Bedeutung bestimmter Ereignisse oder Erfahrungen ist im Text (zum Beispiel Brief) deutlich gemacht.
- Die Bewertung (Rezension) eines Films, Buchs usw. ist nachvollziehbar.
- Der Bezug der Argumente zueinander ist deutlich nachvollziehbar.

Das stellt eine enorme Herausforderung an KL und TN, weil die TN in der Regel nicht gern schreiben und die Zeit im Unterricht nicht auszureichen scheint. Andererseits verfügen die TN im Verlauf des B2-Unterrichts über ein anwachsendes Inventar, das es Ihnen ermöglicht, individuelle Texte zu erstellen.

In der Regel reagiert der TN in schriftlicher Form auf einen Schreibanlass, den er im Unterricht erhält. Dies kann über einen verstandenen Text (Hörtext oder Lesetext) erfolgen, wie etwa eine Nachricht, eine Anzeige, eine Werbung usw., auf den in einer realen Form reagiert wird: persönliche Briefe, halboffizielle oder offizielle Briefe, E-Mails, Postings oder Ergebnisse kreativer Schreibaufgaben. Lebensläufe und Bewerbungen sind in der Regel nur für einzelne TN von Interesse.

Im Unterricht geht es weniger darum, herausragende Inhalte oder Lösungen zu finden, sondern darum die Sprache, die gerade gelernten Redemittel, die Strukturen angemessen in den Text einzubauen. Angemessen bedeutet hier auch schon die Unterscheidung zwischen gesprochener und geschriebener Sprache, aber auch die Verwendung von textstrukturierenden Elementen, wie Konjunktionen usw.
In der Regel reichen die im Kursbuch bzw. im Arbeitsbuch angegebenen Inhalte, um einen Text zu verfassen.

Schreibaufgaben im Unterricht

Auch wenn man weniger UEs zur Verfügung hat, empfiehlt es sich, ab und zu im Unterricht kleinere Schreibaufgaben erledigen zu lassen und diese zur Korrektur einzusammeln. So können sich schreibschwache und/oder schreibungewohnte TN nicht vor der schriftlichen Textproduktion drücken. Zur Prüfungsvorbereitung ist es mitunter nützlich, die TN ohne Wörterbücher und bei vorgegebenem Zeitlimit eine Schreibaufgabe erledigen zu lassen. Werden allerdings zu oft Texte im Unterricht geschrieben, empfinden die TN dies möglicherweise als Verschwendung wertvoller Unterrichtszeit. Je nach Kurszusammensetzung müssen Sie als KL entscheiden, ob und wie oft Schreibphasen nötig sind. Nutzen Sie aber auch die Möglichkeit, Texte in Partnerarbeit oder in Gruppen erstellen zu lassen. Dabei können die TN besser dazu angehalten werden, systematisch vorzugehen.

Vor dem Schreiben:
- Thema bestimmen.
- Argumente, Inhaltspunkte finden, Stichworte sammeln.
- Festlegen: Was kommt zuerst? Was dann? Was ist das Ende des Textes?

- Zu den Stichworten/Argumenten Wendungen und Ausdrücke sammeln.
- Hauptargumente evtl. sogar in Einzelsätzen, Statements ausformulieren.

Während des Schreibens:
- Auf sinnvolle Satzverbindungen achten.
- Auf den Satzbau achten.
- Auf die Zeitformen achten.
- Sich beim Schreiben überprüfen/korrigieren.

Nach dem Schreiben:
- Text anderen TN zum Lesen geben.
- Überarbeiten.

Notizen machen:

Erfahrungsgemäß beherrschen nur wenige TN die Methode der Ideensammlung in Stichpunkten. Sowohl zur Vorbereitung von Diskussionen als auch zur Sammlung von Ideen für schriftliche Aufgaben ist dieses Instrument jedoch enorm wichtig. Die TN sollten folgende Punkte beachten:
- keine ganzen, d.h. ausformulierten Sätze schreiben,
- die Ideen nur kurz in Stichpunkten notieren,
- sich auf die wichtigsten Informationen beschränken,
- Infinitive benutzen;
- grammatikalische Richtigkeit ist nicht so wichtig.
Eine einfache Übung: Notieren Sie in Stichpunkten, was Sie gestern/letzte Woche gemacht haben.

9. Sprechen

Sprechen auf Niveau B2

Der Anstieg des Sprachstands in den Fertigkeiten Lesen, Hören und Schreiben lässt sich durch bestimmte Vorgaben relativ leicht steuern. Im Bereich Sprechen ist dies schwieriger, können sich die TN doch erfahrungsgemäß im Alltag ganz gut verständigen oder empfinden es so.
Andererseits sind die TN manchmal etwas entmutigt, weil gerade auf dem Niveau B2 die erzielbaren Ergebnisse in den rezeptiven Fertigkeiten und auch im Schreiben, wenn es ausreichend trainiert wird, wesentlich besser nachweisbar und erkennbar sind als im Bereich Sprechen.
Das verwundert nicht, weil im Rahmen der mündlichen Sprachproduktion sehr viele Aspekte beachtet werden müssen, man sich als Sprecher aber „endlich" primär auf den Inhalt konzentrieren möchte.
Erklären Sie den TN, dass das Lehrwerk Ziel B2 ihnen ganz bewusst Aufgaben und Übungen anbietet, in denen bestimmte Wendungen und Ausdrücke intensiv geübt werden können. Die Inhalte dafür werden angeboten, wobei das Angebot zum Kursende hin komplexer wird.

Die TN können sich dann in der Regel auf die inhaltlichen Vorgaben (Notizen, Stichpunkte etc.) stützen und sich auf die Sprachproduktion konzentrieren. Es kommt beim Trainieren der Fertigkeit Sprechen also nicht darauf an, besonders gute Einfälle im Unterricht zu produzieren, sondern darauf, die Wendungen und Ausdrücke angemessen und möglichst korrekt einzusetzen.

Das Sprechen fällt den TN aber auch dann besonders schwer, wenn sie zu dem Thema nichts mitzuteilen haben. Aus diesem Grund kommt dem Anhang im Kursbuch eine ganz besondere Rolle zu: Hier finden die TN gerade für die Partnerarbeit, aber auch für Diskussionen Informationen, über die nur sie allein verfügen. Sie müssen diese Informationen dem Partner oder den Partnern in einer Form nahe bringen, dass diese sie verstehen. Dies ist ein Kommunikationstraining, das der Kommunikation in der Realität ziemlich nahekommt: Der „Wissensvorsprung" macht das zu Sagende interessant. Deshalb ist es wichtig, sich in diesen Fällen an die Aufgabenstellungen zu halten. Dann muss der TN sich anstrengen und seine Inhalte so formulieren, dass sie verstanden werden. Der zuhörende TN wiederum muss wie in der Realität nachfragen, wenn er etwas nicht verstanden hat.

Auch beim Sprechen sollte man deshalb, wenn es die Aufgabenstellung ermöglicht oder gar verlangt, die Schritte *Vor dem Sprechen, Während des Sprechens* und *Nach dem Sprechen* einhalten.
Vor dem Sprechen
Die TN sammeln Argumente / Inhalte und die dafür notwendigen Wendungen und Ausdrücke.
Während des Sprechens
Die TN versuchen, die geplanten Argumente / Inhalte mithilfe der Wendungen und Ausdrücke im Austausch mit anderen TN verständlich und korrekt zu formulieren.
Nach dem Sprechen
Die TN reflektieren (u. U. gemeinsam mit dem KL), ob und wie sie ihre Sprechabsicht umgesetzt haben.

Pragmatische Sprachanwendung

Versucht man, den TN die Lernziele eines Spracherwerbs zu vermitteln, ist wohl der Ansatz der pragmatischen Sprachanwendung am sinnvollsten: Die pragmatische Sprachbetrachtung analysiert nämlich, in welcher Situation Sprache mit welcher Absicht angewandt wird, das bezieht sich sowohl auf die gesprochene als auch auf die geschriebene Sprache. Hierbei ist vor allem auch zu betonen, dass die *Produktion korrekter Sätze* nicht die einzige Voraussetzung für die Realisation einer beabsichtigten Sprechhandlung ist. Sie kann sich sogar ins Gegenteil verkehren, wenn falsche Register oder Elemente der Schriftsprache verstärkt in die gesprochene Sprache Einzug halten. Dazu gehört deshalb auch eine Sensibilisierung dafür, was bestimmte Wörter, Begriffe, Sätze oder Grammatikformen für mitschwingende Bedeutungsebenen haben. „So soll es ausgeführt werden!", wäre eindeutig falsch, wenn man sagen will: „So machen wir es."

Ziel B2, Band 1 und Band 2 legen großen Wert darauf, den TN die situationsgerechte, der Sprechabsicht entsprechende Anwendung der Sprache nahezubringen; in diesem Sinne sind nicht nur die Wendungen und Ausdrücke, sondern auch die Grammatikvermittlung und die Wortschatzarbeit zu verstehen.

Aufnahme der TN auf Tonträger

Empfehlen Sie den TN, zu Hause ihre Stimme auf einen Tonträger aufzunehmen und so ihre Aussprache im Deutschen selbst zu kontrollieren. Durch das Hören der eigenen Stimme und der möglichen Mängel bei Intonation oder Aussprache wird vielen TN oft erst bewusst, was verbessert werden könnte, und sie machen möglicherweise ungeahnte Fortschritte.

Ein weiterer Aspekt ist die Vorbereitung auf den *Test DaF*. Dort besteht die mündliche Prüfung darin, dass die Kandidaten in ein Mikrofon sprechen und die Aufnahme später von den Korrektoren angehört wird. Die TN sprechen also nicht, wie bei den anderen B2-Prüfungen, mit lebendigen Menschen, sondern lediglich in ein Mikrofon. Diese Situation ist sehr ungewohnt; deshalb hilft es, wenn man es vorher schon einmal trainiert hat. In dieser Hinsicht eignet sich das Aufnehmen auch für den Unterricht.

Kurzvortrag/Präsentation

In vielen universitären und beruflichen Situationen werden kurze Vorträge verlangt, nicht zuletzt auch in den mündlichen B2-Prüfungen. Deshalb ist es für die TN auf diesem Niveau von Vorteil, sich dieser Situation möglichst oft zu stellen und über ein Thema kurz zu referieren. Lektion 14 und 15 beschäftigen sich mit dem Aufbau.

Geben Sie Ihren TN folgende Tipps, die zum Gelingen beitragen:

< Vorbereitung – Informationssuche:
Thema genau formulieren.
Gezielt nach Informationen suchen.
Aus einer Informationsflut das Wesentliche aufnehmen, dabei immer das Thema im Auge behalten.
Informationen sortieren, gliedern.

< Vorbereitung Vortrag:
Präsentation gliedern in Einleitung – Hauptteil – Schluss.
Informationen klar nach Themen oder Themenschwerpunkten gliedern.

Notizen in Stichpunktform machen. Stichpunkte auf Zettel so klar und deutlich schreiben, dass dieser während des Vortrags hilft.
Einmal zu möglichst vor Publikum Hause üben.

< Präsentation:
Einleitung: Thema klar formulieren, wenn möglich durch einen markanten „Aufhänger" die Aufmerksamkeit der Zuhörer für sich gewinnen und so das Interesse für das Thema wecken.
Hauptteil: Den Vortrag und die enthaltenen Informationen gut strukturiert präsentieren. Die übergeordneten Gliederungspunkte eventuell an Tafel usw. anschreiben und für die Zuhörer visualisieren. Auf einen verständlichen und lebendigen Vortrag achten. Keine Wörter verwenden, die dem vortragenden TN selbst nicht geläufig sind und die er nur aus dem Wörterbuch herausgesucht hat.
Schluss: Kurzes Statement; kann zum Beispiel eine ganz kurze Zusammenfassung, ein Ausblick, eine eigene Meinung sein.

10. Niveau B2 und der Gemeinsame europäische Referenzrahmen
Detaillierte Kannbeschreibungen; im Rahmen von Interaktionsmodellen / Sprachhandlungen

Band 1
Lektion 1 Erlebt: mit vertrauten Menschen diskutieren
▸ Erfahrungen und Einstellungen darlegen und dabei die eigene Meinung begründen
▸ Vermutungen über Gründe, Sachverhalte und Folgen äußern
▸ über aktuelle oder abstrakte Themen sprechen und seine / ihre Gedanken und Meinungen äußern
▸ persönliches Interesse an einem Gespräch zeigen und im Gespräch auf Inhalte reagieren
▸ Artikel und Berichte über aktuelle Themen verstehen, in denen der Verfasser eine bestimmte Haltung oder einen Standpunkt vertritt, und darauf zustimmend oder einschränkend reagieren
▸ in einer Diskussion über Themen des eigenen Fach- oder Interessengebiets der Argumentation folgen und die besonders hervorgehobenen Punkte im Detail verstehen
▸ Inhalte und Ereignisse wiedergeben

Lektion 2 Faszination: ein persönliches Erlebnis erzählen
▸ über ein persönlich erlebtes Ereignis berichten/erzählen
▸ eine Geschichte zusammenhängend erzählen
▸ eine zusammenhängende Geschichte schreiben

▶ Erfahrungen und reale oder fiktive Ereignisse detailliert und zusammenhängend beschreiben

▶ (literarische) Texte lesen, die Gesamtaussage und viele Details verstehen

▶ literarischen oder alltäglichen Erzählungen zuhören und dabei viele Details verstehen

Lektion 3 Vertrautes: persönliche Erfahrungen und eigene Empfindungen beschreiben

▶ Gefühle, Erlebnisse und persönliche Erfahrungen beschreiben

▶ entsprechende Mitteilungen kommentieren

▶ Gedanken / Gefühle beschreiben

▶ Empfindungswörter verstehen

Lektion 4 Erwischt: eigenes Interessengebiet darstellen

▶ zu vielen Themen des eigenen Fach- oder Interessengebiets eine ziemlich klare und detaillierte Beschreibung geben

▶ in Texten neue Sachverhalte und detaillierte Informationen verstehen

▶ in längeren Texten rasch wichtige Einzelinformationen finden

▶ zu einem Thema positive oder negative Kritikpunkte kurz aufführen

▶ ihre/seine Ziele / Absichten darlegen

Lektion 5 Eintauchen: Alltagsgespräche führen

▶ Umgangssprache und Kurzreaktionen verstehen und darauf reagieren

▶ das persönliche Interesse an etwas darstellen

▶ Vermutungen zu dem Verhalten anderer anstellen und begründen

▶ Informationen zu einem Thema, das einen selbst interessiert, einholen

▶ gemeinsam mit anderen Ideen entwickeln

Lektion 6 Gewinnen: Probleme beschreiben, Lösungen erörtern

▶ Informationen und Sachverhalte weitergeben und (schriftlich) erklären

▶ detaillierte Anweisungen und Aufträge inhaltlich genau verstehen

▶ detaillierte Informationen umfassend und inhaltlich korrekt weitergeben

▶ einen formellen Brief schreiben, der über standardisierte Anfragen oder Bestätigungen hinausgeht

▶ Sachverhalte kontrovers darstellen

Lektion 7 Verrückt: gemeinsam etwas planen

▶ komplexere Sachverhalte darstellen und seine/ihre Meinung dazu äußern

▶ komplexe Informationen über alltägliche oder berufsbezogene Themen verstehen

▶ im Rahmen einer geplanten gemeinsamen Handlung das gemeinsame Vorgehen besprechen

▶ sich gemeinsam auf eine Aufgabenverteilung und einen Zeitrahmen einigen

▶ im Rahmen einer gemeinsamen Aufgabe Aufforderungen formulieren und auf solche angemessen reagieren

▶ im Rahmen einer Diskussion auf die Argumente anderer verweisen

Lektion 8 Risiko: an formellen Diskussionen teilnehmen

▶ zu einem Arbeitspapier oder einem Dossier schriftlich Stellung nehmen und positive oder negative Kritikpunkte kurz aufführen

▶ Erfahrungen, Ereignisse und Einstellungen darlegen und dabei die eigene Meinung mit Argumenten stützen

▶ Vermutungen über Sachverhalte, Gründe und Folgen anstellen

▶ über aktuelle oder abstrakte Themen sprechen und ihre/seine Gedanken und Meinungen dazu äußern

▶ sich während eines Gesprächs oder einer Präsentation im eigenen Fach- oder Interessengebiet Notizen machen

▶ ein vertrautes Thema systematisch darlegen und dabei entscheidende Punkte angemessen hervorheben sowie stützende Beispiele anführen

▶ Artikel und Berichte über diverse aktuelle Themen, in denen der Verfasser eine bestimmte Haltung vertritt, verstehen

▶ in Korrespondenz, die sich auf das eigene Fach- oder Interessengebiet bezieht, die wesentlichen Aussagen verstehen

Band 2
Lektion 9 Überzeugt: Kompromisse aushandeln

▶ ein Problem darstellen

▶ sich über ein Problem beschweren

▶ jemandem klarmachen, welche Zugeständnisse man von ihm erwartet

▶ die Hauptpunkte in einem alltäglichen Fachtext verstehen

▶ Hauptpunkte in einem vertraglichen Text verstehen

▶ komplexere Informationen zu einem Thema verstehen

▶ bestimmte Sachverhalte öffentlichen Stellen mitteilen

▶ einen Interessenkonflikt lösen

▶ Kompromisse aushandeln / verstehen

▶ Stellungnahmen formulieren

methodisch-didaktische Boxen

Lektion 10 Angepasst: Alltagsgespräche führen
▸ Alltagsgespräche verstehen
▸ eine komplexere Radiosendung verstehen
▸ verkürzte Antworten verstehen
▸ zustimmen und verneinen / ablehnen im Alltagsgespräch
▸ etwas subjektiv bewerten
▸ sich kurz austauschen und nach Möglichkeit einigen
▸ Meinungen kurz zusammenfassen
▸ ein komplexeres Interview verstehen

Lektion 11 Versäumt: Rat oder Hilfe suchen und anbieten
▸ bestimmte Sachverhalte öffentlichen Stellen mitteilen
▸ bestimmte Erwartungen formulieren
▸ Ratschläge geben
▸ auf Ratschläge reagieren
▸ um Hilfe bitten / ansuchen
▸ Verträge kündigen

Lektion 12 Geschafft: Vereinbarungen treffen
▸ komplexere Informationen über alltägliche Sachverhalte verstehen
▸ komplexere Informationen über berufliche Sachverhalte verstehen
▸ Anzeigen verstehen
▸ Hauptinformationen in einem Text über Rechtsfragen verstehen
▸ Hauptinformationen in einer Anzeige verstehen
▸ Hauptinformationen in einer Radiosendungen verstehen
▸ Vereinbarungen treffen
▸ Maßnahmen vereinbaren und formulieren
▸ beruflichen Werdegang beschreiben

Lektion 13 Vergessen: etwas oder jemanden kurz vorstellen / beschreiben
▸ einen kurzen Text relativ spontan vortragen
▸ eine Besprechung, eine Diskussion, eine Präsentation eröffnen
▸ Teilnehmer oder Zuhörer einer Diskussion, eines Vortrags begrüßen
▸ ausführlichere Darlegung von Sachverhalten verstehen
▸ Informationen aus längeren Texten wiedergeben
▸ Vermutungen über Gründe, Folgen und Sachverhalte anstellen

Lektion 14 Nachgemacht?: spezielle Informationen einholen, zusammenfassen und weitergeben
▸ wichtige Informationen aus längeren, komplexeren Texte wiedergeben
▸ Informationstexte zu einem bekannten Sachgebiet verstehen

▸ die Hauptaussagen aus komplexeren Texten des eigenen Wissens- oder Fachgebiets verstehen und wiedergeben (Vorträge, Rezensionen, Präsentationen)
▸ Informationen aus verschiedenen Quellen zusammenfassen und kommentiert wiedergeben
▸ über aktuelle und abstrakte Themen schreiben

Lektion 15 Entdeckt: einen kurzen Vortrag halten
▸ Informationen aus verschiedenen Quellen zusammenfassen und kommentiert wiedergeben
▸ Sachverhalte von aktuellem oder persönlichem Interesse klar und systematisch erörtern
▸ wichtige und relevante Details und Punkte hervorheben
▸ eine vorbereitete Kurzpräsentation verständlich vortragen
▸ komplexere Abläufe beschreiben
▸ über aktuelle und abstrakte Themen schreiben
▸ Vermutungen über Gründe, Folgen und Sachverhalte anstellen
▸ Informationen und Argumente aus verschiedenen Quellen zusammenführen und abwägen
▸ zwischen Tatsachen, Meinungen und Schlussfolgerungen unterscheiden
▸ wesentliche Informationen aus Radiosendungen verstehen

Lektion 16: Entspannt: Wiederholungslektion: mit anderen diskutieren und gemeinsam etwas planen (im Prüfungskontext)

Globale Kannbeschreibung Niveau B2 – Selbstständige Sprachanwendung
▸ Kann die Hauptinhalte komplexer Texte zu konkreten und abstrakten Themen verstehen; versteht im eigenen Spezialgebiet auch Fachdiskussionen,
▸ kann sich so spontan und fließend verständigen, dass ein normales Gespräch mit Muttersprachlern ohne größere Anstrengung auf beiden Seiten gut möglich ist,
▸ kann sich zu einem breiten Themenspektrum klar und detailliert ausdrücken, einen Standpunkt zu einer aktuellen Frage erläutern und die Vor- und Nachteile verschiedener Möglichkeiten angeben.

Globale Kannbeschreibungen – Einzelfertigkeiten (Auswahl)
Lesen
Ich kann Artikel und Berichte über Probleme der Gegenwart lesen und verstehen, in denen die Schreibenden eine bestimmte Haltung oder einen bestimmten Standpunkt vertreten. Ich kann zeitgenössische literarische Prosatexte verstehen.

Hören

Ich kann längere Redebeiträge und Vorträge verstehen und auch komplexeren Argumentationen folgen, wenn mir das Thema einigermaßen vertraut ist. Ich kann im Fernsehen die meisten Nachrichtensendungen und aktuellen Reportagen verstehen. Ich kann die meisten Spielfilme verstehen, sofern Standardsprache gesprochen wird.

Sprechen – an Gesprächen teilnehmen

Ich kann mich so spontan und fließend verständigen, dass ein normales Gespräch mit einem Muttersprachler recht gut möglich ist. Ich kann mich in vertrauten Situationen aktiv an einer Diskussion beteiligen und meine Ansichten begründen und verteidigen.

Sprechen – zusammenhängend

Ich kann zu vielen Themen aus meinen Interessengebieten eine klare und detaillierte Darstellung geben. Ich kann einen Standpunkt zu einer aktuellen Frage erläutern und Vor- und Nachteile verschiedener Möglichkeiten angeben.

Schreiben

Ich kann über eine Vielzahl von Themen, die mich inte-ressieren, klare und detaillierte Texte schreiben. Ich kann in einem Aufsatz oder Bericht Informationen wiedergeben oder Argumente und Gegenargumente für oder gegen einen bestimmten Standpunkt darlegen. Ich kann Briefe schreiben und darin die persönliche Bedeutung von Ereignissen und Erfahrungen deutlich machen.

Globale Kannbeschreibungen – Beurteilungsraster mündliche Kommunikation (Auswahl)
Spektrum

Verfügt über ein ausreichend breites Spektrum von Redemitteln, um in klaren Beschreibungen oder Berichten über die meisten Themen allgemeiner Art zu sprechen und eigene Standpunkte auszudrücken; sucht nicht auffällig nach Worten und verwendet einige komplexe Satzstrukturen.

Korrektheit

Zeigt eine recht gute Beherrschung der Grammatik. Macht keine Fehler, die zu Missverständnissen führen, und kann die meisten eigenen Fehler selbst korrigieren.

Flüssigkeit

Kann in recht gleichmäßigem Tempo sprechen. Auch wenn sie/er eventuell zögert, um nach Strukturen oder Wörtern zu suchen, entstehen kaum auffällig lange Pausen.

Interaktion

Kann Gespräche beginnen, die Sprecherrolle übernehmen, wenn es angemessen ist, und das Gespräch beenden, wenn er/sie möchte, auch wenn das möglicherweise nicht immer elegant gelingt. Kann auf vertrautem Gebiet zum Fortgang des Gesprächs beitragen, indem sie/er das Verstehen bestätigt, andere zum Sprechen auffordert usw.

Kohärenz

Kann eine begrenzte Anzahl von Verknüpfungselementen verwenden, um seine/ihre Äußerung zu einem klaren, zusammenhängenden Beitrag zu verbinden; längere Beiträge sind möglicherweise etwas sprunghaft.

11. Hausaufgaben
Projekte als Hausaufgaben

Viele der Projekte – siehe Projekte zu den Fotodoppelseiten oder die Hinweise in den einzelnen Lektionen – sind so angelegt, dass sie von interessierten TN zu Hause gemacht oder vorbereitet werden können. Dies empfinden viele TN als sehr motivierend. Der Erfolg, das Ergebnis ist dann die Präsentation im Kurs.

Warum Hausaufgaben?

Hausaufgaben sind eine sinnvolle Ergänzung der Unterrichtseinheit. Das müssen auch die TN verstehen. Dazu ist es wichtig, dass es für die TN transparent ist, warum die und keine anderen Hausaufgaben aufgegeben werden. Besprechen Sie mit Ihren TN, wie sie die Hausaufgabe bearbeiten sollen, geben Sie bei komplizierteren Aufgaben Lösungsbeispiele, erklären Sie ihnen, wie sie sie gegebenenfalls in der folgenden Unterrichtseinheit präsentieren sollen. Hausaufgaben dienen dazu, Gelerntes zu üben, zu festigen, zu überdenken. Sicherlich ist das Führen des Lernerportfolios (auf der eingelegten Lerner-CD-ROM) dabei hilfreich, weil sich dort die TN noch einmal vor Augen führen können, was sie gelernt haben, analysieren ihre Leistungen und erkennen vielleicht selbst, dass sie das ein oder andere noch üben müssten. Bei erwachsenen TN ist es sinnvoll, die Rolle des Lösungsschlüssels zum Arbeitsbuch (auf der eingelegten Lerner-CD-ROM oder im separat erhältlichen Lösungsschlüssel) mit ihnen zu besprechen (siehe dazu Seite 85. Dort wird bei jedem Übungstyp beschrieben, welche Rolle der Lösungsschlüssel jeweils einnimmt.) Bitten Sie die TN, am Anfang einer Unterrichtsstunde Fragen zu den Hausaufgaben zu stellen, z. B. wenn sie sich unsicher sind, warum eine Lösung so und nicht anders lautet, oder sie eine Aufgabe, Lösung nicht verstanden haben. Korrigieren Sie nur in Ausnahmefällen die Hausaufgaben gemeinsam im Kurs; manche TN, die keine Hausaufgaben machen konnten, kommen dann eher nicht, als dass sie das im Kurs zugeben. Vor allem ist es sinnvoll, auch bei den Hausaufgaben die Binnendifferenzierung (siehe S. 86) nicht aus den Augen zu verlieren. Es kann durchaus sinnvoll sein, bestimmte TN mit einem Projekt zu motivieren und andere TN mit ausgewählten Übungen zu stabilisieren.

Meine TN machen keine Hausaufgaben
Da helfen vielleicht folgende Maßnahmen.
- Sprechen Sie mit jedem TN jeweils einzeln (oder in kleinen Gruppen) und erklären Sie, warum für den / die TN gerade die von Ihnen ausgewählten Übungen die sinnvollsten sind. Zeigen Sie ihnen ihre Defizite und helfen Sie ihnen, diese zu beheben. Besprechen Sie mit den TN Abgabetermine.
- Manchmal hilft auch ein Test: Die Besprechung der Ergebnisse (der eine sinnvolle Hausaufgabe zur Korrektur der Fehler oder zur Festigung des Stoffes folgt) mit der Ankündigung, dass der Test wiederholt und der alte vernichtet wird. In der Regel sind TN allen Alters motiviert, den Test besser zu machen.
- Fragen Sie die TN, die jede Hausaufgabe verweigern, mit welchem Ziel sie Deutsch lernen. Geben Sie ihnen dann Hausaufgaben, die ihrem Ziel entsprechen.
- Manche TN machen sehr ungern Aufgaben, die sie mit der Hand schreiben müssen. Motivieren Sie diese TN durch die Möglichkeit der Online-Übungen oder der Extra-CD-ROM. Bieten Sie ihnen auch an, die Lösungen mit einem bestimmten System (siehe z. B. Lösungsschlüssel) in den Computer zu schreiben und auszudrucken.
- Animieren Sie die TN, Lernergruppen zu bilden (z. B. drei TN), die in dem Gebäude, wo der Kurs stattfindet, nach dem Unterricht gemeinsam Hausaufgaben machen können, wenn das nicht geht, an einem festgelegten Ort. Manche TN haben Schwierigkeiten, zu Hause mit den Hausaufgaben anzufangen, oder finden dort nicht die nötige Ruhe.

12. Übersetzen im Fremdsprachenunterricht
Der Sprachunterricht wurde im Laufe der Zeit von den verschiedensten Strömungen hinsichtlich Methodik und Didaktik beeinflusst. War man ab Mitte des 20. Jahrhunderts (zumindest theoretisch) immer mehr zur Einsprachigkeit im Fremdsprachenunterricht übergegangen, so berücksichtigt die sogenannte Mehrsprachigkeitsdidaktik seit den 90er-Jahren des 20. Jahrhunderts auch die Sprachen der Lernenden. Diese Entwicklung ist als Fortentwicklung des vorhergegangenen interkulturellen Ansatzes zu verstehen, der bereits auf das Verstehen fremder Kulturen abzielte. Nun wird diese Komponente dadurch ergänzt, dass die TN neben den anderen Kulturen auch andere Sprachen schätzen lernen sollen. Dies gilt im besonderen Maße in deutschen Schulen, wo Kinder mit verschiedenen Muttersprachen zusammensitzen. Man gibt damit den ausländischen Kindern Selbstbewusstsein und einen gewissen Stolz auf die Doppelsprachigkeit und zeigt den deutschen Kindern, dass ihre Mitschüler Kompetenzen besitzen, die sie sich bisher vielleicht noch gar nicht bewusst gemacht haben.
Ein weiterer Grund für den kontrastiven Ansatz vor allem im Erwachsenenbereich ist, die TN für linguistische Unterschiede zu sensibilisieren. Dabei wird dann auch deutlich, dass es oft um das Erlernen kompletter Strukturen geht und nicht um das reine Übersetzen und das Aneinanderreihen einzelner Wörter. Deshalb gibt es auch im Lehrwerk *Ziel* immer wieder Aufgaben zum Sprachenvergleich. Dieser linguistische Vergleich wird ergänzt durch interkulturelle Betrachtungen an anderer Stelle. Damit werden die beiden Aspekte der „Language Awareness" und der „Cultural Awareness" aus der Mehrsprachigkeitsdidaktik berücksichtigt, die auch in den *Gemeinsamen europäischen Referenzrahmen* eingeflossen sind.

13. Die Rolle von Motivation und Bestätigung
Leicht vergisst man, mit wie wenig wie viel erreicht werden kann. Denken wir doch daran, dass eine mehrmals im Jahr wiederholte simple Aufgabe zur Reflexion darüber, was ein Schüler/ eine Schülerin gut kann, die Durchfallquoten vor allem bei schlechten und sozial benachteiligten Schülern signifikant senkt. Denken wir auch daran, dass Schülerinnen, die Text darüber lesen, dass Mädchen genauso gut in Mathematik sind, wie ihre männlichen Mitschüler, in Mathematik genauso gut werden.
Nutzen Sie deshalb das Portfolio, um Ihre TN zu motivieren. Sie werden sehen, sie werden dann auch besser. Es gibt nur einige wenige Grundregeln. Überfordern Sie sie nicht: Lernen erfolgt in kleinen Schritten, in Anknüpfung an schon Bekanntes. Das Wissen darüber, dass man auch den nächsten Schritt kann, wenn man sich anstrengt und diese Anstrengung honoriert wird, kann im Einzelnen Berge versetzen.
Fördern und Fordern Sie jeden TN auf seinem Niveau: Das Portfolio hilft Ihnen dabei. Unterstützen Sie jeden TN, eine gelungene, für ihn gute Arbeit in sein Portfolio aufzunehmen. Helfen Sie ihm dabei, wenn er die Dinge einträgt, die er schon gut kann. Gut können ist für jeden TN relativ.

Gehen Sie vom Leichten zum Schwereren: Wenn Lernen dem TN richtig weh tut – dann lernt er nichts. Lernt er scheinbar mühelos, dann verbessert er sich. Ein kleiner Trick: Lassen Sie TN zum Beispiel zu einem Foto der Assoziationsseite einen Text schreiben und bitten Sie sie am Ende der Lektion, nun einen neuen Text zu dem Foto zu schreiben und diese zu vergleichen. Die TN sind begeistert, und zwar jeder auf seinem Niveau. Jeder TN, der sich während der Lektion auf seinem Niveau angestrengt hat, hat sich verbessert.

14. Das Lehrwerk *Ziel* und Prüfungen auf dem Niveau B2

Viele Aufgaben in Kurs- und im Arbeitsbuch sind an das Prüfungsformat der B2-Prüfungen angelehnt. Somit werden die TN damit vertraut gemacht, ohne jedes Mal explizit darauf hingewiesen zu werden. Wie beim ersten Band gibt es auch im Arbeitsbuch zum Lehrwerk *Ziel* B2, Band 2 am Ende jeder Lektion unter der Überschrift *Darüber hinaus* Übungen, die direkt als Prüfungsvorbereitung vorgesehen sind. Die Arbeitsbuch-Übungen zu Lektion 16 dienen komplett der Vorbereitung auf Prüfungen. Das Lehrwerk führt also auf die Prüfungen hin; eine direkte Prüfungsvorbereitung auf eine bestimmte B2-Prüfung ersetzt es allerdings nicht. Dazu sei auf die anderen Publikationen im Hueber Verlag verwiesen. Informieren Sie sich im Internet über die Prüfungen *Goethe-Zertifikat B2*, *telc Deutsch B2*, *ÖSD-Zertifikat B2* und *Test DaF*.

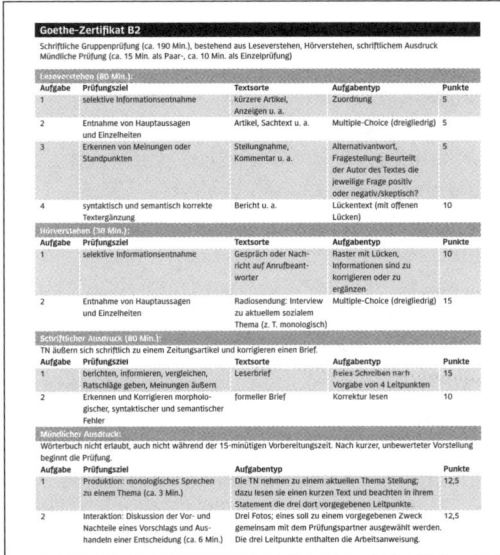

Das ÖSD-Zertifikat B2 besteht aus folgenden Prüfungsbestandteilen (Prüfungsübersicht):

Fertigkeit	Input(text)	Überprüfungsdomäne	Testformat und Aufgabentyp	Min.	Punkte
Lesen				90	20
Aufgabe 1	Zeitungsartikel (ca. 550 Wörter)	Global- und Detail-verstehen	5 Items, rezeptiv; Mehrfachauswahlformat (3er-Multiple-Choice)		5
Aufgabe 2	fünf Zeitungstexte/ zehn Überschriften (ca. 450 Wörter)	Verstehen der Kern-aussagen	5 Items, rezeptiv; Zuordnungsformat (Text – Überschrift)		5
Aufgabe 3	Zeitungsartikel (mit fehlenden Textteilen am Zeilenende) (ca. 130 Wörter)	Detailverstehen, Wortbildung, Wort-schatz, Grammatik	20 Items, reproduktiv; Fill-in-Format		5
Aufgabe 4	Werbebrief mit Lücken (ca. 200 Wörter)	Detailverstehen, Wortschatz, Strukturen	10 Items, reproduktiv; Fill-in-Format		5
Hören				ca. 30	20
Aufgabe 1	Radiosendung (zweimal hören)	Global- und Detail-verstehen	10 Items, rezeptiv; Richtig/Falsch-Format		10
Aufgabe 2	Dialog (einmal hören)	selektives Hörverstehen	45 Items, rezeptiv + reproduk-tiv; Auswahl- und Fill-in-Format		10
Schreiben				90	30
Aufgabe 1	Inserat + Notizen	interaktives Schreiben: Textsorte: formeller Brief	offene Schreibaufgabe: Berücksichtigung von informellen Vorgaben		15
Aufgabe 2	zur Wahl: A: Statements aus Diskussionen B: Zeitungsartikel C: Schlagzeilen	freies produktives Schreiben: Textsorte: Argumen-tation, Meinungs-äußerung schriftlich	offene Schreibaufgabe: Argumentation und Meinungs-äußerung verfassen		15
Sprechen				15–20	30
Aufgabe 1	Situationsvorgabe (jemanden kennen-lernen und infor-mieren)	interaktives Sprechen: Informationsgespräch (Stadt/Land beschrei-ben, Reisetipps geben)	freies Sprechen, dialogisch		
Aufgabe 2	ein Bildimpuls (drei zur Auswahl)	beschreiben und argumentieren	freies Sprechen, (eher) monologisch		
Aufgabe 3	zwei Kurztexte mit unterschiedlichen Positionen	interaktives Sprechen: Meinungsaustausch – argumentieren und diskutieren	freies Sprechen, dialogisch		

* Die Lesetexte für alle Aufgaben werden deutschsprachigen Printmedien (Zeitungen, Zeitschriften, Prospekten etc.) oder elektronischen Medien aus Deutschland, Österreich und der Schweiz entnommen.

** Die Hörtexte aller Aufgaben werden von deutschen, österreichischen und Schweizer Sprecherinnen und Sprechern gesprochen bzw. auditiven Medien aus Österreich, Deutschland und der Schweiz entnommen.

15. Bewegung und Entspannung im Unterricht

Abwechslungsreicher Unterricht beinhaltet Methodenvielfalt, einen Wechsel der zu trainierenden Fertigkeiten, aber auch Bewegung oder zumindest Änderung in den Körperpositionen für die TN.

In Kursen von bis zu 90 Minuten Länge mag es noch genügen, durch die Einteilung in verschiedene Paare oder Kleingruppen und das damit verbundene Aufstehen beziehungsweise Herumgehen Bewegung in die Gruppe zu bekommen. In allen noch längeren Unterrichtssequenzen sollte gezielt für Bewegung und Entspannung gesorgt werden, zusätzlich zu den ohnehin vorgesehenen „echten" Pausen. Wann genau das sein muss, kann jeder KL am besten selbst entscheiden, indem er die Körperhaltung und Mimik der TN interpretiert. Wenn TN zum Beispiel auf ihren Stühlen hin und her rutschen, aus dem Fenster blicken, sichtlich abschalten, dann ist es Zeit für eine Entspannungs- oder Bewegungspause.

Bewegung „so nebenher":
Die einfachste Möglichkeit, die TN in Bewegung zu bringen, ist die der Gruppeneinteilung. Lassen Sie zum Beispiel alle TN aufstehen und ungeordnet im Unterrichtsraum umhergehen. Machen Sie dazu ein wenig Musik und bitten Sie die TN, durcheinanderzulaufen. Auf Ihr Signal hin, oder wenn Sie die Musik ausschalten, bleiben die TN stehen. Der jedem TN jeweils am nächsten stehende TN ist der neue Partner. Auch die unter Punkt 3 (Sozial- und Arbeitsformen, Ideen zur Gruppenbildung, Seite XXX) beschriebenen Ideen zur Gruppenbildung bringen die TN immer dazu, sich zu bewegen. Allein dadurch, dass die TN ab und zu an die Tafel gehen und etwas schreiben oder Zettel an eine Pinnwand heften, kommt Bewegung in den Unterricht.

Kurze Entspannungsphasen:
Möchten Sie eine kurze, vielleicht 5-minütige Entspannungsphase einbauen, dann eignet sich folgendes Vorgehen mittels sehr einfacher Gymnastikübungen.

Der KL spielt in der ersten Runde den „Vorturner"; danach darf ein freiwilliger TN vorgeben, was zu tun ist. Fragen Sie die TN auch, ob es unter ihnen Gymnastik- oder Yoga-Interessierte gibt. Manchmal gibt es sogar Sport- oder Yogalehrer unter den TN. Dann haben Sie die Experten im Kurs und können diese den Input geben lassen.

Öffnen Sie die Fenster! Die TN stellen sich hinter ihren Stühlen oder in einem Kreis auf. Eine Person macht die jeweilige Übung vor und sagt die Bewegung gleichzeitig an. Die anderen TN machen mit.

Ein paar Ideen für Übungen am Platz:
- tief ein- und ausatmen,
- Arme ausschütteln, Beine ausschütteln, Hände und Füße ausschütteln,
- Schultern kreisen lassen,
- Kopf langsam (!) kreisen lassen,
- breitbeinig stehen, Oberkörper nach links und nach rechts bewegen („wie ein Baum im Wind"),
- Arme zur Seite strecken und kreisen lassen,
- mit den Fingern das Gesicht „wach" klopfen, dazu mit beiden Händen und allen zehn Fingern vom Kinn über die Wangen zur Stirn klopfen; am Ende mit den Fingern auf den Kopf klopfen („die Affen tanzen auf dem Dach").

Übungen im Gehen:
- auf Zehenspitzen gehen,
- auf Zehenspitzen gehen und gleichzeitig mit den Fingern weit nach oben greifen,
- den Oberkörper rund machen, sich „einrollen",
- „durch den Schnee stapfen",
- trampeln,
- „wie ein Indianer schleichen" usw.

Bewegungsspiele:
Kuhstall. Dreiergruppen (je zwei Spieler reichen einander die Hände und bilden so einen Kuhstall; drin steht ein TN, die Kuh). Zusätzlich gibt es am Anfang einen „freien" Spieler. Dieser ruft „Kuh", „Stall" oder „Kuhstall" aus (und spielt sogleich unter dieser Bezeichnung mit). Wird „Kuh" aufgerufen, wechseln die Kühe den Stall, das heißt nur die TN zwischen den Armen der TN, welche die Kuhställe bilden, bücken sich, um aus dem Kuhstall herauszugehen und einen neuen Stall zu finden. Wird „Stall" aufgerufen, müssen die Ställe eine neue Kuh umfassen, wird „Kuhstall" gerufen, wird alles aufgelöst und gänzlich neu zusammengestellt. Wer keinen geeigneten Platz findet, scheidet aus.

Reise nach Jerusalem. Stühle werden in einer oder zwei Reihen aufgestellt; dabei gibt es einen Stuhl weniger als TN, die mitspielen. Musik wird gespielt, die TN laufen um die Stuhlreihe(n). Wenn die Musik ausgeschaltet wird, muss jeder TN sich einen Platz suchen. Der übrig gebliebene TN scheidet aus und nimmt einen weiteren Stuhl weg.

„Tierische" Reise nach Jerusalem. Stuhlaufstellung wie bei der Reise nach Jerusalem. Zettel mit verschiedenen Tierarten werden ausgeteilt (je Tierart zwei Zettel, jeder Spieler erhält einen Zettel). Die gleichen Tiere suchen einander, aber nur durch Pantomime oder Tierlaute. Sobald sie sich gefunden haben, setzen sie sich auf die Stühle. Wer keinen Stuhl mehr findet, scheidet aus. Die Tierzettel werden neu verteilt. Bei jedem Durchgang scheidet ein TN aus und nimmt einen Stuhl mit.

Kursbuch

Im Folgenden wurden nur die Transkriptionen abgedruckt, die nicht im Kursbuch stehen und die für den Unterricht von Bedeutung sind. Liedtexte oder Auszüge aus Hörbüchern sind gegebenfalls nicht transkribiert, wenn sie sich auf die Fotodoppelseiten beziehen.

CD 1

Lektion 9 Überzeugt?

▶ **Track 2 Abschnitt B, B3a**

Schaffner: Noch jemand zugestiegen? Guten Tag, Ihren Fahrschein, bitte.

Fahrgast: Was? ... Ach so. ... Ah, Moment, ähm, gleich ... ah, hier ...So ... Bitte.

Schaffner: Danke. Das ist ein Fahrschein für die 2. Klasse, nicht für die erste.

Fahrgast: Ich weiß, aber ...

Schaffner: Ich muss Sie deshalb bitten, in die 2. Klasse zu gehen. Oder nachzuzahlen.

Fahrgast: Wie denn? In der 2. Klasse ist doch gar kein Platz mehr frei! Der Zug ist knackevoll, das haben Sie doch auch gesehen, oder?!

Schaffner: Ja schon, aber ...

Fahrgast: Und hier sind noch so viele Plätze frei. Warum kann ich denn hier nicht sitzen bleiben?

Schaffner: Stimmt schon, der Zug ist ziemlich voll, aber das geht nicht so einfach. Sie haben einen Fahrschein für die 2. Klasse gelöst, nicht für die erste. Da könnte ja jeder kommen ..., nur weil der Zug ein bisschen voller ist.

Zwischenbemerkung

((Das weiß man doch, dass das nicht geht.))

Fahrgast: Oh Mann, das gibt's doch nicht! Typisch Deutschland, sag ich da nur! Jetzt muss ich wirklich in der 2. Klasse stehen, während hier die Plätze leer bleiben? Ich kann's nicht fassen! Finden Sie das gerecht?

Zwischenbemerkung

((Na ja, irgendwie stimmt das ja.))

Schaffner: Es tut mir wirklich leid, aber da kann ich keine Ausnahme machen.

Zwischenbemerkung

((Wieso sollen wir dann mehr zahlen, wenn er ....))

Fahrgast: Könnte ich nicht wenigstens so lange hier sitzen bleiben, bis in der 2. Klasse ein Platz frei ist?

Schaffner: Nein, das geht wirklich nicht.

Zwischenbemerkung

((Warum zahlt er nicht einfach?))

((Wenn er doch kein Geld hat, sicher ein Student.))

Aber ich hätte einen anderen Vorschlag für Sie: Warum gehen Sie nicht ins Bordrestaurant und trinken dort einen Kaffee? Wie ich gesehen habe, sind dort noch ein paar Tische frei.

Zwischenbemerkung

((Dann soll er halt stehen, hat uns auch nicht geschadet.))

Fahrgast: Hm, na ja, wenn's sein muss, das könnte ich schon machen. Aber was mach ich mit meinem Gepäck? Das kann ich doch schlecht ins Bordbistro mitnehmen! Wäre es denn wenigstens in Ordnung, wenn mein Gepäck weiterhin erster Klasse reist?

Schaffner: Ja, gut, von mir aus. Lassen Sie's hier. Ist schon okay.

Fahrgast: Na gut. Dann geh ich jetzt ins Bordrestaurant. Find ich zwar nach wie vor absurd, dass ich hier nicht sitzen bleiben darf, aber okay. Kann man wohl nicht ändern.

Schaffner: Nein, aber danke für Ihr Verständnis. Gute Fahrt noch.

Zwischenbemerkung

((Bisschen freundlicher ginge es doch auch, oder ...))

Fahrgast: Wie kann man nur so stur sein?!

Zwischenbemerkung

((Ist ja eh noch gut weggekommen, ohne Strafe ... Ich musste einmal ...))

Schaffner: Noch jemand zugestiegen?

▶ **Track 3 Fokus Grammatik: mittendrin in einer Handlung**

■ Ihre Fahrkarte bitte.

▲ Sie sehen doch, ich bin gerade am Einschlafen, können Sie nicht in zwei Stunden wiederkommen?!

■ Hier, Michi möchte dich sprechen, es ist dringend.

▲ Ich bin gerade am Backen, ich ruf gleich zurück.

■ Sag mal, kannst du nicht mal den Abfluss reparieren?

▲ Bin doch gerade dabei, siehst du doch, oder?

■ Kannst du nicht mal den Müll runterbringen?

▲ Mach ich doch gerade.

■ Wo er ist? Wohl beim Joggen. Wo sonst?

▶ **Track 4 Abschnitt D, D2a**

Michael: Hallo Natascha!

Natascha: Ah, hallo, Michael.

Michael: Darf ich kurz reinkommen?

Natascha: Klar, komm nur, ich mach dann mal 'ne Pause. Möchtest du 'nen Kaffee oder so ?

Michael: Nee, nee, nur ganz kurz, weißt du, ich lern doch gerade für mein Examen, du weißt ja, mein erstes Staatsexamen und ... ich kann mich einfach nicht richtig konzentrieren ... mit der Geige ... das ist so laut ... weißt du, ... und ...

Natascha: Echt, hörst du das denn wirklich so laut bei dir da drüben? Das kann doch wohl nicht sein. Das glaub ich einfach nicht.

Michael: Doch, schon, also natürlich nicht superlaut, aber ich höre es und es stört mich wirklich, weißt du, die Prüfung, das ist wirklich unglaublich viel Stoff.

Natascha: Hm, das ist jetzt aber ziemlich schlecht. Ich muss nämlich dringend üben, wegen dem Wettbewerb nächsten Monat. Also, tut mir echt leid, und laut Hausordnung darf ich ja zwischen drei und sechs üben.

Michael: Ja schon, aber ... könntest du nicht vielleicht eine Ausnahme machen? Ich kann mich wirklich nur sehr schlecht konzentrieren und hab doch schon bald diese Prüfung, es sind ja nur noch zwei Wochen..

Natascha: Hmmm .... wirklich nur sehr ungern, weil dieser Musikwettbewerb, der ist ziemlich wichtig. Und außerdem ...

Transkriptionen der Hörtexte

ich *darf* ja ab sechs Uhr sowieso nicht mehr üben, ab da hast du ja dann wieder Ruhe und kannst ungestört lernen.
Michael: Ja, schon, aber das wird mir nicht reichen. Und wenn du vielleicht die nächsten zwei Wochen vormittags übst? Da bin ich ja dann sowieso in der Uni.
Natascha: Nein, das geht nicht, weißt du, da bin ich an der Akademie und ... Okay. Also, weißt du was, warum machen wir es denn nicht so: Ich übe die nächsten zwei Wochen von drei bis halb fünf. Den Rest versuch ich vormittags an der Akademie zu üben. Aber wirklich nur die zwei Wochen.
Michael: Ja gut, von mir aus – das wäre auf alle Fälle besser als bis sechs. Ist das für *dich* dann jetzt auch in Ordnung?
Natascha: Na ja, ist nicht ideal, aber ist schon okay. Irgendwie müssen wir uns ja einigen.
Michael: Super, danke auch für dein Verständnis! Ich ...
Natascha: Aber sag's bloß niemandem, sonst steht der nächste auf der Matte.
Michael: Ja klar, kein Wort. Und danke noch mal ...

▶ **Track 5 Abschnitt E, E1a**
Sprecher: Das gab's noch nie: Der Parkengel parkt nicht nur, nein, er findet sie auch: nämlich die freie Parklücke, die nur auf Sie wartet. Einfach den Parkknopf drücken, sich nach hinten lehnen, und schon stehen Sie da, in Ihrer Parklücke. Ihr Fahrlehrer würde staunen. Kein Stress mehr, kein Suchen mehr, einfach Knopf drücken, das Auto fährt und parkt automatisch. Bestellen Sie noch heute unsere neue Autosoftware, Anruf genügt. Seien Sie der Erste, der mit unserem Parkengel auch in der Innenstadt keine Probleme mehr hat. Egal welches Auto, unser Parkengel passt in jedes Modell. Rufen Sie an: Auf unsere ersten fünfzig Anrufer warten auch noch tolle Gratisüberraschungen! Bestellen Sie Ihren Parkengel heute noch, portofrei.

▶ **Track 6 E2a**
Kundenservice: Kundenservice Autosoftware GmbH, Meier, was kann ich für Sie tun?
Anrufer: Hier Kunze, ja Michael Kunze. Hören Sie mal, Ihr Parkengel, den habe ich gleich vorletzte Woche bestellt und einbauen lassen, in meinen Opel ...
Kundenservice: Ja ...
Anrufer: Und wissen Sie, was jetzt los ist?
Kundenservice: Nein, was denn?
Anrufer: Jetzt parkt mein Auto nur noch: Egal, wohin ich fahren will, es sucht die nächste Parklücke ...
Kundenservice: Das kann ich mir gar nicht vorstellen. Sie haben vielleicht den Knopf zu fest gedrückt. Und jetzt ... Haben Sie den Einschaltknopf schon kontrolliert?
Anrufer: Ja klar. Also, ich fahre aus der Lücke raus, und schwubs ist das Auto in der nächsten besten Parklücke. Egal was ich drücke oder nicht drücke, das Auto parkt. Also, Sie schicken mir jetzt sofort einen neuen Parkengel, der hier ist nämlich defekt, oder Sie schicken mir das Geld zurück.
Kundenservice: Das ist ja unglaublich, was Sie mir da erzählen. Das hatte noch niemand. Wirklich. Also, ich kann Ihnen selbstverständlich einen neuen Parkengel schicken, aber dafür müssen Sie leider – das geht wirklich nicht anders, die defekte Software ausbauen lassen und uns mit einer genauen Schilderung der Problematik zusenden.

Anrufer: Das kann doch nicht wahr sein, wissen Sie, was das kostet? Ich kann ja nicht mal zur Werkstatt fahren, die müssen zu mir herkommen. Wissen Sie was: Dann zahlen Sie mir auch die Ausbaukosten und die Einbaukosten für die neue Software.
Kundenservice: Also, ich weiß nicht, ob das geht ...
Anrufer: Oder Sie schicken mir das Navi XC 341, das kostet ungefähr genauso viel. Alles klar ...?
Kundenservice: Jetzt schicken Sie mir mal den Parkengel und ich werde das mit meinem Chef besprechen. Das kann ich leider nicht allein entscheiden.
Anrufer: Damit hätten wir das also geklärt: entweder eine neue Software oder Geld zurück und Erstattung der Werkstattkosten. Und Sie bekommen ein Päckchen mit einem Brief von mir. Darf ich noch um Ihren Namen bitten?
Kundenservice: Meier ist mein Name.
Anrufer: Danke, Frau Meier. Auf Wiederhören.
Kundenservice: Auf Wiederhören. Oh Gott.
Kundenservice 2: Schon wieder ein Parkengel?
Kundenservice: Klar, was sonst, der Zehnte heute und es ist erst halb neun. Ich glaub, ich werd verrückt.

▶ **Track 7 Fokus Grammatik: Aufforderungen im Kontext**
Übung 1
■ Alles klar?
▲ Ja!
■ Los!
  Höher!
  Passt!
  Runter!
  Stopp!
  Links!
  Stopp!
  Rechts!
  Stopp!
▲ Was is denn?!
■ O.k. Weiter! Runter!
  Runter!
  Passt!
  Ende!

Übung 2b
Dialog 1
■ Aus.
  Sitz.
  Brav.
  Fuß.
  Brav. Braver Hund. So ist brav.
  Platz.
  Braver Hund. Hier, so ist brav.
Dialog 2
■ Komm, ja komm, gut machst du das. Komm, komm zu Mama. Ja, komm. Noch ein bisschen. Stehen bleiben, nicht hinsetzen, ja, gut so, und ....
Dialog 3
■ Stehen geblieben! Hände hoch! So, Hände nach hinten. Jawohl. Und jetzt kommen Sie schön mit, da wartet schon das Auto und das bringt Sie erst mal ins Kommissariat.

Dialog 4
▲ Und das hier?
■ Hierhin! In die Kiste.

▶ **Track 9 Übung 3**
Gespräch 1
Mutter: Gott im Himmel, jetzt reicht's. Das halt ich nicht mehr aus. Das ist ja nicht zu glauben. Mach die Musik leiser. So, und würdest du bitte dein Zimmer aufräumen.
Sohn: Ach Mama, wieso, das ist doch echt ... ich muss sowieso gleich ...
Mutter: Nichts da. Du wirst dein Zimmer aufräumen und zwar jetzt. Und das ist mein letztes Wort.
Sohn: Mann eh, so ein ...

Gespräch 2
Frau: Einen Espresso.
Mann: Und für mich den großen Nachspeisenteller, der sieht super aus.
Frau: Du sollst doch nichts Süßes essen!
Mann: Ich weiß, aber, komm, einmal ist keinmal –
Frau: Also wirklich, iss doch lieber ...
Mann: Schluss jetzt, – zwei große Nachspeisenteller – wird dir auch guttun – und einen Capuccino für mich.

Gespräch 3
Chef: Ah, Frau Möhler,
Sekretärin: Ich wollte nicht stören ...
Chef: Nein, nein, nein, nein, nein, Sie stören nicht, kommen Sie ruhig rein.
Sekretärin: Die Unterlagen für die Besprechung heute Nachmittag,
Chef: Ach so, ja, legen Sie sie doch einfach auf den Tisch, danke, ich sehe sie mir ... Eh, eh, Frau Möhler, wir bräuchten dann heute Abend auch noch einen Tisch für vier Personen, ja und Herr Dr. Strahlmann-Öttinger müsste auch dabei sein, würden Sie sich bitte gleich darum kümmern?
Sekretärin: Selbstverständlich Herr Dr. Kunze. Wäre es im Freisinger Hof ...
Chef: Ja, sicher. Und bevor ich's vergesse: Der Brief ans Amt für Umweltschutz und Abfallwirtschaft, Sie wissen schon, der müsste heute noch ...
Sekretärin: Der liegt in Ihrer Unterschriftenmappe ... Wenn Sie ...
Chef: Prima Frau Möhler, dann ...

Gespräch 4
Nachbar 1: Ihr Baum hier, der geht mir schon lange gegen den Strich.
Nachbar 2: Wieso, was haben Sie denn gegen meinen Baum, wegen dem habe ...
Nachbar 1: Was ich gegen Ihren Baum habe? Das werde ich Ihnen gleich sagen: Den ganzen Sommer null Sonne und jetzt das Laub. Voll, alles voll. Ich, ich hab die Arbeit, Abend für Abend.
Nachbar 2: Aber ...
Nachbar 1: Überhaupt kein Aber, mir reicht's, der Baum muss weg, ein für alle mal.

Nachbar 2: Also hören Sie mal, so geht das aber nicht. Wie reden Sie eigentlich mit mir.
Nachbar 1: Das hören Sie gleich: Sie werden den Baum fällen. Jawohl ...
Nachbar 2: Jetzt machen Sie mal einen Punkt, dazu können Sie mich nicht zwingen. Und was das ...
Nachbar 1: Dann werden Sie den Baum stutzen, kein Schatten mehr und keine Blätter in meinem Garten, habe ich mich deutlich genug ausgedrückt?

Gespräch 5
Antragsteller: Und könnten Sie das vielleicht so bearbeiten, dass wir die Genehmigung noch diesen Monat bekommen? Wir müssten nämlich ...
Angestellte: Na ja, wir haben heute den 4. November, das ließe sich ... aber garantieren kann ich Ihnen nichts. Die Bearbeitung dauert in der Regel fünf bis sechs Wochen ...
Antragsteller: Aber Sie müssen verstehen, ich bitte Sie, die Handwerker haben nur kommenden Monat Zeit, sonst verzögert sich alles um ...
Angestellte: Wie gesagt, wir können's versuchen – ich bekomme dann noch eine Unterschrift, bitte hier. Die Genehmigung wird Ihnen dann auf dem Postweg zugestellt.

Gespräch 6
Kunde: Das geht doch nicht, das ist doch ... Hören Sie, ich fordere Sie jetzt zum letzten Mal auf, die Sache sofort in Ordnung zu bringen.
Angest.: Herr Schulze, das tut mir wirklich leid, das verstehe ich sehr gut. Aber das gehört nicht in meinen Bereich, da müssen Sie sich ...
Kunde: Nichts werde ich: Sie sorgen jetzt umgehend dafür, dass das aus der Welt geschafft wird, sonst können Sie mich mal kennenlernen, das geht direkt an meinen Anwalt, da werden Sie sich noch wundern, Sie ...
Angest.: Herr Schulze, bleiben Sie bitte am Apparat, ich verbinde Sie mit unserem Geschäftsstellenleiter, ich bin sicher, er wird eine Lösung für Sie finden ...
Ansage: Bitte warten – die Leitungen sind momentan alle belegt – bitte warten – bitte haben Sie Geduld, die Leitungen sind alle belegt – Sie werden sofort verbunden –
Chefin: Schröders-Mielenbach, Guten Tag.

▶ **Track 10 Fotodoppelseiten**
Moderatorin: Hören Sie nun die ersten Reaktionen aus den Parteizentralen direkt nach dem ersten amtlichen Wahlergebnis. Danach hören Sie dann unseren Kommentar von Jan Kanz.
Statement 1: Ich sehe es so: Unser Mann ist eine Superalternative für die Zukunft, sozusagen, er hat einen klasse Wahlkampf gemacht, er war super innovativ, er war ganz viel da, und deswegen denke ich, er ist ein guter Mann für die Zukunft.
Statement 2: Ach, es gibt viele nette Leute, die sagen, ihr habt politisch recht, und es gibt natürlich auch viele Leute, die enttäuscht sind, weil wir unser politisches Ziel nicht erreicht haben. Aber wir haben dieses Jahr noch viele Wahlen ...
Statement 3: Wir haben guten Wahlkampf gemacht, wir hatten in dieser Wahl eine große Chance, und viele sehen es so,

dass wir mit dieser Koalition nun die stabile Mehrheit haben, die die Bürger gewollt haben.

Statement 4: Das Ergebnis ist prima, Sieger ist auf jeden Fall das Land, weil es eine stabile, gute Regierung gewählt hat, CDU und FDP haben eine sichere Mehrheit im Landtag, wie können der Zukunft ins Auge sehen.

Statement 5: Ja, natürlich positiv von der Grundstimmung her, und nun heißt es, die anstehenden Fragen zu lösen, den Bürgern die Lösungen zu bringen, die sie sich wünschen.

Moderatorin: Was wünschen Sie sich jetzt in diesem Land?

Statement 6: Fünf Jahre gute Politik, und da bin ich mir ganz sicher, dass wir die bekommen werden.

Moderatorin: Hören Sie nun unseren Kommentar von Arnold Ahrens.

Arnold Ahrens: Reparabel hat der Bundesvorsitzende das Wahlergebnis seiner Partei genannt – reparabel, aber was soll eigentlich repariert werden? Das Ergebnis? Wohl nicht. Das ist gelaufen, wenn man das schlechteste Ergebnis überhaupt eingefahren hat. Reparabel in fünf Jahren, wenn es die nächsten Wahlen gibt? Oder reparabel bis zur nächsten Bundestagswahl in fünf Monaten? Aber ist eine Landtagswahl mit einer Bundestagswahl gleichzusetzen? Wohl kaum. Kann es also sein, dass reparabel nichts anderes ist als der Versuch, einer völlig misslungenen Wahlkampagne und dem wohlverdienten Ergebnis etwas Gutes abzugewinnen? Der Versuch, den Parteigenossen Mut zu machen? Einmal ist keinmal, die nächste Wahl läuft besser, in fünf Monaten sind wir wieder da? Tatsächlich hat am letzten Wochenende eine Landtagswahl stattgefunden und keine Bundestagswahl. Die Bundespartei trägt aber natürlich Anteil am Ergebnis, hat sie doch das Landes-Parteiprogramm, das die Wähler so schockiert hat, mitzuverantworten. Die Wähler wollten den wirtschaftlichen Rechtsruck nicht, dann wollen ihn wohl die Wähler der Bundestagswahl und der Europawahl auch nicht. Nein, natürlich stehen die Spitzenkandidaten der Bundestagswahl nicht in Verdacht, den Extremen nahezustehen. Aber sie kommen wohl nicht umhin, eine neue Strategie zu entwickeln, um den Bürgern wieder näherzukommen. Das Vertrauen, das die Wähler verloren haben, auch durch die Gesetze der letzten Zeit, die nicht den Bürger, den Mittelstand gestützt und geschützt haben, sondern nur den globalisierten international agierenden Molochen zugute kamen, heißt es nun zurückzugewinnen. Aber auch die anderen kleinen Parteien haben nichts zu lachen. Dass ihr Ergebnis respektabel ausgefallen ist, dass sie alle in den Landtag einziehen konnten, haben sie weniger ihren Wählern und ihren Wahlprogrammen zu verdanken als den Hunderttausenden von Nichtwählern. Siebzehn Prozent für eine Partei, die sonst nur knapp über die Fünfprozenthürde kommt, sagt wohl alles. Also, kein Grund damit zu rechnen, bei der nächsten Bundestagswahl in den Bundestag zu kommen. Der Illusion sollte man nicht erliegen: Nichtwähler und Protestwähler sind keine Garanten für den Wahlerfolg.

Lektion 10: Angepasst
▶ **Track 11 Fokus Grammatik: Negation im Kontext**
Übung 1 a
Satz 1: So etwas hat die Welt noch nicht gesehen!

Satz 2: Warum Clowns in der Regel keine fröhlichen Menschen sind, keine Ahnung.

Satz 3: Störe ich? – Keineswegs. Was gibt's?

Satz 4: Also, wenn Sie nichts sagen wollen, dann schweigen Sie halt, wir haben Zeit.

Satz 5: Niemals. Das schwör ich dir. – Wirklich nicht? – Nein, nie im Leben, das kannst du mir glauben.

Satz 6: Mir ist bei dieser ganzen Geschichte unwohl. Irgendetwas stimmt da nicht.

Satz 7: Das machst du auf keinen Fall, verstanden?

Satz 8: Ich verstehe das überhaupt nicht. Was will er denn eigentlich?

Satz 9: Ich verstehe überhaupt nichts, ehrlich gesagt.

Satz 10: Haben Sie etwas gesehen? – Nichts und niemanden. Wie oft soll ich das noch sagen!

Satz 11: Kalorienarme Plätzchen: so ein Quatsch!

Satz 12: Nirgendwo auch nur eine Spur von einer Tankstelle. Und der Tank ist gleich leer.

Satz 13: So, jetzt sag ich dir was: Der ist weder gut aussehend noch gebildet, der hat weder einen Job noch Geld. Was die an dem findet, ist mir ein Rätsel!

Satz 14: Wisse, dass mir sehr missfällt, wenn so viele singen und reden! Wer treibt die Dichtkunst aus der Welt? Die Poeten!

▶ **Track 12 Übung 2**
▲ Weniger Steuern ab kommendem Jahr. Glaubst du denen das?
☐ Nein, kein Wort.
◀ Nein, überhaupt nicht.
▼ Kaum, wie soll das denn gehen?
■ Na ja, ein bisschen wird es wohl stimmen.
▶ Das kann doch nicht stimmen.
● Ja, klar, die wollen doch gewählt werden.

▶ **Track 13 Übung 3a**
Gespräch 1
▲ Du wirst mich heiraten.
■ Niemals!
Gespräch 2
▼ Störe ich dich?
☐ Keinesfalls. Komm rein.
Gespräch 3
■ Hörst du was?
▶ Nein, nichts.
Gespräch 4
◀ Wer hat hier geraucht?
☐ Niemand.
Gespräch 5
▼ Ich brauche heute kein Abendessen, ich hab irgendwie keinen Hunger.
■ Ich auch nicht.
▲ Und ich brauche auch kein Abendessen, ein Stück Käse und Obst, das reicht mir.
Gespräch 6
▲ Gefällt dir hier irgendwas?
☐ Nein, nichts.
▲ Wirklich nichts?
☐ Nein, überhaupt nichts.

▶ **Track 14 Abschnitt C C3 Interviews**
Statement 1
Interviewerin: Haben Sie schon von dem Projekt Size Germany gehört?
Interviewte/r: Nee ...
Interviewerin: Also, es geht darum, man sieht ja, die Leute werden immer größer, die Figuren verändern sich, es gibt viele übergewichtige Menschen und dadurch ist die Idee entstanden, die Körpergrößen, die Konfektionsgrößen, eh, neu einzuteilen, und dafür wurden 12000 Männer, Frauen und Kinder eingescannt, deren Körpermaße, und daraus sollen neue Konfektionsgrößen errechnet werden. Was halten Sie davon?
Interviewte/r: Eh, ja, klingt spannend.
Interviewerin: Haben Sie vielleicht auch schon mal so 'ne Erfahrung gemacht, dass es schwierig ist, das Richtige zu finden, mit den bestehenden Konfektionsgrößen?
Interviewte/r: Ja, so, was mir aufgefallen ist, es gibt halt so ehm wenig Zwischengrößen, würd ich mal sagen, also es gibt halt immer so diese normalen Größen und entweder es passt, man hat Glück, oder es passt halt nicht und dann ärgert man sich, aber find ich eigentlich 'ne gute Idee.
Interviewerin: Mmh, ja.
Interviewte/r: Ja.
Interviewerin: Ja, gut. Vielen Dank, das war es schon.

Statement 2
Interviewerin: Haben Sie schon von dem Projekt Size Germany gehört?
Interviewte/r: Nein, davon hab ich noch nie gehört.
Interviewerin: Was halten Sie davon?
Interviewte/r: Das ist vielleicht durchaus sinnvoll, weil ich denke, viele haben einfach Probleme, was in ihrer Größe zu finden.
Interviewerin: Mmh, ja. Und, eh, versprechen Sie sich persönlich da auch was davon oder sagen Sie, nee, ich hab eigentlich...
Interviewte/r: Ich persönlich hab jetzt eher so die Standardgröße, ich hab da nicht so die Probleme. Aber ich glaub, Leute, die sehr groß sind oder auch sehr sehr dick sind, zum Beispiel, die finden in normalen Geschäften da nicht unbedingt etwas, was ihnen passt.

Statement 3
Interviewerin: Haben Sie schon von dem Projekt Size Germany gehört?
Interviewte/r: Nein, bisher noch nicht.
Interviewerin: Was halten Sie davon?
Interviewte/r: Das finde ich eine sehr gute Idee.
Interviewerin: Mmh, und versprechen Sie sich da auch persönlich was davon? Also, denken Sie, dass ist was, was sie kennen, dass man in den Laden geht und es ist ganz schwer, was in den bestehenden Größen zu finden?
Interviewte/r: Ja, ist sehr schwer. Vor allem für kleinere Leute ist es eben schwierig, weil die Hosen einfach zu lang sind, und das wär schon gut, wenn das mal angepasst wird, auch wirklich auf die Größe und Gewichte der Leute, nicht immer nur für Modelgrößen, sondern auch für normale Menschen. Ja, find ich 'ne gute Idee.

Interviewerin: Vielen Dank.
Statement 4
Interviewerin: Haben Sie schon von dem Projekt Size Germany gehört?
Interviewte/r: Nein, das ist mir neu.
Interviewerin: Was halten Sie davon?
Interviewte/r: Ja, das ist eine gute Idee, weil man schließlich, dann einfacher – ich nehme mal an, dass aufgrund dieser neuen Berechnungen dann die neuen Kleider nach neuen Konfektionsgrößen erstellt werden, und man's dann einfacher hat, Kleidungen, die passen, zu finden.
Interviewerin: Ja, ja, richtig, das ist die Idee. Und versprechen Sie sich da persönlich auch was davon oder sagen Sie, das ist 'ne ganz überflüssige Aktion?
Interviewte/r: Also, ich persönlich bin ja relativ klein und da die Deutschen in dem Durchschnitt immer größer werden, denke ich, vielleicht ist es sogar von Nachteil für mich, weil dann die Kleidung auch eher für höher gewachsene Deutsche berechnet wird, aber da muss ich mich dann überraschen lassen. Im Prinzip finde ich's 'ne sinnvolle Idee.

Statement 5
Interviewerin: Haben Sie schon von dem Projekt Size Germany gehört?
Interviewte/r: Das hab ich mal im Fernsehen gehört, aber schon vor 'ner Weile.
Interviewerin: Mmh. Was halten Sie davon, von dieser Aktion?
Interviewte/r: Ja, das find ich gut, weil die meisten Sachen passen ja nicht, die man so kauft. Ich hab mal 38, mal 40 und das kann ja nicht sein.

Statement 6
Interviewerin: Haben Sie schon von dem Projekt Size Germany gehört?
Interviewte/r: Nein.
Interviewerin: Was halten Sie davon?
Interviewte/r: Das ist doch eine sehr gute Idee. Ich stehe selber häufig im Laden und denke mir, mein Gott, es passt mir alles nicht, wo soll ich hinfahren, in welches Land, um die richtigen Klamotten zu finden? Ja, wer bekommt denn dann die, em, Messergebnisse? Internationale Firmen, deutsche Firmen?
Interviewerin: Also, das sind zum Teil internationale, zum Teil deutsche Firmen, die an der Studie beteiligt sind und die bekommen dann die Messergebnisse und werden das dann natürlich auch einfließen lassen in die Konfektionsgrößen, die sie dann ihren Produkten geben. Ja.
Interviewte/r: Sehr schön.
Interviewerin: Also, Sie freuen sich schon drauf? Dass dann endlich alles passt.
Interviewte/r: Ich freue mich sehr darauf. Und ich hoffe, es geht schnell.

Statement 7
Interviewerin: Haben Sie schon von dem Projekt Size Germany gehört?
Interviewte/r: Nein, davon hab ich noch nichts gehört.
Interviewerin: Was halten Sie davon?
Interviewte/r: Prinzipiell ist das ganz gut, dass alle paar

Transkriptionen der Hörtexte

Jahre oder alle Generationen noch mal zu überprüfen, aber ich glaube immer noch, dass es schwierig ist, Normgrößen überhaupt zu finden.
Interviewerin: Mmh, warum? Mmh.
Interviewte/r: Generell. Weil die Leute alle unterschiedlich sind.
Interviewerin: Ja.
Interviewte/r: Leider können wir uns nicht alle einen Maßschneider leisten.
Interviewerin: Ja, das stimmt. Ja.

Statement 8:
Interviewerin: Haben Sie schon mal von der Aktion Size Germany gehört?
Interviewte/r: Nein, hab ich noch nie gehört.
Interviewerin: Also, es geht ja vielen Menschen so, man geht in den Laden, findet eigentlich nicht das Richtige, weil die Konfektionsgrößen für Leute gemacht sind, die es vielleicht gar nicht mehr so gibt.
Interviewte/r: Mmh. Oder auch völlig unterschiedlich je nach Label, ja.
Interviewerin: Finden Sie sowas sinnvoll?
Interviewte/r: Ja, find ich schon sinnvoll. Mmh, ich finde, wenn die Sachen nicht mehr der Realität entspricht, die Größen, dann muss man natürlich schauen, wie man das besser machen kann. Damit die Leute, ich denke, das betrifft vor allem die Frauen, wenn die in' Laden gehen und sich was zum Anziehen kaufen, damit die nicht immer frustriert dann vor den Stangen stehen.
Interviewerin: Ja, ja, mmh. Und versprechen Sie sich auch ganz persönlich was davon, von so 'ner Aktion?
Interviewte/r: Ach, persönlich, em, mittlerweile, man kennt so seine Größen, die einem passen, und seine Marken, die einem passen. Also, ob sich für mich persönlich was ändern wird, weiß ich nicht.

▶ **Track 22 Abschnitt C, C4**
■ Du, stell dir mal vor, da hat mich doch die Bille gefragt, ich glaub, die tickt nicht mehr richtig, die hat mich doch glatt gefragt, ob ich bei Size Germany mitmachen will.
▼ Wieso?
■ Wie wieso, würdest du denn da mitmachen? Dich zum Affen machen, vor all den Leuten?
▼ Mensch, das ist doch keine Show oder so was...
■ Was dann?
▼ ((Pause))
■ Ach so. Na gut, und was soll das Ganze?
▼ ((Pause))
■ Alles klar, damit wir noch mehr Klamotten kaufen. Glaubst du wirklich, dass uns das Zeug dann besser passt?
▼ ((Pause)) und außerdem ((Pause))
■ Schön und gut. Ich will trotzdem nicht, dass da jemand an mir rummisst.
▼ ((Pause))
■ Na ja, wenn's so ist, geh ich vielleicht doch mit. Hört sich doch eigentlich echt interessant an.

▶ **Track 23 Fokus Grammatik: Partikeln im Kontext Übung 1b**
Satz 1: Du bist aber groß geworden.
Satz 2: Du bist vielleicht groß geworden.
Satz 3: Du bist allerdings groß geworden.
Satz 4: Du bist ja groß geworden.
Satz 5: Du bist eben groß geworden.
Satz 6: Du bist nun mal groß geworden.
Satz 7: Du bist einfach groß geworden.

▶ **Track 24 Übung 2**
Satz 1: Du bist wohl verrückt geworden.
Satz 2: Wo bleibt sie bloß?
Satz 3: Der ist doch Direktor geworden.
Satz 4: Was wünschst du dir denn?
Satz 5: Was bedeutet das eigentlich genau?
Satz 6: Kannst *du* nicht mal abspülen?

Track 25 Übung 4
Beispiele 1
■ Wo bleibst du denn?
▶ Was ist denn aus ihm geworden?
□ Wie geht's dir denn?
Beispiele 2
▼ Die Soße ist ja scharf! Hmm, lecker.
■ Die Soße ist aber scharf, hast du ein bisschen Joghurt?
Beispiele 3
◀ Bist du eigentlich verheiratet?
□ Das ist eigentlich nicht so schlimm.
▶ Eigentlich habe ich etwas anderes erwartet.
Beispiel 4
▼ Haben Sie etwa keinen Führerschein?
Beispiele 5
□ Du spinnst wohl!
▲ Wohl im Lotto gewonnen.

▶ **Track 26 Abschnitt D, D2b**
Version 1
Abschnitt 1
Karin Salm: Heute geht es um ein kleines architektonisches Wunder. Es geht darum, wie zwei junge Architekten eine große Fabrikhalle mitten in eine Landschaft hineingebaut haben. In eine empfindliche, wie man offiziell sagt, in eine sensible Landschaft. Die beiden Architekten hatten die Lösung: Sie haben eine Fensterfabrik gebaut, die langsam in der Landschaft verschwinden wird, eine Fabrik, die man bald nicht mehr sehen wird. Am Mikrofon begrüßt Sie Karin Salm. Thomas Baumgartner ist der Besitzer dieser Fensterfabrik in Hagendorn bei Cham. Es war ihm klar, dass er seine Fabrik, die Baumgartner AG, erweitern muss, wenn er konkurrenzfähig bleiben möchte. Es war ihm auch klar, dass seine Fabrik in einer Landschaft steht, die zum sogenannten Bundesinventar der Landschaften und Naturdenkmäler von nationaler Bedeutung steht. Und deshalb machte die Gemeinde dem Unternehmer strenge Auflagen: Es durfte nicht einfach ge-

baut werden. Der Unternehmer musste eine Ausschreibung, einen Wettbewerb für Architekten organisieren. Gewonnen haben den Wettbewerb die Architekten Nikolaus Graber und Christof Steiger. Die beiden haben seit 1995 ein gemeinsames Architekturbüro. Für das Hagedornprojekt nahmen sie den Landschaftsarchitekten Stefan Koepfli hinzu.
Mit den beiden Architekten und dem Landschaftsarchitekten bin ich nach Hagedorn gereist. Das liegt dort, mitten in der sensiblen Landschaft, in der Äcker und Felder von Waldstücken eingerahmt werden.

▶ **Track 27** *Abschnitt 2*
Karin Salm: Wir stehen auf einer Wiese 200 Meter vor der Fabrikhalle. Sie steht da vor uns in der Landschaft wie eine riesige Mauer, wie ein riesiger Staudamm. Nikolaus Graber beginnt das Gespräch, dann ergreift sein Kollege Christof Steiger das Wort.
N. Graber: Vielleicht kommt die optische Verbindung zu einem Staudamm daher, dass das Gebäude so riesengroß ist. Aber diese Größe passt zu der Größe der Landschaft. Nur ist die Mauer natürlich viel größer, hat eine ganz andere Dimension, als die normalen Gebäude, die wir gewohnt sind. Also, die Mauer passt sich der Dimension der Landschaft und nicht der gewohnten Dimension von Gebäuden in unseren Dörfern und Städten an. Und deshalb ist eine solche Assoziation sicherlich auch erlaubt, zulässig.
Karin Salm: Aber wenn ich genauer hingucke, dann sehe ich, dass der Eindruck einer Mauer, eines Staudamms vielleicht trotzdem falsch ist. Weil doch Wände davor sind, in denen Pflanzen wachsen.
N. Graber: Ja, wir nennen das eine Vegetationswand. Mit dieser Pflanzenwand verbinden wir den Bau der Fabrikhalle mit der Landschaft. Wir haben also versucht, eine Halle zu bauen, die Elemente dieser Landschaft, in der sie steht, enthält. Elemente dieser Gegend also. Diese Vegetationswand ist die Brücke zwischen Landschaft und Industrieanlage. Die Vegetationswand vermittelt zwischen den Interessen der Bevölkerung, die ja ihr Naherholungsgebiet wollen, und den Interessen der Industrie, die ein neues Fabrikgelände braucht. Die Vegetationswand ist die Schnittstelle.
Karin Salm: Wenn ich jetzt vielleicht etwas böse weiterfrage: Könnte man nicht den Eindruck bekommen, dass hier etwas versteckt, kaschiert wird, was man einfach nicht sehen soll, was nicht hierhin passt?
N. Graber: Nein, wenn wir das kaschieren wollten, dann hätten wir diese Vegetationswand nicht so bearbeitet, wie wir das gemacht haben. Diese Vegetationswand besteht aus Metallrahmen und Holzrahmen von sechs Meter Höhe und zwei Meter Breite, und darin, im Innern der Mauer, können sich die Pflanzen ausbreiten. Es sind übrigens nur Pflanzen aus dieser Gegend. Das ist ein Zusammenspiel von Natur und Bau.
Karin Salm: Wenn man von weitem hinsieht, sieht man, dass diese Pflanzenwand direkt übergeht in das begrünte Dach.
N. Graber: Genau. Also es ging auch darum, eben nicht zu kaschieren. Hier steht ein Bau, und zwar ein Industriebau mit einer Direktheit, das heißt, er zeigt, was er ist. Und es gibt verschiedene Elemente, die diese Direktheit ausdrücken, zum einen die Pflanzenwand, zum anderen das Dach. Es ging ja

nicht darum, die Natur zu imitieren, sondern etwas zu machen, das Charaktereigenschaften der Landschaft aufnimmt, und damit dann in die Landschaft passt. Wir sprechen hier von einer Wesensverwandschaft.

▶ **Track 28** *Abschnitt 3*
Karin Salm: Sie sprechen jetzt von Wesensverwandschaft. Aber ich kann mir auch vorstellen, dass es ja nicht ganz einfach ist, so ein gigantisches Industriegebäude in eine Landschaft zu stellen, die so einen hohen Naherholungswert hat. Herr Steiger, Sie haben vorhin angedeutet, dass man den Menschen hier, der Öffentlichkeit, mit dem Gebäude einen Wert anbieten musste. Was ist denn der Wert dieser Fabrikhalle für die Bevölkerung?
Ch. Steiger: Die andere Möglichkeit wäre ja gewesen, den Siedlungsraum und damit auch die Industrie hier einfach ohne Rücksicht auf die Landschaft auszubauen. Wir aber wollten das Gebäude in einen Bezug zur Landschaft setzen. Diese Gebäude macht ja auch durch die Vegetationswand und das begrünte Dach die Jahreszeiten mit. Passt sich damit auch an die Farben der Jahreszeiten an.
N. Graber: Aber es gibt natürlich auch einen echten ökologischen Gewinn. Und der ist auch für die Allgemeinheit. Die ganze Fabrik, die Wand und das Dach, nehmen ja mittlerweile Teil an dem Biorhythmus dieser Landschaft, sie gehören dazu, und das ist ja in diesem Sinne auch ein Wert.

▶ **Track 29** *Version 2*
Abschnitt 1
Karin Salm: Sie hören DRS 2 mit „Reflexe". Heute geht es um ein kleines architektonisches Wunder, darum, wie zwei junge Architekten eine zwei Hektaren große Fabrikhalle mitten in eine sensible Landschaft hineingebaut haben. Es ist eine Fensterfabrik, die langsam nahezu verschwinden wird. Am Mikrofon begrüßt Sie Karin Salm.
Thomas Baumgartner ist Besitzer dieser Fensterfabrik in Hagendorn bei Cham und für Thomas Baumgartner war klar, um konkurrenzfähig zu bleiben, müsse das Werk der Baumgartner AG dringend großflächig erweitert werden. Dumm nur, dass es gerade in einer Landschaft sein musste, die im Bundesinventar der Landschaften und Naturdenkmäler von nationaler Bedeutung als landschaftlich sensibel eingestuft ist. Die Gemeinde machte dem Unternehmer Auflagen: Einfach so zu bauen mit einem Generalunternehmer, wie das bei Gewerbebauten sonst üblich ist, komme hier definitiv nicht in Frage. Ein ordentlicher Architekturwettbewerb mit interdisziplinärem Team musste es sein. Zum Handkuss kamen Nikolaus Graber und Christof Steiger, die seit 1995 in Luzern ein gemeinsames Architekturbüro betreiben, und die vorher in den Büros von Hans Kollhof und Herzog & de Meuron gearbeitet haben. Für das Fabrikprojekt in Hagendorn nahmen Graber und Steiger den Landschaftsarchitekten Stefan Koepfli zu sich ins Boot. Und mit den Dreien bin ich nach Hagendorn gereist, in jene sensible Landschaft im Reuss- und Lorzegebiet, in jenen fein gekammerten Landschaftsraum, wo die Felder und Äcker von Bäumen und Büschen, von Waldpartien eingefasst sind.

Transkriptionen der Hörtexte

▶ Track 30 *Abschnitt 2*

Karin Salm: Wir stehen auf einer Wiese 200 Meter vor der Fabrikhalle, die sich wie eine Staumauer in die Landschaft schiebt. Nikolaus Graber beginnt das Gespräch, dann ergreift sein Kollege Christof Steiger das Wort.

N. Graber: Also, vielleicht muss man sagen, dass die Assoziation mit einer Staumauer vielleicht daher rührt, weil es eine Dimension hat dieses Gebäude, die ungewohnt ist in unserem normalen baulichen Kontext, und das Gebäude nimmt die Dimension der Landschaft auf. Es spricht die, ehm, es spricht in den Dimensionen der Landschaft und eben nicht in den Dimensionen des Siedlungsraumes und deswegen ist eine solche Assoziation sicherlich auch zulässig.

Karin Salm: Aber wenn ich genauer gucke, dann sehe ich eben das mit der Mauer ist vielleicht trotzdem falsch, weil es hat hier so merkwürdige Wände davor, wo Pflanzen wachsen.

N. Graber: Ja, wir nennen das eine Vegetationswand. Es ist eines der Elemente, die den Bau mit der Landschaft, ehm, verbinden. Wir haben versucht, einen Bau zu machen, der landschaftliche Elemente, ähm, die in dieser Gegend vorkommen, auch im Bau aufgenommen werden. Und diese Vegetationswand, die ermöglicht, zwischen Bau und Landschaft zu vermitteln. Eh, sie ermöglicht, eh, verschiedenste Interessen, die hier herrschten, sprich die der Allgemeinheit, das ist ein Naherholungsgebiet, wo wir hier uns befinden, und die Interessen der Bauherrschaft hier eine Fabrik zu erstellen, diese an der Schnittstelle, eh, zu hinterfragen diese beiden Interessen, und auch zu beantworten.

Karin Salm: Wenn ich jetzt bös weiter inspintisiere, es sieht aus nach Kaschieren, oder man könnte es auch als Kaschieren taxieren.

N. Graber: Nein, wenn wir das kaschieren wollten, dann hätten wir diese Vegetationswand nicht auch konstruktiv bearbeitet. Diese Vegetationswand wird zusammengestellt über oder erstellt durch Metallrahmen, die ausgefacht werden mit Holzrahmen, die haben eine Dimension von sechs Metern Höhe und zwei Metern Breite und im Inneren kann sich die Pflanze ausbreiten. Es sind Pflanzen, die hier aus der Gegend stammen. Es sind vielfältige Arten, eh, und dieses Zusammenspiel zwischen Natur und gebauter Welt, die wollten wir hier thematisieren.

Karin Salm: Also es ist ja interessant, immer, auch wenn man von Weitem herguckt, dass diese Vegetationswand quasi fast übergeht in die Konstruktion des Daches, oder, so ganz merkwürdig eigentlich.

N. Graber: Genau. Also es ging auch darum, eben nicht zu kaschieren, sondern zu sagen, hier steht ein Bau und es ist sogar ein Industriebau, der hat eine gewisse Direktheit, und es gibt eben verschiedene Elemente, die diese Direktheit ausdrücken oder auch von dieser Dimension sprechen, das ist das Dach, was sehr weit ausladend ist und auch eine relativ strenge Form thematisiert, und eben auch diese Vegetationswand, die sehr geometrisch hier in der Landschaft steht. Es ging ja nicht darum, die Landschaft zu imitieren, oder, ehm, die Waldsäume und diese Hügelgruppen wirklich zu imitieren, sondern es ging vielmehr darum, das Wesentliche aus dieser Charakteristik zu übernehmen, und eben eine Wesensverwandtschaft zwischen Gebäude und Landschaft herzustellen.

▶ Track 31 *Abschnitt 3*

Karin Salm: Sie sprechen jetzt von Wesenwandtschaft, äh, Wesensverwandtschaft. Aber ich kann mir auch vorstellen, es ist ja nicht ganz einfach so ein gigantisches Industriegebäude in eine Landschaft zu stellen, die auch so einen Naherholungswert hat. Sie, Herr Steiger haben das vorhin so ein bisschen angedeutet, auch der Öffentlichkeit einen Wert hier zu offerieren, im Ganzen. Was ist denn der Wert?

Ch. Steiger: Die andere Möglichkeit wäre ja darin, hätte darin bestanden, dass der Siedlungsraum sich einfach ohne Beachtung der Landschaft in die Landschaft hinaus entwickelt hätte. Und wir wollten das Gebäude in Bezug zur Landschaft setzen. Dieses Gebäude macht dadurch die Jahreszeiten mit, die Vegetationswand jagt das begrünte Dach, hat verschiedenste Farben, die es aufnehmen kann. Und diese Lebendigkeit wird auch erkennbar für ... Ja...

N. Graber: Also, es gibt einen, natürlich einen ökologischen Gewinn und der ist natürlich auch für die Allgemeinheit, weil, eh, der, das ganze Dach oder die ganze Fabrik nimmt ja mittlerweile am ganzen Biorhythmus dieser Landschaft und dieser Umgebung teil und das ist in diesem Sinne auch ein Wert ...

Track 32 Abschnitt E, E3b
Abschnitt 1

Reporterin: Zu unserem kleinen Gespräch am Abend begrüße ich heute Frau Fischer, Wahlbeobachterin der EU aus Österreich, vielseitig engagierte Österreicherin in allen Bereichen der humanitären Hilfe. Frau Fischer, Sie sind Wahlbeobachterin. Was ist das eigentlich?

Fischer: Als Wahlbeobachterin vertrete ich ein politischen Systems: die EU. Wir kommen in Länder, von denen wir eingeladen werden. Und arbeiten dort, um festzustellen, inwieweit demokratische Strukturen aufgebaut, eingerichtet, angewendet werden. Während ..., das geschieht vor der Wahl, während der Wahl und kurz nach der Wahl.

Reporterin: Und was machen Sie dann dort konkret vor Ort?

Fischer: Also, alle Langzeitwahlbeobachter kommen schon mehrere Wochen vor den Wahlen ins Land, man will die Eigenheiten, Stärken, Schwächen eines Landes kennenlernen und sich orientieren. Es werden Kontakte aufgebaut, wir versuchen Informationen zu bekommen, wir treffen – Veranstaltungen der Parteien, Wahlkampfveranstaltungen, wir sprechen mit Parteivorsitzenden, mit Oppositionellen, wir interviewen Journalisten, Administrationsbeamte, wir treffen religiöse Führer, interviewen Intellektuelle und Frauenvertreterinnen, also wir treffen Menschen, Gruppen, Organisationen, die uns ein möglichst umfangreiches Bild eines Landes vermitteln können.

Reporterin: Dies ist ja nicht nur eine verantwortungsvolle Aufgabe, sondern wahrscheinlich auch eine recht anstrengende. Warum tun Sie das?

Fischer: Ich leb mein ganzes Leben in einem demokratischen System und bin glücklich darüber. Mir bedeuten demokratische Strukturen viel. Wenn ich jetzt beitragen kann, mithelfen kann, dass demokratische Strukturen in Ländern zur Anwendung kommen, in denen bisher Traditionen auf anderen politischen Systemen, eh, gefußt haben, dann habe ich viel erreicht. Das ist das Feedback.

Reporterin: Sie engagieren sich aber nicht nur politisch, sondern auch humanitär. Wie hängt das zusammen?

Fischer: Bei meiner Arbeit auf dem politischen Bereich habe ich immer wieder Situationen kennengelernt, dass nicht alle Probleme einer Gesellschaft von der Politik behoben werden können. Das lässt mich nicht kalt. Ich versuche dann, von unserem Reichtum in Europa etwas abzuzweigen, für Menschen, die sich in Ausnahmesituationen befinden und deren Leben erheblich schwieriger sind als unseres.

▶ Track 33 *Abschnitt 2*

Reporterin: Was machen Sie da zum Beispiel?

Fischer: Das ist total unterschiedlich, hängt immer von der einzelnen Situation ab. In manchen Fällen ist Nothilfe angebracht, da geht es darum, Lebensmittel, Kleidung, Medikamente möglichst schnell zu sammeln, verpacken und zu liefern, nur schnelle Hilfe ist effektiv. Wir begleiten dann auch alle Transporte. Wenn die erste Nothilfe angekommen ist, dann geht es meistens darum, die Infrastruktur wieder aufzubauen, da helfen wir auch mit, indem wir Kindergärten einrichten, Schulen ausstatten, Krankenhäuser mit Betten und medizinisch notwendigen technischen Geräten zu versorgen. Äh, in manchen Fällen versuchen wir Arbeitsplätze zu schaffen, sehr häufig Arbeitsplätze für Frauen, damit die betroffenen Menschen langsam und selbstständig von der humanitären Hilfe unabhängig werden und ihren Lebensunterhalt wieder selbst verdienen können. Ja, es ist nicht ganz einfach, herauszufinden, was die Menschen wirklich brauchen. Wichtig ist mir, nicht das zu liefern, was wir hier nicht mehr benötigen, sondern genau das zu besorgen, was dringend fehlt, und das vor Ort zu dem Zeitpunkt nicht beschafft werden kann.

Reporterin: Aber das machen Sie doch nicht alles alleine, oder?

Fischer: Nein, das geht schon lange nicht mehr. Freunde helfen mir. Daneben haben viele engagierte Menschen sich unserem Team angeschlossen, manche für einen längeren Zeitraum, sie investieren Zeit, Energie, Geld, andere haben für einen kürzeren Zeitraum sich eingebracht. Ähm, wir haben ein tolles Team. Daneben werden wir von Unternehmen, Firmen, Kirchen, Organisationen unterstützt. Ich bin eigentlich nur der Motor.

Reporterin: Eine letzte Frage: Sind Sie anpassungsfähig?

Fischer: Also ich bin in meiner Arbeit niemals zweimal der gleichen Situation begegnet und ich musste mich wirklich oft flexibel zeigen. Das war nicht immer ganz einfach. Ich hoffe schon, dass ich anpassungsfähig bin. Bemühe mich jedenfalls immer, auf meine Gesprächspartner einzugehen, deren Meinung zu hören, zu hinterfragen, was die wirklichen Bedürfnisse sind. Dabei muss ich ja meine Identität nicht aufgeben. Also, Anpassungsfähigkeit heißt ja nicht, dass ich mich aufgebe. In Afrika zum Beispiel hab ich einen total anderen Zeit – Umgang mit der Zeit kennengelernt. Das hat mich am Anfang sehr nervös gemacht, weil ich in meinem mir vertrauten europäischen Tempo weiterarbeiten wollte. Nach einigen Tagen ist mir klar geworden, ich kann Afrika nicht verändern, ich kann nur mich verändern, ich kann mich also anpassen und meinen lokalen Mitarbeitern die Chance geben, so weiterzuarbeiten, wie sie es kennen,

und mich einfach umstellen. Ich hab meine Arbeitsweise nicht aufzwingen wollen. Das hat ganz gut funktioniert. Zu Hause angekommen, habe ich festgestellt, dass ich langsamer war, als meine europäische Umgebung. Diese afrikanische Langsamkeit habe ich noch ein bisschen festhalten können, paar Wochen, aber nicht länger als einen Monat, ich konnte mein Arbeitspensum bewältigen, aber nach einem Monat war ich wieder europäisiert, mit all der Hektik.

Reporterin: Frau Fischer, herzlichen Dank für das Gespräch.

Lektion 11: Versäumt

Track 34 Abschnitt A, A2a

Reisefieber

nachts   aufgeschreckt   Zug ist weg
nein
nur geträumt
mit einem Schrei   wach im Bett
Zug ist weg! nein   erst halb zwei
aus dem Bett Zug verpasst!
kurz vor drei
nur keine Hast schön geträumt?
Ja?   Zug versäumt.

▶ Track 35 Abschnitt C, C2a

Reisende: Guten Tag.

Schalterbeamter: Guten Tag. Wie kann ich Ihnen helfen?

Reisende: Ja, also, die Sache ist die: Ich wollte eigentlich mit dem ICE nach Hamburg fahren, der da so um Viertel nach zwölf ankommt. Und jetzt ist mir was ganz Blödes passiert: Ich war in dem Café dahinten, weil ich noch Zeit hatte, da hab ich noch 'en Kaffee getrunken und die haben da so 'ne große Uhr an der Wand, nur dummerweise steht die anscheinend noch auf Winterzeit und jetzt hab ich meinen Zug verpasst.

Schalterbeamter: Ja, und ? Selbst wenn die Uhr nicht umgestellt ist, ist es doch ... Also, in 30 Minuten geht doch der nächste nach Hamburg. Nehmen Sie den, der fährt auch nur dreißig Minuten länger, dann sind Sie halt etwas später in Hamburg, also um 1 Uhr 43

Reisende: Ja schon, ich weiß, aber mein Problem ist ja eigentlich ein ganz anderes.

Schalterbeamter: Ja ...?

Reisende: Also, ich – mein Problem ist Folgendes: dass ich nämlich von Hamburg noch mit der S-Bahn nach Poppenbüttel weiter müsste, aber die letzte erwisch´ ich mit dem nächsten Zug nicht mehr, die fährt um 1.00 Uhr, und ich komm da doch nach ein Uhr an. Die ganze Geschichte ist ja jetzt nur deshalb passiert, weil die Uhr im Café falsch ging. Also, was ich jetzt damit sagen will: Es geht mir jetzt eigentlich weniger um den verpassten ICE, sondern mehr um die S-Bahn in Hamburg. Oder genauer: Ob es noch eine andere Möglichkeit für mich gibt, heute noch nach Poppenbüttel zu kommen außer mit dem Taxi.

Schalterbeamter: Jetzt machen Sie sich mal keine Sorgen, da gibt es schon eine Lösung. Da gibt es ja noch Busse, die fahren normalerweise länger. Ich gucke gleich mal, ja hier, sehen Sie, um zwei Uhr vierzehn geht der Bus ...

Transkriptionen der Hörtexte

▶ Track 36 Fokus Grammatik: selbst im Kontext
Übung 1
a 1: Er hatte Interviewtermine mit Frauenzeitschriften, Schauspielagenten riefen ihn an, *selbst* Casting-Direktorinnen wollten ihn kennenlernen.
a 2: Er hatte Interviewtermine mit Frauenzeitschriften, Schauspielagenten riefen ihn an, sogar Casting-Direktorinnen wollten ihn kennenlernen.

▶ Track 37
b 3: Diese Botschaft finde ich beruhigend: Dass man Erfolg und Misserfolg im Leben wohl nur begrenzt *selbst* in der Hand hat.
b 4: Diese Botschaft finde ich beruhigend: Dass man Erfolg und Misserfolg im Leben wohl nur begrenzt persönlich, eigenständig in der Hand hat.

▶ Track 38 Übung 3.b
Satz 1: Nicht nur die Menschen sondern auch einige Tiere können sich im Spiegel erkennen.
Satz 2: Nicht nur die Menschen sondern auch einige Tiere können sich selbst im Spiegel erkennen.

Satz 3: Die Psychologin beobachtete sich bei dem Treffen mit den Angeklagten genau.
Satz 4: Die Psychologin beobachtete sich selbst bei dem Treffen mit den Angeklagten genau.

▶ Track 39 Übung 3c
Satz 1: Selbst wenn ich morgen noch Fieber habe, gehe ich wieder zur Arbeit.

▶ Track 40 Übung 4
Satz 1: Muss ich denn alles selber machen?
Satz 2: Da kann ich dir wirklich nicht helfen, das Problem musst du schon
selber lösen.
Satz 3: Wann zahlt besser die Versicherung? Wann sollte man selber zahlen?

▶ Track 41
Satz 1: Hätte ich nicht gedacht, dass Baki am Ende doch noch Erfolg hat.
Satz 2: Aber ich finde, dass er trotzdem anders hätte handeln müssen.
Satz 3: Was hätte er denn gemacht, wenn er dieses Angebot nicht bekommen hätte?
Satz 4: Also, ich hätte das nicht gekonnt, so ruhig bleiben und abwarten, bis etwas passiert.
Satz 5: Er hat zwar Glück gehabt mit dem Angebot, aber er hätte doch viel früher selbst etwas tun sollen.
Satz 6: Ja, er hätte zum Beispiel auf Partys gehen können, wo er Casting-Agenten hätte treffen können.
Satz 7: Hätte ich mich doch nicht eingemischt, jetzt bin ich der Depp.

CD2

Lektion 12: Geschafft
▶ Track 2 Abschnitt A, A2
Ansage: Sie haben acht neue Nachrichten.
Ansage: Nachricht 1
Statement 1: Ich hab ihn bekommen, kannst du dir das vorstellen, ich, morgen soll ich schon zur Vorbesprechung kommen, wenn ich will, kann ich schon nächste Woche anfangen. Da staunst du, was!? Ich ruf dich später an.
Ansage: Nachricht 2
Statement 2: Ich hab's geschafft, ich bin jetzt endlich fertig, weißt du eigentlich, wie lang das gedauert hat? Das nächste Mal mach ich das nicht mehr allein. Ich meld mich.
Ansage: Nachricht 3
Statement 3: Stell dir vor, ich hab's wieder nicht geschafft, dieser Typ! Aber das war echt unfair, er hat mich einfach in die Einbahn fahren lassen, absichtlich, das lass ich mir aber jetzt nicht mehr gefallen, ich bin so sauer, kostet ja auch eine Menge Geld!
Ansage: Nachricht 4
Statement 4: Wegen dem Dingsda, du weißt schon. Du, ich schaff's einfach nicht, ich hab wirklich alles genau nach der Beschreibung gemacht, es geht einfach nicht. Langsam glaub ich, die Anleitung ist falsch.
Ansage: Nachricht 5
Statement 5: Wo bist du? Es gab doch keine Verspätungen! Ich steh hier in der Halle und warte …
Ansage: Nachricht 6
Statement 6: Na, was sagst du jetzt!? Ich hab's geschafft! Und weißt du, wer zweiter geworden ist? Na die Dings, du weißt schon, die schon beim letzten Mal so sauer war, dass sie nicht gewonnen hat.
Ansage: Nachricht 7
Statement 7: Ich muss dich einfach anrufen, wenn das Handy schon funktioniert, ich sag dir, es ist einfach sagenhaft, eine derart gigantische Aussicht, die acht Stunden Aufstieg … ha, jede Sekunde war es wert, nächstes Mal musst du unbedingt mitkommen.
Ansage: Nachricht 8
Statement 8: Hallo, du ich wollte dir nur sagen: Heute sind's drei Monate. Was? Hättest du nicht gedacht, dass ich das schaff? Es war einfacher als ich gedacht hatte, nicht einmal nach einem Kaffee geht's mir ab. Also jetzt bist aber du dran! Bis morgen.

▶ Track 3 Abschnitt C, C2
Reporterin: Zu unserem Gespräch am Abend begrüße ich heute Frau Dr. Martha Schad, Historikerin aus Augsburg. Frau Dr. Schad ist aber nicht nur Historikerin, sondern auch Autorin von sehr erfolgreichen Büchern. Ihre Bücher handeln von Frauen, von strarken Frauen, von interessanten Frauen. Viele dieser Bücher sind erfolgreich geworden, besonders bekannt hat sie aber das Buch „Frauen, die die Welt bewegten" gemacht. Das Buch enthält Porträts von Heiligen, Künstlerinnen, Wissenschaftlerinnen, Königinnen, Kämpferinnen, Philosophinnen. Nicht alles Bereiche, in denen wir spontan erfolgreiche Frauen suchen würden. Wie sind sie auf dieses Thema gekommen und nach welchen Kriterien haben Sie sie ausgewählt?

Schad: Ja, die Frauen bewegten mich seit langer Zeit und da habe ich mir eben gedacht, dass ich in einem großen Bildband mit 100 Portraits ein ganz breites Spektrum von Frauen darstellen möchte: natürlich auch unter dem Aspekt, ab wann Frauen Berufe ausüben durften und in welchen Berufen sie dann sehr erfolgreich gewesen sind.

Reporterin: Was unsere Zuhörer jetzt sicher wissen wollen: Wollten Sie schon als Kind, als Sie zum Beispiel das Gymnasium besuchten, Historikerin und Schriftstellerin werden? Gab es in Ihrer Familie vielleicht eine Schriftstellerin, die Ihr Vorbild war?

Schad: Nein, eine Schriftstellerin als Vorbild hab ich nicht in meiner Familie und dass ich selbst einmal schreiben werde, hab ich auch erst sehr spät bemerkt.

Reporterin: Wenn ich richtig informiert bin, dann war es ja so, dass Sie das Gymnasium – trotz ausreichender Noten – nach der Mittleren Reife, verließen, also das Abitur nicht gemacht haben. Was war der Grund dafür?

Schad: Ja, wenn Sie mein Geburtsdatum kennen, dann wissen Sie, dass damals noch Nachkriegszeit war und meine Eltern überhaupt der Meinung waren, dass es eine gute Sache sei, wenn ihre beiden Töchter bis zur Mittleren Reife am Gymnasium blieben. Mein Vater war Finanzbeamter und so spielte das Beamtentum bei uns zuhause immer eine große Rolle. Somit war der Wunsch meiner Eltern, dass ich zur Justiz gehen sollte, um Beamtin zu werden. Das ist ja eigentlich eine schöne Laufbahn. Aber der Drang ins Ausland war bei mir doch sehr ausgeprägt und es hat einige Kämpfe gekostet, bis mir die Mutter erlaubte nach England und später dann noch an die Universität in Paris zu gehen. Und im Ausland hab ich natürlich die Sprachen gelernt, aber mich auch mit Land, mit dem Land und den Menschen auseinandergesetzt. So kam es, dass mein Weg etwas anders verlaufen ist, als von meinen Eltern geplant.

Reporterin: Ich glaube, unsere Zuhörer würden doch noch einige Aspekte Ihrer Kinder-, Ihrer Jugendzeit, also Ihrer Erziehung interessieren. Gab es jemanden in Ihrer Familie, der oder dem Sie Ihren Erfolg in irgendeiner Art verdanken? Wer hat Sie da am stärksten beeinflusst?

Schad: Am stärksten beeinflusst hat mich ganz sicher meine Mutter, die immer der Meinung war, dass dann, wenn man etwas anfängt, dieses auch unbedingt gut sein müsse, manchmal, ihrer Meinung nach, sogar sehr gut.

Reporterin: Dass Ihre Mutter nach unserem Verständnis also eher streng war, hat Ihnen also nicht geschadet, sondern Ihnen eher geholfen stark zu sein, durchzuhalten. Ihnen geholfen, sich Ziele zu setzen und diese auch zu verwirklichen, daran zu arbeiten und nicht aufzugeben.

Schad: Ja, ganz genau kann man das so sagen.

Reporterin: Nach Ihren Auslandsaufenthalten haben Sie dann 1961 geheiratet und waren vierzehn Jahre lang hauptberuflich Hausfrau und Mutter. Böse Zungen würden vielleicht sogar sagen, nur Hausfrau und Mutter. Das ist doch erstaunlich bei einer Frau, die dann beruflich so erfolgreich geworden ist, wie Sie.

Schad: Ja, sie müssen das so sehen: Ich bin doch geprägt worden von einem Elternhaus in dem das Ziel für die Frauen darin bestanden hat zu heiraten, Kinder zu bekommen und sich um Haus und Kinder zu kümmern. Und das wollte ich auch. Das war also nichts Erzwungenes. Ich schau auf diese Zeit daher mit ganz viel Freude zurück. Es war so schön mit den Kindern.

▶ **Track 4**

Reporterin: Aber es gibt ja ein „Danach". Der Anfang Ihrer beruflichen Karriere, dieses Wort benutze ich jetzt ganz bewusst, war ja eher ein schwieriger Einschnitt in Ihrem Leben, nämlich Ihre Scheidung 1975. Sie fingen damals kurzentschlossen am Sprachenzentrum der Universität Augsburg als Sekretärin an.

Schad: Ich muss zuerst einmal sagen, dass das schon auch der Universität Augsburg zu verdanken war, die eine Frau wie mich nach dieser langen Zeit der Nicht-Berufstätigkeit wieder aufgenommen hat. Ich musste allerdings auch viel nachlernen. Ich wusste ja noch nicht mal wie man einen Fotokopierer bedient. Die Technik war ja damals auch weitergegangen. Das war also durchaus eine Anstrengung. An einem solchen Sprachenzentrum wie in Augsburg werden viele Sprachen gelehrt. Mit meinen Sprachkenntnissen war ich da also durchaus richtig.

Reporterin: Welche Sprachen können Sie denn?

Schad: Englisch, Französisch, Spanisch und ein bisschen Russisch. An der Universität habe ich dann sehr schnell gemerkt, dass das mein Leben ist. Dort gehörte ich hin, ich war damals ja noch jung und so habe ich mir gedacht, ich möchte gern noch einmal etwas Neues beginnen. Ich wusste auch, dass ich über diese Tätigkeit hinaus noch etwas anderes machen kann. Weil ich aber keine deutsche Allgemeine Hochschulreife besaß, musste ich schauen, dass ich dieses deutsche Abitur irgendwie nachmachen konnte. Ich ging also ins Kultusministerium nach München und dort hat man mir gesagt: Sie sind im März vierzig geworden, vierzig ist aber die Grenze fürs Begabtenabitur. Wenn Sie aber einen Attest von zwei Akademikern bringen, dass Sie auch noch über ihren vierzigsten Geburtstag hinaus die Fähigkeit besitzen, studieren zu können, dann bekommen Sie eine Sondererlaubnis. Ich hab mich also dazu entschlossen, dieses Abitur nachzumachen. Dafür bin ich aber in keine Schule gegangen, ich hab mich ganz allein darauf vorbereitet.

Reporterin: Auf das sogenannte Begabtenabitur.

Schad: Ja, auf das Begabtenabitur. Danach habe ich dann meine Stelle am Sprachenzentrum der Universität Augsburg aufgegeben und meinen Professoren gesagt, dass ich jetzt studieren wolle. Auch dabei bin ich wieder auf sehr sehr viel Freundlichkeit gestoßen. Es hat also niemand zu mir gesagt, ich wär doch schon über vierzig und recht alt. Nein, das ist akzeptiert worden, sowohl von den Professoren, als auch von den Mitstudentinnen und Mitstudenten. Der Einstieg war wirklich wunderbar. Allerdings musste ich nebenbei auch noch arbeiten.

Reporterin: Sie haben dann Geschichte und Kunstgeschichte studiert. Fächer, die man oft als typische Frauenfächer bezeichnet. Die aber auch von sehr vielen studiert werden und eigentlich keine guten Berufschancen versprechen. Hat man Ihnen empfohlen, diese Fächer zu studieren oder war das von Anfang an Ihr Interessenschwerpunkt?

Schad: Nein, das war mein ganz eigener Wunsch, diese Fächer zu studieren.

▶ **Track 5**

Reporterin: Sie haben dann, wir überspringen jetzt die Studienjahre, nicht nur Ihren Magister gemacht sondern auch promoviert. Und gehören wohl zu den seltenen Personen, deren Dissertation nicht nur veröffentlicht wurde sondern auch verfilmt wurde: Das war „Die Frauen des Hauses Fugger", einer berühmten über Jahrhunderte aktiven Kaufmannsfamilie in Augsburg. Wie sind Sie auf dieses Thema gekommen? Es gab doch schon viele Bücher über die Fugger-Familie, oder?

Schad: Es gab damals 30 Bände zur Fugger-Geschichte, in der die Lebensläufe der Frauen kaum vorkamen. Das bayrische Fernsehen hat dieses Buch dann verfilmt und, was sehr erfreulich war, die Verkaufszahlen für dieses Buch waren ausgesprochen gut, denn es war ja die Dissertation. Ich würde gern noch einen kleinen Sprung zurück machen. Meine Promotion erschien damals beim Verlag Mohr Siebeck in Tübingen. Nachdem das Buch verlegt war, sagte Herr Siebeck zu mir, Sie sollten weiterschreiben. Ich habe ihn völlig ungläubig angesehen. Und mir gedacht: Wenn so ein erfahrener Mann, ein Verleger, das zu mir sagt, dann sollte ich das vielleicht wirklich ausprobieren. Ich ging nach Hause, hab mich hingesetzt und das Buch über Bayerns Königinnen geschrieben. Von diesen Königinnen hab ich immer die am meisten geliebt, über die ich gerade geschrieben habe.

Reporterin: Dieses Interesse an starken Frauen, hat dann ja auch zu Ihrer eigentlichen Anstellung an der Universität Augsburg geführt. Sie bekamen einen Lehrauftrag und haben dann damit eigentlich die historische Frauenforschung begründet. Daneben haben Sie noch zahlreiche Bücher über interessante, erfolgreiche oder berühmte Frauen veröffentlicht – Sie können sich ein Leben ohne Bücherschreiben sicher gar nicht mehr vorstellen?

Schad: Das kann ich ganz sicher nicht mehr und das Interesse an Frauenbiographien ist bei mir sehr weit und breit gefächert, sei es nun ‚Kaiserin Elisabeth und ihre Töchter', oder, ein großer Erfolg, ‚Frauen gegen Hitler'.

Reporterin: Ihre Bücher erfreuen sich aber nicht nur bei den deutschsprachigen Lesern großer Beliebtheit.

Schad: Ja, das ist richtig und vielleicht für die Zuhörer besonders interessant, meine Bücher gibt es insgesamt in 16 Sprachen, zum Beispiel auch in Japanisch, Chinesisch, Lettisch, Ungarisch, Tschechisch, Türkisch, Französisch, Holländisch, je nachdem, in welchem Land sich die Leser eben für ein bestimmtes Buch interessieren.

Reporterin: Und daran schließt sich natürlich gleich eine weitere Frage an: Gibt es aktuell ein neues Projekt, an dem Sie arbeiten?

Schad: Ja, es gibt ein neues Projekt. Ein fast fertiges Manuskript liegt auf meinem Tisch und zwar mit dem Titel, Sie liebten den Führer'. Ich gehe also noch einmal in die NS-Zeit zurück.

Reporterin: Darf ich Ihnen vielleicht zuletzt noch eine ganz persönliche Frage stellen? Haben Sie ein Motto, das Sie als bestimmend für Ihr Leben bezeichnen würden?

Schad: Ja, ich habe ein Motto. Und das heißt: Alles im Leben hat seine Zeit. Ich habe einfach bestimmte Phasen abgewartet. Ich hab zwar manchmal auch gedacht, ich könnte mit dem Kopf durch die Wand, aber irgendwann legt man so etwas dann doch ab. Wenn man also in Ruhe darauf schaut, wie man die verschiedenen Dinge miteinander vereinbaren kann, dann merkt man, dass wirklich alles im Leben seine Zeit hat.

▶ **Track 6 Abschnitt D, D1b**

Und zum Abschluss: Interessantes aus der Kunstwelt – Der Extremkünstler Michael Werner stellte eine neue, unglaubliche Bestmarke im Kunstsektor auf. Nach 30 Stunden zermürbender Arbeit war es geschafft. Werner bemalte einen 220 Meter langen Tunnel in der Tübinger Innenstadt von vorn bis hinten durchgehend mit Hunderten Picasso-Stierköpfen (auf einer aufgeklebten Aluminiumfolie). Nur wenige Minuten vor dem festgelegten Zeitlimit erreichte er das Ende des Tunnels. Die Stierköpfe können noch bis zum 23. 7. im Rahmen der TÀRT, dem experimentellen Kunstfestival Tübingens, betrachtet werden. In Köln zeigt der Performancekünstler Udo Harri ...

▶ **Track 7 Abschnitt E, E1b**

Sabine M.: Gott, ich schaff das nicht mehr!

Freundin: Wieder dein Job?

Sabine M.: Es ist nicht zum Aushalten, kein Tag, an dem ich vor sieben zu Hause bin.

Freundin: Habt ihr denn keine Gleitzeit?

Sabine M.: Dass ich nicht lache, Gleitzeit, mit wem denn? Wenn ich allein im Büro sitze. Und seit einem Jahr wird kein zweiter angestellt. Gleitzeit, ja klar, von morgens bis abends, täglich zehn Stunden. Meine Mutter flippt auch schon aus, sie will mal einen enkelfreien Abend, weiß echt nicht mehr, wie das ist, wenn man mal ... Na ja, ...

Freundin: Aber verdienen tust du doch nicht so schlecht ..., komm, das ist doch auch was ...

Sabine M.: Klar, nur die Prämie haben sie uns gestrichen, und das Weihnachts- und Urlaubsgeld. Wegen der allgemeinen Auftragslage und weil der Sprit so teuer ist und ...

Freundin: Das stimmt ja eigentlich irgendwo auch ...

Sabine M.: ... davon hab ich auch nicht mehr in der Tasche – wenn sie wenigstens die Überstunden zahlen würden, aber flexibel bin ja nur ich ...

Freundin: Warst du denn schon beim Betriebsrat?

Sabine M.: Ach, das bringt doch auch nichts, was wollen die denn machen, außerdem...

Freundin: Seit wann biste denn eigentlich in dem Laden da ...?

Sabine M.: Frag nicht, warte der Jens ist jetzt vier Jahre alt, also mindestens sechs, nee du, warte, fast sieben ...

Freundin: Und wieso suchst du dir nicht was anderes, mit deiner Erfahrung?

Sabine M.: Mensch, mit einem kleinen Kind, und 'nem Halbtagskindergartenplatz, Mensch, die wissen doch, dass mich keiner nimmt für so einen Job. Also, bleib ich, bis der Laden steht und ...

Freundin: Ich würd doch mal mit dem Chef sprechen, so kann der Laden doch nicht funktionieren, langfristig gesehen, oder?

Sabine M.: Nee, und ich brech zusammen, du, seit zwei Jahren keinen richtigen Urlaub gemacht ...

Freundin: Was?

Sabine M.: Ja klar, weil sonst keiner da ist, der das macht, echt, ich hab die Nase voll, vielleicht meld ich mich doch

arbeitslos, Mensch, dann kann ich im Park sitzen oder auf'm Spielplatz, ...
Freundin: Das ist doch auch keine Lösung, nicht für dich ... Also, ich würd doch mal mit dem Betriebsrat sprechen, so geht das doch nicht weiter ...
Sabine M.: Meinst du?

Lektion 13: Vergessen
Track 8 Abschnitt A, A2a
Natürlich kenn ich ihn, den Herrn ... ach, wie heißt er doch gleich wieder? Ja, vom Gesicht her, vollkommen klar, der ... Mein Gott, mein miserables Namensgedächtnis! Es ist zum Auswachsen! Da steht er leibhaftig vor mir, der . . . der Dingsbums da, und dann fällt einem dieser verflixte Name nicht ein. Grimsbauer oder Gramshuber, nein, eher Gremsbauer ... oder wie? Ach, Mist. Peinlich ist eigentlich gar kein Ausdruck für den Moment wie diesen. ... „Guten Tag, Herr Deffner!" Da, der Skandal ist perfekt. Meinen Namen weiß er. Ich Un-Mensch. Ich Flegel. Ich Versager. Sauber steh ich jetzt da! Er scheint sich ganz offensichtlich bestens an mich zu erinnern, vor allem an meinen Namen! Ständig prügelt er mich damit, haut ihn mir links und rechts um die Ohren. Aber eins steht fest, seiner fängt mit „G" an! Es könnte auch ein „K" sein. Wir unterhalten uns vorzüglich, der fremde Bekannte und ich. ... Oh, die Verabschiedung droht. Normalerweise wird sie mit einem „Also, dann Herr ..." eingeleitet. Heute pirsche ich mich aber anders heran. „So, das hat mich jetzt aber gefreut, dass man sich wieder mal gesehen hat. Also, dann Herr ... „, Mein plötzlicher Hustenanfall kann die Situation auch nicht mehr retten. „Na, hamse meinen Namen vegessen? Aber das macht doch nichts! Nach der langen Zeit. Finninger war mein Name, Jens Finninger. Bis zum nächsten Mal." Er zieht seinen Hut und verschwindet hinter der Litfasssäule. Ich hab's doch gleich gewusst, mit „F" fing er an, sein Name!

▶ Track 9 Fokus Grammatik: Vermuten, Einschätzen, Modalverben im Kontext
Übung 1a
Frage: Wem gehört eigentlich der Schreibblock, den der Pfleger aus der Nachttischschublade zieht?
Statement 1: Der muss dem Pfleger gehören, weil er weiß, wo er liegt.
Statement 2: Der könnte aber doch auch dem Patienten gehören, auch wenn er sich nicht daran erinnert.
Statement 3: Der müsste dem Patienten gehören, weil er drauf geschrieben hat.
Statement 4: Er wird dem Patienten gehören, es sind doch seine Notizen.
Statement 5: Der dürfte dem Patienten gehören, wem denn sonst?
Statement 6: Den Block dürfte ihm der Arzt gegeben haben, damit er seine Gedanken notiert.
Statement 7: Vielleicht liegt in jedem Nachttisch ein Block, damit die Patienten ihre Notizen machen können.
Statement 8: Ich bin mir ganz sicher, der Block kann *nur* dem Patienten gehören.
Statement 9: Ich glaube, dass er dem Pfleger gehört.

▶ Track 10 Übung 3a
▲ Das muss Peter sein, Peter Klotz.
☐ Das müsste Peter sein, Peter Klotz.
▼ Das könnte Peter sein, Peter Klotz.
● Das dürfte Peter sein, Peter Klotz.

▶ Track 11 Abschnitt E, E2a
Ich freue mich, dass ich heute mit Ihnen die Wanderausstellung „Anne Frank. Ein Mädchen aus Deutschland" eröffnen darf und Ihnen damit eines der herausragendsten und innovativsten Ausstellungsprojekte des Jahres vorstellen kann. Wir befinden uns hier vor der ersten Wand dieser neuen Multimedia-Wanderausstellung.
Bevor ich aber mit der eigentlichen Führung beginne, möchte ich doch einige einführende Worte zu der Ausstellung sagen. Die Ausstellung soll natürlich an Anne Frank erinnern. Vielleicht wissen aber unsere jungen Besucher nicht, wer eigentlich Anne Frank war, und darum möchte ich kurz etwas über ihr Leben berichten: Geboren wurde sie 1929 in Frankfurt. Sie hatte eine drei Jahre ältere Schwester, Margot. Die Familie war jüdischen Glaubens. Es ist vielleicht nicht allgemein bekannt, dass Anne Frank mit ihrer Familie 1933/34 vor den Verfolgungen der Nazis in die Niederlande geflohen war und dort vor ihrer Verhaftung von 1942 bis 1944 zwei Jahre in einem Versteck verbracht hat, wo sie ihr berühmtes Tagebuch geschrieben hat.
Damals, als der Vater das Tagebuch seiner Tochter veröffentlichen wollte, ahnte noch keiner, welche Wirkung und welche Bedeutung dieses Buch für unser Erinnern an die Zeit des Nationalsozialismus und die Verbrechen des Holocaust haben sollte. Aber es hat auch eine große Bedeutung bei der intensiven Auseinandersetzung mit dieser Zeit. Erst vor einigen Jahren ist eine ergänzte kritische Ausgabe des Buches auf Deutsch veröffentlicht worden.

▶ Track 12
Ich bin mir nicht sicher, ob auch bekannt ist, dass Anne Frank im Versteck angefangen hatte, ihr Tagebuch ganz bewusst für eine Veröffentlichung zu bearbeiten: Erinnern wir uns, sie war damals dreizehn, fünfzehn Jahre alt! Und deshalb soll diese Ausstellung mehr, als nur erinnern. Sie soll sich damit beschäftigen, welche Fragen sich Anne Frank in ihrem Tagebuch gestellt hat und welche Bedeutungen diese Fragen für uns und unsere Kinder heute haben. Und anhand dieser Fragen und ihrer und unserer Antworten soll ein verantwortungsvoller Umgang mit rechtsradikalen Ideen und Parolen angeregt werden: Die Ausstellung soll uns bewusst machen, dass ein Engagement gegen Rechtsextremismus immens wichtig und notwendig ist. Die Ausstellung soll ein Beispiel dafür sein, wie aktive Erinnerungsarbeit gegen das Vergessen der Verbrechen, die die Nationalsozialisten begangen haben, in mehr übergehen kann, nämlich in ein aktives Engagement.
Folgen Sie mir nun zu einem Ausstellungsrundgang:
Die Ausstellung gliedert sich nach diesen Hauptfragen des Tagebuchs: Wer bin ich? Was geschieht mit mir? Was ist mir wichtig? Diese Fragen betreffen natürlich auch unsere Kinder, unsere Jugendlichen, sodass sie leicht einen Zugang zu den Fragestellungen der Ausstellung finden. Hier sehen Sie nun die erste Schautafel ...

▶ **Track 13 Abschnitt F, F 1b**

Statement 1: Hallo, Frau Wullenkort-Müller, nett, dass man sich hier auf der Messe wieder mal trifft. Darf ich Sie mit Herrn Vogel, meinem Kollegen aus unserer Vertriebsabteilung bekannt machen?

Statement 2: Sehr geehrte Damen und Herren, liebe Freundinnen und Freunde, ich begrüße Sie alle herzlich zu unserer heutigen Diskussionsveranstaltung hier in der Solar-Fabrik zum Thema „Sichern erneuerbare Energien die Energieversorgung der Zukunft?" Ich freue mich ganz besonders, den Hauptredner und Ehrengast des heutigen Abends, den 1. Vorsitzenden des Bundesverbandes Solarwirtschaft, Herrn Obermüller, zu begrüßen.

Statement 3: Ich möchte Ihnen heute Dr. Jens Cotter vorstellen. Er ist ein junger Typ, unglaublich erfolgreich und strotzt vor ständig neuen Ideen. Man muss nicht alles mögen, was er schreibt, doch sein Erfolg legt nahe, zu prüfen, was von seinen Vorschlägen für uns von Nutzen sein könnte.

Statement 4: Guten Abend, meine Damen und Herren. Ich spreche heute Abend über ein Thema, das man mühelos mit allem und mit nichts füllen kann. Lassen Sie mich versuchen, einen ...

Statement 5: Meine Damen und Herren, ich spreche heute einmal nicht von den Schulen. Ich spreche heute von den Medien – den privaten und den öffentlich-rechtlichen. Und gerade der Fall Mairöcker ...

Statement 6: Meine sehr geehrten Damen und Herren, liebe Freundinnen und Freunde, heute Abend diskutieren wir mit Georg Brauchler über das Zukunftsthema „Sind Wasserstoffautos eine Investition in die Zukunft?" Der dramatische Anstieg des globalen Energiebedarfs ...

Statement 7: Hi, ich bin der Andreas. – Hi. Thorsten. Bist du hier auch neu?

Statement 8: Fehlt niemand mehr? Ach ja, Corinna hat ja abgesagt. Also dann darf ich euch erst mal Frau Fleischer vorstellen, sie wird uns in den kommenden Wochen im Sekretariat entlasten. Willkommen Frau Fleischer. Nun zur Tagesordnung. Wer schreibt das Protokoll?

Statement 9: Hier darf ich nun jemanden begrüßen, den Sie vielleicht schon aus der Fachpresse kennen: Herrn Michael Mohn, Professor an der Technischen Hochschule in Berlin, Herr ...

Statement 10: Erst kürzlich hat ja Michael Hohler, der Teamchef, verkündet, dass er immer noch keinen Nachfolger als Sponsor für seine Mannschaft gefunden hat. Und nun darf ich Sie, Herr Hohler, hier bei unserem jährlichen Fanclubtreffen begrüßen und Ihnen gleich zu Beginn eine Frage stellen: Ist es in der Tat so, dass ...

Statement 11: Hier zu meiner Linken sitzt mein junger Freund Lukas, der gerade seine Ausbildung zum Geschichtsschreiber erfolgreich abgeschlossen hat.

Statement 12: Sie ist heute hier bei uns, in unserer Runde und ich möchte sie ganz herzlich begrüßen, weil ihre Arbeit ein Beispiel dafür ist, dass es vielen Menschen gar nicht leicht fällt, über die Vergangenheit zu erzählen, zu berichten.

Statement 13: Im Rahmen unserer heutigen Abteilungsleitersitzung möchte ich Ihnen Frau Ursula Meier vorstellen. Frau Meier ist Kommunikationswissenschaftlerin und auf Kommunikationsstörungen spezialisiert. Ihre Aufgabe heute ist es, uns dabei zu helfen, zu erkennen, wo unsere Missverständnisse herkommen, wo unsere Probleme im Rahmen der Lösungsfindung liegen. Sie wird uns während unserer heutigen Sitzung ...

Statement 14: Hallo, eh, das ist meine Mutter.

Statement 15: Also, das hier ist Jens, Jens Kalkowski, mein neuer Freund.

▶ **Track 14, 15 Fotodoppelseite**
((Auszug aus dem Hörbuch: Maria, ihm schmeckt's nicht))

Lektion 14 Nachgemacht
▶ **Track 16 Abschnitt A, A2a**
((Finnisch))
((Ungarisch))
((Japanisch))
((Afrikaans))
((Französisch))
((Polnisch))
((Französisch))

▶ **Track 17 Abschnitt B, B 1d**

■ Warum sind Sie denn so streng?! Wegen den paar Uhren ...

▲ Überlegen Sie mal – da forscht einer jahrelang an einer komplizierten Sache rum oder entwirft ein tolles Designerstück. Das kostet ja auch viel Geld und Energie. *((Ah, ja!))* Und dann kommt einer, kopiert das einfach und verdient damit eine Menge Geld. Der klaut dem Erfinder eine wertvolle Sache. Das ist doch kriminell! Deshalb gibt es ja den Patentschutz. *((Ach so!))* Der Erfinder, der die Arbeit gemacht hat, die Idee hatte, geforscht hat, Geld reingesteckt hat, der soll auch davon profitieren und Geld damit verdienen. *((Stimmt eigentlich.))* Na ja, und Sie selber müssen auch an Ihren eigenen Schutz denken. Es kann ja auch gefährlich sein, eine Fälschung zu kaufen und zu nutzen. *((Aber ...))* Wissen Sie, was in einem gefälschten Medikament alles drin ist? *((Ach ja?))* Das kann giftig sein oder einfach nicht wirksam. Das Gleiche gilt für Autoteile, die nicht sicher sind, oder Spielsachen, die schlecht verarbeitet und ein Risiko für die Kinder sind. *((Stimmt eigentlich.))* Eine Garantie bekommen Sie für Fälschungen natürlich auch nicht. Wenn viel gefälscht wird und mit Fälschungen gehandelt wird, sind kleine Unternehmen und Arbeitsplätze in Gefahr. *((Na ja, ...))* Erstens verkaufen diese Unternehmen nicht mehr genügend und zweitens müssen sie ihre Preise stark senken, um mit den Fälschungen konkurrieren zu können. Das macht nicht nur kleine Betriebe kaputt. Verstehen Sie ...

▶ **Track 18 B2a**

Mod.: Ja, ich begrüße Sie ganz herzlich in unserem Studio. Herr Dr. Lindemeier, Sie sind Ingenieur, seit zwei Monaten in Rente, aber immer noch sehr aktiv. Sie haben viel erfunden und einige Patente in Ihrem Arbeitsleben angemeldet und Sie kämpfen dafür, dass das Patentrecht erhalten bleibt. Warum ist das so?

Lindemeier: Ja, sehen Sie, in unserer globalisierten Welt mit offenen Grenzen, Internet usw. wird sowieso unglaublich viel geklaut. Besonders geistiges Eigentum, Ideen, Erfindungen. Der Patentschutz gibt dem Erfinder oder einem Unternehmen wenigstens noch ein bisschen Sicherheit, dass es mit seinen Erfindungen Geld verdienen kann. Ich kann doch nicht jahrelang forschen, bekomme fast nichts dafür und die anderen profitieren dann davon und werden auch noch reich!

Mod.: Heißt das also, dass andere Ihrer Meinung nach dann von Ihren Erfindungen nicht profitieren sollen? Also, die Erfindungen nicht nutzen sollen?

Lindemeier: Nein, nein. Das nicht. Aber sie sollen bezahlen, wenn sie die Erfindung nutzen. Und sie sollen nicht mit meiner Erfindung reich werden.

Mod.: Ich verstehe. Wir haben hier noch einen weiteren Gast im Studio, Herrn Professor Altinger. Sie sind Universitätsprofessor für Patentrecht und sind anderer Meinung als Herr Dr. Lindemeier. Sie wollen eine Reform. Unser Patentrecht nützt nicht der Gesellschaft, sagen Sie. Wie können Sie uns das erklären?

Altinger: Ja, das tu ich gerne. Also, ein Problem des Patentrechts ist, dass oft besonders geschickte Geschäftsleute ein Patent auf irgendein Produkt haben, das sie aber gar nicht selber erfunden haben. Sie waren einfach nur schneller und geschäftstüchtiger.

Lindemeier: Sind Sie da wirklich sicher? Können Sie mir ein Beispiel dafür geben?

Altinger: Aber, ja. Es gibt zum Beispiel Bauern, die über viele Jahre Saatgut für ihre Reisfelder züchten und verbessern. Und plötzlich müssen sie dafür viel Geld bezahlen, weil sich irgendeine clevere Firma ein Patent auf das Saatgut gesichert hat. Die Bauern können nichts dagegen machen. Sie werden nur noch ärmer.

Lindemeier: Aber sehen Sie doch mal die andere Seite. Das Patent ist doch im Grunde ein Sozialvertrag zwischen Erfinder und Öffentlichkeit. Das kann man doch nicht einfach abschaffen.

Mod.: Entschuldigung, das verstehe ich jetzt nicht. Könnten Sie mir das da irgendwie erklären?

Lindemeier: Ja, der Erfinder legt seine Erfindung offen für die Gesellschaft. Dafür bekommt er eine bestimmte Zeit das Monopol, sodass er noch mehr erfinden kann. Für Erfindungen braucht man ja Geld. Die Gesellschaft profitiert dafür von den Erfindungen.

Altinger: Ja, aber so viele Erfinder melden Patente an für Erfindungen, die gar nicht nötig sind. Für dringend Notwendiges wird dagegen nichts getan. Denken Sie doch an ein wirksames Medikament gegen Aids zum Beispiel.

Mod.: Verstehe ich Sie richtig, dass das heutige Patentrecht schuld daran ist, dass wir noch kein Medikament gegen Aids haben?

Altinger: In gewisser Weise, ja.

Lindemeier: Wie kommen Sie denn darauf? Woher haben Sie diese Information denn?

Altinger: Das ist doch eine ganz klare Sache. Die Pharmakonzerne investieren natürlich in die Medikamente, mit denen man viel Geld verdienen kann. Das sind zum Beispiel Medikamente gegen Fettleibigkeit oder Mittel gegen das Altern der Haut oder solche Dinge. Medikamente gegen Aids oder Malaria werden in Afrika gebraucht. Die Menschen dort sind aber arm und können nicht viel dafür bezahlen. Ein Patent für so ein Medikament würde nicht viel Geld bringen und dem Ansehen der Pharmafirma wenig bringen. Durch das Patentrecht wird also Innovation verhindert.

▶ **Track 19**

Mod.: Ich habe gehört, dass auch Asien Probleme mit unserem Patentrecht hat. Können Sie dazu etwas sagen?

Altinger: Das ist noch einmal ein anderes Problem. Manche Länder dort entwickeln sich rasant. Millionen von Menschen wollen ein besseres Leben. Klar, dass sie jetzt Erfindungen und patentierte Produkte kopieren und nachahmen.

Lindemeier: Soviel ich weiß, ist das ja in China nichts Schlechtes. Man kopiert die großen Meister. Das ist ein Anknüpfen an Traditionen. Man sieht es als wahre Kunst, wenn man das Alte nachmacht und ein bisschen verändert, ein bisschen was Neues hinzufügt.

Altinger: Stimmt. Und das könnte bald einen Bumerang-Effekt geben.

Mod.: Was meinen Sie mit Bumerang-Effekt?

Altinger: Aufstrebende Länder, wie zum Beispiel China könnten uns bald überholt haben. Stellen Sie sich vor, jemand außerhalb unserer Patentgesetze findet durch Gentechnologie ein Medikament gegen, sagen wir Parkinson und meldet dafür ein teures Patent an. Viele Kranke bei uns könnten dann diese rettende Medizin gar nicht mehr bezahlen. An diesem Beispiel sieht man doch, dass das Patent nur dem Erfinder nützt, den Menschen aber schaden kann, oder? Unser eigenes Patentrecht würde sich gegen uns wenden und wir hätten die gleichen Probleme

Lektion 15: Entdeckt
▶ **Track 20 Abschnitt C, C2a**

Reiseführerin: So, meine Damen, meine Herren, nun sind wir in Zermatt angekommen, einem Höhepunkt unserer Reise. *((Waren ja auch lang genug unterwegs, oder?))* Ich werde Sie in der kommenden Stunde durch Zermatt begleiten und Ihnen alles Wichtige über die Stadt und ihre wunderschöne Umgebung erzählen. *((Toll. Guck mal. Die Luft hier, einfach wunderbar. Da, da müssen wir noch mal hin. Unglaublich. Sieht doch gut aus.))* In unserer Führung geht es erst mal um den Ort Zermatt, aber ich spreche natürlich auch über das Matterhorn: den König der Alpen. Wir befinden uns hier am Kirchplatz. Und hier startet auch unser Rundgang. Wir werden circa eine Stunde unterwegs sein und einiges über Zermatt und das Matterhorn erfahren. Wenn Sie Fragen haben, unterbrechen Sie mich, fragen Sie ruhig nach ... Zermatt gehört zum schönen Kanton Wallis, es hat 5600 Einwohner und liegt in einer Höhe von 1620 Metern. Die Stadt ist, wie Sie ja schon bei der Anreise bemerkt haben, besonders angenehm, weil hier keine Autos fahren dürfen. Das ist eine Besonderheit, die einen erst verwirrt, und dann gewöhnt man sich aber doch wirklich schnell daran, sich ohne eigenes Auto fortzubewegen, oder? *((Ja. Hmm?? Toll.))* Sie werden sehen, morgen möchten Sie gar nicht wieder weg von hier. So, nun möchte ich Ihnen aber den König der Alpen vorstellen, sehen Sie, dort ist das Matterhorn. Er ist vor allem

auch für seine dreieckige Form bekannt, die sie heute besonders gut sehen können. Manche von Ihnen kennen den Berg sicher auch von einer berühmten Schokolade ... ((Ja klar. Hier, ich habe eine dabei. Wollen Sie ein Stück? Ja, klar. Ich auch. Hmm, lecker.))
Sie haben heute besonders großes Glück, kein Wölkchen am Himmel! Genießen Sie also den freien Blick auf das Waliser Wahrzeichen. ((Ah. Oh.)) So, hierhin nach Zermatt kommen die meisten Menschen vor allem, um beim Wandern oder Skifahren die schöne Natur rund um Zermatt zu genießen. Eine weitere Besonderheit dieser Gegend ist sicherlich, dass man hier auch im Sommer noch Ski fahren kann. Wenn es Ihnen also im Sommer mal zu heiß ist ((Dann kommen wir zurück. Und Sie nehmen wir auch wieder mit. Au ja. Klar doch.))
Reisender: Wie hoch ist denn nun eigentlich das Matterhorn?

▶ Track 21
Reiseführerin: Das Matterhorn ist genau 4478 Meter hoch und deshalb kommen viele Bergsteiger her, um das Matterhorn zu besteigen. ((Oje, wir nicht. Ist das nicht gefährlich?)). Warum aber? Was macht das Matterhorn zum Matterhorn? Es gibt ja noch andere Viertausender, die auch gar nicht so weit weg von uns sind. Aber, wie gesagt, keiner hat diese Form, diese Silhouette. Und sicher ist auch, dass es nur wenige Berge auf dieser Erde gibt, um die sich so viele Geschichten und Legenden ranken, wie um das Matterhorn.
((Ah. Oh. Erzählen Sie. Interessant. Wie spannend!))
Das begann damit, dass im 18. Jahrhundert alle Alpen-Gipfel bezwungen werden konnten, alle außer einem: dem Matterhorn. Das Matterhorn ließ keinen Bergsteiger rauf.
Erst im 19. Jahrhundert, genau am 14. Juli 1865, gelang es einer Gruppe von sieben Bergsteigern, das Matterhorn zu bezwingen. Allerdings zu einem hohen Preis, denn beim Abstieg geschah die Katastrophe: Im Alpinen Museum hier – ich zeig es Ihnen dann noch – ist es zu besichtigen: Das zerrissene Seil, dessen Enden an jenem 14. Juli die Grenze zwischen Leben und Tod markierten. Oben, auf der sicheren Seite, standen die Überlebenden, unterhalb der Bruchstelle stürzten ihre Mitstreiter in den Tod.
((Oh, wie schrecklich. Furchtbar. Muss ich sehen.))
Seitdem kommen viele Bergsteiger, die die „Todesroute" klettern wollen. Jedes Jahr versuchen ca. 3000 Bergsteiger, das Matterhorn zu besteigen. 400 haben dabei bis heute den Tod gefunden. Deshalb muss jetzt jeder Bergsteiger, der mit einem Bergführer das Matterhorn besteigen möchte, zunächst an einem anderen Viertausender sein Können und seine Kondition beweisen.
((Richtig so. Ist ja viel zu gefährlich. Sag ich doch.))
Wer kein Bergsteiger ist, der fährt so wie wir nach der Führung, mit der Seilbahn etwa 3883 Meter zum „Matterhorn glacier paradise" oder noch etwas weiter nach oben auf die höchste Aussichtsplattform Europas. Dort hat man eine wunderbare Aussicht auf die Alpen. Haben Sie noch Fragen? Nein? Dann gehen wir aber jetzt erst bitte hier entlang.

▶ Track 22 Abschnitt D, D3a
Abschnitt 1
Reporter: Zu unserem Gespräch am Abend begrüße ich heute den künstlerischen Direktor und Geschäftsführer der Popakademie Baden-Württemberg. Professor Udo Dahmen ist aber nicht nur Direktor der Popakademie, sondern auch Schlagzeuger. Das zeigt auch schon die Verbindung zwischen Handwerk, eigener Qualifikation und der Lehre. Die Popakademie gibt es seit 2003. Ich vermute, dass nicht alle unsere Hörer diese Akademie in Mannheim kennen, deshalb frage ich Sie einfach mal: Lernt man dort, wie man ein Popstar wird?
Dahmen: Es geht bei uns darum Musiker und Künstler im Studiengang Popmusik-Design zu fördern und auszubilden, damit sie später professionell als Musiker arbeiten können. Unsere Absolventen sollen also vom Musikmachen nach dem Studium ihren Lebensunterhalt bestreiten können. In unserem Studiengang Musikbusiness bilden wir die Leute aus, die später beruflich auf Seiten des Managements in der Musikbranche arbeiten.
Reporter: Dass man das betriebswirtschaftliche Wissen der Popbranche lernen kann, kann sich jeder gut vorstellen. Aber dass man den Bereich der Popkunst, also des Musikmachens, lernen kann, das kann ich mir nicht so gut vorstellen. Sind die berühmten Stars nicht eher Autodidakten, die einfach berühmt geworden sind, weil sie gute Songs gemacht haben, weil sie Talent hatten? Kann man Popmusik studieren?
Dahmen: Natürlich ist es so, dass man bestimmte Dinge in diesem Bereich lernen kann. Es verhält sich dabei so, wie in jedem künstlerischen Studium. Vorhandenes Talent ist Vorbedingung und Voraussetzung für ein Studium an der Popakademie. Bei uns lernen die Studierenden vor allem die handwerkliche Seite und vertiefen ihr Können. Das reicht vom Songwriting bis hin zu den instrumentalen Fertigkeiten.

▶ Track 23 *Abschnitt 2*
Reporter: Popsongs schreiben, Popkonzerte geben, ein Star sein, Autogramme verschicken, davon träumen wohl die meisten jungen Leute irgendwann. Da wundert es niemanden, dass Sie am Anfang, als die Popakademie eröffnet wurde, Hunderte von Bewerbungen bekommen haben. Sie müssen also auswählen. Und bei der Auswahl kommt es ja wohl vor allem darauf an, wer von den Bewerbern die besseren Voraussetzungen hat. Was also muss ein Bewerber an Voraussetzungen mitbringen, wenn er sich zum Studium der Popmusik bewerben will und genommen werden will?
Dahmen: Für das Popmusikdesignstudium setzen wir voraus, dass die Leute bereits mehrere Jahre lang in Bands gearbeitet haben und die entsprechenden Erfahrungswerte mitbringen. Unsere Bewerber sind im Schnitt um die zwanzig Jahre alt, haben bereits mehrere Jahre in Bands gespielt, beherrschen ihr Instrument und ihre Stimme. Da unsere Aufnahmevoraussetzungen sehr genau definiert sind, müssen sich alle Bewerber einem entsprechend harten Auswahlverfahren stellen.
Reporter: Das bedeutet, dass Sie keine Anfänger nehmen, die überhaupt keine Erfahrungen haben. Ihre Studienbewerber können ihr Instrument spielen, sie haben Erfahrungen mit dem Schreiben von Liedern, sie haben Auftrittserfahrungen, sie wissen also auch schon, wie das ist, wenn die Musik ankommt oder wenn ein Konzert mal nicht erfolgreich ist. Und sie wissen dann auch, dass Musik und Erfolg mit Arbeit verbunden ist. Sie treffen also eine Vorauswahl und laden die Kandidaten ein, wenn ich sie richtig verstanden habe?

Dahmen: Unser Ausleseverfahren beinhaltet zwei Stufen. Zuerst hören wir die Tonträger der Bewerber an und sichten deren Bewerbungsunterlagen, in Stufe zwei wählen wir einen Pool von 80 bis 90 Leuten aus, die wir zu den Aufnahmeprüfungen einladen und live anschauen. Diese Bewerber absolvieren eine Live-Prüfung, in der sie drei Titel vorspielen müssen. Im Anschluss gibt es noch ein Kolloquium in dem wir die eine oder andere Frage stellen. Diese Fragen gehen in Richtung Popmusikgeschichte oder Musikbusiness.

▶ Track 24 *Abschnitt 3*

Reporter: Das ist ja nun das genaue Gegenteil von dem, was in diesen so populären Castingshows passiert: Da soll es junge Leute geben, die super begabt sind, die aber noch niemand entdeckt hat. Und jetzt zieht ein ganzes Land los und versucht, über das Fernsehen, den Popstar oder die Popstars der Zukunft zu finden. So einfach ist es, berühmt zu werden. Das widerspricht Ihrer Vorstellung in der Popakademie, wo man ja eher einen harten Ausbildungsweg gehen muss, nachdem man schon ein schwieriges Auswahlverfahren hinter sich gebracht hat. Versuchen es nun die Jugendlichen eher auf diesem Weg? Ist das eine echte Alternative: Castingshow oder Popakademie?

Dahmen: Ich sehe diese Sendungen in erster Linie als mediale Events, die mit Musik eigentlich nur wenig zu tun haben. Es geht dabei sehr viel um Identifikation. Viele junge Menschen können und sollen sich mit den Protagonisten, mit den gemachten Stars identifizieren. Das ist spannend anzuschauen, macht diese Sendungen sehr erfolgreich. Mit Musik oder fundierter Ausbildung hat das wenig bis nichts zu tun. Man sollte die eigene Kreativität der Protagonisten viel mehr in den Mittelpunkt stellen, also komponieren, texten, Songs schreiben und gemeinsam musizieren, so wie es unsere Studierenden ja von Anfang an machen. Mit der Popakademie ist eine Casting-Show also überhaupt nicht vergleichbar.

Reporter: Man könnte aber auch andersherum argumentieren. Man könnte sagen, dass die jungen Musiker in einer Castingshow etwas über das Musikgeschäft lernen, wie es funktioniert, welche Voraussetzungen man haben muss, dass man aber auch im praktischen Bereich sehr schnell lernen muss, wie man seine Musik für die nächste Runde verbessert, wie man seinen Bühnenauftritt verändern muss und so weiter. Und dabei helfen den Wettbewerbern ja Leute vom Fach, echte Profis. In diesem Sinne könnte man so eine Castingshow ja vielleicht auch als Schnelllehrgang, eine Art Crashkurs der Popmusik bezeichnen.

Dahmen: In der kurzen Zeit einer solchen Show kann man einen Künstler im Vergleich zu einem mehrjährigen, intensiven Studium, wie wir es anbieten, nicht ausbilden. Und es ist auch so, dass die Halbwertszeit dieser Künstler, wie wir alle wissen, nicht sonderlich lange andauert. Aus diesem Grunde halte ich es für sehr fragwürdig, wenn diese Protagonisten so schnell „verbrannt" werden. Eigentlich sollte es doch so sein, dass talentierte Künstler gefördert und aufgebaut werden, sich entwickeln und ihren Weg finden können. Und das ist genau das, was wir an der Popakademie seit sechs Jahren erfolgreich machen.

▶ Track 25 *Abschnitt 4*

Reporter: Sie fördern und bilden ihre Studierenden gezielt und individuell aus. Wie bereiten Sie Ihre Studenten auf den Ernstfall vor, auf den Auftritt vor dem großen Publikum? Wir sehen das ja immer wieder: Talent und Begabung sowie gute Vorbereitung reichen ja auch nicht aus, wenn die Nervosität vorm Auftritt dazu kommt. Wie bringen Sie Ihren Studentinnen und Studenten den Umgang mit dem Lampenfieber bei?

Dahmen: Unsere Studierenden kommen aus Bands und kennen die Situation eines Bühnenauftritts. Natürlich bieten wir auch Interviewtraining im Fernseh- oder Radiostudio bis hin zum Performance-Training für die Bühne an. Wir machen sehr viele Dinge in diesem Bereich. Dabei gehen wir spezifisch vor und kümmern uns um die Bands, die sich innerhalb des Studiengangs entwickelt haben. Das, was für den einen Sänger/die eine Sängerin oder eine einzelne Band richtig und wichtig ist, sieht beim nächsten Act vielleicht schon wieder ganz anders aus. Mit eingeübten Schritten kommt man an dieser Stelle nicht weiter. Unser Ansatz ist es sich immer entlang einer Authentizität zu entwickeln und individuell zu fördern. Vielfalt statt Mainstream könnte man auch sagen.

Reporter: Haben Sie die Erfahrung gemacht, dass man sowohl im geschäftlichen als auch im praktischen Bereich der Ausbildung Erfolg haben und dann tatsächlich die Chance bekommen kann, mit Ihrem Akademieabschluss eine Anstellung zu finden, eine Karriere zu machen?

Dahmen: Ja, natürlich. Wir können diesen Zusammenhang schon heute, nach gerade einmal sechs Jahren, die es die Popakademie nun gibt, feststellen. 2006 gab es die ersten Absolventen. Die Chancen unserer Studierenden auf dem Markt sind sehr groß. Zumal sie bereits während ihres Studiums bei uns exzellente Kontakte aufbauen und Netzwerke in die Musikbranche schmieden können.

Reporter: Dann wünschen wir Ihnen und Ihren Absolventen weiterhin viel Erfolg. Wer sich für die Popakademie Baden-Württemberg interessiert findet im Internet unter www.popakademie.de alle notwendigen Informationen. Ich danke Ihnen fürs Kommen und wünsche Ihnen und natürlich auch Ihnen, liebe Hörerinnen und Hörer, alles Gute. Bis zum nächsten Mal.

Lektion 16: Entspannt

▶ Track 26 Abschnitt A, A1a

((Musikausschnitte))

▶ Track 27 A2a

((Ausschnitt Goldberg-Variationen von Bach))

▶ Track 28 Abschnitt C, C2b

Abschnitt 1

Reporterin: Unser heutiges Gespräch am Abend steht unter dem Motto: „Nicht jede Stunde ist gleich lang". Zu unserem Gespräch am Abend begrüße ich den bekannten Zeitforscher Karlheinz Geißler, Professor für Wirtschaftspädagogik, Mitgründer und Vorstandsmitglied der „Deutschen Gesellschaft für Zeitpolitik", Mitinitiator des Projekts: „Ökologie der Zeit".

Vielen ist er aber auch aus den Medien bekannt, als Mahner für den gesunden Umgang mit Zeit. Zeitdruck sieht als grundsätzlich selbst verschuldetes Phänomen, da wir allein schon aufgrund unseres längeren Lebens eigentlich mehr Zeit haben als unsere Vorfahren. Wie aber ist es wirklich mit der Zeit? Sie, liebe Hörerinnen und Hörer, können es natürlich nicht sehen, aber Sie werden gleich verstehen, was ich meine, wenn ich die erste Frage stelle: Professor Geißler, warum tragen Sie keine Uhr?

Geißler: Ja, das ist ganz einfach, weil ich Zeitforscher bin und die Uhr ein Instrument ist, das die Zeit zerhackt, also klein macht. Ich finde, die Zeit ist viel zu schön, um sie in der Uhr aufgehen zu lassen, wie das ja die meisten Leute tun.

Reporterin: Sie verstehen die Uhr also als eine Art Werkzeug, eine Art Axt, mit der man die Zeit in Stücke schlägt? Das müssen Sie uns näher erklären.

Geißler: Die Uhr zeigt uns, dass wir in unserer Kultur ganz bestimmte Vorstellungen von Zeit haben. Die Uhr läuft in einem bestimmten mechanischen Takt und dieser Takt bedeutet Wiederholung ohne Abweichung. Das heißt, die Uhr reagiert weder auf Umwelteinflüsse noch auf meine Stimmungen, meine Erfahrungen oder meine Gefühle. Ganz anders der Mensch, der ja ein rhythmisches Wesen ist. Für die Uhr ist jede Stunde gleich lang. Das aber stimmt für uns Menschen eben nicht. Einstein hat ein schönes Beispiel gebracht, er sagte: wenn ich eine Minute auf einer heißen Herdplatte sitze, ist diese Minute unendlich lang. Wenn ich aber eine Minute mit einer schönen Frau zusammen bin, ist sie natürlich viel zu kurz. Dieses subjektive Zeitempfinden wird von der Uhr weitgehend ignoriert.

Reporterin: Wie sollte man die Zeit dann Ihrer Meinung nach betrachten?

Geißler: Zuerst einmal sollte man sich klarmachen, dass unsere heute gültige Vorstellung von der Zeit nicht naturgegeben ist. Wir haben keinen angeborenen Zeitsinn, eine Art innere Uhr, deshalb müssen wir die Zeit mit anderen Sinnen konstruieren und diese Konstruktion ist veränderbar. Die Räderuhr, eine Urform unserer Uhr, wurde Ende des 13. Jahrhunderts erst in einem Kloster entwickelt, weil die Mönche das Frühgebet nicht verschlafen wollten. Bis dahin haben sich die Menschen immer an der Natur orientiert, an den Rhythmen der Natur, an Tag und Nacht und am Sonnenstand. Erst die Stadtkulturen der frühen Neuzeit haben sich vom Rhythmus der Natur wegbewegt, um die Uhr zu Organisationszwecken zu nutzen. Beispielsweise konnte durch die Uhr sichergestellt werden, dass sich die Stadttore jeden Tag zur gleichen Zeit schließen ließen und nicht zum Beispiel bei Einbruch der Dunkelheit, wie das vorher der Fall war. So wusste jeder genau, wann er das Stadttor erreichen musste, um noch in die Stadt hinein zu kommen.

▶ **Track 29** *Abschnitt 2*

Reporterin: Das hört sich doch positiv an: Die Uhr brachte Planungssicherheit.

Geißler: Natürlich hatte die Uhr auch positive Aspekte, sonst hätte sie sich nicht durchgesetzt, etwa die Unabhängigkeit von den natürlichen Rhythmen. Aber ich sehe auch die Nachteile dieser Vorteile sehr sehr deutlich. Wenn man sich von der Natur entfernt, bekommt man ökologische und psy-

chische Probleme, also Gesundheitsprobleme, zum Beispiel. Wir sind nicht wirklich freier geworden durch die Uhr, nur die Form der Abhängigkeit hat sich geändert. Die Uhrzeit ist eine Kette, wie Umberto Eco schreibt, die uns zum Sklaven macht. Alles, was wir tun oder nicht tun ist von der Uhrzeit bei uns bestimmt. Die Uhr legt fest, wann wir etwas tun müssen, nicht unsere natürlichen Bedürfnisse legen das fest. Nehmen wir das Aufstehen unserer Kinder. Im Sommer ist es vielleicht kein Problem um sieben Uhr aufzustehen, um in die Schule zu gehen, aber im Winter leiden die Kinder, weil es draußen ja noch dunkel ist. Aber die Schule nimmt darauf keine Rücksicht, sie fängt um acht Uhr an, im Sommer wie im Winter. Aber genauso geht es, wenn wir ehrlich sind, auch den Erwachsenen.

Reporterin: Resultieren Probleme wie Zeitnot, Gehetztsein und Stress also aus unsere Abkehr von den natürlichen Zeitrhythmen?

Geißler: Nicht nur. Unsere Zeitprobleme kommen vor allem daher, dass wir Geld mit Zeit gleichsetzen und Geld ist maßlos, hat keine Grenzen. Man kann aus Geld immer mehr Geld machen. Wenn man Zeit in Geld verrechnet, will man auch aus der Zeit immer noch mehr herausholen und das macht die Zeitnot aus. Wir wollen zuviel in die Zeit hineinstopfen und alles was wir in der Zeit machen, muss einen Wert oder auch einen Preis haben. Aber weil Zeit oft Geld kostet, wenn jemand zum Beispiel an einer Sache arbeitet, muss der Mensch immer schneller arbeiten, damit seine Arbeit mehr Geld bringt, also weniger kostet.

Reporterin: Wie wäre das Gegenmodell?

Geißler: Wie wir gesehen haben, gilt für uns: Zeit ist Geld, aber man sollte Zeit stattdessen wieder mit Qualität gleichsetzen oder wenigstens öfters das tun. Mit Liebe, Schönheit, Freundschaft. In anderen Kulturen ist die Vorstellung von Zeit viel stärker an die Natur oder an soziale Ereignisse geknüpft. Für Menschen dort zum Beispiel ist ein Termin nicht so wichtig, wenn die Verwandtschaft ein Problem hat, das es zu lösen gilt. Das Soziale geht vor – erst dann kommt die Uhrzeit. Uns dagegen geht Pünktlichkeit und die Uhrzeit vor.

▶ **Track 30** *Abschnitt 3*

Reporterin: Wie versuchen Sie denn persönlich, sich von der Vertaktung durch die Uhr zu lösen?

Geißler: Ich trage seit über zwanzig Jahren keine Uhr. Ich plane meinen Tag nicht auf die Minute. Ich gehe etwa zum Bahnhof und warte, bis der nächste Zug abfährt. Warten finde ich äußerst kreativ. Die meisten Ideen kommen mir beim Warten, unter anderem an Bahnsteigen oder bei öffentlichen Verkehrsmitteln.

Reporterin: Wie wirkt sich ihre uhrlose Zeitvorstellung auf den Alltag aus?

Geißler: Ich habe wieder ein Gefühl für die Abläufe in der Natur bekommen, auch für meine inneren Natur. Ich richte mich mehr am Sonnenstand aus und an den jahreszeitlichen Veränderungen. Bin ich müde, gehe ich ins Bett. Ich habe wieder Kriterien fürs Genug, die mir die Uhr nicht liefern kann. Ich arbeite also manchmal weniger, als die Uhr mir diktieren würde, oder mehr, je nachdem wie ich mich fühle. Das ist das Wichtigste dabei, über Zeitnot reden wir, wie wir gesehen haben nur, weil wir Zeit verrechnen und planen: in

Minuten, in Geld, in Aufmerksamkeit. Was aber im Leben wirklich wichtig ist, sind die Stunden, die nicht gezählt werden.

▶ **Track 31 Fokus Grammatik: die drei goldenen Kommaregeln**

Übung 1
Bach erfüllte ihm seinen Wunsch, woraufhin Graf Keyserling den Cembalisten Goldberg engagierte, der eine Kammer in der Nähe des Schlafgemachs des Grafen bezog, um jedes Mal, wenn der Graf nicht schlafen konnte, die Komposition von Bach vorzuspielen.
Und siehe da, es half.

▶ **Track 31 Übung 2a**
Allein für den Dienstleistungssektor in Deutschland errechneten die Autoren eine Summe von jährlich 180 Milliarden Euro, die für Nichtstun bezahlt wurden.

▶ **Track 33 Fokus Grammatik: die goldenen Rechtschreibregeln**

Übung 2b
Satz 1: Ich weiß, dass ich das noch tun muss.
Satz 2: Ich bleibe heute drin. Draußen ist es mir zu heiß.
Satz 3: Ich halte jetzt mal einen Fuß in den Fluss.
Satz 4: Hier steht: „Wasser ist nass." – So ein blöder Satz.

Transkriptionen der Hörtexte

Arbeitsbuch

Hier sind nur die Transkriptionen abgedruckt, die nichts bereits im Arbeitsbuch stehen.

Lektion 9

▸ **Track 1 Übung 5a**

1 Du musst wohl immer gerade dann anrufen, wenn ich gerade dabei bin, die Kasse zu machen. Aber pass auf, in einer Stunde bin ich beim Joggen, da nehm ich das Handy absichtlich nicht mit, also am besten besprechen wir es jetzt gleich!
2 Du ich bin gerade in einem sehr spannenden Vortrag. Ich ruf dich gleich zurück.
3 Hallo, aha jetzt bist du nicht da, ich war zuerst gerade beim Einpacken und hab's nicht gehört.
4 Hallo, hier Brigitte. Du, entschuldige, ich hab das Telefon nicht gehört, ich war gerade am Kochen.

▸ **Track 2 Übung 8b, Szene 1**

A: Ich meine, da sind Sie natürlich auch selber schuld: Wer sich so wenig darum kümmert, darf sich nicht wundern.
B: Na ja, Sie haben ja recht, aber muss man denn alles jetzt wirklich so genau nehmen?

▸ **Track 3 Übung 8b, Szene 2**

A: Das geht leider wirklich nicht. Der Termin ist vorbei – wenn Sie sich wenigstens telefonisch gemeldet hätten!
B: Das kann doch nicht sein! Wegen so einer Kleinigkeit kann man doch nicht das ganze Projekt gefährden!
A: Da gibt es nun mal Vorschriften, an die muss sich jeder halten.

▸ **Track 4 Übung 8b, Szene 3**

A: Die Sache ist die: Ich konnte einfach nicht eher kommen.
B: Das tut mir leid, aber da kann ich leider keine Ausnahme machen.

▸ **Track 5 Übung 8b, Szene 4**

A: Ich hätte die Dokumente ja pünktlich abgegeben, aber ich wusste nicht, dass das wichtig ist.
B: Ich weiß jetzt wirklich nicht, was Sie noch wollen: Der Termin ist vorbei, das gilt für alle, da müssen Sie halt im nächsten Semester den Antrag stellen, dann aber pünktlich.
A: Wissen Sie, das Ganze ist einfach ein Missverständnis. Ich wusste nicht, dass das Ihnen so wichtig ist, mit den Terminen. Ich dachte, das bearbeiten Sie sowieso erst im Sommer. Finden Sie es jetzt wirklich in Ordnung, dass ich nur wegen einem Termin ein halbes Jahr warten muss?
B: Sie können es mir wirklich glauben, es ist egal, was ich denke oder nicht denke: Ich mache hier meine Arbeit und halte mich dabei an bestimmte Vorschriften. Da könnte ja jeder kommen.
A: Ich werde mich über Sie beschweren.
B: Tun Sie, was Sie nicht lassen können.

▸ **Track 6 Übung 11a**

1 ((streng)) Da könnte ja jeder kommen.
2 ((streng)) Das geht leider nicht.
3 ((freundlich)) Da kann ich leider keine Ausnahme machen.
4 ((streng)) Das sind unsere Vorschriften.

5 ((freundlich)) Können Sie nicht lesen?
6 ((streng)) Der Zonenplan hängt an jeder Haltestelle.
7 ((streng)) Das höre ich jeden Tag drei Dutzend Mal.
8 ((freundlich)) Wenn Sie nicht gleich zahlen, dann muss ich Sie leider mitnehmen.

▸ **Track 7 Übung 11d**

((freundlich, verständnisvoll, selbe Stimme wie in 11a))
Es tut mir sehr leid, aber das sind unsere Vorschriften.
Ich fürchte, da kann ich leider keine Ausnahme machen.
Schauen Sie, der Zonenplan hängt an jeder Haltestelle.
Wissen Sie, das höre ich jeden Tag drei Dutzend Mal.
Verstehen Sie doch: Wenn Sie nicht gleich zahlen, dann muss ich Sie leider mitnehmen.

▸ **Track 8, Übung 17c**

Moderator: Und wie immer am Ende unserer Sendung unser Pro und Kontra: Heute geht es grundsätzlich um das Thema: Kostenlose Onlinespiele. Sind sie empfehlenswert, sollte man sie nutzen oder lieber doch die Finger davon lassen? Wir haben unseren Spezialisten Ottmar Schreiber eingeladen. Hallo Ottmar.
Spezialist: Hallo.
Moderator: Also, was findet man denn da im Internet, wenn man kostenlose Onlinespiele sucht?
Spezialist: Also grundsätzlich sind kostenlose Onlinespiele so etwas wie kostenlose Computerspiele, nur dass man sie eben online im Internet spielt. Und entsprechend findet man eigentlich so alles, was man so kennt: Kartenspiele, Rollenspiele, Geschicklichkeitsspiele und was man sonst noch so haben möchte.
Moderator: Welche Vorteile bringt denn so ein Onlinespiel dem Benutzer?
Spezialist: Zuerst einmal: Es ist kostenlos. Man kann sich die Zeit vertreiben, ohne dass man etwas Teures einkaufen muss. Dann muss man, wenn man spielen möchte, einfach nur nach dem Passenden suchen und kann dann gleich loslegen. Man spart sich also auch das aufwendige Installieren. Was ja wiederum auch sehr viel Platz auf dem Computer braucht.
Moderator: Nun gibt es aber sicher auch Nachteile?
Spezialist: Natürlich, wie immer. Als erstes fällt auf, dass man, während man nach einem Spiel sucht, unglaublich viel Zeit damit vertrödelt, dass man Spiele spielt, die man nicht spielen will oder wollte. Man kann sich die Spiele also nicht so gezielt aussuchen, wie bei Computerspielen, die man im Geschäft kauft. Auch haben diese Spiele oft nicht die Qualität, die man von vielen Computerspielen erwarten kann.
Moderator: Würden Sie Jugendlichen kostenlose Onlinespiele empfehlen oder ihnen davon abraten?
Spezialist: Kindern und Jugendlichen würde ich immer eher Computerspiele anbieten, weil man da als Erzieher oder Eltern auch weiß, was die Kinder spielen. Es gibt ja zu allen Spielen Informationen, Altersempfehlungen und Bewertungen. Wenn man doch das kostenlose Angebot nutzen möchte, sollte man sich die Spiele gemeinsam mit den Kindern aussuchen und ein Zeitlimit setzen.

Lektion 10

▶ **Track 15 Übung 11**

1 Sie haben also überhaupt nichts gehört?
Sie haben also gar nichts gehört?
Sie haben also auch nichts gehört?
2 Und auch niemanden gesehen?
Und überhaupt niemanden gesehen?
3 Darüber hinaus sind Sie auch nie an diesem Platz gewesen?
Darüber hinaus sind Sie überhaupt nie an diesem Platz gewesen?
4 Dann habe ich gar keine Fragen mehr!
Dann habe ich auch keine Fragen mehr!
Dann habe ich überhaupt keine Fragen mehr!

▶ **Track 16 Übung 12**

Dialog 1
A: Liebling, hast du mich gerufen?
B: Ja.
A: Was ist denn?
B: Ach nichts! Schon gut.

Dialog 2
B: Soll ich dir beim Tragen helfen? Komm, ich nehm dir die Tasche ab.
A: Halt! Oje. Die Eier!

Dialog 3
A: Wie soll ich das verstehen? Frau Stock wurde gekündigt?
B: Keineswegs. Wir haben sie befördert, und sie hat jetzt ein neues Büro.
A: Ach, tatsächlich?

Dialog 4
A: So, jetzt geh' ich aber mal wieder. Ich hab dich lange genug aufgehalten.
B: Überhaupt nicht. Komm doch wieder mal vorbei.

Dialog 5
B: Glaubst du, dass sie mit zum Konzert gehen darf?
A: Kaum.

Dialog 6
B: Gehen wir nächste Woche ins Theater?
A: Ist mir recht.

Dialog 7
A: Würden Sie mir für morgen früh zehn Brötchen und sechs Hörnchen zurücklegen?
B: Geht in Ordnung!

Dialog 8
B: Wo willst du hin zum Essen? Zum Italiener oder zum Thailänder?
A: Ist mir beides recht.

Dialog 9
A: Über welches Thema soll ich denn schreiben?
B: Ist uns eigentlich egal. Hauptsache, es kommt ein spannender Artikel dabei raus.

▶ **Track 22 Übung 20a**
Dialog 1
K: Entschuldigung, wo kann ich diese Hose anprobieren?
V: Hier um die Ecke sind gleich die Umkleidekabinen.
K: Danke. ((Schritte, Vorhang)) Und? Was meinst du?
F: ((zögerlich)) Ja, die Farbe ist super, die passt gut zu dir, aber ich finde, die Hose ist oben etwas zu weit und an den Beinen könnte sie auch enger sein.
K: Ja, meinst du?
V: Na, wie sieht's aus?
K: Die Hose ist etwas zu weit, haben Sie die auch eine Nummer kleiner?
V: Ich schau mal. – Nein tut mir leid. Das ist die letzte, von diesem Modell haben wir nichts mehr da. – Also wenn Sie mich fragen, so schlecht sitzt die Hose doch gar nicht, im Moment trägt man sowieso alles etwas legerer. Das ist ganz modern.
K: Hm, die Farbe ist wirklich schön, was mach ich denn bloß? – Ach, ich nehm die Hose.

▶ **Track 23 Übung 20a**
Dialog 2
K: Entschuldigung, wo gibt es denn Blazer, elegante Blazer zum Ausgehen.
V: Kommen Sie bitte mit. – So, hier ist unsere Abendgarderobe. Wollen Sie selber schauen oder darf ich Ihnen ein paar schöne Modelle zeigen?
K: Gern. Ich suche einen Blazer. Zu diesem dunkelblauen Rock hier. In Größe 40.
V: Dann – Hier, wie finden Sie den denn? Sehr schön verarbeitet, klassischer Schnitt, und im Ton passend zu Ihrem Rock.
K: Ja, der ist nicht schlecht, aber der Stoff gefällt mir nicht, der ist irgendwie zu dick. Und ich dachte auch eher an einen glänzenden Stoff, etwas Besonderes eben.
V: Hm, ja, da habe ich etwas für Sie, Augenblick. Wie wär's denn mit diesem hier? Der glitzert und glänzt. Das ist wirklich der letzte Schrei!
K: Hm, nein, der gefällt mir nicht so sehr, das ist dann doch wieder zu viel Glitzer.
V: Und wie wäre es mit dem hier? Das ist ein ganz besonders schönes, edles Stück.
K: Oh, ja. Der sieht toll aus. Den probier ich mal an. ... (probiert) Super, genau so einen habe ich gesucht. Was kostet der denn?
V: 225 Euro.
K: Oh, hm, so viel wollte ich eigentlich nicht ausgeben. ... Aber der ist so schön, den muss ich haben.

▶ **Track 24 Übung 20a**
Dialog 3
V: Was kann ich für Sie tun?
K: Ich habe vor einer Woche diese Bluse bei Ihnen gekauft. Leider habe ich erst jetzt bemerkt, dass hier oben am Kragen ein kleines Loch ist. Ich möchte die Bluse gerne umtauschen.
V: Haben Sie die Bluse schon getragen?
K: Ja, einmal. Ich habe ja nicht bemerkt, dass die Bluse einen Fehler hat. Erst am Abend beim Ausziehen ist es mir aufgefallen. – Aber ich habe den Kassenbon noch, sehen Sie, hier.

V: Ja gut, dann schauen wir mal, ob wir das Modell in Ihrer Größe noch mal da haben. ((*Schritte, Bügel klackern*))

V: Hm, also in diesem Rot habe ich sie nicht mehr da, aber in Gelb, auch sehr schön.

K: In Gelb? Ach, ich weiß nicht!

V: Probieren Sie sie doch mal an. Ich glaube, dieses sanfte Gelb steht Ihnen.

K: Na, gut. ((*Probiert*))

V: Und? *(Vorhang geht auf)* Ah, super! Wie für Sie gemacht.

K: ((*nicht ganz überzeugt*)) Jaaa. Nicht schlecht. Aber das Rot hat mir besser gefallen.

V: Wir können auch nach einem anderen Modell in Rot schauen, wenn Sie das möchten. Aber die hier sitzt doch ganz fantastisch!

K: Also, ich nehme dann die Gelbe. Mal was anderes.

▸ **Track 25 Übung 20a**

Dialog 4

K: Entschuldigung, können Sie mir helfen? Ich möchte diesen Anzug hier umtauschen.

V: Worum geht es denn?

K: Meine Mutter hat mir diesen Anzug zum Geburtstag geschenkt, aber er ist mir zu klein.

V: Ach so, ja. Haben Sie den Kassenbon?

K Ja, klar. Hier bitte.

V: Gut, dann also eine Nummer größer, einen Moment. Hier hätten wir ihn. Wollen Sie ihn dann sicherheitshalber vielleicht doch anprobieren?

K: Nein, nein, ich möchte ihn umtauschen, also er gefällt mir auch nicht besonders.

V: Also lieber einen Gutschein?

K: Nein, nein. Ich möchte ihn umtauschen. Ich würde mir halt gern einen anderen aussuchen, wissen Sie. Macht nichts, wenn er etwas teurer ist.

V: Na, dann schauen Sie sich doch mal um. Und wenn ich Ihnen helfen kann, sagen Sie mir Bescheid.

K: In Ordnung. Vielen Dank.

Lektion 10

▸ **Track 31 Übung 22c**

1 Das ging ja schnell.
Das ging aber schnell.

2 Das ist ja die Höhe. Jetzt bin ich ganz umsonst gekommen.

3 Das ist aber seltsam. Hast du es mal bei ihrer Freundin probiert? Das ist ja seltsam. Hast du es mal bei ihrer Freundin probiert? Das ist doch seltsam. Hast du es mal bei ihrer Freundin probiert? Das ist allerdings seltsam. Hast du es mal bei ihrer Freundin probiert? Das ist vielleicht seltsam. Hast du es mal bei ihrer Freundin probiert?

4 Das ist aber schlecht, dass du den Schlüssel wieder vergessen hast.

5 A Hast du ihr das etwa erzählt?
   B Nein, so was würde ich nie machen.

6 Danke, das sind aber schöne Blumen.
Danke, das sind ja schöne Blumen.

7 Na und? Ist mir doch egal.

▸ **Track 32 Übung 22d**

1 Was willst du denn? Es geht uns doch gut. Wenn wir auch ein bisschen Geld verloren haben.

2 Also, dieser Wein ist einfach gut.

3 Wir haben den Auftrag allerdings nicht bekommen. Damit müssen wir leben. Wir haben den Auftrag einfach nicht bekommen. Damit müssen wir leben. Wir haben den Auftrag nun mal nicht bekommen. Damit müssen wir leben.

4 Das hättest du einfach wissen können. Das hättest du allerdings wissen können. Das hättest du doch wissen können.

5 Die Situation ist eben so. Da kann man nichts machen. Die Situation ist nun mal so. Da kann man nichts machen.

6 Und ich soll jetzt alles alleine machen? Ihr seid vielleicht gut!

7 Alle Aufgaben richtig. Siehst du, du kannst es doch!

8 Hast du gehört, was die gerade gesagt hat? Die spinnt doch. Hast du gehört, was die gerade gesagt hat? Die spinnt vielleicht.

9 Also, wie man Musik auf das Handy lädt, das weiß heute doch jedes Kind!

10 Du kannst sagen, was du willst. Dieser Koch ist eben ein Könner! Du kannst sagen, was du willst. Dieser Koch ist nun mal ein Könner!

▸ **Track 34 Übung 23b**

1 Setzen Sie sich doch.

2 Trinken Sie doch eine Tasse Tee mit mir.

3 Bleiben Sie doch noch ein bisschen.

4 Kommen Sie mal wieder.
Kommen Sie doch mal wieder.
Kommen Sie einfach mal wieder.

5 Bringen Sie doch Fotos mit.
Bringen Sie doch mal Fotos mit.

▸ **Track 35 Übung 23c**

1 Lass mich bloß in Ruhe! Lass mich einfach in Ruhe! Lass mich ja in Ruhe!

2 Sag jetzt bloß nichts Falsches! Sag jetzt ja nichts Falsches!

3 Geh einfach!

4 Freu dich nur nicht zu früh! Freu dich bloß nicht zu früh! Freu dich ja nicht zu früh!

5 Hör bloß auf mit deinen Sprüchen!

6 Mach doch, was du willst! Aber beklag dich hinterher nicht bei mir.

7 Hör bloß auf!

8 Werd bloß nicht frech! Werd ja nicht frech!

▸ **Track 40 Übung 39**

Doris: Hallo, hier ist Doris. Du ich ruf dich an, weil die Sophie hat mir nämlich erzählt, dass du dich jetzt bei einer Model-Agentur angemeldet hast. Willst du jetzt mit deinem Studium aufhören, oder was?

Maja: Mein Gott, nein, natürlich nicht. Wie kommst du denn darauf?

D: Ich dachte ja nur. – Warum hast du es denn dann gemacht?

M: Wegen dem Geld. Mein Vater ist doch jetzt arbeitslos geworden, und da können mich meine Eltern nicht mehr so unterstützen. Und da dachte ich mir, irgendwie muss ich jetzt selber Geld verdienen.

D: Aber wieso denn als Model?

M: Ach so, daher weht der Wind. Du findest das nicht seriös, oder? Mein Gott, das ist doch ein ganz normaler Job. Weißt du, das habe ich damals als Schülerin auch schon gemacht. Da habe ich die Prospekte von einem Kaufhaus gemodelt, erst für den Kinderprospekt, später dann mit Klamotten für Jugendliche. War super cool, da hab ich echt nicht schlecht verdient. Und die Klamotten durfte ich oft auch behalten.

D: Wozu hast du denn so viel Geld gebraucht, ich meine, da hast du doch noch zu Hause gewohnt.

M: Meine Eltern hatten gerade gebaut, und meine Geschwister sollten doch auch das Abitur machen, wir waren eben so gut in der Schule, das gibt's auch. Und da mussten wir uns das Taschengeld und das Geld für Klamotten und Reisen und so selbst verdienen. Davon hab ich dann auch meinen Führerschein bezahlt und die Reisen, die ich gemacht hab.

D: Und wie ist die Bezahlung jetzt?

M: Super, wenn man einen Auftrag bekommt. Und wesentlich mehr, als wenn man jeden Abend in einem Café rumkellnert. Und müde ist man dann am nächsten Morgen auch nicht.

D: Und wieso haben die dich genommen? Bist du da einfach reingegangen oder hast du dich beworben, oder wie?

M: Nee, ehrlich, ich bin an der Agentur vorbeigegangen, auf meinem Nachhauseweg, und da hat mich eine Frau angesprochen, ob ich nicht mal modeln wollte.

D: Das gibt's doch nicht.

M: Und da hab ich dann gesagt, na ja, hätt' ich halt seit Jahren nicht mehr gemacht, seit vier Jahren genauer gesagt, würd ich aber schon gern.

D: Und?

M: Na ja, sie hat gemeint, ich wäre nämlich ein Typ, da hätten sie nicht so eine große Auswahl an Models. Da haben wir einen Termin ausgemacht, für die Probefotos ...

D: Davon hast du mir ja gar nichts erzählt!!

M: Ach weißt du, ich wusste doch nicht, ob was draus werden wird, bist du jetzt böse?

D: Quatsch. Los weiter, und die waren dann toll.

M: Und wie, ich bin selbst platt. Die haben der Agentur total gut gefallen, und die stellen jetzt eine Mappe zusammen und suchen für mich Kunden. Ich muss nichts machen.

D: Musst du dafür was bezahlen?

M: Nein, die sind wirklich seriös, die behalten natürlich was von meiner Gage, aber die Fotos und die Mappe, das machen die auf eigene Kosten. Ich weiß, da gibt es auch andere, die zocken die Mädels ab und dann kommt kein Auftrag.

D: Na, mal sehen ob du einen Auftrag bekommst.

M: Jetzt halt dich fest. Nächstes Wochenende, Mailand, da werden Fotos für den ersten Katalog einer jungen Modedesignerin gemacht, die jetzt auch ihre eigene Firma aufgemacht hat.

D: Ich krieg die Motten.

M: Willst du mitkommen? Ich habe ein Doppelzimmer – aber den Flug musst du selbst bezahlen. Die Spesen reichen für uns beide.

D: Klar doch.

Lektion 11

▶ **Track 44 Übung 28 b**

1 Ich möchte dich gern mal was fragen.
2 Vielleicht könntest du so in einer Stunde zu mir kommen.
3 Wäre das was für dich?
4 Hättest du Lust, zu mir zu kommen?
5 Wäre das nicht vielleicht was für dich?
6 Ja, das wäre eine Möglichkeit.

▶ **Track 45 Übung 28 c**

1 Willst du auch einen Tee?
2 Ich mag keinen Tee.
3 Du kannst das! Das weiß ich genau.
4 Soll ich noch ein Stückchen Kuchen nehmen oder soll ich nicht?
5 Jetzt ist Schluss! Ich kann einfach nicht mehr.

▶ **Track 46 Übung 28 d**

1 Ich hab's ja kommen sehen.
2 Ich hab dich gar nicht kommen hören.
3 So hat es ja kommen müssen.
4 Das habe ich doch nicht ahnen können.

Lektion 12

▶ **Track 49 Übung 12d**

A: Wer heute keine technische Schule absolviert hat, der wird kaum Chancen auf einen guten Job haben.

B: Das hört man immer wieder, ich bin da aber ganz anderer Meinung. Ich finde ja eher, dass wir heute schon zu viele haben.

A: Aber im Gegenteil! Schauen Sie sich doch um: überall wird gebaut, überall entstehen neue Technologien, wer soll denn das machen, wenn nicht bestens ausgebildete Techniker.

B: Ich sage ja nicht, dass wir keine Techniker brauchen, ich meine nur, die Welt besteht doch auch aus anderen Dingen: Kunst, Kultur, Musik, Theater – die schönen Dinge des Lebens halt!

A: Aber wer sagt denn, das Technik und Kunst und Kultur nicht zusammen passen können? Denken Sie doch nur an Einstein, der war nicht nur ein großer technischer Geist, er hat auch brillant Geige gespielt – und Humor hatte er übrigens auch.

B: Mag ja sein, dass das für ihn stimmt. Aber davon gibt es halt viel zu wenige.

▶ **Track 54 Übung 22a**

1 Klingt interessant, aber mal ehrlich, glauben Sie wirklich, das würde die jungen Leute ansprechen? Ich glaube eher, wir zahlen einen Haufen Geld und die Sprayer machen weiterhin unsere Hauswände kaputt. Die wollen doch den Konflikt, oder?
2 Warum nicht? Das wäre doch mal was anderes: Statt Strafe ein sinnvolles Angebot. Und alle gesprayten Wände kommen dann ins Internet – und im Internet wird das Schönste ausgewählt. Phantastisch. Dazu noch ein kleiner Preis ...

3 Darüber müsste man noch mal diskutieren. So positiv kann man das nicht sehen. Einerseits motivieren wir damit vielleicht auch Jugendliche zum Sprayen, die nie daran gedacht haben, andererseits wäre damit der Konflikt doch etwas entschärft.

4 Damit haben wir bei uns schon mal schlechte Erfahrungen gemacht. Die Sprayer hat es nicht interessiert, dafür haben sich da kriminelle Gestalten versteckt. Wir mussten das Haus dann zusperren.

5 Na ja, mal sehen wie sich das realisieren ließe: Wenn wir ein passendes Haus finden würden, zum Beispiel neben einem Gemeindehaus oder so, und ein Zivi das betreuen würde, dann sehe ich eigentlich keine großen Schwierigkeiten, und was die Kosten anbelangt ...

6 Klingt kompliziert. Ich würde vorschlagen, wir stellen den Jugendlichen diese hässlichen Mauern, außen da bei der Unterführung zur Verfügung, sind doch recht lang, oder, da kann eigentlich nichts schiefgehen und das Risiko ist gleich Null.

7 Den Vorschlag finde ich ganz gut – und wenn das ein Erfolg ist, können wir ja unsere alte Idee wieder aufgreifen.

8 Könnte man sich vielleicht überlegen. Ja. Wissen Sie was, ich bin dabei.

9 Find ich wirklich gut. Endlich setzen wir mal ein positives Signal.

10 Das klappt sicher, man muss nur wollen.

▶ **Track 55 Übung 34a**
Abschnitt 1

Moderator: In unserer heutigen Sendung geht es um die Frage: Wie sollte sich ein Bewerber während eines Bewerbungsgesprächs verhalten? Im Studio begrüße ich Frau Marta Dempe, Karriereberaterin, und Herrn Udo Wohlgemut, Personalchef bei Emco.
Herr Wohlgemut, bevor wir darauf eingehen, wie sich ein Bewerber in einem Bewerbungsgespräch verhalten sollte, möchte ich Ihnen eine Frage stellen, die mich schon immer bewegt hat: Wozu dient eigentlich ein Bewerbungsgespräch?

Wohlgemut: Diese Frage ist sehr vielschichtig. Zunächst einmal ist es ja so, dass, wenn Sie zu einem Bewerbungs- oder Vorstellungsgespräch eingeladen werden, der Bewerber und auch das Unternehmen einige Entscheidungen getroffen haben. Der Bewerber hat sich, aus welchen Gründen auch immer, dafür entschieden, möglicherweise bei dem Unternehmen zu arbeiten, das ist ja erst erstmal ein positives Signal.

Moderator: Und das Unternehmen?

Wohlgemut: Das Unternehmen ist, nachdem es die Bewerbungsunterlagen intensiv durchgesehen und geprüft hat, zumindest so positiv gestimmt, dass es die Bewerberin oder den Bewerber eingeladen hat. Das heißt, es besteht von beiden Seiten ein gesteigertes Interesse.

Moderator: Ich würde aber gern noch einmal auf die Ziele zurückkommen. Welches Ziel, nun ganz konkret, hat das Unternehmen, wenn es die Bewerberin oder den Bewerber zu einem Gespräch einlädt.

Wohlgemut: Zu allererst möchten wir natürlich sehen, ob die eingeladene Person sich von der Persönlichkeit her in unser Unternehmen integrieren lässt. Das darf man nicht unter-
schätzen: Auch wenn die fachliche Qualifikation stimmt, kann es zum Beispiel sein, dass andere persönliche Merkmale oder Lebensumstände nicht passen. Bei uns hat sich einmal eine sehr qualifizierte Frau beworben, die uns von ihrem Bewerbungsschreiben her sehr gefallen hat. Dann hat sich aber herausgestellt, dass sie aus einem sehr reichen Haus kam und die Stelle eigentlich nur wollte, um was Sinnvolles zu tun. Das hätte aber zu ihren unmittelbaren Kolleginnen, zwei alleinerziehenden Müttern, die sich eher schwer durchs Leben kämpften, nicht gepasst. Außerdem haben wir jemanden gesucht, der die Stelle langfristig besetzt – und in diesem Fall waren wir uns nicht sicher, ob sich die Bewerberin nicht eines Tages überlegt, dass sie keine Lust mehr hat, morgens früh aufzustehen. Sie musste ja – um es mal ganz platt auszudrücken – kein Geld verdienen. Das Gehalt wäre eine Art Taschengeld gewesen.

Moderator: Das klingt ja nun sehr einleuchtend, aber wenn das so wäre, bräuchte man ja kein Training für Bewerbungsgespräche und keine Beratungsbücher und auch diese Sendung hier nicht.

▶ **Track 56 Übung 34a**
Abschnitt 2

Wohlgemut: Es stimmt schon, wir wollen auch erfahren, ob die Kandidatin oder der Kandidat tatsächlich über die Kenntnisse und Fähigkeiten verfügt, die wir seinen Unterlagen entnehmen konnten. Dann wollen wir auch manches erfahren, was wir aus den Unterlagen nicht ersehen konnten. Und – das ist bei einem Gespräch für uns natürlich auch wichtig: Bringt die Bewerberin/der Bewerber Fähigkeiten oder einfach auch eine Ausstrahlung mit, die der Abteilung gut tun würde, die unserem Betriebsklima gut tun würde, die unserer Firmenphilosophie entspricht.

Dempe: Jetzt würde ich aber auch gern mal was dazu sagen. Das klingt ja so, als wäre das Vorstellungsgespräch ein nettes Beisammensein, ein Plauderstündchen. In Wirklichkeit wird es aber von meinen Kunden als Stress, und zwar als purer Stress empfunden.

Moderator: Könnten Sie das noch ein wenig ausführen?

Dempe: Zunächst werden die Kandidatinnen und Kandidaten dahingehend überprüft, ob sie auch ausreichend über das Unternehmen informiert sind. Das ist eher eine Art Prüfungssituation.

Wohlgemut: Aber wir wollen doch Mitarbeiter, die sich speziell für unser Unternehmen interessieren.

Dempe: Ja, aber manchmal habe ich das Gefühl, dass die Kandidaten, weil sie das ja schon wissen, sich über das Internet so viele Informationen besorgen oder meinen, besorgen zu müssen, dass sie mehr über das Unternehmen wissen, als ein durchschnittlicher Mitarbeiter. Ich verstehe eigentlich nicht so wirklich, was das soll, übe aber mit meinen Kandidaten natürlich auch das Gespräch über das Unternehmen. Von vielen werden auch schon die ersten Sekunden des Gesprächs als eine Belastung empfunden: Wenn man den Raum betritt, in dem das Gespräch stattfindet, sieht sich der Bewerber einer unkommunikativen Kälte gegenüber, einer feindlichen Mauer, die er zu überwinden hat. Eine Situation, die es sonst in der realen Arbeitswelt so nie oder sehr selten gibt.

Wohlgemut: Na ja, so schlimm ist es doch wohl nicht.

Dempe: Doch.

Wohlgemut: Sie müssen doch verstehen, dass wir sehen möchten, wie ein Bewerber auf Stresssituationen reagiert.

Dempe: Nur ist das keine Stresssituation, die etwas darüber aussagt, wie ein Bewerber auf eine fachbezogene, berufsbezogene Stresssituation reagieren würde.

Moderator: Und was hat der Bewerber von einem Bewerbungsgespräch? Wir haben nun gelernt, dass das Unternehmen durch das Bewerbungsgespräch erfahren hat, was der Bewerber wirklich kann, welche persönlichen Eigenschaften er mitbringt, wie man ihn in das Unternehmen integrieren könnte und in welchen Bereichen man ihn einsetzen könnte. Also noch mal, der Bewerber. Herr Wohlgemut.

Wohlgemut: Wir können seine Fragen beantworten.

Dempe: Das ist wirklich ein großer Vorteil, den die Bewerber haben: Das trainiere ich auch mit ihnen, dass sie nämlich mutig die Fragen stellen, die für sie besonders wichtig sind: Was verlangt die Stelle ganz konkret von einem Mitarbeiter? Wie sind die Arbeitszeitregelungen, wie sieht der Arbeitsplatz aus? Mit wie vielen Kolleginnen und Kollegen muss man zusammenarbeiten? Welche technische Ausstattung hat man für seine tägliche Arbeit?

Moderator: Also konkrete Informationen, die aus der Stellenbeschreibung und den Informationen im Internet nicht zu entnehmen waren.

Dempe: Genau. Ein wichtiger Punkt ist auch die Unternehmenskultur: Gibt es Betriebsausflüge, gemeinsame Fortbildungen? Wie spricht man sich im Unternehmen an? Wie ist die Kleidung?

Wohlgemut: Dazu gehören aber auch alle Fragen um das Thema Lohn und Gehalt. Wie sind die Vorstellungen des Bewerbers, wie sehen unsere Möglichkeiten aus? Gibt es gegebenenfalls Kompromisslösungen: Wir können zum Beispiel einen kostenlosen werkseigenen Kindergartenplatz anbieten. – Dann kann man oder muss man sich auch darüber unterhalten, was die Ziele der Bewerberin oder des Bewerbers sind.

Dempe: Ja, und damit tun sich viele meiner Kunden schwer. Sie trauen sich nicht, offen zu sagen, dass sie zum Beispiel in drei Jahren Abteilungsleiter sein möchten. Das ist aber wichtig, weil das Unternehmen in den nächsten zehn Jahren vielleicht gar keinen Posten dieser Art anbieten kann.

Wohlgemut: Und das erzeugt bei den Bewerberinnen und Bewerbern Stress. Da würde ich mir auch mehr Offenheit und Ehrlichkeit wünschen. Weil das auch für die Besetzung der Stelle ganz wichtig ist. Ein junger Ingenieur, der zum Beispiel schnell Gruppenleiter werden will, wir aber seine Stelle ausschreiben mussten, weil sein ebenfalls noch junger Kollege gerade zum Gruppenleiter befördert worden ist, wäre auf dem ausgeschriebenen Posten wahrscheinlich schnell frustriert.

▶ Track 57 Übung 34a

Abschnitt 3

Moderator: Kommen wir doch nun zu einem Thema, das unsere Hörerinnen und Hörer sicher besonders interessiert: Muss eine Bewerberin oder ein Bewerber wirklich alle Fragen wahrheitsgemäß beantworten?

Dempe: Nein, wirklich nicht. Man muss und darf sich in einem Bewerbungsgespräch nicht alles gefallen lassen.

Moderator: Was dürfte Herr Wohlgemut nun absolut nicht fragen?

Dempe: Da gibt es ganz klare Vorgaben: Keine Fragen zur Konfession, zur Gewerkschafts- oder Parteizugehörigkeit. Und natürlich sind auch Fragen zum Gesundheitszustand tabu. Es sei denn, im Bewerbungsschreiben steht etwas über eine chronische Krankheit. Dann darf man fragen, ob die sich mit der ausgeschriebenen Stelle verträgt.

Moderator: Und solche Tabu-Fragen dürfen unter keinen Umständen gestellt werden? Oder gibt es Ausnahmen?

Dempe: Doch. Wenn man zum Beispiel eine Stelle als Kindergärtnerin in einem katholischen Kindergarten bekommen möchte. Dann darf man schon fragen, ob die Person katholisch ist, weil man davon ausgehen kann, dass eine Person, die zum Beispiel aus der Kirche ausgetreten ist, für diese Stelle nicht besonders geeignet ist.

Wohlgemut: Wenn wir einen Lagerarbeiter einstellen, das ist in unserem Unternehmen ein körperlich extrem anstrengender Beruf, dann frage ich schon nach, ob der Bewerber zum Beispiel schon mal Probleme mit der Bandscheibe hatte. Ich beschreibe in dem Fall die Arbeitsplatzsituation sehr genau, weil das für beide Seiten besser ist. Und das ist auch erlaubt.

Moderator: Und wie soll man sich verhalten, wenn der Personaler eine Tabu-Frage stellt?

Dempe: Am besten ist es, eine Gegenfrage zu stellen. Also den Gesprächspartner zu fragen, was die Frage mit der ausgeschriebenen Stelle zu tun hat. Wenn sie oder er auf der Frage beharrt, sollte man darauf hinweisen, dass solche Fragen für das Vertrauen, das Sie ja dem Unternehmen gegenüber aufbauen sollen, nicht besonders förderlich sind. Mal ehrlich, wer möchte in einem Unternehmen arbeiten, das sich so präsentiert?

Moderator: Nehmen wir mal an, Sie möchten die Stelle unbedingt haben, geben deshalb ganz bewusst eine falsche Antwort.

Wohlgemut: Frau Dempe wird mir da zustimmen. Wenn ich wirklich so eine Frage stelle, darf man mich anlügen. Und das darf dann auch kein Kündigungsgrund sein. Deshalb werden sich die meisten Arbeitgeber hüten, solche dummen Fragen zu stellen.

Dempe: Schön wär's. Gerade Frauen haben da oft zu kämpfen.

Moderator: Frau Dempe, Herr Wohlgemut, ich bedanke mich bei Ihnen recht herzlich für die ausführlichen Informationen. Liebe Hörerinnen und Hörer, das Gespräch können Sie auch als Podcast nachhören. Auf unserer Hompage finden Sie noch zusätzliche Informationen zu unserem heutigen Thema: Bewerbungsgespräch. Sie können aber nach der Sendung bis dreizehn Uhr auch bei uns anrufen, Frau Dempe und Herr Wohlgemut werden Ihre Fragen beantworten.

Lektion 13

▶ Track 58 Übung 13

Das Fossil, das auf den Namen Ida getauft wurde, ist heute in New York vorgestellt worden. Aber ganz neu ist das Fossil nicht. Schon vor über 20 Jahren wurde es bei Darmstadt in Deutschland entdeckt. Aber damals hatte man noch keine Ahnung, wie wichtig gerade dieses Fossil für die Wissenschaft werden sollte. Wie bedeutend es ist, hat die Öffentlichkeit erst jetzt erfahren: Denn es handelt sich bei diesem Fossil wohl um den gemeinsamen Urahnen von uns Menschen und von den Affen. Es ist das älteste Fossil, auf dem man schon menschliche Hände erkennen kann. Das Uraffen-Skelett ist 47 Millionen Jahre alt – und gibt neue Erkenntnisse über unsere Abstammung preis.

▶ Track 60 Übung 14b

A: Ich fürchte, unsere Firma ist am Ende! Seit September verkaufen wir praktisch keine Kumbas mehr! Jede Stadt hat schon einen Kumba. Der Kumba geht nie kaputt und ist super-einfach zu bedienen. Und deshalb sehe ich für unser Problem keine Lösung, die uns weiterhilft.
B: Unsinn! ...
A: Es gibt für die Leute einfach keinen Grund, einen Kumba durch einen neuen zu ersetzen.
B: Ja, zugegeben, ...
A: Der neue Kumba könnte den alten unmöglich übertreffen.
B: Das stimmt. Der alte ...
A: Und darum gibt es für die Werbung schlicht keine Argumente, mit denen wir ...
B: Meinen Sie wirklich? ...
A: Ich sehe wirklich keinen Ausweg aus unserer schwierigen Situation.
B: Aber natürlich! ...
A: Wir könnten höchstens versuchen, ein neues Modell zu entwickeln und mit viel ...
B: Ach, ich weiß nicht! ...
A: Vielleicht gelingt es uns ja, für dieses neue Modell zusätzliche Funktionen zu finden, mit denen die Anschaffung ...
B: Genau! ...
A: Den alten Preis könnten wir dann allerdings nicht halten, sondern müssten ihn ...
B: Das ist wahr. ...
A: Gegen einen höheren Preis gäbe es bestimmt einen gewissen Widerstand bei unseren Händlern, den wir überwinden müssten, indem wir Ihnen die ...
B: Na ja, ...
A: Wir müssten den höheren Preis jedenfalls sehr gut begründen können, weil wir sonst ...
B: Da sehe ich kein Problem! ...
A: Außerdem müssen wir dringend neue Produkte erfinden, auch wenn dies nicht so leicht ist.
B: Wahrscheinlich haben Sie recht. Neue ...
A: Die Frage ist also, ob wir unser Sortiment verbreitern können, damit wir nicht ...
B: Ich glaube schon, dass ...
A: Dann können wir unsere vorherige Stellung im Markt vielleicht wieder erreichen.
B: Ich bin sicher, dass ...

Lektion 16

▶ Track 73 Übung 2, Ein Interview mit Harald Schmid

M: Liebe Hörerinnen und Hörer, in unserer Sendung „Fit im Alltag" begrüßen wir heute den Diplom-Sportlehrer und promovierten Sportwissenschaftler, Herrn Harald Schmid.

Er war einmal einer der besten 400-Meter-Hürdenläufer der Welt. Heute leitet er ein Gesundheitszentrum und engagiert sich für „Kinder stark machen", eine Kampagne der Bundeszentrale für gesundheitliche Aufklärung.
Herr Schmid, bei der Leichtathletik-WM in Rom 1987 sind Sie zu dritt innerhalb von drei Hundertstelsekunden ins Ziel gelaufen. Waren Sie nicht sehr frustriert über den dritten Platz?
HS: Klar, in dem Moment war ich enttäuscht. Doch das Rennen ist in die Geschichte eingegangen mit diesem Zielfoto, wo wir alle drei auf einer Linie waren.
M: Sie engagieren sich seit vielen Jahren in der bundesweiten Kampagne zur Suchtprävention „Kinder stark machen". Warum stärkt Sport das Selbstwertgefühl?
HS: Beim Sport muss man sich mit seinem Körper auseinandersetzen und mit seinen Leistungen. Man muss sich einstellen auf die Wettkampfsituation und seine Gegner – ein gutes Übungsfeld für das Selbstwertgefühl. Stark macht Kinder auch das Wissen, eine Sportart oder etwas anderes zu beherrschen. Und dann sind andere Menschen wichtig – Menschen, die in entscheidenden Momenten nachfragen, wie es dem Kind oder Jugendlichen geht. Das können Eltern sein, ein Lehrer, aber auch ein Trainer. Hier stecken große Chancen im Sport.
M: Sportlicher Erfolg ist mit Fleiß und Durchhaltevermögen verbunden. Wie können Lehrer, Trainer und Eltern ihre Kinder begeistern?
HS: Die Erwachsenen müssen Anreize schaffen, damit sich Kinder gern bewegen und gern draußen sind.
M: Wie könnte das gehen?
HS: Mit ganz kleinen Schritten. Sie müssen Väter oder Mütter dazu kriegen, mit ihren Kleinen zum Kindergarten zu laufen – und sie nicht mit dem Auto zu bringen. Die Stunden, die Eltern mit ihren Kindern auf dem Spielplatz, einem Sportgelände oder in einem Park verbringen – das ist die beste Zeit, die sie für ihr Kind opfern können.
M: Sie haben auch in Ihrer aktiven Zeit täglich ein Stück Kuchen oder Schokolade gegessen. Wie wichtig ist Genuss für den Erfolg?
HS: Es ist das Entscheidende. Sport muss einfach Spaß machen – obwohl es hart sein kann, zweimal am Tag bei Wind und Wetter zu trainieren. Etwas geschafft zu haben ist ein gutes Gefühl. Genauso wichtig sind Pausen, in denen Sie abschalten und den Moment genießen.
M: Wer Leistungssport betreibt, muss Prioritäten setzen. Was sagen Sie einem Jugendlichen? Warum lohnt es sich, etwa auf Freizeit und Faulenzen zu verzichten?
HS: Mit Motivation von außen erreichen Sie nichts im Leistungssport. Man muss innerlich überzeugt sein: Das ist es, was ich machen will. Diesem Abenteuer will ich mich stellen. Manche Jugendliche muss man erst dahin führen. Äußere Anreize spielen natürlich eine Rolle – sie wollen ein bisschen Geld verdienen oder einen Trainingsanzug gewinnen. Aber wenn Sie ganz nach oben kommen wollen, zählt vor allem der innere Antrieb.
M: Wie war das bei Ihnen? Wie begann Ihre große Karriere?
HS: Im letzten Schuljahr hatte ich gute Noten im Winterzeugnis, ich konnte also beim Abitur nicht mehr durchfallen. In jenem Jahr, also 1976, waren die olympischen Spiele in Montreal. Ich dachte, wenn du jetzt zweimal pro Tag trai-

nierst – vielleicht schaffst du es, im Sommer dort zu starten. So verrückt kann das sein. Ich gehörte zwar zum bundesdeutschen Nachwuchskader. Doch es war nicht unbedingt realistisch, dass es klappen würde mit einer Teilnahme – und am Ende holte ich Bronze mit der 4 x 400-Meter-Staffel.

M: [...] Wie kann jeder Einzelne im Alltag für ausreichend Bewegung sorgen?

HS: Das ist ganz einfach. Sie müssen Ihr Leben ein wenig umstellen. Ich habe einmal den Chef eines großen Unternehmens beraten. Sein Büro befand sich im zwölften Stockwerk. Ich sagte ihm: Sie haben ja ein Fitnessstudio im Haus – worauf er mich fragend anschaute. Ich riet ihm, Stock für Stock die Fahrstuhlstrecke zu reduzieren und den Rest nach oben zu laufen. Nach einem Jahr schaffte er den ganzen Weg. Manchmal kann man mit wenig Aufwand etwas für sein Wohlgefühl tun.

M: [...] Wie halten Sie sich selbst heute fit?

HS: [...] Ich folge meinem eigenen Trainingsprogramm. Manchmal jogge ich jeden Tag, dann wieder nur ein- oder zweimal die Woche. Ich mache zu Hause Krafttraining. Das sind im Prinzip wenige, aber komplexe Übungen: Klimmzüge, etwas für den Bauch [...] und etwas für die Beine.

M: In das Institut, das Sie mit einem Arzt betreiben, kommen auch viel beschäftigte Selbstständige und Mitarbeiter aus Unternehmen. Was raten Sie ihnen?

HS: Leute, die ihren Stress loswerden wollen, müssen etwas in ihrem Arbeitsleben ändern. Denn wenn sie angespannt sind, werden sie nie eine Hochleistung erbringen. Geist und Körper müssen im Gleichgewicht sein. Probleme kann man nicht durch Laufen an die Seite drücken.

M: Ihr Leben war und ist Bewegung. Was bewegt Sie?

HS: Mit Bewegung kann man sehr viel erreichen. Es wäre ein großer Fortschritt, wenn die Verantwortlichen im Bildungssystem das endlich erkennen und verwirklichen würden [...]

M: Vielen Dank für das Gespräch, Herr Schmid.

▶ **Track 74 Übung 6**

Hallo Thomas! Du, ich bin's, Angela! Schade, dass ich dich nicht erreiche. Du weißt ja, vom 3. bis 8. August ist wieder Internationale Deutschlehrertagung, diesmal in Jena und Weimar. Wir hatten ja auch schon darüber gesprochen, dass wir uns eventuell da treffen könnten. Das wäre doch nett! Ich hab mir jetzt das Programm mal genauer angeguckt und ein paar Veranstaltungen rausgesucht, die dich vielleicht auch interessieren könnten. Du kannst es dir ja auch noch mal in Ruhe im Internet anschauen.

Also, die Eröffnungsveranstaltung findet am 3. August von 11 bis 13 Uhr im Volkshaus statt. Kannst du schon so früh anreisen? Wäre ja schön, wenn wir da zusammen hingehen könnten. Was das Fachprogramm betrifft, da gibt es natürlich unendlich viel Auswahl. Auf jeden Fall möchte ich mir am Dienstag den Vortrag „Deutsch – eine europäische Sprache in einer vielsprachigen Welt" anhören. Du kannst dir schon denken, von wem. Es ist ja immer nett, wenn man seine alten Profs wiedertrifft. Ich habe übrigens die Information bekommen, dass der Ort, den sie im Programm angegeben haben, geändert wurde. Der Vortrag findet nicht in Hörsaal 2C, sondern in 2D statt. Am Mittwoch, den 5. August, wird u.a. ein Ausflug nach Dresden angeboten: „Auf den Spuren der Sachsenmetropole". Das würde mich auch interessieren. Dresden soll ja wunderschön sein, und ich war noch nie da. Donnerstag möchte ich am Vormittag unbedingt in eine der Sektionen gehen. Das können wir uns ja noch überlegen. Für den Nachmittag hab ich mir die Podiumsdiksussion „Zuwanderung – Sprache(n) und Integration" vorgemerkt. Die ist von 16 bis 18 Uhr im Auditorium. Und um halb acht findet im Literaturhaus die Lesung „Kinder- und Jugendliteratur aus den deutschprachigen Ländern" statt. Ist vielleicht ein bisschen viel für einen Tag. Aber auf der anderen Seite ... Wann hat man schon mal die Gelegenheit, so viele spannende Veranstaltungen zu besuchen?!

Freitag gibt es dann noch zum Abschluss einen großen Abendempfang mit Buffet und Musik, aber ich weiß noch nicht, ob ich dazu Lust hab.

Also, meine Kollegen und ich wohnen im Hotel Hinsberger, das ist ganz zentral gelegen, ganz in der Nähe vom Tagungsgelände. Ich geb dir gleich mal die Telefonnummer, falls du auch noch eine Übernachtungsmöglichkeit suchst: Das ist die 03641/732, und nicht 03461/732. Das steht nämlich falsch in der Hotelübersicht im Internet. Die Zimmerpreise liegen so ungefähr bei 75 Euro, für Tagungsgäste wahrscheinlich noch weniger.

Ach ja, und bevor ich's vergesse: Die Tagungsgebühr beträgt 170 Euro für die gesamte Zeit. Ist nicht wenig, aber man bekommt ja auch eine Menge geboten. Außerdem nehme ich an, dass das für dich auch die Schule übernimmt, oder? Wie auch immer, lass uns unbedingt in den nächsten Tagen mal telefonieren, dann können wir das genauer abstimmen. Vielleicht interessierst du dich ja auch für ganz andere Sachen. Ich würde mich jedenfalls freuen, wenn's klappt! Tschüüß!

▶ **Track 75 Übung 9**

1 Er pflegt die Tradition des Geschichtenerzählens mit musikalischer Begleitung: der schottische Liedermacher und Folkmusiker Jacky Leaden. Zur Zeit hat das deutsche Publikum die Möglichkeit, ihm dabei zuzuhören. Heute Abend z.B. in Stuttgart. Jacky Leaden gilt als Vertreter des Northern Soul. Sein warmer, meist poetischer Folk hat immer eine soulige Note. Seine Stimme ist durchdringend und sein Gesang leidenschaftlich. Jacky Leaden tritt heute Abend in Stuttgart auf, morgen in Völklingen und Samstag in Wendelstein.

2 Popart in Oldenburg. Sie wurden tausendfach gedruckt, die bunten Konservendosen, das Marilyn Monroe-Porträt oder Mao Tsetung in verschiedenen Farbschattierungen. Das Horst-Janssen-Museum in Oldenburg zeigt jetzt 50 großformatige Siebdrucke von Andy Warhol aus einer deutschen Privatsammlung. [...] Warhol hat mit dem Siebdruck neue Wege der Bildgestaltung geöffnet. Seine grellbunten Tableaus begründeten die Popart. [...]

Von Marilyn bis Mao. Die Andy Warhol-Ausstellung im Horst-Janssen-Museum in Oldenburg bis zum 3. Mai 2009.

3 Heute Mittag und am Nachmittag vor allem im Süden und Richtung Oder zunächst Schneefall, an den Alpen auch länger andauernd. Sonst meist wechselnd bewölkt mit einzelnen Regenschauern, besonders im Nordweststau der Mittelgebirge und im Rheinland. Von Schleswig-Holstein bis zur Lüneburger Heide, am Nachmittag auch in Sachsen-Anhalt

größere Aufheiterungen. Höchsttemperaturen zwischen
-3 Grad am Alpenrand und +4 Grad am Niederrhein.
Schwacher bis mäßiger, in freien Lagen frischer Nord-
westwind, an der Ostseeküste und im Bergland starke Böen.
4 Die 12-jährige Sara glaubt fest daran, dass ihr Vater ein
Tschechit ist, ein kroatischer Kriegsheld. Doch für die be-
vorstehende Klassenreise kann ihre Mutter Esma nicht den
entsprechenden Nachweis über dessen Heldentod vorlegen,
damit sie nicht den vollen Preis zahlen muss. Auch das
Verhalten von Esma macht Sara misstrauisch, denn selbst
bei einer kleinen Rangelei mit ihrer Tochter reagiert sie extrem schreckhaft. 2006 gewann der Film „Esmas Geheimnis"
über die Traumata des Bosnienkrieges den Goldenen Bären
bei der Berlinale. Heute Abend läuft er um 21 Uhr auf arte.
5 Das Ensemble des Imperial Theaters lädt ein zu einem
Erlebnis der außergewöhnlichen Art! Genießen Sie ein Vier-
Gänge-Menü der Extraklasse und erleben Sie das spannende
Kriminalstück „Kapitel 13" im Krimi-Salon im Maritim Hotel
Reichshof.
Sie speisen dort mit Mrs Farnsworth und ihren Gästen und
werden dabei nicht nur Vergnügen am Diner haben. Denn
Mrs Farnsworth wird ihren Gästen mit tödlicher Sicherheit
einen unvergleichlichen Abend bereiten. Die Vorstellung beginnt um 18.30 Uhr. Ab 18.00 Uhr lädt Mrs Farnsworth zum
Sektempfang. Dinieren Sie ausgiebig mit Mrs Farnsworth und
ihrer illusteren Gesellschaft von Krimiautoren im Speisesaal
des Maritim Hotel Reichshof. Im Kartenpreis inklusive ist ein
4-Gänge-Menü, sowie begleitende Weine.

▶ **Track 76 Übung 14**
N: Hallo Olli! Du wolltest doch in eine WG ziehen. Hast du
mittlerweile was Passendes gefunden?
O: Hi! Ja, ich hab zum Glück was gefunden. Seit einer Woche
hab ich ein WG-Zimmer. Aber das war gar nicht so leicht. Ein
Bewerbungsgespräch für einen neuen Job ist echt einfacher.
Was die alles von einem wissen wollen! Ob du rauchst, ob du
Frühaufsteher bist, ob du eine feste Beziehung hast ... Das
fand ich zum Teil ganz schön anstrengend. Aber dann wurde
in der WG von einer Freundin ein Zimmer frei. Wir sind da
jetzt zu viert. Bis jetzt gefällt's mir ganz gut. Und du? Wie
wohnst du denn eigentlich?
N: Ich hab seit Anfang Mai ein Zimmer im Studentenwohnheim.
O: Und wie ist das so? Ich stell mir das ganz schön laut vor.
Viel Privatsphäre hat man da wahrscheinlich nicht, oder?
N: Ach, das geht eigentlich. Klar, ich könnte mir auch was
Besseres vorstellen, als mir mit 17 anderen vier Toiletten und
vier Duschen zu teilen, aber auf der anderen Seite lernt man
auch immer neue Leute aus allen möglichen Ländern kennen
und ist nie allein. Ich find's toll, mit so unterschiedlichen
Menschen zusammenzuleben.
O: Was machen die anderen denn so? Studieren die auch
Medizin?
N: Man ist da zum Glück nicht nur mit Studenten aus dem-
selben Fachbereich zusammen. Du sprichst also nicht immer
nur über dein eigenes Fach. Das geht mir nämlich irgendwann ganz schön auf die Nerven. Aber erzähl du mal! Habt
ihr einen Putzplan in eurer WG oder wie regelt ihr das?
O: Ja schon, aber das funktioniert auch nicht immer. Meine
Schmutztoleranz hat sich zum Glück erhöht. Ich bin ein

Familienmensch und find's super, wenn wir abends alle zusammen kochen, oder ich komm gestresst von der Uni, und
das Essen steht aufm Tisch.
N: Das stell ich mir auch nett vor, aber das mit dem Putzplan würde mich echt nerven. Bei uns gibt's da keine leidigen
Diskussionen, wie ich das aus WGs kenne. Im Wohnheim
kommt jeden Tag ein Putzmann. Und die Miete ist mit
245 Euro natürlich unschlagbar für München. Sag mal, wie
macht ihr das eigentlich mit dem Einkaufen? Habt ihr getrennte Fächer im Kühlschrank?
O: Nein, nein, das haben wir mal versucht, aber das hat nicht
funktioniert, das gab bloß Ärger. Jeder kauft ein, jeder isst
alles, und abgerechnet wird am Monatsende. Außer Alkohol
und Schokolade, das muss sich jeder selbst kaufen. Das
klappt ganz gut.
N: Versteht ihr euch denn alle gut? Ich meine, gibt es nie
Ärger oder so?
O: Im Großen und Ganzen klappt das ganz gut. Einen Vorteil
hat das Leben in einer WG in jedem Fall: Man lernt, Probleme
direkt anzusprechen. Wenn du alles in dich hineinfrisst, gehst
du echt unter.

▶ **Track 77 Übung 15**
Interviewer:
Herr Böhme, herzlich willkommen in unserer Sendung
„Mensch und Natur". Sie sind Professor für Kulturtheorie an
der Humboldt-Universität in Berlin. Zu Ihren Gebieten gehört
das Verhältnis der Menschen zur Natur und zum Wasser.
Wasser hat in jeder Kultur und in jeder Religion eine zentrale
Bedeutung. Ist eine Hochkultur ohne geregelte Wasserver-
sorgung überhaupt vorstellbar?
Böhme:
Ohne Wasser ist überhaupt keine Kultur denkbar. Der
Mensch besteht aus Wasser. Er braucht es jeden Tag. Nicht
nur zum Trinken, sondern auch für die Hygiene, Logistik und
die Produktion von Nahrung und Gütern. Denken Sie auch an
Ackerbau oder Fischerei. Der Mensch hat deshalb immer [...]
die Nähe zum Wasser gesucht.
Interviewer:
Man spricht von der Bändigung des Feuers, der Bearbeitung
der Erde. Hat der Mensch das Wasser domestiziert?
Böhme:
Man kann das Wasser nicht „beherrschen". Das erleben wir
bei einem Tsunami oder auch, wenn das Wasser mal ganz
fehlt und Dürre-Katastrophen folgen. Unsere Technologien erlauben uns nur kleine Schritte, wir können etwa mit Brunnen
die Trinkwasserversorgung regulieren oder uns mit Deichen
vor dem Meer schützen. Wassermanagement und Wasser-
verkehrstechnik bedeutete für die ersten Hochkulturen einen
großen Evolutionssprung. Aber im Umgang mit dem Wasser
merkt der Mensch, dass seine Fähigkeiten, sich natürlich
Ressourcen anzueignen, begrenzt sind.
Interviewer:
In welche Kapitel unterteilen Sie die Kulturgeschichte des
Wassers?
Böhme:
Wer den Fluss kontrolliert, beherrscht auch das Land. Das
alte Ägypten oder die Hochkulturen der Euphrat-Tigris-Region
nennen wir „potamische" Kulturen, also Gesellschaften, die

mit dem Fluss, griechisch „potamós", produktiv umgehen. Um 500 vor Christus verlagerte sich das Machtzentrum in den Mittelmeerraum, wo Binnenmeerkulturen die Macht übernahmen: Phönizier, Griechen, Römer. Zu dieser Zeit entstanden die ersten Großstädte. Fragen der Wasserwirtschaft waren dabei von elementarer Bedeutung. Sauberes Wasser zu haben, ist ein kulturelles Bedürfnis ersten Ranges und einer Million Menschen Zugang dazu zu verschaffen, ist keine Kleinigkeit. In Rom gab es das erste komplexe Ver- und Entsorgungssystem, gebaut aus Aquädukten, Kanälen und Kloaken. Das hat man gemerkt, als die Errungenschaften der römischen Zivilisation verloren gingen. Im Mittelalter waren die hygienischen Bedingungen in Städten und Burgen schrecklich. Es gab große Epidemien. Das Wasser wurde zum Medium der Krankheit und des Todes.

Interviewer:
Kann man den Zivilisationsgrad einer Gesellschaft unmittelbar an ihrem Umgang mit Wasser ablesen?

Böhme:
Blicken wir doch auf die heutige Welt: Alle hoch entwickelten Länder haben hoch entwickelte Wasserkulturen. Das geht von Wellness-Anlagen bis zur Wasserversorgung im Wolkenkratzer. Die unterentwickelten Länder haben extreme Wasserprobleme. Ein gut funktionierender Umgang mit Wasser ist die Basis für gesellschaftliche Evolution.

Interviewer:
1739 wurde in Wien die erste moderne Kanalisation gebaut. War das eine Voraussetzung für unsere heutige Gesellschaft?

Böhme:
Die Administration musste die Kanalisation gegen den massiven Widerstand der Stadtbewohner durchsetzen. Plötzlich mussten die Menschen für Wasser bezahlen, das sie in den Jahrhunderten zuvor kostenlos aus dem Fluss geholt hatten. Die Modernisierung des Wasserkreislaufs schien deshalb erst einmal ein Negativgeschäft zu sein, war aber eine Revolution: Zum ersten Mal wurden Versorgung und Entsorgung strikt getrennt. Es ist kein Zufall, dass im 19. Jahrhundert der Netzbegriff als Organisationsmodell entstanden ist. Beim Aufbau aller Netze – Elektrizität, Telefon, Gas, Verkehr – haben wir von dem profitiert, was wir vom Wasser gelernt haben. Die Industriegesellschaft ist vom Wasser viel abhängiger als ein Bauernhof. Denken Sie an Bergwerke, Textilmanufakturen. Nicht ohne Grund liegen alle Industriestädte an großen Flüssen.

Interviewer:
Die technische Entwicklung brachte aber auch beispiellose Wasserverschmutzung mit sich.

Böhme:
In der Moderne betrachten wir Wasser nicht mehr als Naturprodukt oder Heiligtum, sondern als Produktionsmittel. Diese Denkweise führt in letzter Konsequenz zu ökologischer Zerstörung. Mitte des 20. Jahrhunderts gab es in Elbe und Rhein kaum mehr Fische. Aber das ist kein unumkehrbarer Prozess. Der Mensch muss sich immer erst bedroht fühlen, um etwas für die Umwelt zu tun.

9 Überzeugt?

B Schwarzfahren ist unfair
B1a: Diese Ausreden kann man in allen Verkehrsmitteln hören, in denen es Waggons gibt und/oder man eine Fahrkarte haben/kaufen muss, z. B. dem Zug, dem Bus, der U-Bahn, der Tram, der Straßenbahn oder auf einem Schiff.
B3a 1: Der Fahrgast hat einen Fahrschein für die zweite Klasse, sitzt aber in der ersten Klasse, weil es in der zweiten Klasse keine freien Plätze mehr gibt.
B3a 2: Beide: Das Gepäck reist in der ersten Klasse, der Fahrgast im Bordrestaurant. Je nach Betrachtungsweise kann man das aber auch anders sehen. Diskussionsmöglichkeit.

B3b:	
Da könnte ja jeder kommen.	S
Oh Mann, das gibt's doch nicht!	F
Ist schon okay.	S
Warum gehen Sie nicht ...?	S
Wenn's sein muss.	F
Kann man wohl nicht ändern.	F
Das geht wirklich nicht.	S
Ich kann's nicht fassen!	F
Ja gut, von mir aus.	S
Danke für Ihr Verständnis.	S
Ich hätte einen anderen Vorschlag.	S
..., da kann ich keine Ausnahme machen.	S

C „Ist doch nicht so schlimm ..."
C2b: *Thema 1: Schwarzarbeit*: 1: auf ein Kind aufpassen, dem Nachbarn das Auto reparieren, Fliesen legen, Tapeten kleben; 2: 1, 2, 3, 5; 3: 2, 4;
Thema 2: Spesenbetrug: 1: heimlich die Frau auf die Dienstreise mitnehmen, überhöhte Hotelrechnungen abrechnen, Essen mit der Familie als Bewirtung von Kunden abrechnen, tolle Dienstautos, tolle Geschäftsessen, Opernbesuche, zu viele Kilometer abrechnen; 2: 2, 4; 3:1, 5;
Thema 3: Bei Rot über die Kreuzung gehen: 2: 1, 3; 3: 2, 4, 5;

D Und jetzt?
D1a – Inhaltspunkte: Der Erzähler möchte in Ruhe lesen, der andere Fahrgast telefoniert in einer Lautstärke, die Lesen unmöglich macht.
D1c – Inhaltspunkte: Er verhält sich genau so, wie der Mann es getan hat, und wiederholt genau das, was er gesagt hat, sodass der Mann nicht nur überrascht ist, sondern beim nächsten Handyklingeln sofort das Abteil verlässt.
D2a: 1, 5
D2b: 4, 5, 1, 3, 2
D2c: 1B, 2D, 3C, 4A, 5E

E Die liebe Technik
E1a: Sie wirbt für einen Parkassistenten. Vorteile: Er findet Parklücken, einfach den Knopf drücken: das Auto fährt und parkt automatisch, kein Stress, kein Suchen, keine Probleme mehr in der Innenstadt, Parkengel passt in jedes Modell
E2a: Defekt und Folgen: Auto sucht immer Parklücke, Kosten für Ausbau/Werkstattkosten; Forderung: neuer Parkengel / neue Software oder Geld zurück, Ausbau- und Einbau-/ Werkstattkosten bezahlen, Navi XC 341 schicken
E2b: Beschwerdebrief

E2c – Inhaltspunkte: ...zu unterstützen, sucht das Auto immer Parklücken, egal ob der Einschaltknopf gedrückt oder nicht gedrückt ist. ... schicke ich Ihnen die defekte Software zurück. ... umgehend eine neue Software oder mein Geld zurück. ... selbstverständlich die Erstattung der Werkstattkosten. ... stattdessen das Navi XC 341 schicken.

F Die ganze Welt in einer Kugel – oder nicht?
F1a: Frank Stronach will in dem 10 000 Einwohner Dorf Ebreichsdorf (70 km südlich von Wien) den Freizeitpark „Magna Globe Resort Park" errichten: 10 Hektar große Anlage, 120 m hohe Weltkugel, getragen von 20–30 Meter hohen Statuen.
Innen: Themenrestaurant, Amphitheater mit über 3000 Plätzen, Showbereich mit Sehenswürdigkeiten, Wasserfällen und Urwäldern, Zeitreise durch Geschichte der Menschheit.
Außen: Galopp- und Trabrennbahn, Natur-Lehrzentrum für Schüler, Umweltschutzzentrum, Konferenz- und Wohnhausanlagen, Einkaufszentrum mit Shops und Filialen von Fastfood-Ketten. Keine Eintrittsgebühr. Realisierung ohne öffentliche Gelder, bis zu 10000 Besuchern täglich.
F5: Info: Der Magna Globe Resort Park wurde aus Wasser- und Naturschutzgründen im Ebreicher Moor nicht gebaut. Ein Pferdesportpark mit 3 Rennbahnen wurde aber gebaut.

10 Angepasst

B Farbenspiel
B1a: 1 rot, 2 schwarz, 3 grün und blau, 4 rot, 5 gelb, 6 bunt, 7 grau
B2b – Inhaltspunkte: Er schreibt den Text, weil er bemerkt hat, dass die Farbwahl im Internet wenig beachtet wird. Er möchte auch Anregungen für eine sinnvolle Farbauswahl geben.

C Das passt nicht mehr
C2a: zunehmende Größe, zunehmendes Gewicht
C3a: Projekt bekannt: Mitarbeiter 5; gutes Argument: Mitarbeiter 1: wenig Zwischengrößen; 2: Probleme für Große und Dicke; 3: nicht nur Modelgrößen; 4: einfacher, passende Kleidung zu finden; 5: korrekte Größen; 6: schwer, richtige Klamotten zu finden; 7: alle paar Jahre/Generationen überprüfen; 8: weniger Frust; positiv: alle Mitarbeiter
C3a:

	Projekt bekannt	gutes Argument	positiv
1	nein	fehlende Zwischengrößen	ja
2	nein	Probleme bei Übergrößen kein Problem mit Standardgrößen	ja
3	nein	Probleme kleinere Größen, es gibt nicht nur Modelgrößen	ja
4	nein	einfacher, passende Kleidung zu finden für sehr Kleine vielleicht dann ein noch größeres Problem	ja
5	ja	Größenbezeichnungen sagen nichts, Kleidung fällt unterschiedlich aus	ja
6	nein	schwer, passende Sachen zu finden	ja

| 7 | nein | schwer, Normgrößen zu finden; alle paar Jahre/Generationen überprüfen | ja |
| 8 | nein | wenn die Größen nicht mehr der Realität Entsprechen, dann anpassen; weniger Frust Bei Frauen | ja |

D Architektur der Übergänge

D2b: 1 ja, 2 ja, 3 nein, 4 nein, 5 ja, 6 nein, 7 nein, 8 ja, 9 ja

E Anpassung an ...?

E3b

Sie sind Wahlbeobachterin. Was ist das eigentlich?

Als Wahlbeobachterin bin ich Vertreterin des politischen Systems der EU. Ich versuche mit meinen Kolleginnen und Kollegen, in Ländern, die dies wünschen, festzustellen, inwieweit demokratische Strukturen im Wahlkampf und während der Wahl selbst eingesetzt und aufgebaut werden.

Das heißt, Sie werden eingeladen?

Ja.

Was machen Sie dann dort konkret vor Ort?

Ich bin als Langzeitbeobachterin schon mehrere Wochen vor den Wahlen im Land, um die Eigenheiten, Stärken und Schwächen des jeweiligen Landes kennenzulernen. Ich baue Kontakte auf, die mir zu wesentlichen Informationen verhelfen und mich unterstützen, mich zu orientieren. Sobald der Wahlkampf beginnt, besuche ich Veranstaltungen der Parteien, spreche mit Parteivorsitzenden, interviewe Journalisten, Intellektuelle, religiöse Führer und Frauenvertreterinnen, kurz: Menschen, Gruppen und Organisationen, die das Bild eines Landes mitprägen. Am spannendsten sind natürlich der Wahltag, der Prozess des Wählens, der Zugang der Wähler, das Auszählen, die Veröffentlichung der Ergebnisse.

Dies ist ja nicht nur eine verantwortungsvolle Aufgabe, sondern wahrscheinlich auch eine recht anstrengende. Warum tun Sie das?

Demokratische Strukturen sind mir wertvoll. Ich lebe mein ganzes Leben in einem demokratischen Staat und bin glücklich darüber. Wenn ich dazu beitragen kann, dass demokratische Strukturen in Ländern zur Anwendung kommen, deren Traditionen bisher an andere politische Systeme gebunden waren, habe ich viel erreicht.

Sie engagieren sich aber nicht nur politisch, sondern auch humanitär. Wie hängt das zusammen?

Wenn ich auf der politischen Bühne arbeite, lerne ich immer wieder, dass nicht alle Probleme einer Gesellschaft von der Politik gelöst werden können. Ich versuche dann, von unserem Reichtum in Europa etwas abzuzweigen für Menschen in Ausnahmesituationen, deren Leben viel schwieriger ist als unseres.

Was machen Sie da zum Beispiel?

In manchen Fällen ist Nothilfe angebracht. Lebensmittel, Kleidung und Medikamente werden gesammelt, verpackt und geliefert. Diese Form der Hilfe muss schnell gehen. Wir begleiten alle Transporte.

Dann versuchen wir, die Infrastruktur aufzubauen, beim Aufbau zu helfen. Schulen werden eingerichtet, Kindergärten ausgestattet, Krankenhäuser mit Betten und Medizintechnik versorgt.

In anderen Fällen helfen wir, Arbeitsplätze zu schaffen, damit die betroffenen Menschen allmählich von humanitärer Hilfe unabhängig werden.

Ich versuche herauszufinden, was die Menschen wirklich brauchen. Wir liefern nicht das, was wir nicht mehr benötigen, sondern besorgen genau das, was dringend fehlt und vor Ort nicht beschafft werden kann.

Aber das machen Sie doch nicht alles alleine, oder?

Freunde helfen mir. Viele engagierte Menschen haben sich unserem Team angeschlossen. Manche investieren viel Zeit und Energie, andere bringen sich nur kurzfristig ein. Unternehmen, Firmen und Kirchen unterstützen uns. Ich bin eigentlich nur der Motor.

Eine letzte Frage: Sind Sie anpassungsfähig?

Ich bin niemals zweimal der gleichen Situation begegnet und musste mich oft sehr flexibel zeigen. Ich hoffe, dass ich anpassungsfähig genug bin. Ich bemühe mich jedenfalls immer wieder, auf meine Gesprächspartner einzugehen, deren Meinungen zu hören und Bedürfnisse zu erkennen. Es ist ja nicht so, dass ich meine Identität aufgeben muss. So habe ich in Afrika einen anderen Umgang mit der Zeit kennengelernt. Das hat mich anfangs nervös gemacht, weil ich in dem mir vertrauten europäischen Tempo arbeiten wollte. Nach einigen Tagen war mir dann klar, dass es einfacher ist, wenn ich mich anpasse und meinen lokalen Mitarbeitern mein Arbeitstempo nicht aufzwinge. Zuhause angekommen, fiel mir auf, dass ich viel langsamer war als meine Umgebung. Ich hielt noch ein paar Wochen an meiner „afrikanischen" Geschwindigkeit fest, denn ich schaffte auch so mein Arbeitspensum. Nach einem Monat allerdings war ich wieder ganz europäisiert – auch die Hektik hatte mich wieder vereinnahmt.

F Der Anpasser: andere Länder, andere Sitten

F2c: Lösungen: 1a, 2b, 3c, 4b;

11 Versäumt

B Pech gehabt

Ba: Inhaltpunkte: Das Problem ist, dass Sonja es versäumt hat, ihren Handyvertrag rechtzeitig / innerhalb der Kündigungsfrist zu kündigen.

Bb: freie Antworten der TN. Rechtlich: nein

C Wer hat an der Uhr gedreht?

C2a: Inhaltspunkte: Was genau ist passiert? Anna hat ihren Zug verpasst, weil die Uhr im Café noch auf Winterzeit stand und macht sich jetzt Sorgen, dass sie die letzte S-Bahn in Hamburg verpasst und heute nicht mehr nach Poppenbüttel kommt. Anna möchte erreichen, dass der Beamte für sie nach Möglichkeiten sucht, wie sie ohne Taxi von Hamburg nach Poppenbüttel kommt.

C2b: 1, 4, 5, 7, 8, 9, 10, 12

D Mein Freund Baki

D1a: 1 ja, 2 nein, 3 ja, 4 ja, 5 nein, 6 nein, 7 nein, 8 nein, 9 nein, 10 ja, 11 ja

D1b: Inhaltspunkte: Erwartungen: dass er groß rauskommt; Wende: Baki lehnt Angebote ab, sie bleiben aus; Fehler: lehnt Angebote ab, bemüht sich nicht um Filmbranche (geht selten auf Partys, fährt nicht auf Festivals, geht nicht zur Agentin); Existenz in Gefahr: verschiedene Jobs, er macht sich keine Gedanken/Sorgen um seine Lebenssituation/Zukunft; interessiert sich nicht dafür, dass ihm keine Rollen mehr angeboten werden

D2a: Inhaltspunkte: Lehramt studieren können, eine Fortbildung zum Webdesigner machen können, sich um die Filmbranche bemühen können, auf Partys gehen können, Casting Agenten treffen können, auf Festivals fahren können, zu seiner Agentin gehen können, Angebote annehmen können

E Das mache ich morgen. Versprochen

E1a: C, A, B, B, A, A, C, A, A, C

E2: Aufschieber

12 Geschafft

A Geschafft! – Oder doch nicht?

A2: Person 1: E, geschafft; Person 2: C, geschafft; Person 3: H, nicht geschafft; Person 4: B, nicht geschafft; Person 5: G, nicht geschafft; Person 6: D, geschafft; Person 7: F, geschafft; Person 8: A, geschafft

B Ihr Zeugnis bitte

B1b: Im deutschsprachigen Raum braucht man eine Prüfung für: Auto fahren, an der Universität studieren, Sport unterrichten, als Dolmetscher tätig sein, als Fachverkäuferin arbeiten; fürs Fahrradfahren gibt es eine Prüfung, in der Regel im 4. Schuljahr, aber keine Voraussetzung für den Gebrauch eines Fahrrades

B2a: individuelle Voraussetzungen: Geschick im Dekorieren und Gestalten, guter Geschmack, ausgeprägter Geruchssinn, Fantasie, unter Zeitdruck optimale Qualität nachweisen, Sauberkeit, Hygiene, allergie-/ekzemfrei, gesund, gut im Umgang mit Zahlen, Kundenorientierung; nachweisbare Voraussetzungen: erfolgreich abgeschlossener Hauptschulabschluss, Realschulabschluss, Abitur; Meisterprüfung

C Der Weg zum Erfolg

C2a: a 2, b 6, c 1, d 4, e 8, f 5, g 7, h 3

C2b: 1 b, 2 b, 3 b, 4 b, 5 a, 6 b, 7 a, 8 b, 9 a

D Ein Kunstwerk geschaffen

D1b: Kunstereignis, Aktion eines Künstlers

E Ich schaffe das nicht mehr!

E1b: Inhaltspunkte: Erfahrungen: 10-Stunden Tage, keine Gleitzeit, Überstunden nicht bezahlt; kein Urlaub seit 2 Jahren; kein Weihnachtsgeld, Urlaubsgeld, Prämie; allein im Büro; schlechte allgemeine Auftragslage

E2: Inhaltspunkte: Deutschland: Urlaub: gesetzlicher Anspruch, Anspruch auf den gesamten Urlaub ab dem zweiten Arbeitsjahr, immer ab Beginn des neue Arbeitsjahres, verteilt aufs Jahr, Absprache mit Chef, 25-30 Tage je nach Vertrag; 13. und 14. Monatsgehalt: kein gesetzlicher Anspruch auf 13. und 14. Monatsgehalt, manche Firmen zahlen in 2 Teilen, andere erfolgsabhängig/leistungsabhängig; Arbeitszeit: Überstunden können angeordnet werden, nicht mehr als 10 Stunden/Tag und 60 Stunden/Woche, nicht der Normalfall, extra Geld nicht unbedingt, manchmal schon 20 Überstunden im Vertrag abgegolten Österreich: 13. und 14. Monatsgehalt: üblich, kein gesetzlicher Anspruch; Schweiz: 12 Gehälter im ersten Anstellungsjahr, 13. Gehalt vorgeschrieben, Höhe nach Anstellungsdauer

13 Vergessen

A Helfen Sie Ihrem Gedächtnis auf die Sprünge

A2a: Vergessen, Peinlichkeit, Vergesslichkeit, Ärger über sich selbst

B In Vergessenheit geraten

B1: die Schallplatte; für ihn gibt es nichts Schöneres als eine Platte zu signieren, sie strahlt für ihn die Wärme eines Kaminfeuers aus

C Mir liegt es auf der Zunge

Cb: A: 3, 1 b, 2 a; B: 2, 1 a, 2 b; C: 4, 1 a, 2 a; D: 1, 1 b, 2 b

D Ein perfekter Freund

Da1: Inhaltspunkte: Fabio liegt in der Neurochirurgie einer Uniklinik, hat einen Schlag auf den Hinterkopf bekommen, hat eine posttraumatische Amnesie, erinnert sich nicht an den Unfall oder an gestern und vorgestern

Da2: Inhaltspunkte: erinnert sich an: den Wohnort seiner Mutter; erinnert sich nicht an: wo er ist, den Unfall, gestern, vorgestern, die Amnesie, seine eigenen Notizen, die Besuche seiner Freundin, die Frau an seinem Bett

E Für das Erinnern

E2a: Teil 1: B, C, D, E; Teil 2: A, F

E2b: 8, 3, 6, 1, 5, 7, 4, 2, 9

F Heute im Studio

F1c: Eröffnungs- und Vorstellungssituation im Rahmen einer Diskussion, eines Vortrags: 1, 2, 3, 4, 5, 6, 9, 10, 11, 12, 13; Eröffnungs- und Vorstellungssituation im Rahmen eines Gesprächs, einer Besprechung: 1, 3, 8, 9, 10, 11, 12, 13; Vorstellung in einer umgangssprachlichen Situation: 7, 14, 15

14 Nachgemacht?

A Von anderen Sprachen abgeschaut

A1a: A 3, B 2, C 1

A1b: Inhaltspunkte: 1 Ein ausgewandertes Wort ist ein Wort, das auch in einer fremden Sprache benutzt wird. 2 Deutsche Wörter werden in vielen Sprachen der Welt benutzt. 3 ... es in der eigenen Sprache kein passendes Wort gibt; ... etwas Neues aus einer anderen Kultur übernommen wird. Die

Bezeichnung dafür wird dann gleich mit übernommen; ... eine Sache aus einer anderen Kultur als besonders gut oder nachahmenswert empfunden wird

A2a: kaffepaussi, vigéc, arubaito, kanitzeen boot, vasistas, wihajster, manschaft

A2b: Ursprüngliches Wort: Kaffeepause, Wie heißt er?, Was ist das?; Ausgewandertes Wort in der neuen Heimat: la manschaft, vigéc, kanizeen, arubaito

B Nachmachen verboten

B1a: 1D, 2C, 3A, 4B

B1d: 2, 3

B2a: Inhaltspunkte: 1: Geistiges Eigentum und Erfindungen können durch das Patentrecht nicht gestohlen werden. Das geistige Eigentum darf von der Öffentlichkeit genutzt werden. Dafür verdient der Erfinder daran Geld. Dieses Geld lässt sich in neue Erfindungen investieren. 2: Die Erfindungen kleiner Leute werden von großen und geschäftstüchtigen Unternehmen patentiert, obwohl sie selbst nicht die Erfinder sind. Andere Länder könnten wichtige Medikamente erfinden. Diese wären für uns aber nicht bezahlbar.

B2b: links: nachfragen, um besser zu verstehen; rechts: kritisch nachfragen oder etwas einwenden

C Bank statt Eltern?

C2a: Inhaltspunkte: Verbesserung der Studienbedingungen, Rückgang der Studentenzahlen, Benachteiligung von Studenten aus finanziell schwachen Elternhäusern, nicht nur der Steuerzahler kommt für den Studienplatz auf; Diskussionen in der Hochschullandschaft; undurchsichtiger und unübersichtlicher Markt für Studentenkredite

C2b: Inhaltspunkte: A Bedarf: Wie viel braucht der Student?; Zahlungen in Monatsraten; Kredit muss man zurückzahlen; gäbe es eine andere Lösung?; Zinsen!!

B Inhaltspunkte: monatliche Auszahlung; Summe und Zinsen zurückzahlen; unabhängig von der finanziellen Situation der Eltern möglich; auch ausländische Studenten ev. BAföG-berechtigt; Recherchieren, wo und wie man einen Kredit bekommen kann

D Ideengeber Natur

D1a: A: Pinzette, B: Flossen, C: Gummiglocke, 1: Saugnäpfe, 2: Schwimmfüße, 3: Schnabel

Inhaltspunkte: Die Erfinder haben sich an Tieren, also an der Natur, orientiert.

D2a: Ideengeber für den Flugzeugbau?, Biologie: Lehrmeister für die Technik, Die ersten Bioniker

D2b: 1 nein, 2 nein, 3 ja, 4 nein

D3b: *Bionik im Alltag und in der Prothetik*: 1: A Mohnblume, B Zange, C Krebs, D Ohr, E Hörgerät, F Salzstreuer; 3: 3, 4, 2, 1; *Mensch und Tier als Vorbild* 1: A Bienenwaben, B Ziegelstein, C Handprothese, D Autoreifen, E Hand; 3: 8, 5, 6, 7; 3: *Alltagsbionik und Konstruktionsbionik*: 1: A Münchner Olympiastadion, B Zitterspinne, C Lotusblüte, D Hauswand, E Libelle, F Hubschrauber, G Samen des Löwenzahn, H Fallschirm; 3: 10, 11, 9, 12;

15 Entdeckt

A Original und Kopie
Aa:

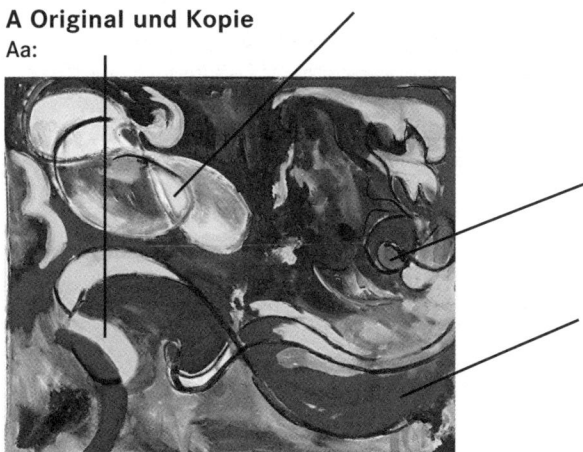

B Für mich entdeckt

B2a: Inhaltspunkte: Eine Zufallsentdeckung ist eine Entdeckung, nach der man nicht gesucht oder geforscht hat, sondern eine, die sich zufällig ergeben hat.

B2b: 1, 2; 2; –; –; 1; –; –; –; –; 3; 3; 3

C Ausgesuchte Orte

C2a: geografische Angaben, Ortsname, Kantonsname, Freizeitangebote, positive Aspekte der Gegend, historische Ereignisse, Geschichten/Mythen, tragische Unfälle, Sportmöglichkeiten, Sehenswürdigkeiten

C2b: Inhaltspunkte: geografische Angaben: Zermatt im Kanton Wallis, 5600 Einwohner, in 1620 Metern Höhe, keine Autos in Zermatt; Touristen: Wandern, Skifahren auch im Sommer, Natur; Matterhorn: der König der Alpen, Wahrzeichen vom Wallis, dreieckige Form, Form auf der Schokolade, 4478 Meter hoch, viele Geschichten und Legenden, Erstbesteigung: 14. Juli 1865 mit 7 Personen, Tote beim Abstieg, gerissenes Seil, jedes Jahr 3000 Bergsteiger, 400 Tote bis heute, Seilbahn zum Matterhorn Glacier Paradies in 3883 Meter; höchste Aussichtsplattform Europas

C2c: 1, 3, 4, 6, 7, 8, 10

C2d: 1 Ortsname; 3 geografische Angaben, 4 geografische Angaben, 6 Sehenswürdigkeiten, 7 Sehenswürdigkeit, 8 Freizeitangebote/Sportmöglichkeiten, 10 Freizeitangebote/Sportmöglichkeiten

C3: B Inhaltspunkte: geografischer Name: Stadt Blaubeuren; geografische Angaben: Osten von Baden-Württemberg, nahe Ulm, Rand der Schwäbischen Alb; Attraktionen für Touristen: Blautopf, Blauhöhlensystem, Aussichtspunkte, Wanderwege, Altstadt von Blaubeuren; mögliche Aktivitäten: tauchen (nur für Geübte), wandern, Besichtigungen; Besonderheiten: blaue Färbung des Wassers, bisher 5480 Meter der Höhlengänge vermessen, Stadt seit 13. Jahrhundert bekannt, alte Gebäude, Klosteranlage; Legenden/Sagen: Fass voll Tinte wurde täglich in den Blautopf geschüttet, Quelle hat keinen Boden;

C geografischer Name: Waldviertel – es gab früher zahlreiche Wälder; geografische Angaben: im Nordwesten Niederösterreichs zwischen Donau und Tschechien, 90mal 60 km; positive Aspekte der Gegend: viel Platz, weite Landschaft, wenig Besiedlung; negative Aspekte der Gegend: wenig Industrie, Leute ziehen weg, Klima rau; Sehenswürdigkeiten: Waldviertel mit Wackelsteinen, Burgen, Schlösser, Klöster; Freizeitmöglichkeiten: Golfspielen, Wandern, Radfahren, Angeln; Besonderheiten: unklar, wie Wackelsteine entstanden sind; Legenden: Gott hat die Wackelsteine dort gelassen, weil er von der Arbeit schon sehr müde war

D Talentförderung! Talentförderung?

D3a: 5, 3, 4, 2, 1
D3c: 1: a ja, b nein, c ja; 2: a: ja, b: nein, c: ja

E Für die zukünftige Gesellschaft entdeckt?

E1: mehr alte Menschen
E1a: Inhaltspunkte: Das sind alles positive Begriffe für die ältere Generation. Man möchte z.B. Wörter wie „Rentner" vermeiden, weil man damit ein hohes Alter verbindet. Die heutigen Rentner aber sind so aktiv wie nie vorher, also braucht man für diese Generation positive Bezeichnungen wie „Generation 50 plus".
E1b: 1: Unternehmer, 2: kaufkräftig, agil und zahlreich, 3: Produkte auf die Generation der neuen Alten abzustimmen

16 Entspannt

B Immer mit der Ruhe

Bb: Inhaltspunkte: Text A: Thema: Boreout ; es geht um Krankheiten, die vor Langeweile in der Arbeit entstehen, weil sich die Arbeitnehmer unterfordert fühlen, sich nicht für die Arbeit interessieren oder nicht genug Arbeit haben; Folgen: Unzufriedenheit, ständige Müdigkeit, Verlust der Lebensfreude, Depression; Folgen für die Wirtschaft: 180 Milliarden Euro Verlust jährlich allein im Dienstleistungssektor; Text B: Erkenntnis: Mittagsschlaf macht die Arbeitnehmer leistungsfähiger, sie arbeiten schneller und besser; Situation: Müdigkeit nach dem Essen kennt jeder; Folge: Power Napping ist in USA Mode, in Japan Teil der Kultur, in China: Grundrecht auf Mittagsschlaf

C Zeitverschwendung?

C2b: 1, 3, 4, 5
C2d: 1 nein, 2 ja, 3 ja, 4 nein

D Spannung!

D2b2: Inhaltspunkte: der alte Bauer: groß, kräftig, einsilbig, schaut abschätzig, sehr still; seine Frau, die alte „Dannerin": älter als ihr Mann, sehr still, verhärmt, verschlossen; Marie, die neue Magd auf dem Dannerhof: kinderlieb; Traudl, Maries Schwester, nicht auf dem Danner-Hof: –; die junge Bäuerin, die Tochter der Danners: nett, interessiert; die Kinder der jungen Bäuerin: nett
D2b3: Inhaltspunkte: Was passiert: Marie wird geschlagen und fällt auf den Boden; Tatsache: Jemand öffnet ihre Tür immer wieder, Marie wird niedergeschlagen
D3a: A: ***lesenswert; B: ****hervorragend; C: * schlecht

Anmerkungen zu Einstiegsseite – Arbeitsblatt

1 Bearbeitung erfolgt im Kurs zu Beginn einer Lektion. Im Plenum oder in Kleingruppen.

2 Die Assoziationen zu den Fotos werden in die entsprechenden Kästchen geschrieben (übrige Kästchen mit Buchstaben werden gestrichen).

3 Im Kästchen ohne Buchstaben wird ein eigener Themenvorschlag / werden eigene Themenvorschläge zu dem Lektionsthema eingetragen. Entweder individuell oder der Kurs einigt sich auf ein Thema.

4 Zum Abschluss der Lektion erarbeitet ein TN, eine Gruppe oder der Kurs Material zu diesem selbst gewählten Interessengebiet. (Hierbei bietet es sich auch an, auf der Extra-CD-ROM nach entsprechenden Aufgaben und Übungen zu suchen).

Einstiegsseite – Arbeitsblatt

A

B

C

D

E

F

Lektion 10 – Arbeitsblatt zu Abschnitt E3b

Sie sind Wahlbeobachterin. Was ist das eigentlich?

Das heißt, Sie werden eingeladen?

Was machen Sie dann dort konkret an Ort und Stelle?

Dies ist ja nicht nur eine verantwortungsvolle Aufgabe, sondern wahrscheinlich auch eine recht anstrengende. Warum tun Sie das?

.

Sie engagieren sich aber nicht nur politisch, sondern auch humanitär. Wie hängt das zusammen?

Was machen Sie da zum Beispiel?

.

Aber das machen Sie doch nicht alles allein, oder?

Eine letzte Frage: Sind Sie anpassungsfähig?

Ziel B2 Band 2, Kopiervorlage © Hueber Verlag, 85737 Ismaning, Deutschland

Lektion 12 – Arbeitsblatt zu Abschnitt B1a

Zeugnisse

Lektion 14 – Arbeitsblatt zu Abschnitt D3a

Person 1

---

1 durch ein spezielles Hörgerät können Hörgeschädigte wieder hören – wenn der Hörnerv noch nicht kaputt – hinter dem Ohr ein kleiner Empfänger, der die Laute aufnimmt – diese über Elektroden zu dem Hörnerv Innenohr geleitet – wo sie den Hörnerv reizen – das Hörgerät imitiert das Ohr

---

2 der Mensch – Vorbild für technische Erfindung – Wissenschaftler versuchen, Arme, Beine, Muskeln, Augen, Ohren und vieles mehr technisch zu kopieren

---

3 Salzstreuer – die Mohnblume war Vorbild – Samen reifen – am Rand der reifen Mohnkapsel (an der Kapsel) kleine Löcher – der Wind bewegt die Pflanze – die Samen fallen aus den Öffnungen heraus und verteilen sich

---

4 Zange und Schere von der Natur abgeguckt – bewegt man die Griffe, erzeugt man am anderen Ende viel Kraft – das kommt durch die langen Griffe oder Schenkel und das Gelenk – wie beim Krebs – sein Gelenk und seine Greifer funktionieren genauso

---

Lektion 14 – Arbeitsblatt zu Abschnitt D3a

Person 2

5 Wissenschaftler – bewegliche Finger konstruieren – Nerven des Menschen über Kabel mit der künstlichen Hand und den künstlichen Fingern verbinden – Nerven und Kabel arbeiten zusammen

6 sechseckige Bienenwaben als Vorbild genommen – nach dem Vorbild Ziegelsteine gebaut – Vorteil: weniger Material, gute Isolierung

7 Konstrukteure: neue Winterreifen mit Wabentechnik entwickelt – sicherer auf Glatteis – besser beim Bremsen

8 Wunderwerk der Natur: die Hände – schon lange Ersatzhände aus Holz oder Metall – aber kaum beweglich – seit einigen Jahren Handprothesen mithilfe von Elektromotoren – kleine Bewegungen

Lektion 14 – Arbeitsblatt zu Abschnitt D3a

Person 3

---

9 Vorbilder für den Helikopter: der Kolibri oder die Libelle – können in der Luft schweben – können sehr schnell mit den Flügeln schlagen und die Flügelstellung immer wieder verändern

---

10 auch beim Bauen von der Natur lernen – manchmal etwas komisch – so auch zum Beispiel die Dachkonstruktion des Münchner Olympiastadions – vom Netz einer Spinne abgeguckt – Dach hängt so wie das Netz der Spinne – ist besonders stabil

---

11 Vorbild für den Fallschirm – der Samen des Löwenzahns – der leichte Schirm lässt den Samen langsam schweben – der Fallschirm trägt den Menschen langsam zu Boden

---

12 Oberflächen – nicht schmutzig werden – ist heute Realität – Vorbild das Blütenblatt der Lotusblüte – dort winzige Strukturen auf der Oberfläche – Industrie baut sie nach– seit einigen Jahren Handprothesen mithilfe von Elektromotoren – kleine Bewegungen

Anmerkungen zu Arbeitsblatt 2

- Aufgaben zum Hörverstehen für den gesamten Kurs, wenn Interesse an Wahlen und dem politischen System besteht.

- Sie benötigen Ziel B2, 2 CDs zum Kursbuch (Bestellnummer: 531674): CD1, Track 10; Texttranskription: siehe S. 109 f.

Hinweise zu den Aufgaben

1 Kopieren Sie das Arbeitsblatt 2 für jeden TN.
Auf der ersten Seite des Arbeitsblatts sehen die TN den Aufbau der deutschsprachigen Länder. Besprechen Sie den Aufbau, der für Ihre TN relevant / interessant ist.

2 Die TN erarbeiten den Wortschatz zum Thema Wahlen mithilfe der Fotodoppelseite und des Arbeitsblattes.

3 Die TN lesen die Aufgaben. Nach dem Hören des Textes lösen sie die Aufgaben. Vergleich der Lösungen im Kurs.
Beachten Sie: Der Hörtext ist nicht einfach, aber mithilfe der Lösungsangebote werden die TN durch den Text geführt. Darum ist es hier auch besonders wichtig, die Aufgaben vor dem Hören zu lesen.
In der Realität hört man einen Kommentar zu Wahlen ja direkt nach den Wahlen, das heißt, man hat Vorabinformationen. Die Aufgaben zu einem Hörtext ersetzen dieses Eingebundensein in einen Kontext. Auch wurde im Hörtext ganz bewusst auf ein Nennen von Parteien und Namen verzichtet, sodass der Text in seiner Aussage, in seinem Duktus auf jeden Kommentar nach irgendwelchen Wahlen vorbereitet.

4 Wenn Sie genug Zeit haben oder im deutschsprachigen Raum unterrichten bietet sich diese kleine Recherche an, weil man dann auch die Wahlergebnisse und die aktuellen Kommentare verfolgen kann.

Fotodoppelseiten Lektion 9: Überzeugt

weitere siehe www.hueber.de/ziel

Arbeitsblatt 2   Lesen, Hören

1 Für welches Land interessieren Sie sich? Für Deutschland, Österreich oder die Schweiz? Wählen Sie die entsprechende Grafik aus und besprechen Sie sie gemeinsam.

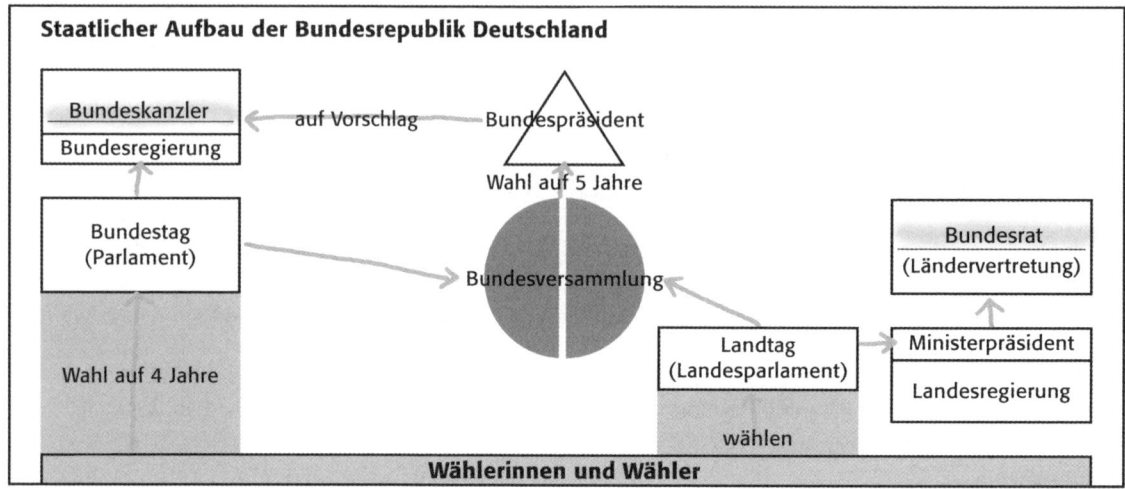

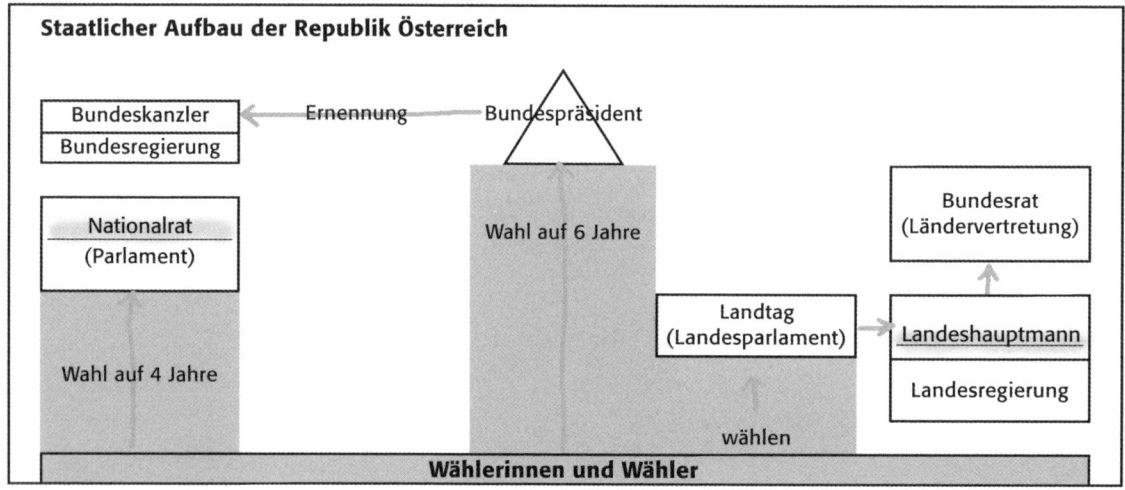

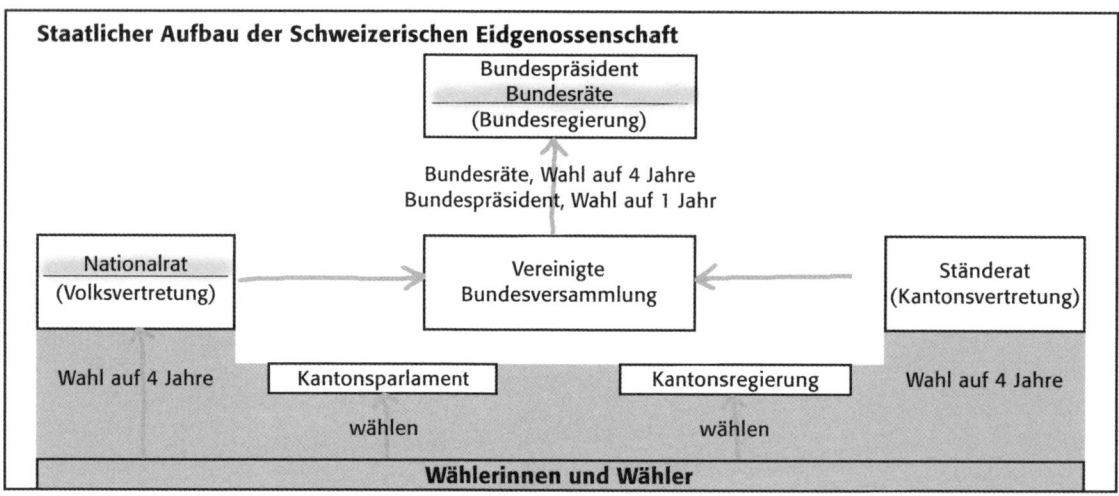

2 a Sehen Sie sich die Seiten 22 und 23 im Kursbuch an. Lesen Sie auch den Einleitungstext.

b Ergänzen Sie den Wortigel mit Begriffen und Informationen von der Fotodoppelseite.

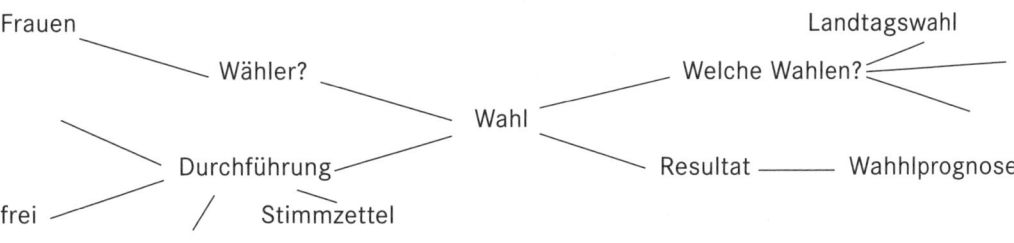

c Was bedeuten die folgenden Begriffe? Klären Sie sie gemeinsam im Kurs.

Wahlkampf: ....

Koalition: ....

Parteigenosse: ....

Nichtwähler: ....

Mittelstand: ....

Protestwähler: ....

Rechtsruck: ....

3 Lesen Sie die folgenden Aufgaben. Hören Sie dann den Text und lösen Sie die Aufgaben.

1 Wie sehen die Befragten aus den Parteizentralen das Wahlergebnis? Positiv oder negativ?

Kreuzen Sie an.	positiv	negativ
Statement 1 (Mann):	☐	☐
Statement 2 (Frau):	☐	☐
Statement 3 (Frau):	☐	☐
Statement 4 (Mann):	☐	☐
Statement 5 (Frau):	☐	☐

2 Was wünscht sich der Mann von der Politik? ....

3 Welche Textsorte hören Sie im Anschluss an die Befragung? Kreuzen Sie an.
Liveübertragung ☐   Kommentar nach der Wahl ☐   Kommentar während der Wahl ☐

3 Wie war das Ergebnis für die Partei, über die der Kommentator spricht? Kreuzen Sie an.
das beste ☐   sehr gut ☐   ziemlich gut ☐   ganz gut ☐   mittel ☐   ziemlich schlecht ☐
sehr schlecht ☐   das schlechteste ☐

4 Um welche Wahl geht es? Kreuzen Sie an.
Um eine Landtagswahl. ☐   Um eine Bundestagswahl. ☐
Um eine Kommunalwahl. ☐   Um eine Europawahl. ☐

4 Die Partei mit dem schlechtesten Ergebnis findet das Ergebnis reparabel. Was bedeutet das?
Man kann bei der nächsten Wahl ein besseres Ergebnis bekommen. ☐
Man kann bei der nächsten Wahl kein besseres Ergebnis bekommen ☐

5 Schuld am schlechten Abschneiden der Partei war ... Kreuzen Sie an.
die Bundespartei mit ihrem wirtschaftlichen Rechtsruck ☐
die Landespartei mit ihrem wirtschaftlichen Rechtsruck ☐
die Parteibasis mit ihrem wirtschaftlichen Rechtsruck ☐

6 Der Kommentator meint, dass die Partei folgenden Fehler gemacht hat:
nicht die Bürger unterstützt, sondern die internationalen Großkonzerne ☐
nur die Bürger unterstützt und nicht die internationalen Großkonzerne ☐

7 Was erfahren Sie über die kleinen Parteien?
Die kleinen Parteien haben zu wenig Stimmen bekommen und konnten
nicht in den Landtag einziehen. ☐
Die kleinen Parteien haben genug Stimmen bekommen und konnten
in den Landtag einziehen. ☐

8 Wer hat diese kleinen Parteien in den Landtag „gewählt". Kreuzen Sie an. Zwei Antworten sind richtig.
die vielen überzeugten Wähler ☐   die Protestwähler ☐   die Nichtwähler ☐   die Stammwähler ☐

4 Ausblick: Für welches der deutschsprachigen Länder interessieren Sie sich? Welche Wahl oder welche Wahlen stehen in nächster Zukunft an? Recherchieren Sie im Internet. Tragen Sie Ihre Informationen dann im Kurs zusammen.

Anmerkungen zum Arbeitsblatt 2

- Aufgaben zum kreativen Schreiben für den gesamten Kurs.

- Die Aufgabe wird gemeinsam im Kurs bearbeitet. Sie benötigen, je nach Interesse und Engagement Ihrer TN ein oder vielleicht sogar zwei UEs.

Hinweise zu den Aufgaben

1 Die erste Aufgabe dient dazu, den TN die Art des Gebäudes, über das sie schreiben sollen, näher zu bringen. Nicht in jedem Land gibt es den sozialen Wohnungsbau.
Informationen: Die Arbeitersiedlung Körtingdorf (Zeichnung und im renovierten aktuellen Zustand) und die ebenfalls renovierte ehemalige Bergarbeitersiedlung gehören zu den ältesten Modellen. Wirklich für sehr viele Menschen waren Gemeindebauten, wie der Karl Marx Hof (heutiger renovierter Zustand in Wien). All dieses stammt aus der Zeit vor dem zweiten Weltkrieg. Die anderen Bauten nach dem zweiten Weltkrieg entstanden. Die gläserne Fassade, Rückansicht mit kleiner Grünfläche und Weg ist neueren Datums.

2/3 Stillarbeitsphase für die einzelnen TN, hier sammeln sie ihre eigenen Gedanken. Machen sie noch einmal deutlich, es geht um ein Wohnhaus, in dem viele Menschen (günstig) wohnen können. Unterstützen Sie TN, die nicht wissen, wie sie die Ideen formulieren sollen.

4–6 Die TN arbeiten zu zweit. Eine gute Hilfe für Aufgabe 5 ist es, wenn die TN in Aufgabe 4 ihre Begriffe auf Kärtchen schreiben und anschließend die Gründe für die Begriffe auch auf diesen Kärtchen notieren. Diese Kärtchen können sie dann in Aufgabe 8 „abarbeiten".

7 Abschlussphase mit einer Präsentation der Ergebnisse. Wenn die Präsentation der Ergebnisse an einem anderen Tag stattfindet, können die TN ihre Ideen auf Plakaten festhalten und vielleicht sogar mit Fotos oder Abbildungen aus dem Internet illustrieren.

Arbeitsblatt 2: Kreatives Schreiben und Gespräch

Hier können viele Familien leben – mein Traumhaus

1 Sehen Sie sich die Fotodoppelseite an. Lesen Sie den Text. Lösen Sie die folgenden Aufgaben.
   a Was versteht man unter sozialem Wohnungsbauch? Kreuzen Sie an.
   Häuser für reiche Menschen ☐   Häuser für Menschen mit weniger Geld ☐
   b Welche Aussage ist richtig? Kreuzen Sie an.
   In den Häusern wohnen viele Menschen. ☐   In den Häusern wohnen wenige Menschen. ☐

2 Welches der Häuser auf der Fotodoppelseite gefällt Ihnen am besten? Wählen Sie eins aus und notieren Sie sich in Stichpunkten, warum es Ihnen gefällt.

3 Wie sieht Ihr Traumhaus für viele Menschen aus? Was ist für Sie wichtig (Grünflächen, große Wohnungen, große Küchen, Balkone, modern, viel Farbe usw.)? Sammeln Sie Ihre Wünsche und Vorstellungen. Ergänzen Sie Ihren Wortigel.

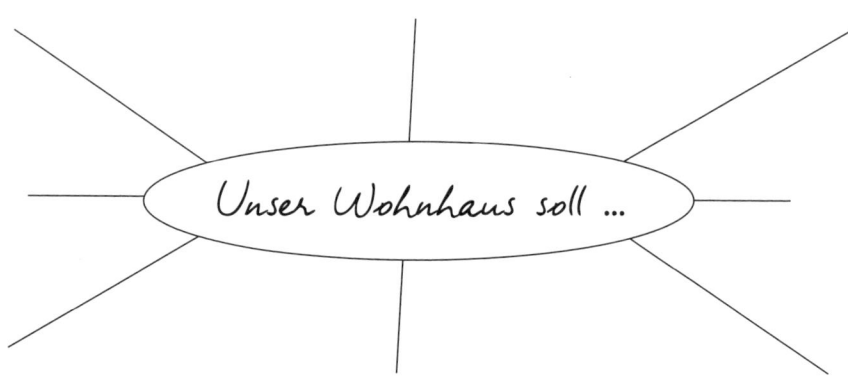

4 Arbeiten Sie nun zu zweit. Entscheiden Sie sich gemeinsam für zehn Begriffe aus Ihren Wortigeln.
5 Planen Sie nun mithilfe dieser Begriffe Ihr gemeinsames Traumhaus. Schreiben Sie neben die Begriffe, warum Sie das wollen, warum Sie das gut finden.
6 Beschreiben Sie jetzt Ihr Wohnhaus gemeinsam.

....

....

....

....

....

....

....

....

7 Stellen Sie Ihre Wohnhäuser im Kurs vor. Vergleichen Sie dann. Sind Ihre Entwürfe ähnlich, sehr verschieden?

Anmerkungen zu Arbeitsblatt 1

- Die Vorbereitung von Aufgabe 1 erfolgt auf jeden Fall zu Hause (Internetrecherche) oder im Medienraum.

- Die TN erarbeiten die Fragen des Interviews im Kurs.

- Die TN führen das Interview in der Unterrichtszeit zum Beispiel an der Institution oder ev. auch nach der Unterrichtszeit auf der Straße durch. Je nachdem, wo Sie unterrichten. Es wäre von Vorteil, wenn Aufnahmegeräte zur Verfügung stünden. (Manche Mobiltelefone eignen sich auch schon.)

Hinweis: Dieses Arbeitsblatt hat zum Ziel, deutschsprachige Personen zu interviewen und eignet sich deshalb besonders für Kurse in deutschsprachigen Ländern. Wenn Sie im Ausland unterrichten, gibt es die Möglichkeit, deutschsprechende Bekannte/Freunde über Skype zu interviewen oder auch andere Deutschlehrerinnen/-lehrer an Ihrer Institution zu befragen.

Hinweise zu den Aufgaben

1 E-Book, auch eBook oder ebook, auf Deutsch auch manchmal E-Buch; elecronical book, das elektronische Buch, bedeutet nichts anderes, als die digitale Verfügbarkeit von Büchern, die aber „genauso" aussehen, wie ein gedrucktes Buch. Es gibt mittlerweile Bücher, die man nur noch als E-Book erhalten kann. Zurzeit gibt es leider noch verschiedene Anbieter, sodass nicht jedes E-Book auf jedem Lesegerät oder auf dem Computer zu lesen ist.

2 Falls die TN Hilfe beim Erstellen der Fragen benötigen, dann geben Sie Ihnen die Möglichkeit, die Fragen im Unterricht auszuarbeiten. So können Sie gleichzeitig auch sichergehen, dass sie verständlich und sprachlich korrekt sind. Außerdem bietet sich so auch die Möglichkeit, Interviews mit den anderen Kursteilnehmern zu üben. So lernen die TN, auf unerwartete Antworten schneller und besser zu reagieren.

4 Die Durchführung der Interviews erfolgt außerhalb des Unterrichtsraums. Gegebenenfalls können Sie schüchterne TN begleiten.

5 Diese Aufgabe kann auch als Podcast bearbeitet werden. Dafür werden die Interviews der TN am Computer aufgenommen und bearbeitet. Anschließend werden sie an die TN verschickt. Natürlich können auch nur die unbearbeiteten Aufnahmen verschickt werden.
Informationen zum Thema Podcast im Unterricht finden Sie unter*:
http://www.podcast.de
http://cornelia.siteware.ch/blog/wordpress/2006/12/13/internationale-podcast-werkstatt
http://skbpodcast.podcast.de

6 Die Vorbereitung der Präsentationen erfolgt auch außerhalb des Unterrichts.
Planen Sie genug Zeit für die Präsentationsphasen ein.

* Für die Pflege und die Inhalte der Seiten können wir keine Verantwortung übernehmen.

Arbeitsblatt 1 Interview und Präsentation

E-Books sind die Bücher der Zukunft – oder doch nicht?

Recherche und Vorbereitung

1 Informieren Sie sich im Internet über E-Books, wenn Sie sie nicht schon kennen oder selbst eines besitzen. Schreiben Sie eine kleine Zusammenfassung darüber, was E-Books sind, für den Fall, dass Sie das Ihren Interviewpartnern erklären müssen.

2 Sie möchten wissen, was andere über E-Books denken. Erarbeiten Sie einen Fragenkatalog von mindestens fünf Fragen, den Sie Ihren Interviewpartnern stellen möchten.

....

....

....

....

....

....

....

....

....

3 Entscheiden Sie: Möchten Sie die Interviews allein oder zu zweit führen?

Interview

4 Interviewen Sie deutsche Freunde oder Bekannte zum Thema E-Books und stellen Sie Ihnen Ihre Fragen aus Aufgabe 2. Wenn möglich, nehmen Sie die Antworten als Podcast auf. Machen Sie sich aber mindestens Notizen.

Präsentation

5 Erzählen Sie von den Ergebnissen Ihrer Interviews im Kurs. Vergleichen Sie dann mit den Ergebnissen der anderen Kursteilnehmerinnen/Kursteilnehmer. Sind Ihre Ergebnisse ähnlich?

6 Was glauben Sie persönlich nun nach Ihrer Recherche: Sind E-Books die Zukunft der Bücher? Sprechen Sie.

Ziel B2 Band 2, Fotodoppelseiten – Projekte © Hueber Verlag, 85737 Ismaning, Deutschland / Susanne Wagner, Ingolstadt

Anmerkungen zum Arbeitsblatt 2

- Für dieses Projekt benötigen Sie einen Computer mit Internetanschluss: Je drei TN brauchen mindestens einen Computer.

- Geeignet für den ganzen Kurs, dann in Zweier- oder Dreiergruppen.

- Geeignet als Motivation für besonders engagierte oder interessierte TN. Vielleicht gibt es TN, die sich ganz besonders für Design interessieren?

Hinweise zu den Aufgaben

- Die Recherche-Arbeit wird in Einzelarbeit oder als Partner- bzw. Gruppenarbeit zu Hause geleistet. Die Präsentation der Recherche-Ergebnisse sowie die Diskussion erfolgen in Kleingruppen oder im Plenum.

- Hier haben die Teilnehmer die Gelegenheit, eigenständig einen Beitrag zum Unterricht zu leisten. Der Beitrag sollte nicht länger als sechs Minuten dauern. Verweisen Sie die TN noch einmal darauf, Ihre Präsentationen inhaltlich und sprachlich ansprechend zu gestalten.

- Wenn die TN ihr Material als Kurszeitung, Plakataktion oder Internetmaterial zusammenstellen wollen, sollten Sie sie so wenig wie möglich einschränken. Allerdings sollte das übrige Lernpensum nicht darunter leiden.

- Das anschließende Gespräch sollte im Plenum geführt werden.

weitere siehe www.hueber.de/ziel

Arbeitsblatt 2 Recherche, Präsentation und Gespräch

Das *red dot design* museum Deutschland

1 Sehen Sie sich die Seiten 64 und 65 im Kursbuch an. Das rötliche Gebäude in der Mitte ist das *red dot design* museum Deutschland. Finden Sie mehr darüber hinaus.

Recherche

2 Gehen Sie auf die Website des reddot (www.red-dot.de) und klicken Sie auf „home – museums". Lesen Sie die Informationen zu dem Museum in Deutschland.

3 Machen Sie sich Notizen zu dem Museum. Beantworten Sie auch die folgenden Fragen:

- Wo steht das Museum?
- Was ist das Besondere an dem Museumsgebäude?
- Wie groß ist es?
- Was kann man dort besichtigen?
- Wie viel kostet der Eintritt/eine Führung?
- Was bietet der Museumsshop?
- Was hat es noch zu bieten?

Vorbereitung

4 Entscheiden Sie sich nun für eine Präsentationsform:
- Sie können das Material am Computer kopieren und eine kleine Broschüre zusammenstellen.
- Sie können natürlich auch Plakate erstellen.
- Oder Sie berichten mündlich im Kurs, was Sie über das Museum herausgefunden haben.

Präsentation

5 Präsentieren Sie nun Ihre Ergebnisse zum *red dot design* museum.

Diskussion

6 Gespräch Sie im Kurs: Finden Sie das Museum interessant? Würden Sie gerne hinfahren und es besichtigen?

Ziel B2 Band 2, Fotodoppelseiten – Projekte © Hueber Verlag, 85737 Ismaning, Deutschland / Susanne Wagner, Ingolstadt

Anmerkungen zum Arbeitsblatt 1, 3

- Im Kurs

- Ziel B2, 2 CDs zum Kursbuch (Bestellnummer: 531674): CD2, Track 14! (Track 15, siehe Arbeitsblatt 3)
  Auszug aus dem Roman (als Hörbuch, vom Autor selbst gelesen. Jan Weiler: Maria, ihm schmeckt's nicht!
  Geschichten von meiner italienischen Sippe. Taschenbuchausgabe, Ullstein Buchverlage GmbH, 2004, Seite
  37, 38, 42, 63–66.
  Hinweis: Das Buch, nicht nur ein Bestseller sondern ein Longseller. Gleichnamiger Film zum Buch mit
  Christian Ulmen in der Hauptrolle und mit Mina Tander und Lino Banfi. Regisseurin ist Neele Leana Vollmar,
  gedreht wurde in Apulien (Italien), München und Krefeld.

Hinweise zu den Aufgaben
Arbeitsblatt 1

- Sie benötigen für jede Teilnehmerin/ jeden Teilnehmer eine Kopie des Arbeitsblatts.

- Folgen Sie im Unterrichtsverlauf dem Arbeitsblatt.

- Stellen Sie den TN auf keinen Fall die Transkription zur Verfügung.

- Geben Sie den TN ausreichend Zeit, um im Plenum von traditionellen Hochzeitsgeschenken in ihren
  Ländern zu erzählen.

- Aufgabe 4 erfolgt in Partnerarbeit. Die Ergebnisse werden in Aufgabe 5 im Plenum vorgestellt und
  besprochen.

- Das Arbeitsblatt 3 schließt sich an dieses Arbeitsblatt direkt an.

- Gehen Sie genauso vor, wie auf den Arbeitsblättern angelegt.

Arbeitsblatt 1 Hören und Sprechen

Tracknummer 14 der Kursbuch-CD 2

1 Lesen Sie die Aufgaben. Hören Sie dann einen Ausschnitt aus Jan Weiler: Maria, ihm schmeckt's nicht! Geschichten von meiner italienischen Sippe. Kreuzen Sie an. Sind die folgenden Aussagen richtig oder falsch?

	richtig	falsch
a Antonio trägt eine lila-gold gestreifte Weste mit Fliege.	☐	☐
b Antonio ist starker Raucher.	☐	☐
c Er ist der Schwiegervater des Erzählers.	☐	☐
d Die Braut kommt aus Norditalien.	☐	☐
e Fast alle Verwandten, die den Brief unterschrieben haben, heißen Maria oder Antonio.	☐	☐
f Das Geschenk ist ein Porzellanschwan, in den man Süßigkeiten legen kann.	☐	☐
g Die Braut, Sarah, freut sich sehr über das Geschenk.	☐	☐
h Campobasso ist eine sehr lebendige Hauptstadt.	☐	☐

2 Was vermuten Sie? Ist der Bräutigam, also der Erzähler, begeistert von dem Geschenk aus Italien? Sprechen Sie.

3 Mit Hochzeitsgeschenken ist es immer so eine Sache.
Was schenkt man in Ihrem Heimatland traditionell zu einer Hochzeit? Berichten Sie. Erklären Sie eventuell auch, warum man das schenkt.

4 Was wäre für Sie persönlich das schrecklichste Hochzeitsgeschenk?

5 Was würden Sie damit machen, wenn Sie es von lieben Verwandten geschenkt bekommen? Sprechen Sie mit Ihrer Lernpartnerin/Ihrem Lernpartner.

Arbeitsblatt 3, Variante, Hören, Sprechen

Tracknummer 15 der Kursbuch-CD 2

1 Hören Sie nun den zweiten Teil der Geschichte und beantworten Sie die folgenden Fragen. Arbeiten Sie zuerst für sich. Setzen Sie sich dann in Dreiergruppen zusammen und ergänzen Sie Ihre Informationen.

– Wie beschreibt Antonio die Italiener? Notieren Sie mindestens vier Eigenschaften.

....

....

....

....

– Mit welchen Adjektiven beschreibt er dagegen Deutschland im Allgemeinen?

....

....

– Was sagt er über das deutsche Essen?

....

....

– Was lobt Antonio besonders an der deutschen Küche, sobald er in Italien ist?

....

....

– Welche Eigenschaft der Deutschen bewundert er dann vor allem?

....

....

2 Vergleichen Sie jetzt Ihre Ergebnisse aus Aufgabe 1 und korrigieren Sie gegebenenfalls Ihre Lösung.

3 Lesen Sie die beiden Zitate.
Der Erzähler bezeichnet Antonio als eine Person, *die nicht wirklich dort zu Hause ist, wo sie wohnt, aber auch nicht wirklich dahin gehört, wo sie herkommt.*
Das Zitat im Kursbuch, Seite 78 sagt genau das Gegenteil: *Ich persönlich sitze in Deutschland nicht zwischen zwei Stühlen, sondern auf einer Couch. Die habe ich mir aus den beiden Stühlen gemacht. Ich empfinde es als großen Luxus, in zwei Kulturen zu Hause zu sein. Das bereichert mein Leben.*

4 Was könnte mit den Zitaten jeweils gemeint sein? Welche können Sie eher verstehen? Sprechen Sie darüber im Kurs.

Anmerkungen zum Arbeitsblatt 1

- Vorbereitung zu Hause

- Austausch der Ergebnisse im Kurs.

Hinweise zum Arbeitsblatt

- Hier kann man die Teilnehmerinnen und Teilnehmer dazu anregen, eigenständig einen interessanten Beitrag für den Unterricht zu erarbeiten. Der Beitrag darf ruhig eine Seite umfassen.
  Der Ratespiel-Charakter erhöht gegebenenfalls die Motivation der Lerner, bei der Präsentation aufmerksam zuzuhören. Das Ratespiel kann man nur in homogenen Gruppen machen, da in heterogenen Gruppen man davon ausgehen muss, dass die Stars der einen den anderen völlig unbekannt sind.

- Wenn die TN das Material als Kurszeitung, als Plakataktion oder als Internetaktion zusammenstellen wollen, halten Sie sie nicht davon ab. Natürlich darf ein solches Projekt nicht auf Kosten des übrigen Lernpensums gehen. Jedoch kann ein derart dekorierter Unterrichtsraum sehr zur Motivation beitrage.

- Folgen Sie im Unterrichtsverlauf den Aufgaben auf dem Arbeitsblatt.

Ziel B2 Band 2, Fotodoppelseiten – Projekte © Hueber Verlag, 85737 Ismaning, Deutschland / Susanne Wagner, Ingolstadt

Arbeitsblatt 1 Recherche und Präsentation

Meine Lieblingsschauspielerin / Mein Lieblingsschauspieler

1 Wer ist Ihre Lieblingsschaupielerin? Wer ist Ihr Lieblingsschauspieler?
(Falls Sie keine(n) haben: Wer ist eine besonders interessante / erfolgreiche Schauspielerin /
ein besonders interessanter / erfolgreicher Schauspieler in Ihrem Heimatland?)

Recherche und Vorbereitung

2 Recherchieren Sie im Internet oder in der Bibliothek zu Ihrer Schauspielerin/Ihrem Schauspieler und
machen Sie sich Notizen zur Biografie Ihrer Person. Beantworten Sie dabei auch folgende Fragen:

- Wo und wann ist sie/er geboren?
- Ist sie/er noch als Schauspieler tätig?
- In welchem Alter hat sie/er begonnen, auf der Bühne zu stehen?
- Wie ist ihre/seine Familiensituation?
- Wo lebt sie/er?
- Welche Rolle hat sie/ihn berühmt gemacht?
- In welchen Filmen / TV-Serien kann man sie / ihn sehen?
- Gibt es herausragende Momente in seiner Karriere (Auszeichnungen, Preise …)?
- Wieso bewundern Sie sie/ihn? Was ist das Besondere an dieser Person?

3 Schreiben Sie nun die Biografie zu Ihrer Schauspielerin/ Ihrem Schauspieler.
(Wenn die anderen Kursteilnehmer die Person auch kennen könnten, dann nennen Sie bitte keinen Namen.
Sagen Sie nur „sie" oder „er". Die anderen Teilnehmer sollen den Namen Ihrer Person erraten.)

....

....

....

....

....

....

....

....

....

....

....

....

Präsentation

4 Tragen Sie die Biografie Ihrer Schauspielerin/ Ihres Schauspielers im Kurs vor und lassen Sie die
anderen Teilnehmer gegebenenfalls den Namen erraten.

Anmerkungen zum Arbeitsblatt 1, 2

- Die Bearbeitung des Arbeitsblattes ist, bei Interesse, freiwillig.

- Die Bearbeitung des Arbeitsblattes und die Vorbereitung der Ergebnisse erfolgen in Einzelarbeit oder als Partner- bzw. Gruppenarbeit zu Hause.

Hinweise zu den Aufgaben

- Die Teilnehmer und Teilnehmerinnen haben im Verlauf von *Ziel* B2, Band 2 gelernt, wie eine Präsentation inhaltlich und sprachlich strukturiert sein soll. Weisen Sie darauf noch einmal hin.

- Die Ergebnisse werden mündlich im Kurs präsentiert, können aber auch gerne schriftlich vorgelegt werden. Die Präsentationen können gebündelt erfolgen oder verteilt auf die folgenden Unterrichtseinheiten als Einstiegs- oder Aufwärmphase.

- Verweise auf entsprechende Internetseiten erhalten die TN auf dem Arbeitsblatt.

- Dieses Projekt bezieht sich auf Alexander von Humboldt. Wenn Sie einen gemischten Kurs mit TN verschiedener Nationalitäten haben, können Sie auch das Arbeitsblatt 2 verwenden.

Arbeitsblatt 1 Recherche, Präsentation

Thomas Jefferson sagte über Alexander von Humboldt: „Er war der größte reisende Wissenschaftler, der jemals gelebt hat."
Wer war Alexander von Humboldt?
Lernen Sie einen großen deutschen Forschungsreisenden kennen.

Vorbereitung

1 Finden Sie mehr über Alexander von Humboldt heraus. Beantworten Sie auch die folgenden Fragen:

- Wo lebte er?
- Wann lebte er?
- Welche Schulbildung/Ausbildung hatte er?
- Wie wurde er Forscher?
- Wohin reiste er?
- Warum sind in ganz Deutschland Gymnasien nach ihm benannt?
- Wann und wie starb er?

Informationen finden Sie auch auf den folgenden Internetseiten:
http://de.wikipedia.org/wiki/Alexander_von_Humboldt.de
www.humboldt-portal.de. Oder suchen Sie selbst mithilfe von Suchmaschinen.

Während der Recherche

2 a Notieren Sie sich die Antworten auf die Fragen auf einem Blatt oder auf Kärtchen. Sie können auch angewählte Seiten ausdrucken und dort die Antworten markieren.
Haben Sie noch weitere interessante Informationen gefunden? Notieren Sie auch diese.

2 b Vielleicht haben Sie auch interessante Bilder und Fotos gefunden. Drucken Sie sie aus und sammeln Sie sie.

Präsentation

3 a Schreiben Sie die Informationen (Notizen) über Alexander von Humboldt auf ein Poster (großes Blatt Papier). Kleben Sie die Abbildungen, die Sie gefunden haben, dazu.

3 b Hängen Sie das Poster im Kurs auf und erzählen Sie den anderen Teilnehmerinnen und Teilnehmern, was Sie herausgefunden haben.

Arbeitsblatt 2 Recherche und Präsentation

Forscher / Forscherin aus meinem Heimatland

Recherche

1 Welche Forscherin oder welchen Forscher aus Ihrem Land möchten Sie den anderen Teilnehmerinnen und Teilnehmern vorstellen? Finden Sie mehr über die Personen heraus.

  – Wo lebte sie/er?
  – Wann lebte sie/er?
  – Welche Schulbildung/Ausbildung hatte die Person?
  – Wie wurde sie/er Forscher?
  – Wohin reiste sie/er?
  – Was hat sie/ihn berühmt gemacht?
  – Wann und wie starb sie/er?

Während der Recherche

2 **a** Notieren Sie sich die Antworten auf die Fragen auf einem Blatt oder auf Kärtchen. Sie können auch angewählte Seiten ausdrucken und dort die Antworten markieren.
Haben Sie noch weitere interessante Informationen gefunden? Notieren Sie auch diese.

2 **b** Vielleicht haben Sie auch interessante Bilder und Fotos gefunden. Drucken Sie sie aus und sammeln Sie sie.

Präsentation

3 **a** Schreiben Sie die Informationen (Notizen) über Ihre Forscherin/Ihrem Forscher auf ein Poster (großes Blatt Papier). Kleben Sie die Abbildungen, die Sie gefunden haben, dazu.

3 **b** Hängen Sie Ihr Poster im Kurs auf und erzählen Sie den anderen Teilnehmerinnen und Teilnehmern, was Sie herausgefunden haben.

Ziel B2 Band 2, Fotodoppelseiten – Projekte © Hueber Verlag, 85737 Ismaning, Deutschland / Susanne Wagner, Ingolstadt

Quellenverzeichniss

S. 100–103:   aus: Gemeinsamer europäischer Referenzrahmen für Sprachen: lernen, lehren, beurteilen, herausgegeben vom Goethe-Institut, der Ständigen Konferenz der Kultusminister der Länder in der Bundesrepublik Deutschland (KMK), der Schweizerischen Konferenz der Kantonalen Erziehungsdirektoren (EDK) und dem österreichischen Bundesministerium für Bildung, Wissenschaft und Kultur (BMBWK) © Europarat Straßburg, erschienen bei Langenscheidt, 2001

S. 112 ff.:   „Großer Klotz in sensibler Landschaft", Reflexe-Sendung von Karin Salm vom 19.03.2008. Eine Produktion von Schweizer Radio DRS **SR DRS**

S. 114 f.:   mit freundlicher Genehmigung von Eva Fischer

S. 116 ff.:   mit freundlicher Genehmigung von Dr. Martha Schad

S. 122 ff.:   mit freundlicher Genehmigung von Prof. Udo Dahmen, Popakademie Baden-Württemberg

S. 123 ff.:   mit freundlicher Genehmigung von Prof. Dr. Karlheinz Geißler

S. 139:   © Aron Yhat

S. 144:   von oben nach unten: © irisblende.de, © panthermedia / Manfred G., © panthermedia / Peter J., © Gk / Shotshop.com, © panthermedia / Peter J.